野人

大寫西域 中

大寫西域

高洪雷

第一部全視角西域48國通史

西域，這裡地廣人稀，綠洲遍布，
除了大自然的不寬容，
它應該是政治、文化、礦藏最為寬容的地方，
是多元文明在溝通中落腳、
在並立中會通、在呼應中共榮的最佳平臺。

三十多種語言在這裡從容交流，膚色各異的商旅、使者、教徒在這裡握手作揖，戰法迥異的軍隊在這裡一較高低。曠野大風、藍天綠洲，消弭了各大文明身上的暴戾與兇狠；沙海駝鈴，枯樹夕陽，增添了每個旅行者對人性與和平的渴望。

一場場愛恨情仇在這裡開場、落幕，
一次次文明交匯在這裡開始、結束。

水經注圖

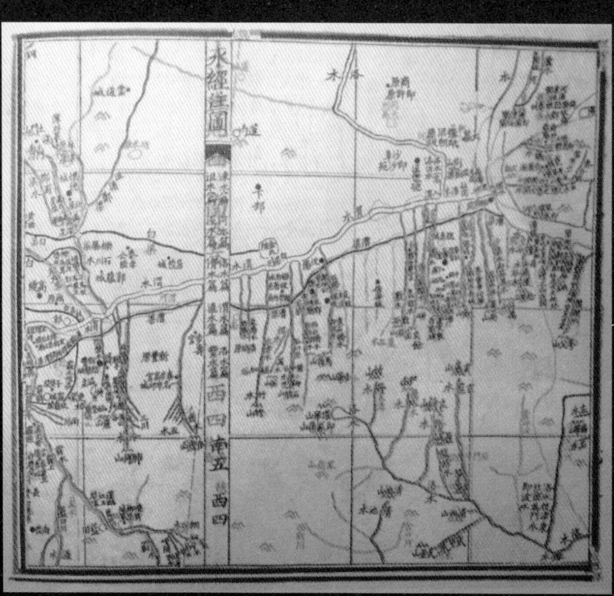

《水經注圖》

酈道元，出生河北，成長於山東青州的北魏官員，他沒有把人生目標寄託在為官上，而是立志為西漢後期桑欽編寫的地理書籍《水經》作注。他一改《山海經》、《穆天子傳》、《禹貢》等地理著作普遍存在「虛構」的特點，非常重視野外考察，足跡踏遍了長城以南、秦嶺以東。

他開創了中國「寫實地理學」的先河，最終寫成了四十卷、三十萬字、記錄河流達一千兩百五十二條的地理巨著《水經注》。而這部著作的藍本——《水經》只有一萬五千字，記錄的河流才僅有一百三十七條。《水經注》面世時，西方正處在基督教會統治時代，全歐洲根本找不出一位傑出的地理學者，酈道元也因此被譽為中世紀最偉大的世界級地理學家。

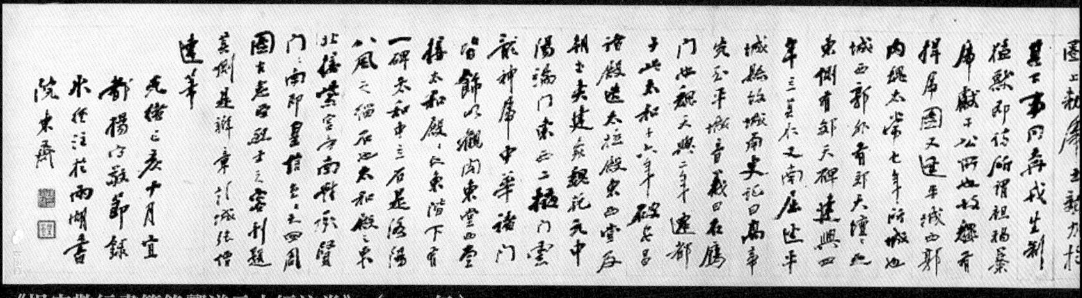

《楊守敬行書節錄酈道元水經注卷》（1899年）

孫
絲路北道
車師前國
龜茲
烏壘
（西域都護府）
渠犁
焉耆
尉犁
危須
山國
樓蘭
（米蘭）
里　木　盆　地
且末
小宛
精絕
扜彌
戎盧
羌

絲路北道與蔥嶺各國位置圖

©Wikimedia Commons

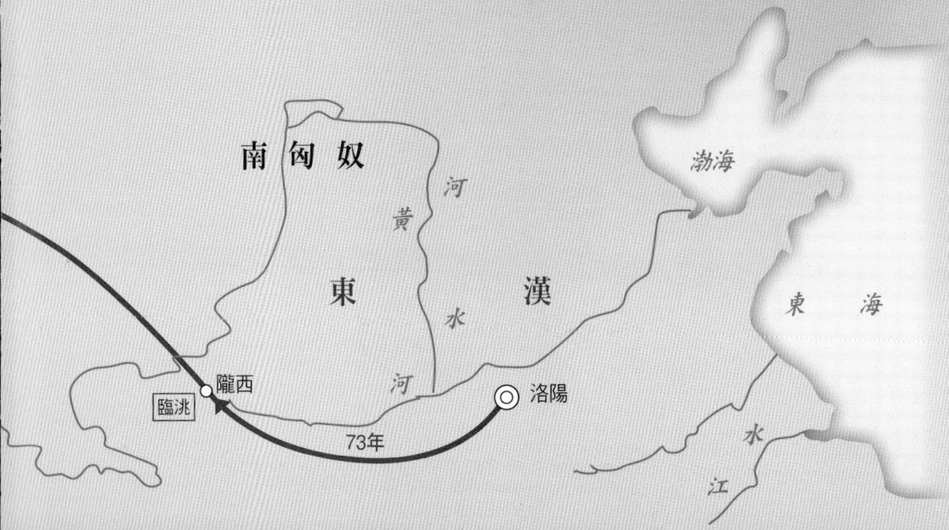

卒」姑墨。兩年後，班超上書請兵，意圖趁機平定西域，得到章帝的支持。班超擊破莎車、疏勒叛將後，上書請求與烏孫聯合進攻龜茲，得到章帝的首肯。建初八年，拜班超為將兵長史，但負責護送烏孫使者的李邑到達于闐後，因為畏懼龜茲的攻勢不敢前進，上書聲稱西域的收復不可能成功，同時詆毀班超「安樂外國，無內顧心」。章帝相信班超的忠誠，命令李邑服從班超的調遣，班超卻不對李邑懷恨在心，仍派他返京。

第二年，班超聯合疏勒和于闐進攻莎車，疏勒王忠被莎車利誘而反叛。班超改立疏勒的府丞為王，並在三年後忠詐降時將其斬首，打通了南方的通道。之後數年，班超降服了莎車、月氏、龜茲、姑墨和溫宿，繼而被任命為都護，西域諸國已多半歸降漢朝。永元二年（90年），貴霜副王謝會率兵七萬入西域，被班超擊退。永元六年（94年），班超討平焉耆、危須和尉犁，至此西域五十餘國都已歸附於漢。第二年，班超被封為定遠侯。

永元九年（97年），班超的部下甘英受命出使大秦。甘英率領使團從龜茲啟程，經條支（今伊拉克），至安息（今伊朗）。安息人擔心漢朝直接開通與大秦的商路會損害其壟斷利益，於是從中作梗，沒有向甘英提供更直接的經敘利亞的陸路，而是藉由船員之口陳說渡海的艱難，千方百計阻止漢使西行。甘英聞之，停下了西行的腳步。儘管功虧一簣，甘英卻是史書所載第一個到達地中海或紅海岸邊的中國人。

永元十二年（100年），班超年老思鄉，上書請求漢和帝准許其卸任回到中原，妹妹班昭也上書為他請求。和帝受到感動，召班超回京。班超於永元十四年回到洛陽，拜官射聲校尉。一個月後即因為胸肋部的老病逝世。

班超出使西域路線圖

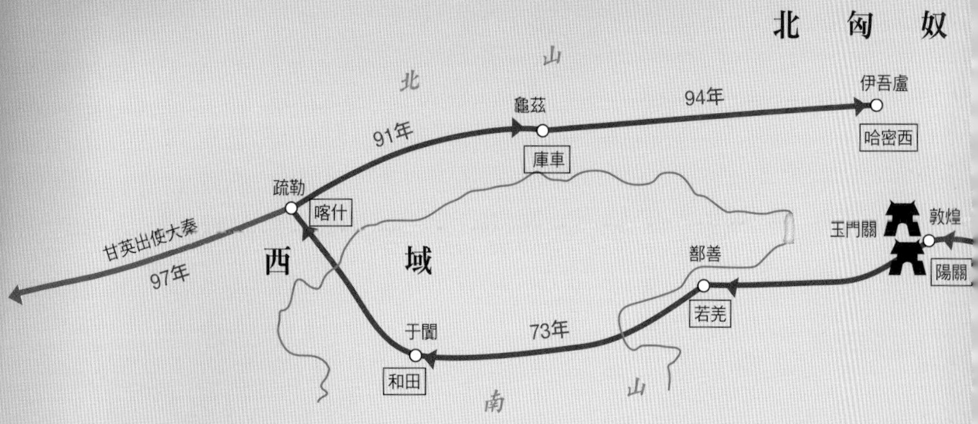

位於喀什的班超像

©John Hill@ Wikimedia Commons

東漢永平十六年（西元73年），以匈奴為後盾的絲路北道霸主龜茲王建出兵疏勒。漢明帝劉莊派班超和從事郭恂，率領三十六名騎兵出使西域。班超先在鄯善滅匈奴使團降伏鄯善王，又用武力迫使于闐王廣德歸附漢朝。永平十七年（74年），班超帶領為數不多的手下，推翻龜茲國在疏勒國（國都在今新疆喀什市）所立的傀儡政權，建立新的親漢政權。西域都護府重新設立，絲綢之路再度開通。

永平十八年（75年），漢明帝駕崩，焉耆乘機向漢進攻，龜茲等也發兵攻打疏勒。新登基的漢章帝劉炟擔心班超孤立無援，下詔將他召回。疏勒、于闐兩國軍民苦苦挽留，班超重返馬頭，擊破疏勒叛降於龜茲的兩座城池，疏勒復安。

建初三年（78年），班超率疏勒、康居、于闐、拘彌一萬聯軍，攻入龜茲的「馬前

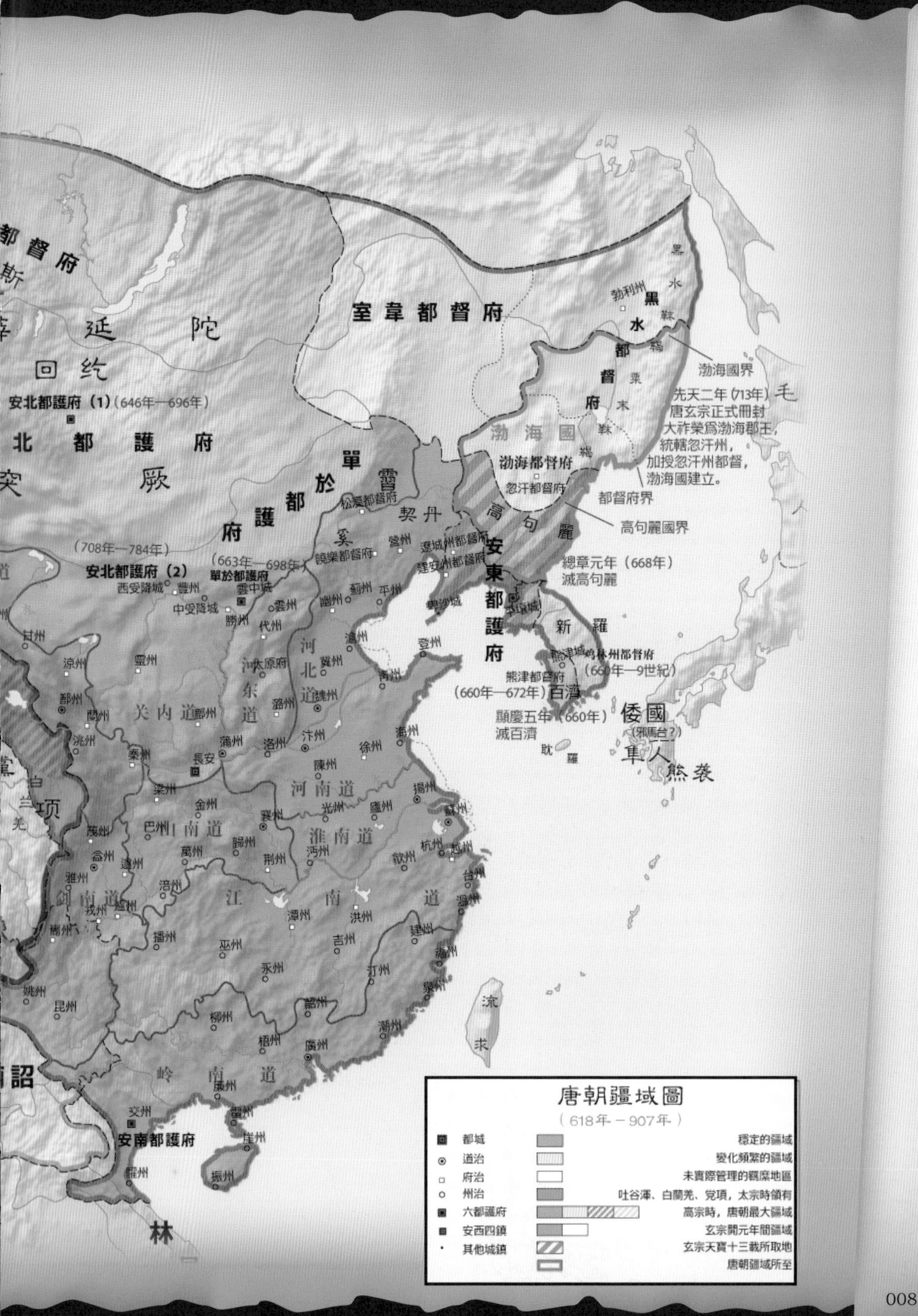
唐朝疆域圖
（618年－907年）
都城
道治
府治
州治
六都護府
安西四鎮
其他城鎮
穩定的疆域
變化頻繁的疆域
未實際管理的羈縻地區
吐谷渾、白蘭羌、党項，太宗時領有
高宗時，唐朝最大疆域
玄宗開元年間疆域
玄宗天寶十三載所取地
唐朝疆域所至
室韋都督府
黑水都督府
勃利州
渤海國界
先天二年（713年）唐玄宗正式冊封大祚榮爲渤海郡王，統轄忽汗州，加授忽汗州都督，渤海國建立。
渤海國
渤海都督府
忽汗都督府
都督府界
高句麗
高句麗國界
總章元年（668年）滅高句麗
安東都護府
平壤城
新羅
雞林州都督府
（660年—9世紀）
熊津都督府
（660年—672年）
百濟
顯慶五年（660年）滅百濟
倭國
（邪馬台？）
隼人
熊袭
耽羅
流求
安北都護府（1）（646年—696年）
安北都護府（2）
（708年—784年）
單於都護府
（663年—698年）
回纥
突厥
松漠都督府
契丹
奚
饒樂都督府
營州
遼城州都督府
建安州都督府
西受降城
豐州
中受降城
雲中城
勝州
雲州
代州
幽州
薊州
平州
太原府
河東道
河北道
冀州
魏州
潞州
洛州
滄州
登州
青州
甘州
涼州
靈州
鄯州
蘭州
洮州
關內道
鄜州
秦州
長安
蒲州
洛陽
汴州
徐州
海州
陳州
河南道
揚州
梁州
金州
襄州
光州
廬州
蘇州
巴州
山南道
淮南道
茂州
萬州
歸州
荆州
沔州
杭州
越州
益州
遂州
雅州
涪州
劍南道
江南道
台州
溫州
戎州
瀘州
潭州
洪州
吉州
巂州
播州
巫州
建州
福州
永州
汀州
泉州
姚州
昆州
韶州
柳州
潮州
梧州
廣州
南詔
嶺南道
廉州
交州
雷州
崖州
安南都護府
振州
驩州
林

唐朝疆域圖

突騎施
铁
沙陀
火尋
怛羅斯
俱蘭
碎葉
弓月城
北庭都護府
庭州
安西大都護府
石
安
西曹
康
史
東曹
斯
龜茲鎮
焉耆鎮
西州
伊州
安西都護府（1）
疏勒鎮
（安西都護府）2
（656年——663年）
焉耆都督府
疏勒都督府
喝盤陀
縛喝
吐火罗
犯引
波斯都督府
勃律
於闐鎮
毗沙都督府
播仙鎮
石城鎮
沙州
吐蕃
（629年-877年）
邏些城
泥婆羅
天竺
（戒日王朝）
（612-647年）
迦楼缕波
耽羅栗底

有相夫人

最美的裸體，莫過於八十三窟壁畫裡的有相夫人。她沒有眼睛，看不見參觀她的人；沒有鼻子，嗅不出進洞人的氣味；沒有嘴巴，說不出一句話，只有裸露的腿、腰肢與乳房。壁畫講述的是優陀羨王的王妃——有相夫人因忘形歡舞招致禍災，被彈奏箜篌伴舞的國王看出「死相」，戛然停止彈奏的瞬間。

從此，這幅帶戒律性質的壁畫被方丈作為每一個剃度的僧人必須經歷的地方。年輕的僧人踏進洞窟，一定先是驚豔，繼而臉紅，然後依照佛規閉目打坐。壁上的有相夫人知道，打坐的僧人們心並不平靜，那個本該安放佛的地方，必定被自己柔美的腰肢、微顫的乳房、輕啟的櫻唇所霸占，口乾舌燥，身體僵硬，淫心被放大到無限，直到窟中一黑如墨，洞外月光升起，僧人心靜如土，回歸枯寂。這時，有相夫人的眼裡，也盛滿了欣慰。因此，這裡成為小乘佛僧理想的苦修地。

©Wikimedia Commons

在佛僧被趕走的下一個千年，此後到來的，再也不是虔誠打坐的僧侶，而是滿身臭氣的牧羊人、流浪漢、異教徒甚至盜畫賊。他們色迷迷地盯著她的裸體，用嘴親吻她的腳趾與小腿，用手褻瀆她的乳房。當然，他們還殘存著一點羞澀，因此摳去了王妃及所有壁畫人物的眼睛。

有相夫人就是一面風月寶鑑啊，純粹者在她面前得到寧靜，淫蕩者在她面前現出原形。

克孜爾石窟壁畫

克孜爾石窟大約建於西元三世紀，止於西元八至九世紀，是中國開鑿最早的大型石窟群，它與甘肅莫高窟、山西大同雲岡石窟、河南洛陽龍門石窟並稱為中國四大石窟。

近代，伴隨著西方殖民者進軍中亞的腳步，中國西北突然成了西方探險家夢中的樂園。光緒三十二年（1906年）初，普魯士皇家吐魯番探險隊抵達克孜爾洞窟。這時的克孜爾洞窟，完全處於無人管理的狀態，荒草淒迷，暮鴉回翔。探險員在日記中寫道：「……我們看到的人像，酷似歐洲騎士時代的繪畫：在晃動的燈光下，君侯們姿態瀟灑地用腳尖站在那裡，身穿華麗的武士裝；金屬製的騎士腰帶上，掛著長直的寶劍，劍柄為十字形……（我們）好像來到了一個哥德式的墓室。」他興奮地說：「看來，中國在古希臘、古羅馬時期就已經和歐洲發生交集。」

十六劍士洞的吐火羅親王壁畫

©Wikimedia Commons

整個石窟，簡直就是一個裸體藝術的世界。這裡的天宮伎樂、歌女舞神是裸體，故事畫中的宮女、魔女、菩薩也是裸體，甚至連九十九窟中的佛陀之母摩耶夫人也以全裸的形象出現。

大龜王

©Wikimedia Commons

女神與樂官

©Wikimedia Commons

速送回來。」呂光大軍全勝，西域聯軍潰敗。白純被廢，弟弟白震被立為新王，小乘佛教在龜茲得以迅速復辟。
鳩摩羅什成了呂光的俘虜，呂光灌醉鳩摩羅什，命令龜茲公主一絲不掛地睡在鳩摩羅什身邊，逼他破戒。

一年後，呂光帶著四十一歲的鳩摩羅什東返長安。途中傳來前秦在淝水戰敗，苻堅已被部下姚萇殺死的噩耗，呂光在今甘肅武威成立了後涼。因為鳩摩羅什準確地預測了東返途中的一場山洪，呂光安排他幫自己占卜吉凶、預測禍福。期間，鳩摩羅什默默地學習漢語，加之他本身精通梵文、龜茲文，東西方文化開始在他的腦海裡融會貫通。

草堂寺鳩摩羅什舍利塔

後秦弘始三年（401年），呂光病死兩年後，身為佛教徒的後秦皇帝姚興，為了爭奪鳩摩羅什發兵攻打後涼，後涼國主呂隆歸降，鳩摩羅什被送往距離長安五十公里的草堂寺。抵達長安後，姚興以國師之禮對待鳩摩羅什，讓他收弟子八百，率領僧眾三千宣講佛法，姚興也常率群臣聽他講經。

弘始七年（405年），姚興開闢了逍遙園，作為鳩摩羅什的譯經場，開始了中國史上規模空前的譯經活動。年過半百的鳩摩羅什率領數千弟子共翻譯大小乘經、律論三十五部兩百九十四卷。《法華經》、《阿彌陀經》、《金剛經》、《心經》、《大品般若經》、《維摩詰經》都是他的作品。鳩摩羅什連通了天竺、龜茲、中原的文化與佛教，開啟了佛教中國化。
弘始十五年（413年），鳩摩羅什臨終前對身旁的弟子說：「如果我所譯出的經典不失佛意，身體火化後，惟舌不爛。」然後圓寂。據說，他的屍體火化之後，唯獨舌頭沒有燒焦，弟子們這才為他的臨終誓言，也為他的嚴謹精神所深深折服。

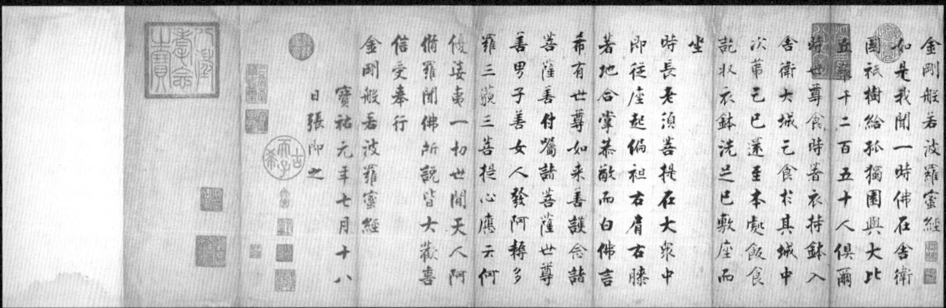
金剛般若波羅蜜經
如是我聞一時佛在舍衛
國祇樹給孤獨園與大比
丘眾千二百五十人俱爾
時世尊食時著衣持鉢入
舍衛大城乞食於其城中
次第乞已還至本處飯食
訖收衣鉢洗足已敷座而
坐
時長老須菩提在大眾中
即從座起偏袒右肩右膝
著地合掌恭敬而白佛言
希有世尊如來善護念諸
菩薩善付囑諸菩薩世尊
善男子善女人發阿耨多
羅三藐三菩提心應云何
優婆夷一切世間天人阿
修羅聞佛所說皆大歡喜
信受奉行
金剛般若波羅蜜經
寶祐元年七月十八
日張即之

鳩摩羅什翻譯的《金剛般若波羅蜜經》部分。
宋寶祐元年（1253年）張即之寫本。

一代高僧鳩摩羅什傳奇

©Yoshi Canopus @Wikimedia Commons

在克孜爾，有一尊類似羅丹〈沉思者〉的雕塑。這是一尊佛像，光頭、凝神、垂目，單腿屈膝，左手撐石，右手撫膝，身著露肩僧衣，衣褶紋路流暢，神態莊重而灑脫，眉宇間透著無窮智慧，他就是佛教高僧、翻譯家——鳩摩羅什。

鳩摩羅什（東晉建元二年，344年）出身龜茲貴族，父親是國師鳩摩炎，母親是龜茲國王白純的妹妹耆婆。鳩摩羅什七歲那年，一日，耆婆出城遊覽，見墳塚遍野，枯骨縱橫，於是深懷苦本立誓出家。鳩摩羅什也隨母親剃度出家，到雀梨大寺修行。幼小的鳩摩羅什悟性與記憶力相當驚人，一天能誦讀一千偈，相當三萬兩千字。

永和九年（353年），九歲的鳩摩羅什跟隨母親到達罽賓國，拜小乘佛教著名法師盤頭達多為師。由於鳩摩羅什聲名鵲起，國王特意把他請到宮中，召集途經罽賓的外道論師與鳩摩羅什辯論，經過幾回合辯論，外道們竟然面面相覷，張口結舌。從此，國王對他另眼相看。

十二歲時，鳩摩羅什學成回國，路經沙勒（疏勒）並停留了一年。在那裡，他遇到了大乘佛教高僧莎車王子須耶利蘇摩，首次接觸到了大乘經典。期間，經過長時間的反覆思辨，他終於棄小乘歸大乘。之後，他在溫宿國以大乘宏論挫敗了一位著名外道，名震蔥嶺，龜茲王白純屈尊前往迎請鳩摩羅什和母親回國。

興寧元年（363年），年滿二十歲的鳩摩羅什在王宮正式受戒，成為新建成的王新寺住持。龜茲信眾接受了大乘教義，鳩摩羅什也被國王譽為國師。

前秦建元十五年（379年），龜茲國王的弟弟，對王位覬覦已久的親王白震和車師前部王一起到達長安，遊說前秦皇帝苻堅進攻龜茲。建元十九年（383年），苻堅命令驍騎將軍呂光率七萬步兵、五千重裝騎兵西征。他特別叮囑呂光：「攻克龜茲之後，把鳩摩羅什火

©Wikimedia Commons

亞歷山大與愛馬布塞弗勒斯

©Wikimedia Commons

阿哈爾捷金馬（汗血寶馬）

圖〉。就是這匹「照夜白」，不僅在輝煌時期伴隨著唐玄宗遊山玩水，而且還在「安史之亂」中陪他度過了最為落寞的歲月。

兩千多年過去了，汗血寶馬至今猶在。汗血寶馬如今叫阿哈爾捷金馬，盛產於土庫曼斯坦科佩特山脈和卡拉庫姆沙漠間的阿哈爾綠洲。牠頭高頸細，四肢修長，皮薄毛細，步伐輕盈，力量大、速度快、耐力強，最快記錄為八十四天跑完四千三百公里，與《漢書》中的天馬毫無二致。

阿哈爾捷金馬的毛色有淡金、棗紅、銀白、黑色等，在歷史上大多作為宮廷用馬。馬可．波羅曾在遊記中讚美過牠，並追溯牠的始祖至亞歷山大的傳奇戰馬── 布塞弗勒斯（Bucephalos）。當這匹愛駒死去時，亞歷山大曾停止一切戰事，以個人名義為牠建造了一座陵墓，陵墓今天還在，位於巴基斯坦。

大宛汗血寶馬傳奇

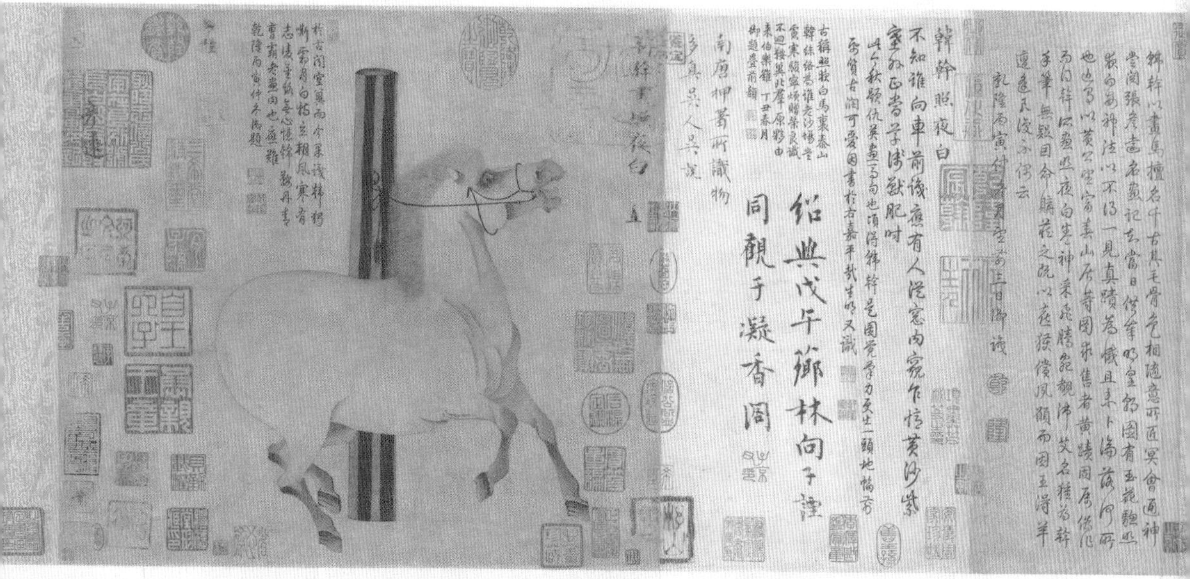

韓幹所繪〈照夜白圖〉

張騫出使西域歸來時，帶回了大宛產寶馬的消息。某日，漢武帝劉徹占得「神馬當從西北來」的卦象，便遣漢使以金馬換大宛馬，卻遭到大宛王拒絕，漢使也慘遭殺害。於是漢武帝派李廣利二征大宛，只為奪得大宛聞名天下的汗血寶馬。

隨著朝代更迭，大宛一度更名破洛那（東晉南北朝、隋朝），唐朝時更名為拔汗那。唐明皇李隆基答應拔汗那國與唐聯姻的請求，將一位宗室女子封為義和公主，嫁給了拔汗那王阿悉爛達汗。同時，李隆基改拔汗那為「寧遠國」，將阿悉爛達汗賜姓為唐代大姓「竇」。

阿悉爛達汗興奮得徹夜難眠，趕緊派出使臣向李隆基獻上了兩匹鎮國之寶——汗血寶馬。兩匹寶馬牽進皇宮，被李隆基命名為「玉花驄」和「照夜白」。在李隆基授意下，在宮中做御用文人的李白特地創作了〈天馬歌〉，畫馬高手韓幹則創作了一幅水墨畫〈照夜白

營盤古屍

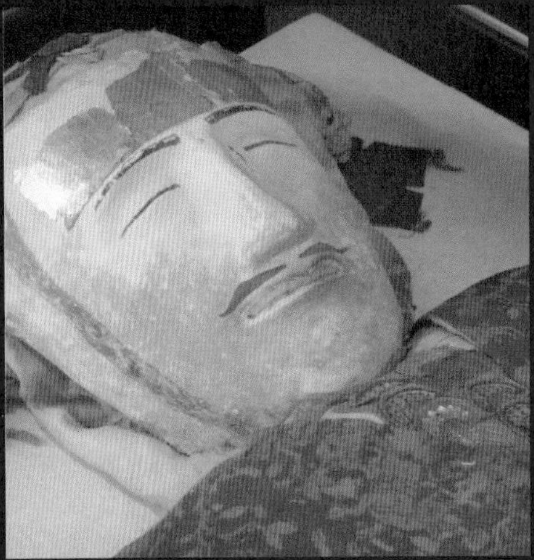

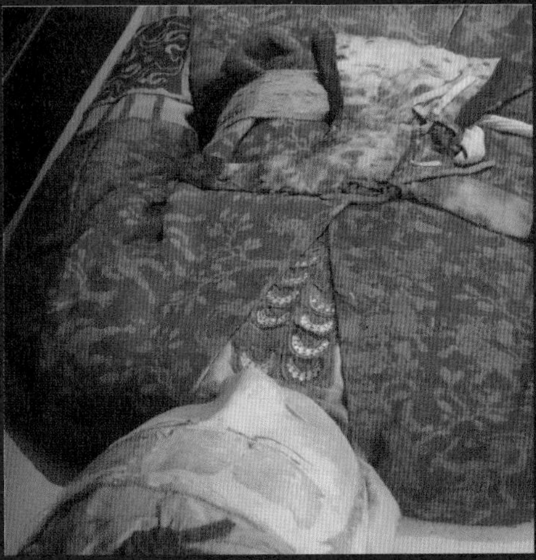

©fossilmike@flickr

一九九五年，新疆文物考古研究所考古隊在營盤古城附近，發現了一座貴族墓地。這座貴族墓地坐落在庫魯克塔格山南麓，西距尉犁縣城一百二十公里，南距營盤古城大約九百公尺，處在孔雀河北岸四公里區域內。墓地東西長一千五百公尺，南北寬數百公尺，墓葬在一百五十座以上。

在墓葬出土文物中，既有漢晉絲織品、漢代鐵鏡，也有中亞藝術風格的皮革面具、黃金冠飾，還有希臘羅馬藝術風格的金縷褸，波斯和羅馬玻璃器皿、黃銅戒指、黃銅手鐲以及波斯瑜石藝術品。

其中一個墓主人頭枕中原錦緞製成的「雞鳴枕」，身著希臘羅馬風格的褸袍，頭戴黃金裝飾的面具，儼然是世界級藝術品超模。今天的人們只有在文獻中聽說過古羅馬藝人高超的紡織藝術，即使在羅馬本土也從未發現實物，能在如此遙遠的地方發掘出古羅馬織金縷，實在令西方學者豔羡不已。

假如人類失去記憶，將如何安放自己不羈的靈魂？

——題記

目錄

【絲路北道&蔥嶺古國特輯】

第二部 絲路北道十一國 036

山國位在絲路的十字路口，一頭連著繁盛的長安，一頭連著偉大的羅馬，
它是漢朝與匈奴爭奪絲路北道的關鍵，免不了成為兵家征戰之地。
山國國王自有一套軟骨頭智慧，只要人民日子過得好，他不在乎附屬於誰，
雖然史學家看不起他們，連名字都沒有記下，
但因為少了戰火荼毒，後世得以完整看到堪稱「第二樓蘭」的營盤古城。

◎山國沒有王城？世界級藝術品超模透露的祕密
◎多虧軟骨頭國王，營盤古城屹立不搖兩千年
◎有道才有國，有國必有道
◎以墨山之路換糧，卻不敵無水之災

山國小傳&歷史簡表 051

第十三章

尉犁——在孔雀河臂彎裡 053

一個腕挎孔雀河，背靠博斯騰湖，占據自然天險，足以藐視前方的萬人城邦，
卻總是亦步亦趨跟在大國身邊，趁機占點好處來壯大自己，
最後因為它不忠於任何人，也無人真心待它，而被曾經的盟友吞併。
雖然尉犁國已不復存在，卻流傳著一個關於羅布人的美麗傳說……

◎靠趁火打劫起家的綠洲城邦
◎像野花一樣美麗的羅布麻
尉犁小傳&歷史簡表 059

第十四章
渠犁——漢朝的屯田基地 061

因土地肥沃且戰略地位重要，渠犁成為漢在西域屯田的首選之地。不僅可為漢軍、漢使供給糧食，也可牽制匈奴在西域的勢力。然而，漢的寵信與庇蔭為它招致匈奴與鄰居各國的不滿，也讓它疏於培養自己的勢力，甚至隨著漢屯田地點轉移，導致人口銳減，最終難逃覆滅的命運……

◎輪番戍邊不如移民實邊，漢開啟屯田先河
◎絲路南北道都護，第一任西域「都護」鄭吉
◎鄭吉帶走屯田士兵，渠犁難逃凋零的命運
渠犁小傳&歷史簡表 071

焉耆——一抹美麗的胭脂紅

在西域諸國中，焉耆與中原王朝的關係，或許可以說是最反覆無常的。

從西漢建國至唐末被吐蕃占據，它的忠誠一直在匈奴與漢朝、突厥與大唐之間游移，

說不清它是利益至上、向強者靠攏的識時務者；

亦或是充滿獨立精神，卻總是時不我予、遭強敵打壓的倒楣鬼。

焉耆之名來自胭脂，然而這抹豔麗的紅卻沒有在歷史上留下太鮮明的色彩……

◎以胭脂裝飾的國度

◎解開大月氏西遷路線之謎

◎藏風聚氣、虎踞龍盤的帝王之宅

◎病貓發威變老虎，焉耆率先與王莽翻臉

◎假匈奴勢力翻雲覆雨，焉耆成為東漢眼中釘

◎六月也會飛雪，比竇娥還冤的將門虎子

◎絲路中道新霸主誕生

◎焉耆占盡優勢，卻敗給「一個承諾」

◎踏著高昌的遺體，焉耆再次站上巔峰

◎焉耆又叛！李世民盛怒，十一天攻下焉耆都城

第十六章

危須，一個命運漂泊的小國，他們是以蚩尤為首的東夷九黎遺民，
千年來歷經數次遷徙，從黃河邊，一路來到黃沙漫漫的西域。
好不容易找到一處水草豐美的綠洲，
卻因為人少勢微，不得不聽從早已占據此地的焉耆號令。
眼見焉耆做出傻事，也只能跟著往下跳……

第十七章

輪臺（烏壘）——都護府駐地 123

一個彈丸之地，弱小到不足以列入西域四十八國，西漢武帝年間被李廣利殲滅，卻因漢屯田政策且地處西域中央，一舉躍為漢在西域的政治軍事中心。可惜好景不常，隨著王莽退出西域、班固收復西域後將都護府遷往他處，烏壘也漸漸荒廢，被人們遺忘……

第十八章

龜茲——飄逝的樂舞與梵音

這裡曾是唐代安西都護府所在地，成為西域的政治文化中心，
也曾與漢朝和親烏孫的解憂公主結為親家，深受漢化的影響，
但如今說起龜茲，多數人第一個想到的應該是大乘佛教的宗師鳩摩羅什。
不僅因為他翻譯多部經書、奠定了漢傳佛教的基礎，
更因為他被迫娶妻納妾以及被各帝王搶來奪去的傳奇生平。

◎記載於樺樹皮上的神祕天書
◎黃沙底下的大發現，消失千年的龜茲語殘卷
◎吐火羅人究竟是月氏人還是大夏後裔？
◎龜茲王得罪漢朝，上書謝罪就想一了百了
◎新朝最後一任西域都護李崇之死
◎東漢西域風雲錄，雙雄爭霸誰能勝出
◎改變龜茲乃至中國佛教信仰的小沙彌
◎兩個預言與佛教因緣
◎去勢復生？奇特寺的傳說
◎龜茲最偉大的文化積澱——克孜爾石窟
◎唐玄宗〈霓裳羽衣曲〉原來是借花獻佛？

因為鍾情於沙漠而取名為姑墨，最終也如流沙般消逝，沒有留下一點聲響。這個位於今阿克蘇地區的西域古國，在歷史上就如它的名字一般默默不起眼。但它還是有值得說嘴的地方，「信口雌黃」中的「雌黃」就產自姑墨。

或許是因為它以天然峽谷為王治，而不是人造城郭，
導致今日有多達四個縣市搶著認領尉頭的古都所在。
這是一個西域小小國，但是卻膽大包天，勝兵八百也敢跟班超叫囂，
雖然最後敗下陣來，變成東漢的繞指柔，可英勇的血脈流傳了下來，
如今這裡傳唱著英雄瑪納斯的史詩故事，提醒人們千年以前的熱血與勇氣。

◎在歷史迷霧中尋找尉頭
◎山谷間一座大帳，沒有城郭的絲路重鎮
◎吃了豹子膽！槓上「超級刺客」班超
◎史詩英雄「瑪納斯」的故鄉

尉頭小傳&歷史簡表 270

第二十二章

疏勒——十字路口的綠洲 273

疏勒始建於西漢，卻一直到東漢才拜班超所賜受到中原王朝注意。
班超駐守西域三十餘年，在疏勒便度過十八年，無怪乎這裡被稱為班超的第二故鄉，
而疏勒也不負此名，直到唐朝仍堅守安西都護的職責，為抵擋吐蕃而消亡。
自疏勒消亡後，這塊土地上崛起了新的汗國，也掀起了新的宗教戰爭……

◎張騫摸黑逃出匈奴，與疏勒初邂逅
◎不降就綁了！班超出其不意收服疏勒
◎走還是留？生死關頭的男兒淚
◎將軍的緋聞
◎莎車王獻上重金，疏勒王窩裡反氣炸班超
◎英雄歸去，帶走東漢帝國的最後餘暉
◎千秋興嘆，甘英與羅馬失之交臂
◎寧為唐朝疏勒鎮，不為西域疏勒國
◎武后與李治咬耳朵，疏勒升格為都督府
◎因疏勒成名的第一位唐將——張孝嵩
◎宦官不笑，泯了將帥恩仇
◎凡動刀的，必死於刀下——名將的結局
◎「是佛告訴我這樣做的。」疏勒國王的領悟
◎喀喇汗王朝崛起，伊斯蘭巨潮氾濫塔里木盆地
◎將霧河絮語化作長詩——《福樂智慧》
◎逃亡路上蒐集的智慧——《突厥語大詞典》
◎鐵蹄聲聲，一代新王換舊王
◎北極熊與日不落國的較量
◎生命中不能承受之輕

第三部

蔥嶺十國

第二十三章

西夜與子合——糾纏不清的孿生兄弟

有一個小國，國王的一對雙生兒子情感深厚，互相禮讓不願繼位，王后無奈之下，只好說：那就把國家一分為二吧，大的叫西夜，小的叫子合。從西漢初期興起，直到南北朝聯合建立朱俱波，西夜與子合一直讓人分辨不清，猶如西域絕代雙驕的故事，令人不禁叫絕。

第二十四章

烏秅——聖人不到的地方 371

烏秅，或許是傳說中的香格里拉，但中原卻少有人涉足，
張騫兩度出使西域、班固在疏勒居住多年皆未前往，玄奘也與它失之交臂。
這個隱藏在崇山峻嶺中的小國，四周環境險惡，
出入只能依靠一條繩索，飛繫於大山之間，人踏繩索而渡。
烏秅安穩地度過兩漢及三國，免受戰火侵擾，但也幾乎無人造訪。

◎喝酒吃肉認祖宗，周穆王與烏氏羌人相見歡
◎傳說中的香格里拉，卻是聖人不到的地方

烏秅小傳&歷史簡表 377

第二十五章

蒲犁——藍天下的石頭城 379

蒲犁，這個南北朝時期絲路支線上赫赫有名的朅盤陀國，
它最令人津津樂道的，是傳說中的公主立國故事。

相傳漢朝公主為和親被送往古波斯，半路遇到戰亂而受困山上，
隨行之人努力保護公主的安全及貞節，不料三個月後公主居然懷孕了。
公主的侍女指證歷歷，罪魁就是那個每天中午從太陽騎馬出來的男人……

第二十六章

依耐

——你的座標在哪裡

依耐，一個小到一開拔就是舉國遷徙的小國，行蹤難辨，
如今只知它是西域四十八國之中最小的游牧行國，
可能於東漢滅亡，其餘皆已湮滅在歷史洪流中，幾乎連口耳相傳也無……

第二十七章

無雷——流逝的中國領地 395

有世界屋脊之稱的古蔥嶺上，曾存在一個游牧小國，
人口不過七千，卻建造了一座堅固的盧城作為王治。
更不可思議的是，它從漢朝到清代一直都是中原王朝不願放手的神聖領地，
歷經幾番朝代更迭，遠在萬里之外的朝廷仍不改對這塊土地的執著，
甚至到了清末，連英國、俄國也加入了這場征戰……

◎在世界屋脊上放牧的古國
◎絕不放手，從漢代至清代的千年領地
◎英俄借刀分贓，蔥嶺轉眼易主

無雷小傳&歷史簡表 405

第二十八章

桃槐——蔥嶺「吉普賽人」 407

班固在《漢書》上僅二十三字就說完的游牧行國，

是名副其實「前不巴村，後不著店」的神祕國度，
可能於東漢前就已消逝，至今連曾經存在的位置都沒有定論，
只能猜測他們曾經行走於瓦罕走廊——這條位於絲路南道上的高原峽谷。
曾歌哭於此的桃槐人，更是連隻字片語都沒有留下……

◎來去無蹤的謎樣國度
◎瓦罕走廊——被世人遺忘的文明匯聚之地
◎這把鑰匙決定誰來統治

桃槐小傳&歷史簡表 416

第二十九章

捐毒——藏在山間峽谷中 419

捐毒，一個名稱奇特的小國，皆未在史書上留下太多痕跡。
反倒是唐朝於捐毒故地建立汗國的黠戛斯，傳下了不少故事，
最讓人樂道的，莫過於黠戛斯的先人來自堅昆，是匈奴單于賜給漢將李陵的封地。
而這一絲李氏血脈，則成為黠戛斯得大唐庇蔭、稱霸草原的契機。

◎在「萬山之州」畜牧
◎天山上的漢人後裔

第三十章 休循——鳥飛谷的主人

休循，與捐毒同生共死的患難兄弟，
他們都是西漢時期受大月氏攻擊而不得不出逃的塞人所建立。
但即使忍氣吞聲，仍無法避免最後被大國吞併的命運。
捐毒故地因黠戛斯崛起而在歷史上多留下一點痕跡，
而休循，卻只有黃河源頭傳說可供後世閒話……

大宛位處費爾干納盆地，在以游牧為主的西域，是非常少見的農耕之地，
但大宛真正被寫入中原歷史的緣由，是相傳來自亞歷山大的汗血寶馬。
漢武帝劉徹用黃金馬換寶馬不成，便起兵攻打，從此大宛歸附漢朝。
隨著漢朝庇蔭不再，它逐漸式微，也淡出中原歷史，
就算偶爾出現在史冊，也只有獻馬給皇帝寥寥數字。

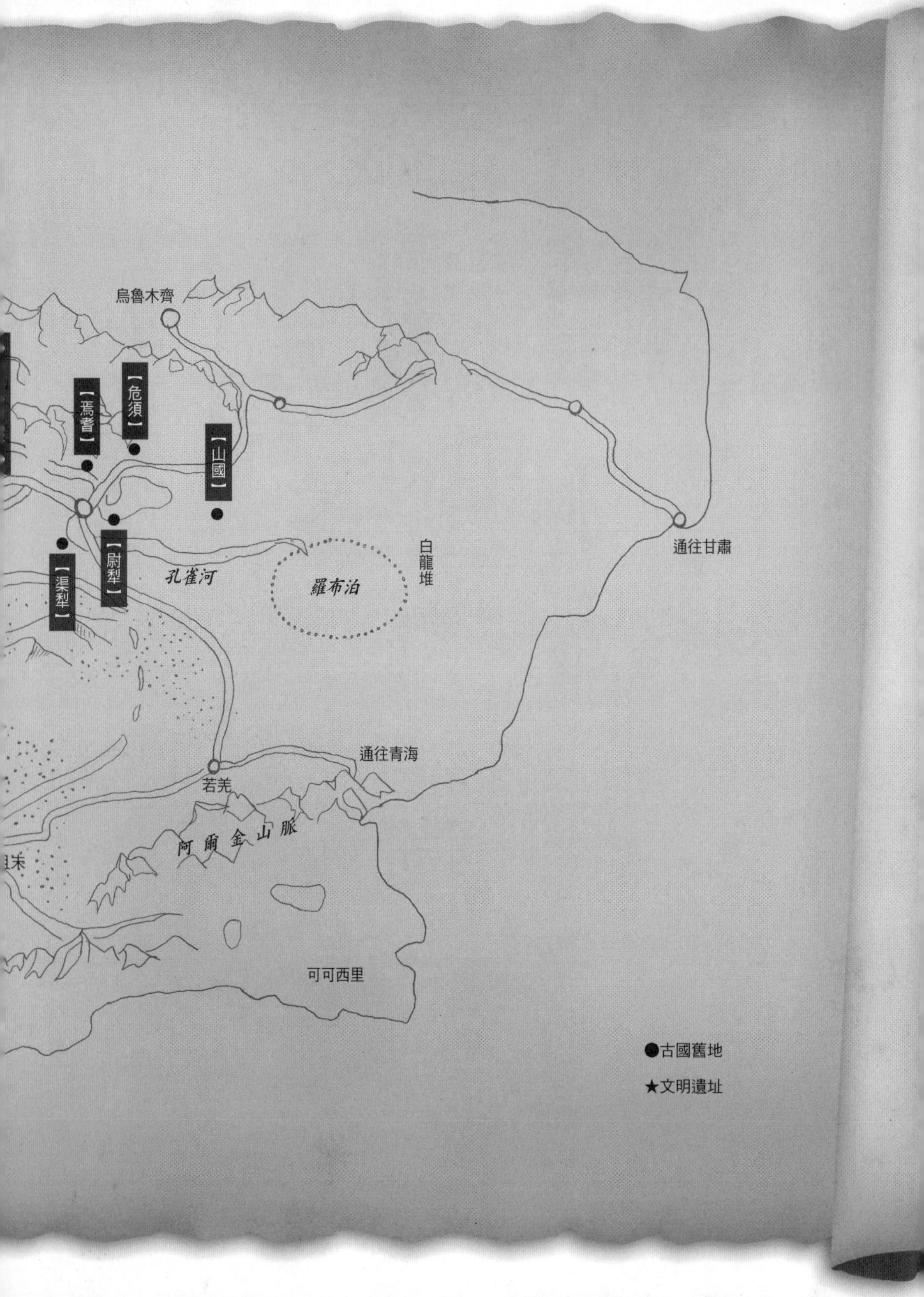
烏魯木齊
【危須】
【焉耆】
【山國】
【尉犁】
【渠犁】
孔雀河
羅布泊
白龍堆
通往甘肅
通往青海
若羌
阿爾金山脈
可可西里
●古國舊地
★文明遺址

‖第二部‖

絲路北道十一國

山國、尉犁、渠犁、焉耆、危須、輪臺（烏壘）、
龜茲、姑墨、溫宿、尉頭、疏勒

絲路北道古國各朝代國名演變

國名朝代	西漢	東漢	三國	西晉	東晉南北朝	隋	唐
山國	山國	山國	被焉耆吞併				
尉犁	尉犁	尉犁	被焉耆吞併				
渠犁	新朝時期被尉犁吞併						
焉耆	焉耆	焉耆	焉耆	焉耆	焉耆	焉耆	唐末被吐蕃攻滅
危須	危須	危須	被焉耆吞併				
輪臺（烏壘）	輪臺，西元前七十二年復國，改名烏壘，新朝時期併入龜茲						
龜茲	龜茲	龜茲	龜茲	龜茲	龜茲	龜茲	唐末被吐蕃攻滅
姑墨	姑墨	被莎車滅，後復國	姑墨	姑墨	姑墨	姑墨	跋祿迦國，唐朝中期被龜茲合併
溫宿	新朝時期被姑墨吞併	東漢初年復國	溫宿	溫宿	被龜茲吞併		
尉頭	尉頭	尉頭	尉頭	尉頭	被龜茲吞併		
疏勒	疏勒	疏勒	疏勒	疏勒	疏勒	疏勒	唐末被吐蕃攻滅

第十二章

山國

山國位在絲路的十字路口，
一頭連著繁盛的長安，一頭連著偉大的羅馬，
它也是漢朝與匈奴爭奪絲路北道的關鍵，
免不了成為兵家征戰之地。

山國國王自有一套軟骨頭智慧，
只要人民日子過得好，他不在乎附屬於誰，
雖然史學家看不起他們，連名字都沒有記下，
但因為少了戰火荼毒，後世得以完整看到堪稱「第二樓蘭」的營盤古城。

山國

關於道路的故事

地理和歷史的地位：

- 山國位於絲路十字路口，是漢匈爭奪絲路北道的關鍵，成為兵家必爭之地。
- 至今猶在的營盤古城歷經兩千年風雨仍保存完好，被史學家稱為「第二樓蘭」。

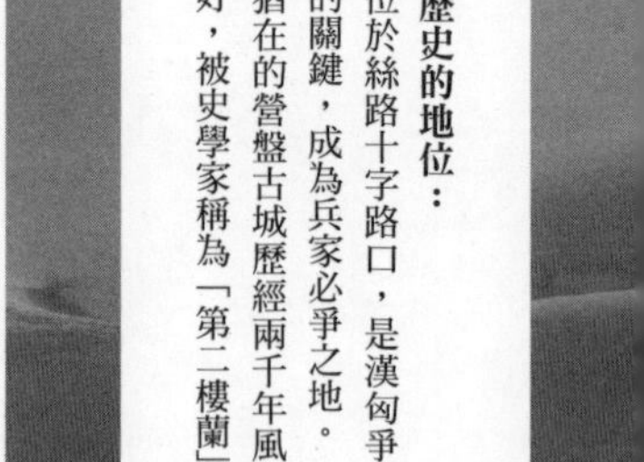

山國，王去長安七千一百七十里。戶四百五十，口五千，勝兵千人。輔國侯、左右將、左右都尉、譯長各一人。西至尉犁二百四十里，西北至焉耆百六十里，西至危須二百六十里，東南與鄯善、且末接。山出鐵，民山居，寄田糴穀於焉耆、危須。

——班固《漢書》卷九十六下

山國沒有王城？世界級藝術品超模透露的祕密

墓中既有漢晉絲織品，也有中亞的黃金冠飾、希臘羅馬風格的金縷褸。其中一個墓主人頭枕中原錦緞製成的「雞鳴枕」，身著希臘羅馬風格的褸袍，頭戴黃金裝飾的面具，儼然是世界級藝術品超模。

小時候，聽過一個故事：一個小男孩對爸爸抱怨自己長了一對八字腳，一個小女孩對媽媽抱怨自已沒有新鞋穿。兩個孩子偶然回頭，發現輪椅上坐著一個和他們差不多大的孩子，他根本就沒有腳。

如今，我面臨著和輪椅上的孩子同樣的困境：早期的絲綢之路在樓蘭分出了兩條道路，從樓蘭向西南，是我在第一部講過的絲路南道；從樓蘭向西北，是我將要講述的絲路北道。山國，又叫墨山國，是絲路北道上的第一個國家。《漢書》上說，山國的「王」距離長安七千一百七十里，而不是「王城」的距離。讓人覺得，這可能是一個沒有王城，找不到中心的國家。唐代文人顏師古的註釋是：「常在山下居，不為城治也。」也就是說，這是一個沒有都城的山地民族。這個問題，顯然比有都城卻找不到的拘彌（扜彌）、渠勒，要難辨得多。

考古不可或缺的標本——墳墓

在我為未來的行程發愁時，考古一線傳來喜訊，新疆文物考古研究所考古隊在營盤古城附近，發現了一座貴族墓地。

眾所周知，**墓地是人類文明演進的「字典」**。人類最早是把自己的同類、甚至父母兄弟的遺體，隨便拋在荒郊野外就一了百了的。後來偶然經過時，發現親人的遺體被野獸撕扯得不堪入目，於是動了惻隱之心，用土予以掩埋。此後，便形成了每當有人死亡，生者就讓死者入土為安的習俗，並在掩埋的地方標上記號，每逢死者入土的那天，與死者有血緣關係的人便一起來到這裡用食物或禮物祭奠，由此開始了對死者尊嚴的保護和區別於其他動物的文明進程。

再以後，奠祭由個人發展到家庭，由家庭發展到家族，由家族發展到部落，漸漸形成了愈來愈複雜的人際關係。縱向與橫向的人情不斷糾結，最終形成了環環相扣的社會屬性，一種叫作歷史的社會制度、經濟關係、文化型態便層層疊疊地累積而成了。所以，**考察一個國家和地區的文明演進史，墳墓是不可替代的歷史標本**。

這座貴族墓地坐落在庫魯克塔格山南麓，西距尉犁縣城一百二十公里，南距營盤古城大約九百公尺，處在孔雀河北岸四公里區域內。墓地東西長一千五百公尺，南北寬數百公尺，墓葬在一百五十座以上。

在墓葬出土文物中，既有漢晉絲織品、漢代鐵鏡，也有中亞藝術風格的皮革面具、黃金冠飾，還有希臘羅馬藝術風格的金縷褸，波斯和羅馬玻璃器皿、黃銅戒指、黃銅手鐲以及波斯瑜石藝術品。其中一個墓主人頭枕中原錦緞製成的「雞鳴枕」[1]，身著希臘羅馬風格的褸袍，頭戴黃金裝飾的面具，儼然是世界級藝術品超模。**今天的人們只有在文獻中聽說過古羅馬藝人高超的紡織藝術，即使在羅馬本土也從未發現實物，能在如此遙遠的地方發掘出古羅馬織金縷，實在令西方學者豔羨不已。**

被史學家稱為「第二樓蘭」的營盤古城

貴族墓地的發現，對於西方來說，其意義在於進一步印證了古羅馬的異彩輝煌；對中國來說，其意義在於為考古和旅遊增添了動機。而對於我這個寫作者來說，超值的意義在於：第一，貴族墓地集東西方珍奇於一體，說明山國處於絲綢之路要道上；第二，連貴族都富可敵國，說明

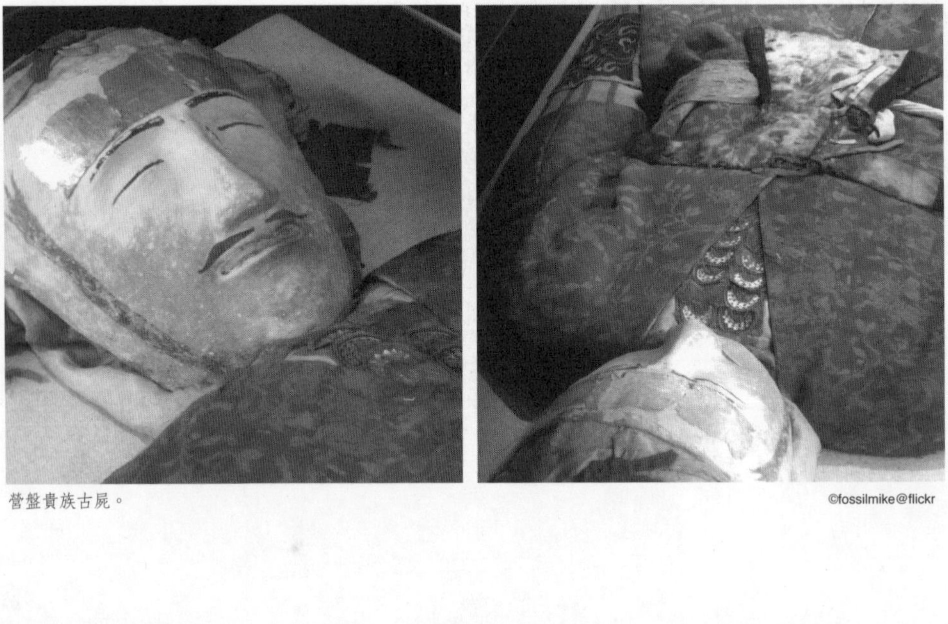

營盤貴族古屍。

©fossilmike@flickr

山國當年人丁興旺，貿易發達；第三，墓地距離營盤古城僅九百公尺，說明營盤古城有可能就是山國王城。

《水經注．河水》中說：「河水又東，逕墨山南，治墨山城，西至尉犁二百四十里。」文中的「河水」指今孔雀河，「墨山」指今庫魯克塔格山，而「墨山城」與尉犁的距離正好是營盤古城與古尉犁城的距離。據此可以認定，今營盤古城就是漢代山國王城。它背靠庫魯克塔格山，東接龍城雅丹奇觀，西連塔里木綠色走廊，曾被史學家稱為「第二樓蘭」。

不過疑問仍在。一九三〇年代和一九五〇年代，瑞典的貝格曼（Warlock Bergman）和中國學者王永炎在墨山南麓的辛格爾[2]村西的一座沙丘上，發現了一座細石器遺址。這座辛格爾遺址，也被懷疑是墨山國都。

一九八九年，新疆考古工作者在尉犁縣東部干草湖以西的蘇蓋提布拉克山谷中，發現了一座古城。從古城向北至焉耆有一條古道，沿途有成片的紅柳與胡楊林帶，溪水潺潺，風景如畫，時常有野駱駝跑過，應該是遠古絲路的大道。因此，他們認定這裡才是山國故址。

1古人認為雞是牽引太陽、驅趕鬼祟的神，可以為亡靈招魂。在中原地區的喪葬習俗中，死者枕雞鳴枕可以使靈魂在雞鳴中保持清醒和靈敏，且能庇蔭子孫「聞雞起舞」，催人奮進。從漢晉時期開始，雞鳴枕文化就已在當時絲綢之路上流行。

2蒙古語，意思是男性（居住）的地方。

多虧軟骨頭國王，營盤古城屹立不搖兩千年

好在，山國的國王不太自私，每當有強敵來攻，他都會明智地投降。所以，趙破奴、班超來時，他開城投降了。焉耆軍隊來時，他也投降了。不然，這裡會有保存完好的營盤古城嗎？

眾所周知，**城市是農業文明發展到一定高度的產物**。儘管山國屬於游牧區，但因為處在孔雀河畔與絲路要道上，不僅畜牧業非常發達，商業也空前繁榮，漸漸聚集了眾多的人口和大量的財富。要保護財富，必須紮緊籬笆，修築高牆，建造城市；這也就是建造山國王城的因由吧。

民國三年（一九一四年）二月，斯坦因（Marc Aurel Stein）從吐魯番出發，深入庫魯克塔格山麓，來到被稱為「營盤」的地方。斯坦因認為：「根據所得的古物，證明這是一座堡壘。此地原名注賓，西元後的最初幾世紀位於流向樓蘭的河水旁邊，這顯然是保護中國通西域大道的一個重鎮。」他對注賓的敘述顯然有誤，因為新發現的注賓城位於營盤東南八十公里的注賓河邊，著名的小河墓地就在注賓附近。但他對營盤的定位並無不妥。

至今猶在的營盤——中國考古學家黃文弼、黃盛璋認定的山國都城，是一座具有西方特色的圓形古城，城郭、佛塔、墓地、烽火臺一應俱全。**同樣的圓形古城：尼雅古城、安迪爾古城、圓沙古城，都已變身廢墟，而營盤古城歷經兩千年風雨仍保存完好**。

有意思的是，地處西域的這四座圓形古城，其建造者都是遠古的塞人。上卷第一部已講過，處於今民豐縣境內的尼雅古城、安迪爾古城、圓沙古城，是漢代塞人的活動區域。而營盤的建造者也有可能是塞人，因為在庫魯克塔格山興地峽谷中發現了三千年前的大型岩畫，岩畫創作者就是西域早期的原住民——塞人。或許，塞人的一支從伊犁河南下阿姆河流域，占領了希臘移民建立的巴克特利亞王

國，成立了中國史籍中所說的大夏國。在這塊嶄新的土地上，他們被一種圓形的城堡深深吸引。

圓形城堡的建造者，是馬其頓國王亞歷山大。從東周顯王三十五年（前三三四年）開始，亞歷山大發起了長達十年的偉大東征，先後占領了波斯、粟特、大夏。每征服一地，他就建造一座希臘式城堡，史稱「亞歷山大城」。一路建了七十多座，目前經考古發現了四十多座。從羅馬到中亞，圓形城堡如一朵朵盛開的向日葵，詩意地怒放在高山與低谷之間。張騫出使西域時見到的藍氏（亞歷山大的漢語譯名）城，就是其中一座。

大夏開始仿照希臘藝術風格興建圓形建築。後來，這種建築樣式從大夏傳到同宗的精絕與山國，才有了我們看到的營盤。

需要英雄的國家是可悲的，歷史蒼白的國家是幸福的

今天，每當旅遊者帶著孩子來到營盤，便會一邊參觀高聳的城堡，一邊對孩子說：「那時修建這些東西，完全是為了保護居民，防禦敵人的。」

事實上，旅遊者只說對了一半，**這些古代防禦系統有兩大目的：一是把敵人擋在城外，二是把市民關在城內。**

當兩國開戰時，進攻的一方自然會圍困另一方的城堡，防守的一方會竭盡全力保衛城市。城頭的攻守戰必定血腥而慘烈。與此同時，那些驚慌失措的市民，只能默默地忍受飢餓，紛紛躲避箭矢，直到戰爭決出勝負。那時，他們或者聽任攻陷城池的敵人燒殺搶掠，姦淫婦女；或者被迫將大量生活必需品捐獻給保衛城池的勇士們。不管是哪種結局，他們都將一貧如洗。

任何年代的老百姓都不會喜歡戰爭。當他們為了表面的忠誠靠啃樹皮、吃老鼠充飢時，他們就會打開城門，對交戰雙方說：「結束這種愚蠢的對毆，讓我們出城放羊、經商吧！」

防止這種叛變是衛戍部隊的職責。因此，古代的城池便有了雙重目的。人們時常看見，守城部隊會像對付城外的敵人一樣，將弓箭或矛頭對準城內自己的市民。

好在，山國的國王不太自私，沒有拿城裡市民的耐力做實驗。每當有強敵來攻，他都會明智地投降。所以，趙破奴、班超來時，他開城投降了。焉耆軍隊來時，他也投降了。不然，這裡會有保存完好的營盤古城嗎？當歷史著眼於一個國家的榮顯時，山國沒有什麼地位；而當歷史終於把焦點轉向民生和環境時，山國的形象就會一下子凸顯出來。試想，民眾是喜歡生活在一條濁浪滾滾、隨時決堤的大河邊，還是希望棲息在一條緩緩流淌、清潔透明的小河旁？換句話說，您是希望住在沒沒無聞的瑞士，還是希望身在世界焦點的埃及？

可惜，那些史學家過於勢利，沒有留下這幾位國王的名字。但站在民生與文物保護的角度，實在應該感謝這些「軟骨頭」國王。

伽利略說過，需要英雄的國家是可悲的。而孟德斯鳩說，歷史蒼白的國家是幸福的。這兩句話值得我們好好思索。

有道才有國，有國必有道

> 為保障絲路安全，漢從敦煌經樓蘭到龜茲，共修築烽燧三百座。東西向烽燧與南北向烽燧的交會點就在營盤，營盤正是絲綢之路的十字路口。這個十字，一頭連著繁盛的長安，一頭連著偉大的羅馬。

我們常把「路」與「道」混淆，其實「路」與「道」是有區別的。

從字形來看，「路」字可以理解為「各邁各的腳」，是指只要邁步前行就可以到達的路徑。「道」字是金文，字面意義為「在腦袋指導下行走」。也就是說，「路」是眼睛明顯可見的路徑；「道」則是眼睛看不到或看不清，必須由頭腦分析、思考和探索才能邁步而行的路徑。

自從人類進入群居時代之後，踏出一條方便進出的路徑，成為一門必修的功課。人類永遠都在尋找出路，從堯舜禹以降，特別是人類跨入城市文明時代後，「篳路藍縷，以啟山林」的道路尋找課題從來就沒有停歇過，修路開始進階為一種公共事業。**在有了國家之後，將道路修築到每一個統治區，逐漸成為一種顯示主權的標誌**。有人的地方就有路，沒人的地方只要有經貿意義或軍事意義，也要開闢大道。

從秦代的馳道、渠道，到近代的鐵道、航道，再到現代的跨江隧道、海底隧道，無不彰顯著戰略意圖，體現著民族主權。這就是所謂的「有道才有國，有國必有道」。

山國，儘管地處山區，修路極其困難，但鑑於這是一項涉及國家主權的事業，每一任國王在築牢都城的同時，也會投入大量人力物力修築數條通向外國的道路。道路愈是四通八達，這個國家就愈加強盛。「條條大路通羅馬」，就是這個道理。

漢與匈奴爭奪絲路北道，山國位居十字路口成為關鍵

從樓蘭向西北，有兩條道路，一條自樓蘭故城向西，踏著無邊的沙磧，穿行在庫魯克塔格山與孔雀河谷之間，先後抵達山國、尉犁、渠犁、焉耆、輪臺、龜茲、姑墨、疏勒，這就是所謂的絲路北道。另一條道路，是自樓蘭故城向北，翻越墨山，經過一片沙灘，進入吐魯番盆地的車師國，稱為「**墨山國之路**」。

為了打通「墨山國之路」，西漢與東漢費盡了周折。

絲綢之路開通後，漢與匈奴的爭奪集中在絲路北道控制權上。漢的戰略意圖很清楚，就是不把軍事矛頭指向伊吾（今哈密），因為取道伊吾，必然與游牧在巴里坤草原的匈奴發生直接衝突，並將面臨大規模決戰。也就是說，不到萬不得已，漢不會輕易出兵東部天山。問題在於，漢愈是不想出兵天山，天山下的小國就愈是囂張。西元前二世紀初，在匈奴指使下，車師聯合樓蘭截殺漢使，切斷了絲路北道，給了漢武帝劉徹一記清脆的耳光。

元封三年（前一〇八年），劉徹派趙破奴西征，先是俘虜了樓蘭王，然後翻越人跡罕至的「墨山國之路」，如神兵天降一般拿下了毫無準備的車師，絲路北道被打通。太初三年（前一〇二年）以後，為保障絲路安全，漢從敦煌經樓蘭到龜茲，共修築烽燧三百座。從樓蘭經營盤至龜茲的東西向絲路上，至今仍排列著十座漢代烽燧。而從營盤向北至庫魯克塔格山輿地山口有三座兀立的烽燧，從營盤向西南則有一座烽燧和一座麥得克圓形城堡（「麥得克」是城堡的名稱）。這就意味著，東西向烽燧與南北向烽燧的交會點就在營盤，**營盤正是絲綢之路的十字路口。這個十字，一頭連著繁盛的長安，一頭連著偉大的羅馬**。

想不到，趙破奴一走，車師立時倒向匈奴。天漢二年（前九九年），劉徹派開陵侯成娩率領樓蘭軍隊再次經「墨山國之路」進攻車師，由於匈奴右賢王趕來救援，開陵侯不得不撤回樓蘭。征和四年（前八九年），重合侯馬通所率的漢軍與開陵侯所率的西域聯軍兵分兩路，從南北方向圍攻車師，車師王宣布投降。「墨山國之路」徹底打通，漢朝控制的樓蘭、渠犁、車師形成了三角支撐之勢。

西漢在伊吾、焉耆均為匈奴控制的情況下，仍能有效掌控吐魯番盆地，所依賴的就是「墨山國之路」。從此，作為漢朝附屬國，山國百姓開始為路經此地的漢使和漢軍擔任嚮導，提供牲畜、補給，山國國王也常常派遣軍隊參加西域聯軍的軍事行動。而山國也因為境內交通發達而繁榮起來。

以墨山之路換糧，卻不敢無水之災

偌大的庫魯克塔格山人跡罕見，曾經駝鈴聲聲的絲路古道也被衰草黃沙占據，只有那古堡、古塔、古墓、古代烽燧睜著空洞的眼睛，其中沒有瞳仁，沒有光采，更沒有淚水。

僅僅有了道路，就能保證國家長治久安嗎？我看未必。

首先，這塊土地必須保證居民的糧食供給。儘管這裡有山林、草場，但無法種植莊稼，只能向附近的糧食主產區求購。南部的樓蘭距離最近，但樓蘭人口眾多，糧食尚且需要進口；西部的尉犁路途便捷，但尉犁僅僅能夠保證糧食自給。糧食有餘的，只有西北部的焉耆和焉耆北部的危須。而要到危須買糧，必須借道焉耆。也就是說，**山國有沒有飯吃，是焉耆說了算！**

受制於人的結局只有一個，那就是唯對方馬首是瞻。對方說長，你不能說短；對方說方，你不能說圓；對方說小狗三條腿，你就得說親眼看過；對方說豆腐不好咬，你只得說嚼不爛。否則，他就不賣糧食給你，讓你餓肚子；或者漫天要價，讓你有苦難言。表面上，山國還是西域四十八國之一，實際上早已成為焉耆的附庸。因此一旦焉耆歸附匈奴，不用問，山國也是匈奴的走卒，「墨山國之路」就會對漢朝封閉。

對此，漢人非常生氣，其中最生氣的莫過於西域都護班超。

這個滿臉絡腮鬍的漢將，向來言必信，行必果，踏石留印，抓鐵留痕。永元六年（九四年）秋，班超以龜茲為基地，徵發西域聯軍，一舉掃蕩了匈奴的走卒焉耆、危須、尉犁、山國，將首犯焉耆王和尉犁王的腦袋砍下，送到京師，掛在城門上示眾。山國國王也被更換，「墨山國之路」再度開放。

上承東漢，下啟前涼，中原王朝以樓蘭（西域長史）、高昌（戊己校尉）和大煎都侯故址（玉門關長吏）為據點，形成了品字形戰略布局，扼住了交通咽喉。在這個布局中，樓蘭和高昌的呼應至關重要。而實現這一功能的，無疑是聯繫高昌與樓蘭的「墨山國之路」。漢朝甚至曾經派出戍卒在山國屯田。

塔里木河改道南去，墨山城失去水源被迫荒廢

在中原王朝的統一調度下，山國的糧食供應有了保障。照理說，他們可以鬆一口氣，過一段開心日子了。

但緊接著，第二個問題來了，那就是作為國家都城，必須有充足的水源。這也是世界上所有的古代城鎮都建在河邊或湖邊，所有富饒美麗的現代城市都建在海邊與河邊的原因。

歷史告訴我們，西元三世紀，山國就被焉耆吞併了。但這尚且不算山國人民的災難，因為國家被吞併，地位下降的只有國王，老百姓仍一如既往地過著日出放牧、日落而息的庸常日子。

真正的災難發生在西元五世紀，塔里木河突然改道南去，導致孔雀河及其終點羅布泊漸漸枯竭。隨之而來的，是美麗的樓蘭連同孔雀河北岸的墨山城，由於失去水源被迫荒廢，本就不多的居民陸續收拾家當，如不繫之舟，四處飄零。儘管《釋迦方志》等唐代文獻仍提到墨山城，但是相關文字明顯抄襲前史。換句話說，從西元五世紀至今，墨山城已人去城空了一千四百四十年。

偌大的庫魯克塔格山人跡罕見，曾經駝鈴聲聲的絲路古道也被衰草黃沙占據，只有那古堡、古塔、古墓、古代烽燧睜著空洞的眼睛，其中沒有瞳仁，沒有光采，更沒有淚水。

這就是絲路北道的第一站。

山國 小傳 歷史簡表

山國，全名墨山國，是位於今庫魯克塔格山腹地的一個山地國家。從樓蘭國向北，翻越墨山，可進入吐魯番盆地，這條路被稱為「墨山國之路」；從樓蘭國向西，沿著庫魯克塔格山與孔雀河之間的商路前行，就是所謂的絲路北道。這裡儘管土地貧瘠，但交通發達，歷來是大國博弈的一個點。中原朝廷在西域站穩腳跟後，甚至把烽燧修到了這裡。

西元五世紀，隨著塔里木河改道南去，孔雀河與羅布泊漸漸枯萎，孔雀河北岸的墨山城只能接受人老珠黃、魂歸黃沙的悲劇結局。

西漢

漢武帝元封三年（前一〇八年）

劉徹派趙破奴西征，先俘虜了樓蘭王，然後翻越人跡罕至的「墨山國之路」，拿下了毫無準備的車師，絲路北道被打通。

太初三年（前一〇二年）以後

為保障絲路安全，漢從敦煌經樓蘭到龜茲，共修築烽燧三百座。東西向烽燧與南北向烽燧的交會點就在營盤，營盤正是絲綢之路的十字路口。

天漢二年（前九十九年）

劉徹派開陵侯率領樓蘭軍隊再次經「墨山國之路」進攻車師，由於匈奴右賢王趕來救援，開陵侯不得不撤回樓蘭。

征和四年（前八十九年）

重合侯馬通所率的漢軍與開陵侯所率的西域聯軍兵分兩路，從南北方向圍攻車師，車師王宣布投降。「墨山國之路」徹底打通，漢朝控制的樓蘭、渠犁、車師形成了三角支撐之勢。

東漢

山國糧食受制於焉耆，焉耆歸附匈奴，山國也成了匈奴的走卒，「墨山國之路」對漢朝封閉。

漢和帝永元六年（九十四年）

班超以龜茲為基地，徵發西域聯軍，一舉掃蕩了匈奴的走卒焉耆、危須、尉犁、山國，將首犯焉耆王和尉犁王的腦袋砍下，送到京師，掛在城門上示眾。山國國王也被更換，「墨山國之路」再度開放。

三國時期

西元三世紀，山國被焉耆吞併。

魏晉南北朝

西元五世紀，塔里木河突然改道南去，導致孔雀河及其終點羅布泊漸漸枯竭。樓蘭連同孔雀河北岸的墨山城，由於失去水源被迫荒廢，本就不多的居民陸續收拾家當，人去城空。

二十世紀後

一九一四年

斯坦因從吐魯番出發，深入庫魯克塔格山麓，來到營盤。

一九三〇～一九五〇年代

瑞典的貝格曼和中國學者王永炎在墨山南麓的辛格爾村西的一座沙丘上，發現了一座細石器遺址（辛格爾遺址）。

一九八九年

新疆考古工作者在尉犁縣東部干草湖以西的蘇蓋提布拉克山谷中，發現了一座古城。從古城向北至焉耆有一條古道，應該是遠古絲路的大道。因此，他們認定這裡才是山國故址。

第十三章

尉犁

一個腕挎孔雀河，背靠博斯騰湖，
占據自然天險，足以藐視前方的萬人城邦，
卻總是亦步亦趨跟在大國身邊，趁機占點好處來壯大自己，
最後因為它不忠於任何人，也無人真心待它，而被曾經的盟友吞併。

如今雖然尉犁國已不復存在，
但在尉犁縣卻流傳著一個關於羅布人的美麗傳說……

尉犁

在孔雀河臂彎裡

地理和歷史的地位：

・尉犁王城腕挎孔雀河，背靠博斯騰湖，懷抱盆地與河流，地勢險要，居高臨下，是一個易守難攻的天然屏障。

・尉犁國的歷史，可以用「趁火打劫」加以概括。

尉犁國，王治尉犁城，去長安六千七百五十里。戶千二百，口九千六百，勝兵二千人。尉犁侯、安世侯、左右將、左右都尉、擊胡君各一人，譯長二人。西至都護治所三百里，南與鄯善、且末接。

——班固《漢書》卷九十六下

靠趁火打劫起家的綠洲城邦

這次「趁火打劫」，尉犁收穫巨大。作為支持焉耆的補償，尉犁如願吞併了西南部的渠犁。那段日子，尉犁王彷彿有了一個中型國家的感覺，並沐浴到自由與獨立的陽光。

從山國西行，就是今尉（音同「玉」）犁縣城。但地圖上，有三條道路。一條從塔里木河古河道與孔雀河交會處的北岸向西，進入古渠犁國境。

一條從今尉犁縣城北行，經庫爾勒市，過鐵門關北接焉耆道。

還有一條從今尉犁縣城北行，經庫爾勒北行西轉至烏壘。

尉犁縣官方網站介紹，今尉犁縣城位於西漢渠犁國境內。今庫爾勒市官方網站也介紹，今庫爾勒市大部處在西漢渠犁國境內。那麼，西漢時期的尉犁國到底在哪兒？

《漢書》說，尉犁王城東距長安六千七百五十里，西距都護府三百里，南接鄯善、且末。渠犁國東北與尉犁、東南與且末、南與精絕接，北到都護府三百三十里，西到龜茲國五百八十里。焉耆國都東距長安七千三百里，西南至都護府四百里，南至尉犁百里。山國王城西至尉犁兩百四十里。如此一來，西漢尉犁國都的方位就是：位於焉耆國南部四十二公里，都護府東部一百二十五公里，渠犁國東北部兩百六十公里，山國西部一百公里的區域內[1]。也就是今庫爾勒市東部，孔雀河上游東岸，博斯騰湖西南的一個石崗上。

這裡腕挎孔雀河，背靠博斯騰湖，懷抱盆地與河流，地勢險要，居高臨下，是一個易守難攻的天然屏障。石匠們把石材壘砌在城門、城牆、宅府上，構成了獨特的石頭城風光。誰占據了這裡，誰就可以窺視前方。

擁有如此的地利，尉犁國應該風雨如磐，屹立不倒。可惜，**尉犁國辜負了得天獨厚的地理優勢。它的歷史，似乎可以用一個貶義詞加以概括，那就是「趁火打劫」**。征和四年（前八九年），漢開陵侯圍攻車師，尉犁國曾派軍跟隨，期望在漢軍取勝後大撈一把。天鳳三年（一六年），王莽派軍隊進攻焉耆，尉犁國又參加了新朝與西域聯軍，希望在踏平焉耆後分一杯羹。在聯軍受到焉耆伏擊時，它又夥同姑墨、危須反戈相向。

這次「趁火打劫」，尉犁收穫巨大。作為支持焉耆的補償，尉犁如願吞併了西南部的渠犁。那段

1見孟凡人《絲綢之路史話》，社會科學文獻出版社，二〇一一年版。

日子，尉犁王彷彿有了一個中型國家的感覺，並沐浴到自由與獨立的陽光。

不久，他們就嘗到了「趁火打劫」的苦果。永元六年（九四年），西域都護班超召集西域八國聯軍，征討不服調遣的焉耆、尉犁，處死了焉耆王廣、尉犁王汎。

三國時期，擁有兩千名士兵的尉犁被擁有六千名軍人的焉耆吞併。國王想找鄰居訴苦，但原先的鄰居渠犁早被自己吃掉了，渠犁貴族還一肚子冤屈吶。想找人主持公道，原先的「國際員警」——漢人早被自己趕跑了，而遠在中原的魏國又沒有能力主持公道。

像野花一樣美麗的羅布麻

面對濤濤的河水，羅布麻一聲接一聲地呼喚丈夫歸來，夜以繼日，風雨不輟。天長日久，她變成了一叢蓬勃的羅布麻。盛夏季節，羅布麻花兒茂密地迎風搖擺，像少婦在河畔呼喚親人時窈窕的倩影。

名稱，就是個性，也是一種文化符號。但凡名稱，總要遵循一定的規則，例如人不能取動物名，張三不能叫張老鼠；動物不能取人名，哈巴狗不能叫李大偉；鄰近東海的地區不能叫西海，沒有湖泊的地方不能叫大湖；天上的白雲不能稱土地，地上的江河不能叫日月。

但偏偏有人反其道而行之，尉犁國名就是這樣。

尉犁，亦稱尉黎，蒙古語稱「羅布淖爾」。把這裡取名羅布泊，不得不讓人佩服取名之人的大氣魄與想像力。這裡地處山崗，距離羅布泊足有兩百公里，如果一定要說有湖泊的話，只能說背後頭頂上的博斯騰湖。見多識廣的人可能反駁我說：「最早的羅布泊很大，湖面曾經延伸到這裡。」確實如此，但那是北半球被冰蓋籠罩的時期，這裡根本沒有人類，甚至沒有猿猴。

至於維吾爾語稱尉犁為「昆其」，也就是孔雀、皮匠之意，倒是有一定的道理，因為孔雀河的確流經此地，沖出了一片豐饒的綠洲。而且，孔雀無論是形象還是美感，都遠遠超過「羅布」。

不知有漢、無論魏晉的神祕羅布人

現今隨著人們生活水準提升以及體力勞動量下降，高血壓已成為常見的慢性疾病。六十五歲以上的人口中，高血壓患者已經達到五〇％以上。而幾乎每一名高血壓患者，都知道一種名叫「羅布麻」（A.venetum L）的降壓藥，也就是說，大家對於「羅布麻」的熟悉度已經接近阿斯匹靈與減重藥PPA。

奇怪的是，卻很少有人知道「羅布麻」產自哪裡。

其實，「羅布麻」是一種草，因產於羅布泊而得名。儘管這是一種稀鬆平常的草，卻有著不凡的身世。

傳說很久以前，塔里木河下游生活著一對夫婦，妻子叫羅布麻，像野花一樣野性而美麗；丈夫勇敢勤勞，以樂於助人著稱鄉里。有一年，塔里木河突然斷流，失去水源的鄉親們陷入絕望，羅布麻的丈夫自告奮勇去遠方尋找水源，最終渴死在荒灘上。他死後，身體變成了一條波濤洶湧的大河，挽救了家鄉無數的生靈。面對濤濤的河水，羅布麻一聲接一聲地呼喚丈夫歸來，夜以繼日，風雨不輟，像雕塑一樣矗立在河邊。天長日久，她變成了一叢蓬勃的羅布麻。盛夏季節，羅布麻一開花，花兒茂密地迎風搖擺，像少婦在河畔呼喚親人時窈窕的倩影。

注入了美麗少婦靈魂的羅布麻，是尉犁人民的最愛，也是塔里木盆地特有的植物。遠古時期，它是優質的編織原料，孔雀河畔出土的三千八百年前的女屍，就身穿用羅布麻織成的衣物。後來有一名老中醫發現它有降壓、止咳、平喘的效用之後，它的身價便不斷攀升。有趣的是，「羅布麻」降血壓的療效儘管無可辯駁，但許多中青年高血壓患者卻對它敬而遠之，因為它在降壓的同時，也會使男人漸漸喪失性功能。

與羅布麻同屬於羅布家族的，是神祕的羅布人。

顧名思義，羅布人就是生活在羅布泊地區的人。清代以前，在羅布淖爾水邊生活著近五百戶羅布人，他們「不種五穀，不牧牲畜，唯划小舟捕魚為食」，沒有武裝，沒有文字，講著渾濁的羅布語，過著與世隔絕的日子。直到乾隆二十二年（一七五七年），參贊大臣阿爾袞奉命追剿準噶爾人馬，才在搜山巡湖時發現了「不知有漢、無論魏晉」的羅布人。斯文．赫定（Sven Hedin）進入羅布泊探險時，他的嚮導就是羅布人，羅布人的首府叫阿布旦。

這是一個堅毅不屈的族群，死後也不能倒下。死者身穿羅布麻做的五件壽衣，躺在生前使用的卡盆（胡楊舟）裡，用另一只卡盆合上、蓋好，再綁起來，直立於蘆葦蕩中。直到今天，它們仍屹立於茫茫風沙中，成為一道蒼涼的景觀。這恐怕也是羅布泊消失後，羅布人仍生生不息的一大原因吧？

如今，與維吾爾族雜居的羅布人已逐漸維吾爾化。但關於羅布麻與羅布人的故事，還藏在尉犁縣羅布老人的皺紋裡。別看他們已經一百多歲了，但講起故事來腦子是不會短路的。

尉犁 小傳 歷史簡表

尉犁，又稱尉黎，蒙古語稱其為「羅布淖爾」，維吾爾語稱其為「昆其」。古尉犁腕挎孔雀河，背靠博斯騰湖，是絲路北道上一個人口近萬的綠洲城邦。可惜，尉犁國辜負了這一得天獨厚的地理優勢，它的歷史，似乎可以用一個貶義詞加以概括，那就是「趁火打劫」。漢朝圍攻車師時，它夾雜其中；漢軍進攻焉耆時，它加入了都護府聯軍。都護府聯軍受到焉耆伏擊時，它又反戈相向，幫助焉耆將漢人趕出西域。但到了三國時期，它卻被自己幫助過的焉耆吃掉了。

有人說，這有點像東郭先生和狼的故事，但它並不具備東郭先生有些迂腐的善良。如果細細分析歷史就會發現，趁火打劫者的下場，似乎向來如此。

西漢

漢武帝征和四年（前八十九年）

漢開陵侯圍攻車師，尉犁國派軍跟隨。

新朝

王莽天鳳三年（十六年）

王莽派軍隊進攻焉耆，尉犁國參加新朝與西域聯軍。但在聯軍受到焉耆伏擊時，夥同姑墨、危須反戈相向。焉耆戰勝後，尉犁吞併了西南部的渠犁。

東漢

漢和帝永元六年（九十四年）

西域都護班超征討不服調遣的焉耆、尉犁，處死了焉耆王廣、尉犁王汎。

三國時期

尉犁被焉耆吞併。

第十四章

渠犁

因土地肥沃且戰略地位重要，渠犁成為漢在西域屯田的首選之地。不僅可為漢軍、漢使供給糧食，也可牽制匈奴在西域的勢力。

然而，漢的寵信與庇蔭為它招致匈奴與鄰居各國的不滿，也讓它疏於培養自己的勢力，甚至隨著漢屯田地點轉移，導致人口銳減，最終難逃覆滅的命運……

渠犁

漢朝的屯田基地

地理和歷史的地位：

・因氣候、土壤、位置等良好條件，渠犁成為漢在西域屯田的首選之地。

・中原勢力淡出西域後，昔日最受漢人寵信的渠犁成為反叛勢力攻擊的對象，最終難逃覆滅的命運。

渠犁，城都尉一人，戶百三十，口千四百八十，勝兵百五十人。東北與尉犁、東南與且末、南與精絕接。西有河，至龜茲五百八十里。自武帝初通西域，置校尉、屯田渠犁。

——班固《漢書》卷九十六下

輪番戍邊不如移民實邊，漢開啟屯田先河

秦統一六國之前的戰爭，由於前線距離後方基地不太遠，無需建立專門的糧食生產後勤基地。但當中原一統，秦始皇討伐匈奴時，後勤供給線過長、運輸難度過高、戰爭成本過大的問題便凸顯了出來。

走進歷史隧道，總有一些品行不端的人站在路口，讓人難以回避。更令人糾結的是，這些人的品行有時還與才能成反比。如惡宦蔡倫發明了植物纖維紙，奸相秦檜創出了仿宋體。

在講述歷史的過程中，我也一直試圖避開那些雙手沾滿鮮血的殘暴君王。比如，無論是中國的政治史、經濟史、文化史，還是軍事史、交通史、水利史；無論你人在中原，還是置身邊塞，總難以繞過一個殘暴透頂的人物——始皇帝嬴政。他不僅是統一文字、統一貨幣、統一度量衡的政治家，而且是萬里長城、郡縣制、鄭國渠、靈渠、馳道的發明者。我們將要到達的渠犁國，居然也沒有躲過這個連天下第一刺客荊軻也殺不死的人。

秦始皇一統天下，才發現後勤補給有問題

兵法云：「兵馬未動，糧草先行。」冷兵器時代的中國戰爭，往往持續很久，甚至達到幾十年。要應付曠日持久的戰爭，除了持續的兵源，就是長期而穩定的糧草供應。要保證糧食供應，需要穩固的糧食生產基地。而這種糧食生產基地，最好建在距離交戰區域不遠的地方。好在，秦統一六國之前的戰爭，由於前線距離後方基地不太遠，所以無需建立專門的糧食生產後勤基地。當中原一統，秦始皇騰出手來教訓北部邊疆的匈奴時，後勤供給線過長、運輸難度過高、戰爭成本過大的問題便凸顯了出來。

於是，秦始皇、李斯、馮去疾、蒙毅、趙高等聰明絕頂的人聚在一起，商討對策。漸漸地，一個驚世奇謀誕生了：屯田——利用士兵和農民開墾荒地，為軍隊取得供養與稅糧。其中，以士兵為主的屯墾稱「軍墾」，以農民為主的屯墾稱「農墾」。

史載：「始皇帝使蒙恬將十萬之眾，北擊胡，悉此河南地，因河為塞，築四十四縣城，臨河，徙適戍以充之。」[1]這應該是中國屯田的第一聲軍號。而第一位負責屯田的將軍，就是後來死於趙高之手的名將蒙恬。

劉徹借鏡祖父屯田政策，解決西域用兵問題

漢初，恢復氣力的匈奴時常越過長城騷擾關內的農民，令一意「休養生息」的漢文帝劉恆一籌莫展。漢文帝十一年（前一六九年），匈奴侵擾狄道，隴西軍民以少勝多，讓匈奴吃了一點苦頭。趁此良機，號稱「智囊」的河南人晁錯一股腦兒向劉恆上了三道奏疏：〈言兵事疏〉、〈守邊勸農疏〉和〈募民實塞疏〉，建議用移民實邊代替輪番戍邊。

晁錯在奏疏中說：「秦代，從中原來到邊疆的士兵不服水土，運糧困難，出現了大量的減員。加上秦法嚴酷，耽誤行期要判死罪，終於激起了陳勝起義，導致秦滅亡。匈奴騎兵來去無時無蹤，如果我們採輪番戍邊的辦法很難發揮作用。」於是，他建議：「一、招募內地百姓到邊塞長期安家落戶，先由政府供給衣食、住房、農具，耕地，直到能夠自給為止；二、按軍事組織編制移民並實行軍事訓練，平時耕種，戰時出擊；三、建築防禦工事，高築城牆，深挖壕溝，並設滾木、蒺藜。」同時，晁錯又在〈論貴粟疏〉中建議：「全國百姓向邊塞輸納糧食，以換取一定爵位或用以贖罪。」（今募天下入粟縣官，得以拜爵，得以除罪）

這是一個既富有創意又穩當嚴密的建議，令劉恆茅塞頓開。很快，劉恆便以罪人、奴婢和招募的農民戍邊屯田，從而開闢了歷代屯田政策的先河。

而西域屯田，始自劉恆的孫子漢武帝劉徹。太初三年（前一〇二年），李廣利二征大宛獲勝後，西域各國紛紛遣使入貢，漢派往西域的使者日益頻繁。為保證絲路暢通，漢將河西長城從敦煌、玉門修到了鹽澤（羅布泊）。沿長城內側，每隔一段便建有一座烽燧。一旦爆發戰爭，從敦煌傳出的烽燧只需三晝兩夜即可到達長安。在地圖上，從長安伸展出的烽燧線，如一把寶劍插進了西域的心臟。

西域軍隊的軍資與糧食如何解決？路經西域的漢使的後勤如何保障？對降服於漢的西域諸國如何制衡？一連串問題擺在劉徹面前，他想起了祖父的「屯田」之法。太初四年（前一〇一年），劉徹派田

卒數百人來到渠犁、輪臺（參見〈輪臺／烏壘〉一章）屯田。

為什麼選擇屯田渠犁？

漢朝為什麼將屯田基地選在渠犁？

原因有三：

一是氣候。這一地區海拔在八百九十至九百一十公尺，年降水量在四十至五十五毫米左右，年平均氣溫攝氏十度上下，每年的無霜期有近兩百天，適合發展農耕業。

二是土壤。這裡屬於孔雀河沖積綠洲，土壤為潮土型、黃潮土、灰潮土、鹽化潮土、灌溉潮土、灌溉草甸土，土質疏鬆，保水保肥，適種性強，有機質含量一般在一．八至二．四％，適合種植粟（穀子）、麥（小麥）、稻（水稻）、菽（大豆）、黍（黃米）、麻（大麻）、大麥（青稞）、棉花等，是宜糧宜棉區。

三是位置。它與輪臺一樣，都處於絲路北道要衝，位居西域中心，直接威脅著匈奴設在焉耆的軍政機構——僮僕都尉。

渠犁屯田儘管還算不上大規模屯戍，目的只是為了給漢使提供糧食，但畢竟拉開了漢西域屯田的序幕。

渠犁屯田的意義，絕不僅僅是解決了漢軍與漢使的軍糧那樣簡單，更深遠的意義在於，第一，減輕了西域百姓的徭役負擔，為漢朝贏得了西域國民的信賴；第二，開拓了大量洪荒之地，為西域社會經濟發展提供了廣闊空間；第三，傳授了代田法、耦耕等漢地先進生產技術，為西域的文明進步提供

1出自《史記》卷一百一十。

了技術支援。第四，以最小的成本維持了西域諸國的秩序，有效護衛漢的西部邊陲。

就這樣，輪臺與渠犁形成了犄角之勢，牽制匈奴在西域的發展。

漢宣帝劉詢時期，一個名叫鄭吉的漢人走向渠犁。

這是一個改變西域歷史的人物。

絲路南北道都護，第一任西域「都護」鄭吉

聽說車師王烏貴投降了漢朝，並且劫掠了匈奴附屬國蒲類，匈奴終於失去耐心，發兵攻打車師。接到線報，鄭吉從渠犁率兵北上迎戰，對鄭吉早有忌憚的匈奴人無奈退兵。

鄭吉，會稽（今江蘇吳縣）人，出身下層士兵，多次隨軍進出西域，後來升任皇帝的侍衛郎官。奇蹟來自於「努力」。據說，他努力不懈地培養出兩個鮮明的特點：一是爭強好勝，素有鴻鵠之志；二是善於動腦，專攻外交事務。他也因此受到皇帝注目，並儲備在皇帝身邊。

地節二年（前六八年），漢決定在塔里木河沿岸的千里荒灘上派軍屯田，劉詢想到了身邊的鄭吉。是猴子，就給牠一棵樹；是老虎，就給牠一座山。熟悉外交事務的鄭吉終於派上了用場。一天，劉詢詔命鄭吉為侍郎，司馬憙（音同「喜」）為校尉，率領免除刑罰的犯人進駐遙遠的渠犁屯田。

率屯田士征討車師，車師王奔上匈奴附屬國請降

秋來雁過，塔里木河北岸一片金黃。趁敵人忙於秋收，鄭吉與司馬憙帶領西域聯軍一萬多人，連同一千五百名渠犁屯田士征討聽命於匈奴的車師。大軍從墨山國之路北上，悄然進入吐魯番盆地，一舉攻陷了交河城。可惜的是，車師王烏貴已提前聞訊逃進北部石城，龜縮不出。考慮到軍糧將盡，鄭吉率軍回到渠犁進行秋收。

心硬之人絕不會給對手以喘息之機。秋收一結束，鄭吉又發兵攻打車師王烏貴避難的石城。聽到探馬的報告，車師王烏貴率部分隨從向北逃進匈奴邊境求救，但匈奴未予理睬。走出匈奴大帳，車師王烏貴一臉無奈與愁怨，對隨行的車師貴族蘇猶嘆息道：「匈奴人見死不救，我們只能向漢軍投降，可是，我拿什麼取得漢軍的信任呢？」蘇猶沉思良久，回應說：「那就順道搶劫匈奴旁邊的小蒲類國，以搶劫的財務為信物向鄭吉投降吧。」聞言，兩人會心一笑。

隨著蒲類國遭殃，鄭吉接受了車師王烏貴的請降。

聽說車師王烏貴投降了漢朝，並且劫掠了匈奴附屬國蒲類，匈奴終於失去耐心，發兵攻打車師。接到線報，鄭吉從渠犁率兵北上迎戰，對鄭吉早有忌憚的匈奴人無奈退兵。此後，鄭吉留下一個軍侯及二十名士兵保衛烏貴，自己領兵回到渠犁屯田。經過這一番折騰，烏貴變得膽小如鼠，時時擔心匈奴軍隊前去殺他，於是隻身逃到烏孫，撇下妻子兒女在車師城中日夜哭泣。

鄭吉派人將車師王的妻子迎接到渠犁。

車師肥美絕不能讓，匈奴騎兵來襲

不久，鄭吉回朝覆命，剛剛行進到酒泉，便接到了劉詢的詔書，命他立即回到渠犁與車師屯田，增加積糧以安定西域，然後積蓄力量對付匈奴。

明白了劉詢的決心，鄭吉開始一心一意地經營西域事務。一方面，他派出得力部下將車師王的妻子送往長安，使之成為車師在漢的代表；另一方面，從渠犁抽調三百名士兵進駐車師屯田。

消息傳進單于庭，匈奴貴族們紛紛建議道：「車師地肥美，近匈奴，使漢得之，多田積穀，必害人國，不可不爭也！」[2]於是，匈奴單于派遣騎兵前往襲擊漢屯田士卒。為了因應匈奴人的襲擊，鄭吉將一千五百名渠犁屯田士全部調到車師屯田。匈奴又增調騎兵前來攻擊，寡不敵眾的屯田士退守車師城。城下的匈奴人對城頭的鄭吉高喊：「單于必爭此地，不可田也！」

面對危局，鄭吉草擬了一封求救信，派出快馬星夜出城趕赴朝廷。鄭吉在信中對劉詢說：「車師距離渠犁千餘里，中間隔著高山大河，而車師又鄰近匈奴，一旦匈奴騎兵發起攻擊，身在渠犁的漢軍難以及時相救，請陛下增加田卒的數量。」（車師去渠犁千餘里，間以河山，北近匈奴，漢兵在渠犁者勢不能相救，願益田卒）

接到書信，劉詢與群臣朝議對策。多數大臣認為，當務之急是解車師之圍，但解圍之後應放棄車師屯田。因為車師距離匈奴太近，增派軍隊勢必增加國家負擔，而且占領車師與否對於絲綢之路影響不大。於是，劉詢詔命長羅侯常惠，帶領張掖、酒泉騎兵開往車師北部千餘里的區域，表面上聲稱斷敵退路，實際上是為解車師之圍。

匈奴騎兵果然退去，鄭吉順利回到渠犁，渠犁首次出現了三名校尉一起屯田的局面。

匈奴日逐王歸降，鄭吉從此威震西域

一天，劉詢頒布了兩道詔令：一是立在焉耆避難的車師前太子軍宿為王，將車師國民遷到了渠犁。二是因經營渠犁與車師之功，鄭吉被提升為衛司馬，成為漢朝護鄯善以西（也就是絲路南道）使者。新車師王與鄭吉皆大歡喜。

不久，匈奴爆發內訌，理應繼承單于位的日逐王先賢撣被人篡權後又遭排擠，於神爵二年（前六十年）秋派人前來與鄭吉祕密聯繫降漢事宜。鄭吉當即發動渠犂、龜茲各國五萬人迎接日逐王，日逐王率十二位將軍和一萬兩千名部下隨鄭吉抵達河曲地區。途中，部分匈奴軍人逃亡，被鄭吉悉數追殺。最終，鄭吉將日逐王及其部下安全送到京師，日逐王被封為歸德侯。受命統轄西域的日逐王一投降，匈奴在西域的最高統治者僮僕都尉「由此罷，匈奴益弱，不得近西域」[3]。

「威震西域」的鄭吉，在護衛絲路南道的同時，開始兼護車師西北方各國（也就是絲路北道），因此號稱「都護」。西域都護，始自鄭吉，所以史稱：「漢之號令班於西域矣，始自張騫而成於鄭吉。」[4]

劉詢在詔書中也不無深情地說：「都護西域騎都尉鄭吉，拊循外蠻，宣明威信，迎匈奴單于從兄日逐王眾，擊破車師兜訾城，功效茂著。其封吉為安遠侯，食邑千戶。」這一年是神爵三年（前五九年）。

鄭吉將都護府設在烏壘城。他在烏壘城的故事，將於〈輪臺〉一章講述。

2 出自《漢書》卷九十六下。
3 出自《漢書》卷九十六上。
4 出自《漢書》卷七十。

鄭吉帶走屯田士兵，渠犁難逃凋零的命運

這個比尉犁國的國土面積大幾倍的國家，居民人數卻只有對方的六分之一，原來隨車師王遷來的車師人也已隨鄭吉去了輪臺，一旦漢的勢力衰微，強鄰尉犁來攻，渠犁國王的選擇恐怕只有兩個。

鄭吉走到哪裡，就會將大量的士卒帶到哪裡，哪裡就是西域的行政中心。這樣一來，渠犁的零落便成為必然。而且，渠犁國太富庶，太廣闊了，它北鄰輪臺，東接博斯騰湖西南的尉犁，幾乎占據了整個塔里木河中下游地區，是一塊人人都想分一杯羹的肥肉。更難堪的是，這個比尉犁國的國土面積大幾倍的國家，居民人數卻只有對方的六分之一，原來隨車師王遷來的車師人也已隨鄭吉去了輪臺，一旦漢的勢力衰微，強鄰尉犁來攻，渠犁國王的選擇恐怕只有兩個，一是逃跑，二是投降。

還好，鄭吉在烏壘城做得風生水起，老巢渠犁國也平安無事。

在桑弘羊「益通溝渠」、「益墾溉田」的宏偉藍圖實施後，渠犁、輪臺一帶沃野百里，溝渠縱橫。在庫車南部的沙雅縣發現的全長一百公里的黑太也拉克（漢人渠），由紅土築成，寬約六公尺。直到一九八〇年代，考古工作者還能看到古管道遺跡，稱它是「宛若一道逶迤遠去的土堤」[5]。

但渠犁人最擔心的事情還是到來了。半個多世紀後，西域都護但欽被焉耆攻殺，王莽發兵報復未果，中原勢力淡出西域。昔日最受漢人寵信的渠犁王立時退到了歷史的懸崖邊，成為反叛勢力攻擊的對象。率兵到來的尉犁王只輕輕一掌，便把渠犁推進了歷史的深山。

末了，尉犁王還恨恨地說：「看你還怎麼狐假虎威！」

正如當代史學家李銳所說：「歷史從來就是芸芸眾生萬劫不復的彼岸。」就這樣，渠犁被只有一字之差的尉犁所覆蓋，不僅僅是塔里木河邊的廣袤原野，還有自己那曾經眾所周知的姓名。

5 見王炳華《絲綢之路考古研究》，新疆人民出版社，一九九三年版。

渠犁 小傳

歷史簡表

渠犁，位於今尉犁縣境內。李廣利二征大宛獲勝後，為保證絲綢之路暢通，漢武帝派田卒挺進渠犁、輪臺屯田。從此，渠犁與輪臺呈犄角之勢，共同編織起西域霸主匈奴的惡夢。

漢宣帝當政時期，士兵出身的鄭吉率領一千五百名刑徒士來到渠犁屯田，並以此為基地適時出手，吐納風雲。漢末，隨著漢人退出西域，親漢的渠犁被尉犁所吞併，包括那個曾經光耀漢冊的閃亮名字。

西漢

漢武帝太初三年（前一〇二年）
- 李廣利二征大宛獲勝後，西域各國紛紛遣使入貢，漢派往西域的使者日益頻繁。

太初四年（前一〇一年）
- 為保證絲路暢通，劉徹派田卒數百人來到渠犁、輪臺屯田。
- 漢武帝年間桑弘羊推行「益通溝渠」、「益墾溉田」，渠犁、輪臺一帶沃野百里，溝渠縱橫。

漢宣帝地節二年（前六十八年）
- 漢派鄭吉率領免除刑罰的犯人進駐遙遠的渠犁屯田。
- 鄭吉屯田渠犁期間曾二度率兵進軍車師，逼車師請降。匈奴不滿來犯，鄭吉一度被圍困車師，後漢軍來援，匈奴退兵，漢保住渠犁、車師。

漢宣帝神爵二年（前六十年）

● 匈奴日逐王因內訌遭篡權排擠，祕密降漢。

神爵三年（前五十九年）

● 鄭吉擔任西域都護，因攻破車師、助日逐王歸降有功，獲封安遠侯。

新朝

西域都護但欽被焉耆攻殺，王莽發兵報復未果，中原勢力淡出西域。不久後渠犁也被尉犁吞併。

第十五章

焉耆

在西域諸國中，焉耆與中原王朝的關係，或許可以說是最反覆無常的。
從西漢建國至唐末被吐蕃占據，它的忠誠一直在匈奴與漢朝、突厥與大唐之間游移，
說不清它是利益至上、向強者靠攏的識時務者；
抑或是充滿獨立精神，卻總是時不我予、遭強敵打壓的倒楣鬼。
雖然從三國至西晉它曾盛極一時，稱霸絲路中道，但僅僅一代便被前涼王征服。

焉耆之名來自胭脂，然而這抹豔麗的紅卻沒有在歷史上留下太鮮明的色彩，
除了百餘年來硝煙不斷，以及佛教木魚聲聲，
最讓後人印象深刻的或許就屬《西遊記》裡的烏雞國了吧……

焉耆

一抹美麗的胭脂紅

地理和歷史的地位：

- 絲路北道上的大國，充滿獨立與反叛的精神。曾在漢末策動了兩場將西域都護府趕出西域的殲滅戰，也曾在班超如日中天時孤傲地對抗。
- 三國時期，實現了躋身「西域八強」的夢想，還變成了小乘佛教的樂土。

焉耆國，王治員渠城，去長安七千三百里。戶四千，口三萬二千一百，勝兵六千人。西南至都護治所四百里，南至尉犁百里，北與烏孫接。

——班固《漢書》卷九十六下

以胭脂裝飾的國度

一天，匈奴單于與妻子宴請群臣與家屬。單于的妻子一露面，便在貴族婦女中引發一陣驚呼，這張曾經蒼白而粗糙的面龐，突然變得紅潤而生動，難道她施展了什麼魔法？

林花謝了春紅，太匆匆，
無奈朝來寒雨晚來風。

胭脂淚，相留醉，幾時重，
自是人生長恨水長東。

這首淒婉秀美的詞名叫〈相見歡〉，作者是南唐風流君主李煜，詞中有一個香豔的詞彙——胭脂。

「胭脂」，原產於中國西北的焉支山，實際上是一種名叫「紅藍」的花朵，它的花瓣中含有紅、黃兩種色素，趁花開之時整朵摘下，放在石缽中反覆杵槌，淘去黃汁後，便得到了鮮豔的紅色染料。第一個享受這一成果的，當然是當地最高統治者匈奴單于的妻子。

一天，匈奴單于與妻子宴請群臣與家屬。單于的妻子一露面，便在貴族婦女中引發一陣驚呼，這張曾經蒼白而粗糙的面龐，突然變得紅潤而生動，難道她施展了什麼魔法？當知道了原因，她們便紛紛仿效，每次出門都以這種顏料妝飾臉面。後來，這種顏料發展為兩種，一種是以絲綿沾紅藍花汁製成，名為「綿燕支」；另一種是加工成小而薄的花片，名叫「金花燕支」。兩種燕支經過陰乾處理，都能成為稠密潤滑的脂膏。從此，燕支被寫成「烟脂」、「臙脂」，成為女人的最愛與美麗的代名詞。後來，焉支山被漢將霍去病攻占，匈奴有歌曰：「亡我祁連山，使我六畜不番息；失我焉支山，使我婦女無顏色。」唐朝李白也在詩中感嘆：「焉支落漢家，婦女無花色。」

以美好的事物為自己命名，是人類千年不變的喜好，如桑弘羊、花木蘭、溫庭筠、李清照、朱元璋、左宗棠、王崑崙、關山月、瓊瑤、柏楊、馮驥才、謝杏芳、張柏芝。於是，單于妻子的尊號變成了「閼氏」（音同「胭脂」）。

而且，這種喜好逐漸擴展到地名、國名，如于闐、樓蘭、燕國、雲南、哈爾濱、吉林拉爾、烏魯木齊。肯定是出於對南部的樓蘭、于闐這些美名的羨慕，也受到河西有一座焉支山，單于妻子更名閼氏的啟發，西域中部的一個國家取名焉支。後來，焉支被寫作焉耆（音同「淹起」）。

我之所以認定焉耆源於焉支，最早是因為《漢語外來詞詞典》說「煙支」一詞源於匈奴[1]。河西走廊曾由張掖以東的月氏和張掖以西的烏孫占據，**「焉支山」是在匈奴進入前由月氏命名的**。漢語史籍中的「焉支」，是由東伊朗語、月氏語音轉譯而來，是匈奴語中的借詞。焉耆屬大月氏烏繹部，又稱烏夷、烏彝、烏耆、烏纏。

換句話說，這是一個以胭脂裝飾的國度。

這個結論成立嗎？焉耆人是不是從河西遷來的大月氏呢？

解開大月氏西遷路線之謎

史載，月氏早在河西游牧時，就血洗了鄰居烏孫，迫使烏孫餘部歸順匈奴。現在月氏被匈奴打敗後西遷，如果取道天山北麓，勢必要向駐牧此地的烏孫借道，烏孫會答應嗎？

關於大月氏西遷，歷史早有記載。《史記．大宛列傳》說：「始月氏居敦煌、祁連閒，及為匈奴所敗，乃遠去。」《漢書．西域傳》進一步解讀說：「大月氏西破走塞王，塞王南越縣度。大月氏居其地。後烏孫昆莫擊破大月氏，大月氏徙西臣大夏，而烏孫昆莫居之，故烏孫民有塞種、大月氏種云。」可見，大月氏離開河西後，主力退卻到了原塞人占據的伊犁河流域。

問題在於，大月氏從河西走廊西逃伊犁走的是哪一條路呢？他們是否經過焉耆？

日本學者藤田豐八說：「大月氏為匈奴所破，乃沿天山北側，而入伊犁。至於烏孫，復追逐其後，以進伊犁，其經過事實當甚明顯。」這一說法似乎有些道理，因為天山北麓的確有一條草原絲路直達伊犁，相對便捷，非常適宜身為游牧民族的大月氏行走。但路途便捷不代表路途安全。史載，月氏早在河西游牧時，就血洗了鄰居烏孫，迫使烏孫餘部歸順匈奴，繼而遷徙到了東部天山的哈密、巴里坤及天山北麓的吉木薩爾一帶。現在月氏被匈奴打敗後西遷，如果取道天山北麓，勢必要向駐牧此地的烏孫借道，烏孫會答應嗎？

《史記．匈奴列傳》記載，匈奴單于冒頓擊敗東胡，「既歸，西擊走月氏，南並樓煩、白羊河南王。」這裡所說的匈奴西擊走月氏時，正值劉邦與項羽相持時期，即漢高帝劉邦元年至五年（前二〇六～前二〇二年）。既然說是「西擊走」，月氏至少要離開河西走廊向西北遷徙。《後漢書．西羌傳》說「月氏王為匈奴冒頓所殺，餘種分散，西逾蔥嶺」，指的正是這次襲擊。所以，史學家蘇北海推測，這時西域還沒有匈奴，而烏孫則占有哈密、巴里坤、吉木薩爾一帶，所以月氏西遷必然是沿著疏勒河西進，經羅布泊、樓蘭，之後兵分兩路，一路北上焉耆盆地，一路西去庫車綠洲[2]。在那裡，他們與同宗的古墓溝人會合，建立了焉耆國和龜茲國。

漢文帝前元四年（前一七六年），冒頓「罰右賢王，使之西求月氏擊之」。我們必須注意，這次不是「西擊走」，而是「至西方求」，可見月氏被冒頓擊破後，早已離開河西走廊，此時月氏所在的「西方」，應該是焉耆與龜茲。戰爭的結果，如匈奴單于給漢帝的信中所言：「（匈奴）吏卒良，馬彊力，以夷滅月氏，盡斬殺降下之。定樓蘭、烏孫、呼揭及其旁二十六國，皆以為匈奴。」這段文字摘自《史記．匈奴列傳》，是匈奴西擊月氏的第二次記載。

匈奴第三次攻擊月氏，見於《史記．大宛列傳》：「至匈奴老上單于，殺月氏王，以其頭為飲

1 對於焉耆地名，劉正琰在《漢語外來詞詞典》中收錄了漢語音譯十種寫法：焉支、燕支、煙支、胭脂、胭支、燕脂、煙肢、燃支、焉耆、焉提。二十四史寫作焉耆；《佛國記》、《水經注》、《釋氏西域記》寫作烏彝；《大唐西域記》寫作阿耆尼。烏彝、阿耆尼等都是「焉耆」的同音異譯。

2 見蘇北海《絲綢之路與龜茲歷史文化》，新疆人民出版社，一九九六年版。

器。」據推斷，這次攻擊在漢文帝六年（前一七四年）或者稍後。此時的大月氏，肯定在西域。

經過後兩次致命打擊，狀如驚弓之鳥的大月氏，將一部分部落留下繼續經營焉耆和龜茲，大部分人再次兵分兩路，第一路北上焉耆盆地，進入天山，然後沿著草原通道，西經今巴音布魯克草原、鞏乃斯川到達伊犁；第二路沿塔里木河北緣西去，經過庫車、阿克蘇、烏什，穿過別迭里山口進入伊塞克湖周邊。

對於第二路的行進路線，還有一種說法，就是從龜茲北行，經黑英山盆地、阿克布拉克草原，穿越天山山口，從今特克斯縣西行抵達昭蘇草原——後來烏孫國的夏都。這條道路，不必翻越冰封的天山山巔，而且距離最短，應該是當時龜茲北部的游牧民熟悉的便捷通道。西域都護府設立後，都護府大軍曾屢次經過這一通道救援烏孫。因此，大月氏人應該不至於捨近求遠，跑到西部去傻乎乎地翻越別迭里山口。

進入伊犁河流域後，恰如亡命徒一般的大月氏殺敗了當地的塞人，趕走了塞王，占據了美麗富饒的伊犁河、楚河流域。

古焉耆國古屍出土，進一步為「小月氏之遺種」背書

與此相印證，敦煌寫本《西天路竟》說自高昌國「西行一千里至月氏國，又西行一千里至龜茲國」，顯然是把焉耆地區說成了月氏國[3]。慧琳[4]在《一切經音義・屈支國下》中說：「古名月支，或名月氏，或名屈茨，或名烏孫，或名烏壘，案蕃國多因所亡之王立名，或隨地隨城立稱，即今龜茲國也」，又把龜茲國指稱為月氏，可見庫車綠洲確有不少月氏人。《五代史會要》則稱焉耆龍家為「小月氏[5]之遺種」。這些都說明月氏在西遷伊犁河之前，曾在焉耆、龜茲一帶駐牧。

語言學的證據是，焉耆人的語言屬吐火羅語A，龜茲人的語言是吐火羅語B，而後來遷居大夏的

大月氏被稱為吐火羅人，大月氏的官方語言就是吐火羅語。

更重要的證據來自於人類學實驗室。考古界在今和靜縣察吾呼四號墓地發現了一百零四具古焉耆國古屍，經碳十四測定距今約三千年至兩千五百年，頭骨與哈密焉布拉克墓地的頭骨接近，較晚於孔雀河古墓溝原始歐洲類型，面部特徵比古墓溝人更具現代性。人類學家推測，這些歐洲人種北歐類型一部分是從南部的孔雀河遷徙到這裡的古墓溝人，一部分是從河西走廊遷來的大月氏。他們與龜茲人、貴霜人有著共同的起源。

當時，大月氏一部之所以留在焉耆，是因為這是一方風水寶地。

藏風聚氣、虎踞龍盤的帝王之宅

千年的風雨，已經將這座輝煌燦爛的城池變得面目全非。站在這片淒涼的廢墟上，我們只能憑空想像焉耆古國的風雷激盪與雲捲雲舒。漢文化與犍陀羅，如此完美地交織在一起。

風水，本為相地之術，即臨場校察地理的方法。相傳風水的創始人是九天玄女。風水的核心思想是人與自然的和諧，早期的風水主要關乎宮殿、住宅、村落、墓地的選址、座向、建設等方法及原

3 見黃盛璋，敦煌寫本《西天路竟》歷史地理研究，《歷史地理》一九八一年創刊號。

4 七三六～八二〇年，唐代京師西明寺僧人，佛教學者、大興善寺翻譯僧，語言學家、佛學家。原姓裴，西域疏勒（今新疆喀什疏勒縣）人，本疏勒王族。

5 小月氏是月氏被匈奴擊敗後，遷入南山（今甘肅、青海一帶）的小部分月氏人，後來被匈奴融合。

則，原意是選擇合適地方的學問，後來發展為中國獨有的一門玄學。風水學提倡坐北朝南、背山望水，左青龍、右白虎、南朱雀、北玄武。也就是後有靠山、左有青龍、右有白虎、前有案山、中有明堂、水流曲折，藏風聚氣。

由於風水學完美融合了軍事、地理與人文，所以逐漸被歷代帝王所接受。北京之所以成為政治中心，是因為它北依燕山山脈，南控華北平原，西南有太行餘脈，東面是渤海灣。蒙古貴族巴圖南曾向忽必烈建議：「幽燕之地，龍蟠虎踞，形勢雄偉，南控江淮，北連朔漠。且天子必居中以受四方朝覲。大王果欲經營天下，駐驛之所，非燕不可。」[6]於是忽必烈下決心定都北京，此後北京也成為明、清的都城。

南京西有石頭城，故址在今南京清涼山，像一隻蹲踞的老虎；東有鍾山，像一條盤曲的臥龍，歷來有「虎踞龍盤」的美譽。據晉代張勃的《吳錄》記載，諸葛亮一進南京便感嘆道：「鍾山龍盤，石頭虎踞，此帝王之宅也！」此後，吳、東晉、宋、齊、梁、陳先後在這裡建都，南京因此被稱為「六朝古都」。

焉耆盆地先後建立九座城池，西域的風水寶地

顯然，焉耆人在棲息地選擇上也不例外。焉耆盆地，位於新疆塔里木盆地東北側，是天山主脈與其支脈之間的中生代斷陷盆地，由西北向東南傾斜，邊緣海拔一千兩百公尺左右，東西長一百七十公里，南北寬八十公里，面積約一萬三千平方公里。盆地北依海拔四千一百公尺以上的喀拉烏成山和博爾托烏拉山，東有孔雀河源博斯騰湖，西北有號稱新疆八大河流之一的開都河注入，南端是一夫當關、萬夫莫開的遮留谷與鐵門關。南、北、東面的山口是絲路咽喉，戰略地位非同一般。

漢代，這裡擁擠著焉耆、尉犁、危須、山國四個城邦國家，每個國家都自有王城。三國時期，焉

耆吞併了周邊小國，連盆地也改姓了焉耆，焉耆國先後出現了九座城池：南河城、員渠城、唐焉耆都督府城、焉耆軍城、晉左回城、尉犁城、唐火燒城、蘭城守捉、于術守捉城。

考古成果顯示，漢代的南河城與員渠城屬於同一座城池，即今焉耆縣城西南十四公里的四十里城子，也就是博格達沁古城。處於開都河南岸的博格達沁古城遺址共有三座，一座在巴扎東約三公里處，城牆周長兩千八百五十六公尺，城內已變為泥淖，建築物也蕩然無存；另一座在小巴扎東南約三十五公里處，城址面積較小，四周僅存牆基；第三座在大城遺址西北，周長約四百四十五公尺，城牆東邊有一座長九四．五公尺、寬十五公尺的長方形土臺。千年的風雨，已經將這座輝煌燦爛的城池變得面目全非。站在這片淒涼的廢墟上，我們只能憑空想像焉耆古國的風雷激盪與雲捲雲舒。

是啊，**這是一塊多麼神奇的土地呀，靜與動，情與仇，血與火，自然與人文，落寞與輝煌，柔美與剛烈，白種人與黃種人，漢文化與犍陀羅，如此完美地交織在一起，撼悠悠天地，泣萬古生靈。**

病貓發威變老虎，焉耆率先與王莽翻臉

焉耆王一邊暗中派人策反混在王駿隊伍裡的姑墨、尉犁、危須軍隊，一邊派出大軍從小道兩旁發起攻擊。箭矢如暴雨般射向漢軍，最後王駿陣亡，王莽再也無力染指西域，更無法懲罰一再翻臉的焉耆。

似乎，焉耆生來就是一個僕人。

6出自《元史》卷一百一十九。

對此，焉耆大可不必過於悲戚，因為任何人與匈奴帝國最偉大的單于冒頓生活在同一時代，都將無一例外成為配角或者順民。您想，連強大的漢開國皇帝劉邦都經歷了「平城之圍[7]」，皇后呂雉都蒙受了「書信之恥[8]」，世界東方哪還有人敢與之叫板？

匈奴將西域各國征服之後，採取了三條統治措施：一是設置官員，先後由右賢王、日逐王統轄西域，西元前九十三年左右又設立了僮僕都尉，常駐在焉耆、危須、尉犁之間，向各國收取賦稅。二是實行人質制度，強令各國將王子派到匈奴單于庭做人質。三是設置監國、常派使團，一方面在戰略重地設置監國，直接進行軍政控制；一方面派使者或使團巡歷各國，加強監督。因此，焉耆等西域各國只能默默垂淚，有苦難言。

直到時光流逝了半個世紀，冒頓的屍首風乾之後，漢才有了與匈奴一決雌雄的自信。元狩二年（前一二一年），漢將霍去病率領騎兵將匈奴逐出了河西走廊。元封三年（前一〇八年），漢將趙破奴又奉命西征，將滴血的刀劍對準了妄殺漢使的樓蘭與姑師，大宛、烏孫等西域大國紛紛派出使者向漢示好，擁有六千士兵的焉耆也乖乖地降漢。

西域都護府對於距離漢僅有四百里的焉耆十分重視，特別奏請朝廷在焉耆人中任命了擊胡侯、卻胡侯、輔國侯、左右將、左右都尉、擊胡左右君、擊車師君、歸義車師君各一人，擊胡都尉、擊胡君各二人，譯長三人。焉耆領有漢朝俸祿的人數，在西域各國中名列前茅。甘露三年（前五一年），漢屯田校尉辛慶忌率千名田卒從赤谷來到焉耆屯田。接下來的近百年，焉耆躲在漢這棵大樹下，沒有戰事，也無人關注。

焉耆第一次走到舞臺中央，還是因為前後半生判若兩人的歷史傳奇人物王莽。

從「假皇帝」變真皇帝，中國歷史上的第一偽君子

贈君一法決狐疑，不用鑽龜與祝蓍。
試玉要燒三日滿，辨材須待七年期。
周公恐懼流言日，王莽謙恭未篡時。
向使當初身便死，一生真偽復誰知？

這是唐代詩人白居易〈放言五首〉中的第三首。意思是說，當年周公忠心不二地輔佐成王，有流言說他試圖篡位，他也會感到恐懼。而王莽輔佐漢平帝，尚未篡漢時又表現得謙恭敦厚，禮賢下士。如果周公和王莽早早就去世了，那麼他們品格的真偽又有誰能知道呢？

竟寧元年（前三三年），劉奭駕崩，漢成帝劉驁尊母親王政君為皇太后，拜大舅舅王鳳為大司馬、大將軍，其餘六個舅舅也都封侯，外戚王氏成為漢開國以來最為顯赫的家族。一般說來，豪門子弟都免不了一些共同的毛病：聲色犬馬、眼高手低以及缺乏自制力。王氏子弟中唯一的例外，是王太后同父異母兄弟王曼的次子王莽。少年喪父的王莽家境貧寒，時常穿著露出大腿的褲子，所以他的座右銘是：盡可能站著，既顯得謙恭，又可節省褲子。

王莽受到重視，是從侍奉大伯王鳳開始的。王鳳病重時，王莽「親嘗藥，亂首垢面，不解衣帶連月」[9]，彌留之際的王鳳深受感動，把王莽託付給了太后。王莽被任命為黃門郎，繼而被提拔為護衛

7又稱白登之圍，漢高祖七年（公元前二〇〇年冬天，劉邦親率三十二萬大軍迎擊匈奴。在銅鞮（今沁縣一帶）接連打了幾次勝仗，乘勝進兵至平城（大同）。劉邦不聽劉敬勸阻，率兵進入冒頓單于四十萬騎兵的包圍圈，難以突圍，在白登山上被圍七天七夜。後劉邦採用陳平的計策，重賄單于之妻閼氏，加上援軍即將到達，方才解圍。戰後，劉邦命周勃、樊噲率兵二十萬守代地，並採用劉敬的和親政策，與匈奴和平相處。

8劉邦死後，呂后獨掌大權，把持朝綱。匈奴冒頓單于寫信向呂后求婚，呂后回信冒頓：說自己「年老氣衰，髮齒墮落，行步失度，單于過聽，不足以自污。」選宗室女子賜以公主身分嫁給冒頓單于。冒頓收到信後，非常感謝，匈奴與漢和親，一場戰爭消弭於無形。

9出自《漢書》卷九十九上。

京師的高官——射聲校尉。

漸漸地，他以慣常的謙恭與超群的智慧贏得了朝野認可，當朝名士紛紛向劉鶩舉薦他。永始元年（前一六年），他被劉鶩封為新都侯，官拜騎都尉光祿大夫侍中。綏和元年（前八年），王莽被提升為大司馬，執掌朝政。這一年，他三十八歲，司馬遷被處以宮刑那年也是三十八歲。在司馬遷以非人的歲月磨礪以人為本的歷史，以自己失性的身軀呼喚大地剛健的雄風，以殘留的日子來評判歷史人物是非曲直的年齡，王莽正為完成他那天下第一偽君子的人格塑造而鞠躬盡瘁。

一次，他的母親生病，公卿列侯的夫人前來探視，王莽的妻子身著粗衣出門迎接，竟被豐容靚飾的貴夫人們視為女傭。當她們明白真相時，均驚駭不已。王莽的廉潔之名，不脛而走。

綏和二年（前七年）初，劉鶩去世，姪兒劉欣繼位，是為漢哀帝。對外戚干政不滿的劉欣一上臺，便拚命排擠王莽，王莽不得不回到封地閉門閒居。期間，他的次子王獲殺了奴僕，王莽竟然逼迫王獲自殺。在王莽閒居的三年中，為其上書申冤的官吏竟達百人之多。元壽元年（前二年）正月，發生日食，群臣將此歸結為對王莽的疏離，劉欣只得將王莽召回長安。次年夏天，無子的劉欣突然駕崩，劉欣年僅九歲的堂弟劉衎（音同「看」）被立為皇帝，是為漢平帝，名義上雖由七十歲的王太后臨朝稱制，但朝政大權實際上落入王莽手中。

元始二年（二年）春，華北爆發旱災與蝗災，百姓紛紛流亡。王莽捐出三十頃土地和一百萬錢救濟災民，他還堅持不吃肉，以示與民同苦，期間又處死了犯罪的長子王宇。元始四年（四年），他被加封為「宰衡」，王莽不得已接受了封號，但堅持不接受增封的土地。群臣見王莽拒不接受賞賜，紛紛上書勸說。截至第二年四月，官民上書者竟達四十八萬七千五百七十二人。結果，王莽被賜以「九錫」，非常接近皇帝之位。

他人生的巔峰終於來到了。元始五年（五年），王莽將口出怨言的劉衎毒死，從漢宣帝玄孫中選擇兩歲的劉嬰為嗣君，史稱「孺子嬰」。王太后下詔宣布王莽攝行皇帝之事，稱為攝皇帝。第二年，王莽又被王太后任命為「假皇帝」。始初元年（八年），王莽拿著一個儒生送進漢高帝神廟的銅匣前去拜謁太后，說明自己應當服從天意受禪為帝，王太后這才瞠目結舌。

在王太后後悔莫及的哭聲中，王莽穿上天子冠服，在未央宮前殿宣布接受赤帝劉邦禪讓，改國號為「新」。這場禪讓儀式，頗像一對私通的男女，孩子已經出生了，再去補辦一個婚姻登記手續，顯得十分滑稽。

登基後的王莽封孺子嬰為「定安公」。封賞完畢，他拉著孺子嬰的手，流著淚說：「古時周公攝位，最後把王權又還給周成王。我本打算也這樣做，無奈天命難違，不能按自己的心願再把皇位交給你了。」五歲的孺子嬰只是愣愣地看著他，文武百官也紛紛落淚。是為王莽的行動所感動？還是哀嘆漢家天下的衰亡？歷史無法探知。

我們能探知的只有，王莽的每一步都處心積慮，絞盡腦汁。他是中國歷史上最著名的野心家、陰謀家，他不僅騙過了對他非常信任的姑母王太后，也騙過了無數對他佩服得五體投地的臣民，還幾乎騙過了漢末長達三十年客觀而冷峻的歷史。這個為了實現自己的政治目的，先後殺死兩個親生兒子的人，該有一顆多麼硬的心！

王莽不仁引西域各國叛變，焉耆率先攻殺西域都護但欽

其實，透過恭謙的表象，早在他擔任新都侯的時候，就顯出了嗜殺的本性。當時，西域發生了兩件意外的事，車師後王姑句和去胡來王唐兜先後投降了匈奴，而這時的匈奴與漢關係已經緩和。出人意料的選擇，一定有出人意料的理由。原來，車師後王姑句與戊己校尉徐普發生了爭執，去胡來王唐兜則是因為西域都護但欽見死不救。兩人都有前因，罪不致死，王莽卻執意殺死他們。西域各國心中不服，只是不敢明言。

民主是一個人怕所有人，專制是所有人怕一個人。王莽篡位後，他此前的禮賢下士、愛民勝子統統成為過去，人們看到的，是一個忠奸不分、恣意妄為，視臣民如草芥，視外交如兒戲的大無賴和大惡霸。他所倡導的土地國有化改革，其實是西周井田制的翻版，地主們並不買帳；他所組織的工商業改造屬於「一刀切」，目的是強化政府壟斷；他所推行的貨幣改革朝令夕改，貨幣種類達到了二十八種。王莽還將漢朝所封的「王」、「侯」改稱為「公」，將周邊民族的「王」降格成「侯」，然後派出十二名武威將赴各地更換印信。

更過分的是，新始建國二年（一〇年）西域都護但欽砍掉了車師後國新王須置離的帶髮人頭，在西域各國怨恨的怒火上使勁添了一把柴。下一年，王莽將匈奴單于改名「降奴單于」，還引誘呼韓邪單于的兒子們來降，準備把匈奴分成十五部分，設立十五個單于。應該說，王莽的強硬算是一雪漢人數百年來靠女人和親免於挨打的奇恥大辱，然而民族情緒無法憑空化解殘酷的現實，他的莽撞與高傲終於引來匈奴大舉入寇，朝廷被迫動員三十萬甲卒應戰，為對付匈奴而強徵高麗兵馬，結果又引發了高麗叛亂，而原本波瀾不驚的西域也烏雲密布。身處在當年的西域，那個風起雲湧的暴風雨前夜，就會感受到空氣裡處處都凝聚著失望、激憤與反抗。

焉耆率先站了出來，攻殺王莽在西域的最高代表——西域都護但欽。

天鳳三年（一六年），王莽派五威將王駿、西域都護李崇、戊己校尉郭欽到達西域。儘管焉耆王也假裝附漢，但王駿等人還是徵調西域聯軍，兵分數路進入焉耆。

接到線報，焉耆王一邊暗中派人與混在王駿隊伍裡的姑墨、尉犁、危須軍隊聯絡，一邊派出大軍在險要處埋伏。數千名焉耆引弓之士，緊繃如渾圓的月亮，射出如許的欲望和嗜血的笑。等王駿大搖大擺地進入焉耆布下的口袋陣後，焉耆大軍從小道兩旁發起攻擊，將箭矢如暴雨般射向王駿，姑墨、尉犁、危須軍隊又臨陣倒戈，王駿陣亡。李崇只得收拾殘餘退入龜茲國。只有戊己校尉郭欽率領的軍隊，趁焉耆主力打仗未歸，攻殺了焉耆城中的老弱殘兵，然後引兵退回中原。

回到朝廷後，郭欽被王莽封為剼（音同「山」，意為「以刀斷物」）鬍子。但這不過是外強中乾的安慰之舉，王莽再也無力染指西域，更無法懲罰一再翻臉的焉耆。

一波未平，一波又起。新政府疲於奔命，當年熱情擁戴王莽上臺的臣民，特別是知識分子，搖身一變，成了激烈的反對者，全民集體失憶和翻臉無情，終於把這位「大公無私」的理想主義者送上了斷頭臺。王莽至死也不明白，為何「天下為公」的口號用於取天下則可，用於治天下則不行？

對於王莽一朝，生活在伊爾汗國的拉施德丁[10]介紹得極為簡潔：「第十七朝：王莽，一人，當權十五年。十五年後群臣合力推翻王莽，活剝其皮，推舉前朝景帝的七代孫更始劉玄繼承王位。」[11]

王莽死後，李崇也音訊全無，西域脫離了中原的懷抱，焉耆的好日子應該來到了。

假匈奴勢力翻雲覆雨，焉耆成為東漢眼中釘

滾滾的烏雲籠罩了晨曦初現的西域，北匈奴包圍了天山北麓的漢軍，親匈奴派盟主焉耆聯合龜茲發兵殲滅了西域都護吏士兩千餘人，天山南麓漢兵也全軍覆沒，只剩下班超在西域西部苟延殘喘。

但想像與現實之間總有差距。中原勢力退出西域後，莎車國仍然打起效忠天子的大旗與匈奴相

10 一二四七年至一三一八年，伊爾汗國丞相，學者。他是《史集》（*Jami al-Tawarikh*）的作者，受合贊與完者都汗委託，撰寫一本世界歷史全書。他召集一個編輯小組，成員有中國學者、克什米爾的喇嘛、蒙古人、法國天主教士、波斯人，編輯一本西至英格蘭，東至中國的世界大歷史，此一嘗試比歐洲超前五百年。

11 見王一丹《波斯拉施特〈史集·中國史〉研究與文本翻譯》，崑崙出版社，二〇〇六年版。

抗，居然取得了意想不到的效果，許多擔心被匈奴吃掉的小國聚集到莎車周圍。與匈奴走得過近的焉耆受到冷落，根本無力與莎車叫板。於是，焉耆王生出「酸葡萄」心理。

建武二十一年（四五年）及下一年，西域各國兩次遣使要求朝廷派駐西域都護，光武帝劉秀一直沒有答應。直到莎車王賢被于闐王殺死，匈奴勢力才重掌西域。焉耆作為親匈奴派的盟主，開始走到西域政治舞臺的中央，占有了最多的機會，有了更多的特寫鏡頭，還常常對著西域國王們唾液橫飛地發表演說。

東漢重開西域的偉業免不了要與北匈奴貼身肉搏，焉耆一度是北匈奴的忠實追隨者，成為漢開西域的主要阻力。漢明帝兩次派遣大將竇固出師，先是奪取了伊吾盧，設立了宜禾都尉；然後占領了車師前後部，重新設置了西域都護、戊己校尉，並派遣班超打通了絲路南道。但到了永平十八年（七五年），滾滾的烏雲籠罩了晨曦初現的西域，北匈奴包圍了天山北麓的漢軍，與此相呼應，親匈奴派盟主焉耆聯合龜茲發兵殲滅了西域都護陳睦、副校尉郭恂及其吏士兩千餘人，天山南麓漢兵也全軍覆沒。只剩下班超在西域西部，憑藉于闐、疏勒軍民的擁戴苟延殘喘。

班超發「飲馬孔雀河」豪言，為東漢實現西域統一大業

天愈黑的時候，愈能看得見星光。你無法想像一個超級刺客心的硬度與膽的大小，更無法預知一支三十六人的騎兵分隊怎樣改變歷史。但班超不僅做到了，而且做得驚天地泣鬼神，令西域各國目瞪口呆，心驚膽顫。西域南道各國一一折服了，龜茲、姑墨、溫宿等北道諸國也於永元三年（九一年）向班超歸降。班超榮升西域都護，移駐它乾城（今新疆新和縣西南大望庫木舊城）。

大漠日落時分，班超一動不動地立在城頭，鬍鬚像鋼針一樣橫在腮邊，一雙穿透大漠的眼睛逼視東方——那裡，只剩下一夥不識時務的傢伙：焉耆王廣及其爪牙危須、尉犁、山國，自己必須「飲馬

孔雀河」，盡快為東漢西域統一大業畫上句號。

永元六年（九四年），班超親率龜茲、鄯善等西域聯軍七萬餘人，對焉耆發動決定性的一擊。戰爭進程恰如班超的設想，焉耆王廣被誘出員渠城斬首示眾，一萬五千餘名軍民及三十餘萬頭牲畜成為聯軍戰利品，班超順利實現了「飲馬孔雀河」的豪言，這段河流從此被稱為「飲馬河」。

戰後，漢和帝劉肇另立在東漢做過侍子的左侯元孟為焉耆王，開啟了焉耆接受中央王朝冊封的先例。班超在焉耆駐紮達半年之久，直到焉耆人心穩定方才離去。此後，西域各國紛紛納質內附東漢，近兩百年前西漢迫降大宛之後的盛景得以再現。照理說，如果沒有班超，元孟可能永遠成不了焉耆王，他最該感謝的人就是班超與東漢。但當班超返回洛陽以後，焉耆王元孟居然帶頭反對新任西域都護任尚，四面楚歌的任尚只得一鼻子灰地退回關內。

難道東漢真的無人能延續班超的偉業嗎？

六月也會飛雪，比竇娥還冤的將門虎子

那些因冤屈生成的暗疾，經年累月，夜以繼日地被憂傷拉長拉細，終於碎成一枚堅實的鋼針，深深地戳進了他的心窩。書成日，他病死在家中。在班勇的遺夢中，一定常有焉耆的月色，涼白如雪。

班超病逝後，長子班雄繼承了他的爵位。但真正具備班超遺風的，是他的三子班勇。

元初六年（一一九年），敦煌太守[12]曹宗派西域長史[13]索班率兵進駐伊吾，招降了鄯善王和車師前王。時隔數月，匈奴北單于與車師後部聯合攻殺了索班，迫降了車師前王。鄯善王急忙向曹宗求救，

曹宗因此請求朝廷派兵攻擊匈奴，收復西域。而多數朝臣則以勞民傷財為由，建議放棄荒蠻偏遠的西域。

是進是退？二十五歲的漢安帝劉祜束手無策，執掌朝政的鄧太后也秀眉緊鎖。突然間，她想到了班超的兒子班勇。她明白，這個出生在西域的名將後代，不僅熟悉西域的山川地理，而且有著超群的智慧、超前的預判和超高的理想。特別是，他有一個夢想，一個爛熟於心的夢想，那就是有一天像父親一樣，提三尺劍立不世功，讓荊棘成沃土，令歧路變通衢。於是，她以朝廷的名義邀請班勇進宮參加朝議。

一個大霧瀰漫的上午，班勇趴在護城河邊，腦袋伸在水面上，排演他想了一個晚上的說詞，如何滴水不漏地陳述，步步為營地反駁，聲音何時激越，何時低沉，語速何時該快，何時當慢，何時停頓，停頓多久，表情何時凝重，凝重幾分，每一個眼神，每一個微笑，他都設計了又設計，直到他認為無可挑剔為止。有路人經過，以為他要投水自盡，還別有用心地起鬨。

朝堂上氣氛凝重，每個人都心事重重。一開始，公卿們大多主張關閉玉門關，放棄西域，但班勇按照打好的草稿，痛陳了放棄西域的嚴重後果，要求朝廷恢復對西域的控制。他指出，漢明帝時期西域內附後，匈奴遠遁，邊境得安；而西域脫離後，北匈奴對西域一味奴役與壓榨，使得西域各地「皆懷憤怨，思樂事漢」。至於此前西域發生的事端，都是因為朝廷官員「牧養失宜」所致。為今之計，應該像永元年間那樣，恢復敦煌郡營兵三百人，在敦煌重新設置護西域副校尉。同時，應該派出西域長史，率領五百人屯居樓蘭，西當焉耆、龜茲路徑，南強鄯善、于闐心膽，向北抗拒匈奴，向東拉近敦煌。

如此天衣無縫的陳述，如此不容辯駁的設計，自然取得了預想的效果。史載，朝廷採納了班勇的主張，在敦煌重新設置了西域副校尉。延光二年（一二三年），又任命班勇為西域長史，率五百名士卒出屯柳中。以這樣一支微不足道的兵力，走出玉門，箭指西域，不僅令質疑者搖頭嗤笑，連班勇自己也不敢抱持奢望。他率軍屯田柳中，只不過在玉門關外建立了一個前哨陣地，勉強作為河西四郡的緩衝而已。

但形勢發展遠遠超出預料，第二年，鄯善歸附，龜茲王白英率姑墨、溫宿王反綁著雙手前來投誠。隨後，班勇召集西域各國步騎萬餘人，開進車師前王庭，在伊和谷擊退了匈奴伊蠡王，接收車師前國軍民五千餘人，重新控制了車師前部和絲路北道，戊己校尉得以重新設立。從此，班勇以柳中為基地，進可攻，退可守，吐納風雲，笑傲江湖。

班勇收復西域卻無辜獲罪，西域諸國灰心再叛東漢

延光四年（一二五年），班勇率聯軍大破車師後部，用後部王的人頭祭奠了索班的英靈。第二年，班勇又派軍誅殺了東且彌王，搗毀了北匈奴呼衍王的老巢，擊退了前來報復的北匈奴逢侯單于。

放眼西域，只剩下焉耆未降。歷史出現了驚人的相似——只是時間已過去了三十年，東漢統帥換成了兒子，焉耆王換成了後任。於是，班勇向漢順帝劉保請求討伐焉耆。永建二年（一二七年），朝廷派遣敦煌太守張朗配合班勇發起攻擊。按照事先商定的計畫，班勇率西域聯軍四萬多人，從南路負責主攻；張朗率河西四郡兵馬三千人，從北路負責包抄。而且，兩人約好了共同抵達焉耆的時間。而此前有罪在身的張朗為了邀功贖罪，便提前趕到爵離關，搶先發起進攻，斬殺了兩千多名焉耆軍人。元孟害怕被殺，派出使者向張朗請降。還朝後，已被免除前罪的張朗誣陷班勇「遲到」。

此時的劉保只有十二歲，執掌朝政的是一窩宦官與外戚，哪有正義可言？結果，班勇無辜下獄。

12 郡的最高行政長官，年俸祿二千石。
13 東漢時期統轄西域諸國的長官，年俸祿二千石。

生如逆旅，一葦難渡。百口莫辯的班勇默默還鄉，含淚將父親和自己在西域的經歷整理成《西域記》一書。人間至悲，莫過於美人遲暮、名將白頭。那些因冤屈生成的暗疾，經年累月，夜以繼日地被憂傷拉長拉細，終於碎成一枚堅實的鋼針，深深地戳進了他的心窩。書成日，他病死在家中。在班勇的遺夢中，一定常有焉耆的月色，清輝一片，涼白如雪。

「雷霆雨露，皆是君恩」的道理，人們不會不懂。但讓每一個人真心實意地對待帝王的黑白不分，的確不是一件容易的事，尤其是在奴性尚未普及的漢代。班勇「無辜」獲罪，不僅在漢順帝的鼻梁上抹了白粉，而且為東漢的西域之治造成了難以彌補的損失。班勇的結局，既傷了東漢眾將的心，也使得西域各國對東漢心灰意冷。

永建三年（一二八年），曾經是班超忠實根據地的疏勒發生反漢叛亂，東漢派出精銳漢軍連同三萬焉耆、龜茲等國聯軍一起討伐疏勒。這幾個將軍不是有勇無謀，就是有謀無勇，甚至是無勇也無謀，幾萬人圍攻一個小小的楨中城，居然長達四十多天毫無進展，最後只好像一群被剁掉了尾巴的老鼠一樣灰溜溜地退兵。

眼看東漢已無可救藥，焉耆再度背叛東漢。擁有英雄的時代是血腥的，但失去英雄的時代又是無奈的。沒有了班超與班勇，東漢皇帝只能發出一聲深長的嘆息。

絲路中道新霸主誕生

焉耆王龍會具有膽略與非凡的見識。他繼位後突襲龜茲，擊殺了龜茲王白山，又一鼓作氣攻滅了塔里木盆地的其他國家，使得天山南麓除高昌、哈密以外全都臣服於焉耆，成為絲路中道的新霸主。

延康元年（二二〇年）之後，中原王朝走進了一個灌木與荊棘叢生的地帶。它總是以黑暗為背景，以邪惡為鄰居，以不安為表情，以背叛為常事，到處夾雜著混亂與追逐，時時面臨著遷徙與死亡，處處盛開著「惡之花」，結出「毒之果」，每一個角落都隱藏著權謀，每一個人懷裡都揣著短劍，這才有了「於萬馬叢中取上將首級如探囊取物」的關雲長；有了「巧借東風火燒曹營」的諸葛亮；有了口喊著「既生瑜何生亮」吐血而死的周公瑾；有了先後誕生的魏（二二〇年）、蜀漢（二二一年）、吳（二二二年）三國，有了兩晉南北朝，有了五胡十六國，有了無休止的「你方唱罷我登場」。

與中原改朝換代相類似，焉耆也經歷了王族的更迭。曾幾何時，塞人（一說小月氏）的一支——龍部落，從龜茲潛入焉耆，在焉耆王元孟死後，漸漸占據了統治地位。期間，雖然大月氏數量增加，車師前國滅亡後至少有三之一的車師人移居焉耆，但無論在政治上還是文化上，大月氏都已淪為次要角色。

《魏略．西戎傳》記載，三國時期，與曹魏王朝保持著朝貢關係的焉耆，將身旁的小國尉犁、危須、山國全部併入自身版圖，實現了今庫爾勒——焉耆綠洲的政治統一。

西晉建立後，焉耆的王冠已由月氏轉到了塞人頭上，龍姓國王開始執政，最早見於史冊的龍姓焉耆王是晉武帝時期的龍安。他是一個野心勃勃的人，一上臺就試圖稱霸絲路北道，但一個鄰居不答應，並將焉耆軍隊狂毆一頓，這個人就是比焉耆還要人多勢眾的龜茲王白山。

對此，龍安一直懷恨在心，但又無能為力。為了實現夢寐以求的霸業，龍安只能另闢蹊徑，也就是尋求外援。一直以來，焉耆的外援都是北匈奴，但這時北匈奴已經西遷，於是龍安想到了位於尤勒都斯（今巴音布魯克）草原和伊犁河谷一帶的獪胡國，因為這個獪胡國就是北匈奴餘部聯合當地的塞種、月氏、烏孫人建立的，與焉耆有著共同的祖先。

龍安與獪胡結盟的辦法，就是中原王朝最擅長的和親。龍安與獪胡女結婚不久，就順利懷上孩子，一年後剖腹產下一子，取名龍會。

太康六年（二八五年），龍安派遣愛子龍會到西晉做了侍子。龍安臨終前，把羽翼已豐的龍會喚到床前，語重心長地說：「我嘗為龜茲王白山所辱，不忘於心。汝能雪之，乃吾子也。」[14]

龍會是焉耆史上最具傳奇色彩的人物，早在少年時期便顯示出作為一個儲君應有的膽略與非凡見識。他繼位後，以為父復仇為己任，以廣大焉耆為目標，藉由嚴密、積極的籌劃，集中全國精兵，突襲了毫無準備的龜茲，擊殺了龜茲王白山，達成了父王的臨終囑託。然後，他一鼓作氣攻滅了塔里木盆地的其他國家，使得天山南麓除高昌、哈密以外全都臣服於焉耆。戰後，龍會自立為龜茲王，任命兒子龍熙為焉耆王，成為絲路中道的新霸主。

葉爾欽說，**你可以用刺刀架起一個王位，但你不可能在上面坐得太久**。龍會自認武力可以決定一切，而且憑著自己的萬夫不當之勇，沒有人敢與自己作對，於是他常常只帶一兩個手下外出，甚至隨意在宮外留宿。結果，在一個月黑風高的夜晚，呼呼大睡的他被龜茲國人羅雲成功刺殺。

龍會被殺的消息傳回焉耆，他的兒子龍熙嚎啕大哭。

龍會駕崩，焉耆霸權榮景不再

我認為，龍熙之所以大哭，一是為父親被殺感到悲痛，這是人之常情；二是為自己的前途悲哀，這是嚴酷的現實，因為自己既無父親的智慧，更缺父親的血性，別說維持絲路中道的霸權，就連焉耆能不能保住也未可知，至於說為父親復仇，就更是天方夜譚了。也就是說，龍會是維繫焉耆霸權的最後一任焉耆王。接下來的歲月，只能慘澹經營。

咸康元年（三三五年），前涼王張駿派大將張植西征焉耆。前涼大軍西渡流沙時，正值六月酷暑，沙漠中掘井無水，將士們口渴難忍，如果找不到水源，西征只能中止。張植殺死自己的駿馬祭天，居然迎來了一場久違的大雨，將士們得以順利穿越莫賀延磧，跨入了焉耆邊境。國王龍熙趕忙組織軍民在賁侖城固守，結果被張植大軍擊敗。眼看城池告破，龍熙退守鐵門關。

鐵門關，位於今庫爾勒（維吾爾語意為「眺望」）市與塔什店鎮之間的褐黃色山谷，扼住僅有的一條長達十四公里的峽谷出口，谷中小徑旁便是奔騰的孔雀河。它是銜接南疆與北疆的唯一通道，是焉耆盆地進入塔里木盆地的一道天險，處於絲綢之路中道咽喉，自古為兵家必爭之地。晉代在這裡設關，因地勢險絕，易守難攻，所以取名鐵門關（又叫遮留谷），入列中國古代二十六座名關之一。而關旁絕壁上題寫的「襟山帶河」四個大字，似乎在提醒關前的人們，若想硬闖此關，敬請提頭來見。

前方十餘里，就是鐵門關。膽大心細的張植獨自離開大軍前往偵查，發現龍熙果然在此派兵設伏。如果張植是一般人，此刻考慮的應該是停止進攻。

不相信奇蹟的人，奇蹟永遠也不會降臨在他身上。張植一向是個不按牌理出牌的人，未等焉耆人布置好伏擊，張植便率領輕騎如暴風一般衝進谷內，將龍熙的最後一道防線沖垮。之後，無險可守的龍熙光著上身，反綁著自己率四萬軍民向張植投降。這次戰鬥再一次印證了一個淺顯的道理：別指望所有的雲彩都能下雨，所有的花兒都能結果，所有的帝王後代都能擔當重任。

萬幸的是，龍熙並沒有丟掉腦袋與王冠，只是必須對前涼卑躬屈膝。據說，投降後的龍熙從前涼那裡學會了辯證法：遇到壞事時講命，遇到好事時講緣，對壞人遇到壞事說「因果報應」，對壞人遇到好事則講「三十年河東三十年河西」。進而他深深感悟到，抱負與幸福並無多大關係，雄心壯志與健康長壽成反比。於是他再也沒有了牢騷與冤屈，直到多年後老死家中。

其實，龍熙大可不必過於內疚，因為他的繼承者既接過了他的王冠也接過了他的窩囊。前秦苻堅滅亡前涼後，於建元十八年（三八二年）派大將呂光率大軍西征，在嚴冬季節渡過流沙，順利逼近焉耆。焉耆王泥流不再頑抗，而是乖乖地率領鄰國一起請降。

在呂光建立的北涼被北魏滅亡後，焉耆又趕緊向北魏進獻。

14 出自《晉書》卷九十七。

北魏太平真君三年（四四二年），北涼殘餘沮渠無諱先是攻破鄯善，繼而攻占焉耆，然後東進攻占了高昌城，在那裡創建了高昌國的前身——後北涼王朝，焉耆一度歸屬於這個地方政權。對於焉耆聽命於高昌，有一個人生氣了。

焉耆占盡優勢，卻敗給「一個承諾」

焉耆王鳩尸畢那擁有四萬軍人，占據有利地形，天時地利人和一個不缺；而萬度歸只有五千名軍人，旅途勞頓，糧草不濟，地形不熟。萬度歸取勝的可能性，如同讓一千個天使擠在一個針尖上跳舞。

他叫拓跋燾（音同「陶」），北魏太武帝，一個說一不二的時代巨人。

西域的九月，秋高氣爽，馬壯草肥。高高的豔陽幻化成美麗的光暈，透過博斯騰湖的山水，攀援，婀娜，升騰，與湖光山色絞在一起。焉耆人的綠洲，飛鳥輕翩其中，疑似仙境。太平真君九年（四四八年），拓跋燾在廢鄯善國設立鄯善鎮後，詔命萬度歸領兵討伐焉耆。

這位萬度歸不過是皇帝的侍衛——散騎常侍。一個侍衛會打仗嗎？不僅我們表示懷疑，聽到消息的焉耆王也不屑地笑了。

在歷史懷疑的目光中，萬度歸率北魏輕騎兵拋下輜重，只帶乾糧，如一片來自太平洋的滾滾烏雲，迅速吞沒了焉耆東部的左回、尉犁二城。然後，向焉耆的其他城池發出了勸降書。很快，又有四座城市開門迎降。

接下來，萬度歸逼近焉耆都城員渠城。這可是一座西域名城，四面環山，易守難攻，僅憑北魏的騎兵，顯然難有作為。於是，狡猾的萬度歸決定示弱，引焉耆軍隊出城野戰。

焉耆王鳩尸畢那在員渠城郊與萬度歸形成對峙。作為主方的鳩尸畢那，擁有四萬名誓死保家衛國的軍人，占據的還是有利地形，天時地利人和一個不缺；而作為客方的萬度歸只有五千名軍人，旅途勞頓，糧草不濟，地形不熟。可以說，戰爭的走向幾乎無庸置疑。萬度歸取勝的可能性，如同讓一千個天使擠在一個針尖上跳舞。

萬度歸率敢死隊大敗鳩尸畢那，焉耆國降格為焉耆鎮

但戰爭往往不遵循規則，決定勝負的往往是單一因素，譬如詭異的戰術、偶發事件、士氣，或是一個許諾。戰前，萬度歸發表了簡短的陣前動員：「破城之後，可以搶劫！」城內大堆的財寶，對於人人阮囊羞澀的北魏軍人來說，無異於鰥夫遇到了裸身的美女。

「夫戰，勇氣也」。在戰場上，求生者死，求死者生。戰鼓一響，一個個眼冒綠光的敢死隊員，手持短劍，迎著矢石冒死前衝，爭先恐後，死不旋踵，似乎他們面臨的不是恐怖的死神，而是美人的懷抱。對面的焉耆軍人被震丟了魂，嚇破了膽，紛紛扔下武器舉手投降。面對成群的俘虜，熱血賁張的萬度歸發出了駭人的咆哮：我來了，我看見，我征服！

眼看大勢已去，鳩尸畢那跑得比自己的影子還快，單騎逃入山中，疲憊的眼睛裡放射著冷冷的光。逃到山中的國王並不死心，總想找機會翻盤。直到看著萬度歸把都城管理得井然有序，落難國王才垂著眼皮走小道投奔岳父國龜茲。就這樣，一場毫無懸念的戰爭變成了一個神奇的傳說，把萬度歸鍍鎳成了李廣一樣的戰神，也令那位亡國之君每每無地自容。他用行動告訴世人，飛揚跋扈的傢伙未必就是真老虎，沒沒無聞的小人物不見得就一定是弱者，尊嚴要靠自己的雙手去爭取。

按說，大勝的萬度歸應該開懷大笑才對，但他的臉色並不好看。戰後，他對於鳩尸畢那單騎逃脫

一事雷霆震怒，對負責追擊的一名中級軍官大加訓斥，並要求他當眾給一個解釋。在眾將惱怒的目光中，這名中級軍官講了一個故事，內容是獵人擊中了兔子的後腿，讓獵狗去追。受傷的兔子拚命逃生，獵狗在後面窮追不捨。可是兔子愈跑愈遠，獵狗只好垂頭喪氣地回來。獵人生氣地說：「你真沒用！」獵狗辯解說：「我盡力了。」當兔子氣喘吁吁地回到老窩，兄弟們問牠成功逃脫的原因，兔子回答：「牠是盡力而為，我是竭盡全力啊！牠追不上我最多挨一頓罵，我若不竭盡全力，命可就丟了！」

聽完故事，萬度歸捧腹大笑，不再追究什麼責任，而是著手草擬呈給皇帝的捷報。

捷報傳進陰山大營，拓跋燾喜出望外地說：「自古帝王，雖云即序西戎，有如指注，不能控引也。朕今手把而有之，如何？」興奮之餘，他隨手批覆了四個字：「鎮撫其人！」[15]

接到御批，萬度歸下令停止搶劫，將焉耆國降格為焉耆鎮，委任大將唐和鎮守。期間，高昌沮渠氏政權趁虛兼併了車師前部，車師王子歇率領部眾千餘家西遷焉耆，拓跋燾命令唐和開倉賑濟，就地安置。消亡的車師在與焉耆的共名中獲得了新生。

南北朝時期，焉耆先後臣屬於柔然、高車、嚈噠。六世紀中葉以後，焉耆、高昌、龜茲等西域國家都成為突厥藩屬。

轉眼已是大唐。

踏著高昌的遺體，焉耆再次站上巔峰

焉耆基於國家利益，試圖打通冷落已久的絲路北道。但絲路北道一旦恢復，對於依賴商貿生存的高昌來說，簡直就像被判了死刑一般。所以，高昌不斷發兵攻擊焉耆，一再阻止絲路北道復興。

唐日出不久，就輝耀中天。第二代君王李世民先滅東突厥，然後降服了控制西域的西突厥，西域終於步入了穩定期。

穩定，不過是一個表象。因為世界本是一個矛盾體，作為主要矛盾的外寇消除之後，內部糾紛便上升為主要矛盾。

俗話說，遠親不如近鄰，指的就是鄰里關係的重要性。焉耆的鄰居，除了同宗同文的龜茲，就是漢人建立的高昌。左鄰龜茲儘管也有口角，但不至於翻臉；右舍高昌則糾紛不斷，有時甚至大打出手。鑑於「伊吾道」一直被高昌控制著，焉耆基於國家利益，試圖打通冷落已久的「樓蘭道」，也就是從焉耆南下，沿孔雀河東去，經羅布泊北沿直達玉門關的絲路北道。這條路距離北方游牧民族大本營較遠，對唐來說則是一條更為安全的通商路線。絲路北道一旦恢復，對於依賴商貿生存的高昌來說，簡直就像被判了死刑一般。所以，高昌不斷發兵攻擊焉耆，一再阻止絲路北道復興。

李世民忍無可忍，將高昌國收為唐的西州

玄奘離開高昌時，高昌王麴文泰贈與了往返天竺二十年所需的旅費，還親筆寫了給西域二十餘國國王的信，要求他們善待玄奘，給予放行。

玄奘抵達焉耆後，焉耆王率群臣出城迎接。見面後，玄奘遞上了高昌王的書信。因為高昌與焉耆不睦，高昌王的信反而幫了倒忙，焉耆連換乘的馬也不願意提供，玄奘只住了一夜便匆匆離去。這一年應該是玄奘出發的第二年——貞觀四年（六三〇年）。

貞觀六年（六三二年），焉耆王向長安派出使節，請求恢復隋末以來廢棄的絲路北道。聽到這個消

15 出自《魏書》卷一百零二。

息，高昌出兵突襲焉耆，盡情掠奪了一番。對於高昌的暴行，焉耆請求唐主持公道。

時隔六年，高昌再一次劫掠焉耆，攻陷了五座城池，「掠男女一千五百人，焚其廬舍而去」。於是，焉耆王再次上書唐朝，控訴高昌的強盜行為。

次年，唐太宗李世民向高昌派出了問罪使李道裕。見到李道裕，麴文泰並不服氣，還強烈要求唐換個角度思考。

李世民仍對麴文泰抱有期待，特別派出使者帶著自己的親筆信，盛情邀請他來長安會面。只要他肯前來，一切既往不咎，關於通商路線也可以好好磋商。

接到李世民的親筆信，麴文泰假借生病拒絕入朝。

李世民終於忍無可忍，於十二月派大軍遠征高昌，焉耆國也出兵助戰。第二年，麴文泰被嚇死，高昌國成為唐的西州。

戰後，被高昌掠走的焉耆民眾連同幾座城堡完璧歸趙，焉耆踏著高昌的遺體站上新的巔峰。

焉耆又叛！李世民盛怒，十一天攻下焉耆都城

久經戰陣的郭孝恪一邊組織手下築壩隔斷博斯騰湖水，一邊趁著夜色占領了城垛。等到東方露出一線曙光，都護大軍發起瘋狂的攻擊，上千名焉耆守軍掉了腦袋，兩眼惺忪的龍突騎支成了俘虜。

焉耆會珍惜這來之不易的果實嗎？

照理說他會。但有著游牧民族基因的焉耆人太散漫，太隨意了，他們並沒有從高昌滅亡中感受到

唐朝的極盛，也沒有珍惜在高昌之戰中與唐朝結成的戰友情誼。貞觀十六年（六四二年），乙毗射匱可汗君臨西突厥，派出手下分別駐紮在龜茲、焉耆，還將女兒嫁給了焉耆王龍突騎支。美女入懷，加上身邊有突厥人監督，焉耆王由親唐轉向反唐。

當你決定拆除並不陳舊的房屋時，別指望所有的家人都心服口服。貞觀十八年（六四四年），焉耆王族內部在親唐與反唐的問題上發生激烈爭執，國王的弟弟、親唐派首領頡鼻葉護[16]粟婆准受到排擠與打壓。一氣之下，他星夜東逃到大唐的西州避難，然後向李世民上書，詳細報告了哥哥仇唐反唐的罪惡言行。

這道奏疏儘管有些情緒化，但事實明擺在眼前，不容置疑。李世民並非火爆脾氣，但這次還是被迅速激怒了。不久，驛馬就馱來了皇帝的詔書，要求安西都護郭孝恪發兵討伐焉耆。立時，洶洶烽火照亮了西域的烽燧，滾滾狼煙飄向綠意盎然的焉耆盆地。

同年九月十七日，郭孝恪誓師西征。二十七日深夜，安西都護大軍便悄悄逼近焉耆都城。此時的焉耆王龍突騎支還在摟著健美的匈奴公主呼呼大睡。在他看來，這座周長三十里的都城，不僅四面高山環抱，而且有博斯騰湖作為天然的護城河，是一座不可能輕易攻克的堅城。

能被大水困住的絕非蛟龍。久經戰陣的郭孝恪一邊組織手下築壩隔斷博斯騰湖水，一邊趁著夜色占領了城垛。等到東方露出一線曙光，城頭突然鼓角爭鳴，殺聲震天，都護大軍發起瘋狂的攻擊，上千名焉耆守軍掉了腦袋，兩眼惺忪的龍突騎支成了俘虜。算起來，都護從發兵到終戰只用了短短十一天。這也意味著，龍突騎支眼中固若金湯的都城只堅持了幾個時辰。

16古代突厥、回紇等民族的官名，地位僅次於可汗。

漢、蕃雙重管理體制，唐邊疆管理的一大創舉

戰後，唐在西域設立了第一個羈縻都督府——焉耆都督府，那位告御狀的栗婆准被任命為焉耆王兼焉耆都督。

但郭孝恪還師僅僅三天，西突厥屈利啜便率兵殺進焉耆，囚禁了栗婆准。唐朝接到報告，再次派遣阿史那忠率兵奪回了焉耆，重新扶立栗婆准。不久，西突厥又統兵反攻，殺掉了栗婆准，另立薛婆阿那支為焉耆王，西突厥還派出一名吐屯[17]擔任焉耆攝政。

由此，唐與西突厥的衝突全面激化。貞觀二十一年（六四七年），李世民頒詔西征。第二年，唐軍攻占焉耆，薛婆阿那支被殺，貴族先那准被立為新焉耆王。

塔里木城邦全部降唐之後，唐設立了焉耆、龜茲、于闐、疏勒「安西四鎮」及焉耆、龜茲、疏勒、毗沙「四都督府」，龍婆伽利被任命為焉耆都督。

包括焉耆鎮在內的安西四鎮是漢軍建置，受設在龜茲的安西都護府統轄，主將由朝廷任命，士兵且耕且戰，屬於職業軍人；而包括焉耆都督府在內的四鎮都督府是納入唐管轄的城邦四國，四國統治者身兼都督、國王雙重名號，對內照舊稱國王，對唐則稱都督，區別僅在於必須得到唐的認可和履行冊封儀式。這種漢、蕃有別的雙重管理體制，優勢互補，相得益彰，無疑是唐邊疆管理的一大創舉。

焉耆王過上了優哉游哉的日子。漸漸地，他們悟到了入世的辛苦與出世的快樂。原因嘛，一方面是因為他們經歷了戰爭的殘酷與血腥，另一方面則是因為這裡傳入了勸人向善的佛教。

佛光普照，硝煙瀰漫中的一方樂土

五胡十六國的硝煙瀰漫了兩百多年，焉耆遭遇了無數次戰火，國都一次又一次被攻陷，國王一任又一任地被撤換，但他們對佛的崇敬從未中斷。證實此一推斷的，是唐僧玄奘。

這是一塊寬容的土地，他們不僅接受了中原的「父死子繼、兄終弟及」和「仁義禮智信」，當佛祖的教義到來時，也虔誠地收下並仔細品讀。

經過研讀經文，焉耆王公貴族們發現，中原的儒教解決的是如何統治，也就是國家與家庭秩序的問題，這個問題經過絲路開通以來數百年的教化已經為人們所接受；而印度的佛教解決的是如何對待命運，也就是如何接受統治的問題，這個理念急需在生性桀驁不馴的焉耆平民中普及。

於是，焉耆王出資修建佛寺、佛塔，免費供應僧侶食宿，帶頭誦經、弘法，讓佛教聖火照耀了蒼茫長空。這塊承載了太多戰鼓馬蹄、狼煙烽火的綠洲，終於為一種輕柔而神祕的聲音騰出了空間。人們為了追求精神上的禪定，爭相邁進木魚聲聲的佛寺，在晨鐘暮鼓、經誦梵唄中確立「無我、無常」的境界，抱持「慈悲喜捨」之心，擺脫輪迴，進入無限。

隆安四年（四〇〇年），東晉高僧法顯前往印度取經，路經焉夷（焉耆）。也許焉夷人不了解中原也在弘揚佛法，也許沒有把這個乾巴巴的老頭看在眼裡，因此沒有給予應有的尊重，致使他在《佛國記》中說焉夷國「不修禮義、遇客審薄」，甚至不得不委派智嚴、慧簡、慧嵬東返高昌尋求盤纏。儘管不高興，但他還是承認，此地有僧眾四千餘人，修習小乘佛教，教法規則齊整，是一方不能無視的

17吐屯，突厥語音譯。又作吐屯發。古代突厥汗國官名。為監察之官，職司相當於唐代御史。

佛土。

他說得沒錯，這裡的確不能無視。五胡十六國的硝煙瀰漫了兩百多年，焉耆遭遇了無數次戰火的薰染，國都一次又一次地被攻陷，國王一任又一任地被撤換，國民一茬又一茬地減少，但他們對佛的崇敬從未中斷。證實我這一推斷的，是唐僧玄奘。

貞觀四年（六三〇年），玄奘到印度取經路過西域。當他帶著高昌王的推薦信來到阿耆尼（焉耆），卻因為阿耆尼與高昌不睦受到冷遇，在這裡僅住了一夜，就西去屈支國（龜茲）。也許是忿忿不平，玄奘在《大唐西域記》中說：「阿耆尼國王，出身於本地，勇猛有餘而謀略不足，喜歡宣揚自己四處殺伐的功勞。此國國無綱紀，法不整肅。」但在談到佛教氛圍時，筆墨就客觀多了：「這裡有伽藍十餘所，兩千多名僧徒在習學小乘佛教。」

豬八戒深夜井中背屍——《西遊記》裡的烏雞國原型

有意思的是，九百多年後，一位辭官回鄉的江蘇淮安人以它為原型杜撰出一個烏雞國，寫進了家喻戶曉的神怪小說《西遊記》。

小說第三十六回到四十回，講到唐僧師徒路經烏雞國。一晚，唐僧在一座皇家寺院裡夢見國王的鬼魂訴冤，狀告終南山來的道士全真將他推入御花園的水井中成了冤屈之鬼。然後道士變成國王的模樣，霸占了他的寶座和王后，而王后、王子統統被蒙在鼓裡……所幸，那口井下有一座水晶宮，裡面住著一位井龍王，他用頂級美容產品——定顏珠，保存了國王遺體，從而引出了孫悟空變作小人將真相告訴王子和王后，豬八戒深夜井中背屍的一段趣事。

我曾一心尋找這口井，走遍焉耆終究一無所獲。找不到井，卻意外見到了名叫阿父師的名泉，《大唐大慈恩寺三藏法師傳》記載：這是荒漠中一座崖高數丈的絕壁，絕壁之上就是阿父師泉。傳說一支絲路商隊途經此地，所帶的水已經喝完，他們幾乎聽到了死神的召喚，商隊中一位行腳僧卻毫不慌張，平靜得如同天邊悠悠的白雲。有人抱怨他說：「這位師父，我們一路上供你飲食，才使你能不帶任何口糧而行遊千里，今日我們遭難，你為何一點也不擔憂呢？」其他人也紛紛指責他。直到此時，僧人才宣布：「要想找到水，你們必須各自拜佛，接受三歸五戒[18]，然後我自會為你們登崖取水。」儘管將信將疑，大家還是決定試試，等人們禮拜和受戒完畢，僧人說：「等我登上崖壁，你們就齊聲高喊『阿父師為我降水！』」僧人登上崖壁後，大家便齊聲高喊起來。很快，泉水從半崖中噴湧而出。眾人喝足了水，卻不見僧人走下崖壁。大家爬上懸崖，才發現僧人已經端坐圓寂。悲悔交加的商人們按照西域風俗火化了他，然後用磚石為其修建了一座佛塔。玄奘西遊時，這座佛塔依然聳立，泉水依舊流淌。這股清泉甚至能根據往來行旅的多少而變化。若無旅人時，它僅僅冒出一些水滴而已。

以上，只是流傳在焉耆的無數佛教故事中的一個。如果不惜筆墨，興許可以寫成一部大書。佛教的浪花，在這裡飛濺了數百年。在焉耆，佛教幾乎是與國家共存亡的。香火旺盛的時候，也就是焉耆國祚延續的時候。

唐末，這裡被吐蕃占據，焉耆由國家降格為小鎮。五代十國之後，焉耆鎮被從蒙古草原西遷的西州回鶻占據，逐步開始了伊斯蘭化與維吾爾化的進程，直到大清時期陝西、青海、甘肅的大批回民因為暴動流落到焉耆，把這裡變成了一個多民族雜居的回族自治縣。

歲月總是否定著歲月，當年那些如歌如泣的往事，早已化為一枕清霜。正如電影《亂世佳人》（Gone with the Wind）中的臺詞：「如今這已經是一個只能從書本中尋找的舊夢，一個隨風飄逝的文明。（Look for it only in books, for it is no more than a dream remembered. A Civilization gone with the wind.....）」

18「三歸」即皈依佛、法、僧，以佛為師，以法為藥，以僧為友；「五戒」即不殺生，不偷盜，不邪淫，不妄語，不飲酒。

焉耆

小傳 歷史簡表

焉耆，講吐火羅語，源於古歐洲人吐火羅部。這是絲路北道上的一個大國，因而始終彰顯著獨立與反叛的精神。它曾經在漢末策動了兩場將西域都護府趕出西域的殲滅戰，也曾在班超如日中天的時候仍像頑石一樣孤傲地對抗著，使得班超高喊「飲馬孔雀河」的口號收拾了國王的腦袋。班超東歸後，焉耆王再度反叛，逼迫班超的兒子班勇不得不與一名不懷好意的漢將聯手出擊，並因此受到誣陷鋃鐺入獄。

三國時期，焉耆終於實現了躋身「西域八強」的夢想，還將這裡變成了小乘佛教的樂土。唐初，李世民派出大將擊敗了它，在這裡設立了都督府，一名焉耆貴族還被寬容地任命為都督。但隨著大唐豔陽西落，這個唐庇蔭下的國家被吐蕃征服，繁盛的絲路城國淪落為貿易小鎮。再以後，西州回鶻與陝甘回民先後來到這裡，漸漸完成了將焉耆伊斯蘭化的過程。

西漢

- 漢高帝劉邦元年至五年（前二〇六～前二〇二年）：月氏被匈奴單于冒頓擊破西遷，一部分北上焉耆盆地，一部分西去庫車綠洲，分別建立了焉耆國和龜茲國。
- 漢武帝元狩二年（前一二一年）：霍去病率領騎兵將匈奴逐出河西走廊。
- 元封三年（前一〇八年）：趙破奴奉命西征樓蘭與姑師，大宛、烏孫、焉耆等皆歸附漢朝。
- 漢宣帝甘露三年（前五十一年）：屯田校尉辛慶忌率千名田卒從赤谷來到焉耆屯田。

接下來近百年，焉耆在漢羽翼下，沒有戰事，也無人關注。

新朝

王莽對西域手段強硬殘酷，引西域各國不滿，焉耆率先站了出來，攻殺西域都護但欽。

王莽天鳳三年（十六年）
● 王莽派五威將王駿、西域都護李崇、戊己校尉郭欽徵調西域聯軍，兵分數路進入焉耆。焉耆王策動混在王駿隊伍裡的姑墨、尉犁、危須軍隊倒戈，並於險要處埋伏，王駿陣亡，李崇退入龜茲國。郭欽雖引兵退回中原，但王莽再也無力治理西域。

東漢

東漢初期莎車崛起，周圍小國因忌憚匈奴而親近莎車，親匈奴派的焉耆遭到冷落。直到莎車王賢被于闐王殺死，匈奴勢力重掌西域，焉耆才又得勢。

漢明帝永平十八年（七十五年）
● 北匈奴包圍了天山北麓的漢軍，焉耆聯合龜茲發兵殲滅了西域都護吏士兩千餘人，天山南麓漢兵也全軍覆沒，只剩下班超駐守在西域西部。

漢和帝永元六年（九十四年）
● 班超親率龜茲、鄯善等西域聯軍七萬餘人攻打焉耆，將焉耆王廣斬首示眾。但班超離開西域後，焉耆王元孟再次叛漢。

漢安帝延光二年（一二三年）
● 漢帝任命班勇為西域長史，率五百名士卒出屯柳中。

延光三年（一二四年）
● 鄯善歸附，龜茲王白英率姑墨、溫宿王投誠。隨後，班勇召集西域各國步騎萬餘人，擊退了匈奴伊蠡王，接收車師前國，重新控制了車師前部和絲路北道。

延光四年（一二五年）
● 班勇率聯軍大破車師後部，殺後部王。

漢順帝永建元年（一二六年）
● 班勇誅殺東且彌王，搗毀北匈奴呼衍王的老巢，擊退北匈奴逢侯單于。

永建二年（一二七年）
● 朝廷派遣敦煌太守張朗配合班勇發起攻擊。張朗為了邀功贖罪，提前出擊，焉耆王元孟請降。還朝後，張朗誣陷班勇「遲到」，班勇含冤入獄。

永建三年（一二八年）

- 疏勒叛漢，東漢派出精銳漢軍連同三萬焉耆、龜茲等國聯軍一起討伐疏勒失敗，焉耆再度叛漢。

三國時期

焉耆與曹魏王朝保持著朝貢關係，並將身旁的小國尉犁、危須、山國全部併入自身版圖，實現了焉耆綠洲的政治統一。

魏晉南北朝

焉耆王位由月氏轉到了塞人手上，龍姓國王執政。晉武帝時期，焉耆王龍安野心勃勃，試圖稱霸絲路北道，因而與龜茲王白山起爭端。龍安與獪胡和親結盟，以對抗龜茲，未獲成果。直到其子龍會繼位後，突襲龜茲，擊殺龜茲王白山，又攻滅塔里木盆地的其他國家，使得天山南麓除高昌、哈密以外全都臣服於焉耆。戰後，龍會自立為龜茲王，任命兒子龍熙為焉耆王，成為絲路中道的新霸主。

東晉成帝咸康元年（三三五年）

- 前涼王張駿派大將張植西征討焉耆。國王龍熙不敵投降，歸附前涼。

前秦宣昭帝建元十八年（三八二年）

- 苻堅派大將呂光率大軍西征，焉耆王泥流率領鄰國一起請降。

呂光建立的北涼被北魏滅亡後，焉耆又改向北魏進獻。

北魏太武帝太平真君三年（四四二年）

- 北涼殘餘沮渠無諱攻破鄯善、焉耆、高昌城，創建了高昌國的前身——後北涼王朝，焉耆一度歸附。

太平真君九年（四四八年）

- 拓跋燾廢鄯善國，設立鄯善鎮，詔命萬度歸領兵討伐焉耆。

萬度歸得勝，焉耆國降格為焉耆鎮，委任大將唐和鎮守。期間，高昌沮渠氏趁虛兼併車師前部，車師王子歇率領部眾千餘家西遷焉耆，從此車師併入焉耆。

焉耆先後臣屬於柔然、高車、嚈噠。六世紀中葉以後（約北齊至隋朝），焉耆、高昌、龜茲等西域國家都成為突厥藩屬。

唐朝

李世民滅東突厥，又降服了控制西域的西突厥，西域表面上步入穩定期，私底下焉耆卻與高昌為了絲路北道爭執不休。

唐太宗貞觀六年（六三二年）

- 焉耆王向長安派出使節，請求恢復隋末以來廢棄的絲路北道，高昌因而出兵突襲焉耆。

貞觀十二年（六三八年）

- 高昌再一次劫掠焉耆，焉耆王上書唐朝。

貞觀十三年（六三九年）

- 唐太宗李世民向高昌派出了問罪使李道裕。麴文泰不肯接受，李世民於十二月派大軍遠征高昌，焉耆國也出兵助戰。

貞觀十四年（六四〇年）

- 麴文泰被嚇死，高昌國成為唐的西州。焉耆站上新的巔峰。

貞觀十六年（六四二年）

- 乙毗射匱可汗統治西突厥，派兵駐紮在龜茲、焉耆，並將女兒嫁給焉耆王龍突騎支，焉耆王由親唐轉向反唐。

貞觀十八年（六四四年）

- 焉耆王的弟弟、親唐派頡鼻葉護栗婆准受到排擠與打壓，逃到西州，上書李世民報告焉耆王反唐。同年，安西都護郭孝恪奉命西征，只用了短短十一天便攻破焉耆都城。戰後，唐在西域設立了第一個羈縻都督府——焉耆都督府，栗婆准被任命為焉耆王兼焉耆都督。

郭孝恪還師僅僅三天，西突厥屈利啜便率兵殺進焉耆，囚禁栗婆准。唐朝再次派遣阿史那忠率兵奪回焉耆，重新扶立栗婆准。不久，西突厥又統兵反攻，殺掉栗婆准，立薛婆阿那支為焉耆王。自此唐與突厥衝突白熱化。

貞觀二十一年（六四七年）
- 李世民頒詔西征。

貞觀二十二年（六四八年）
- 唐軍攻占焉耆，殺薛婆阿那支，立貴族先那准為新焉耆王。唐設立焉耆都督府，龍婆伽利被任命為焉耆都督。

唐末，焉耆被吐蕃占據，由國家降格為小鎮。

五代十國

焉耆鎮被從蒙古草原西遷的西州回鶻占據，逐步伊斯蘭化。

清朝

陝西、青海、甘肅的大批回民因為暴動流落到焉耆，自此成了多民族雜居的回族自治縣。

第十六章

危須

危須，一個命運漂泊的小國，
他們是以蚩尤為首的東夷九黎遺民，
千年來歷經數次遷徙，從黃河邊，一路來到黃沙漫漫的西域。
好不容易找到一處水草豐美的綠洲，
卻因為人少勢微，不得不聽從早已占據此地的焉耆號令。
從此，它成為名副其實的「危險須末」之國，
眼見焉耆做出傻事，也只能跟著往下跳……

危須

小小尾巴國

地理和歷史的地位：

- 危須是東夷九黎遺民，千年來歷經數次遷徙，從黃河邊一路來到黃沙漫漫的西域。
- 從建國那天起，就被迫充當強鄰焉耆的尾巴國，亦步亦趨，戰戰兢兢。

危須國，王治危須城，去長安七千二百九十里，戶七百，口四千九百，勝兵二千人。擊胡侯、擊胡都尉、左右將、左右都尉、左右騎君、擊胡君、譯長各一人。西至都護治所五百里，至焉耆百里。

——班固《漢書》卷九十六下

從黃河到黃沙，長征萬里的遠古流浪漢

軒轅與蚩尤展開了恢弘而慘烈的「涿鹿之戰」，結果蚩尤戰敗被殺。群龍無首的九黎部落只能潰散，其中一部分死硬分子向南方流浪，那是黃帝部落鞭長莫及的地方。

從字面上說，主動搬家叫遷徙，被動搬家叫流浪。

以下是一個鮮為人知的遠古流浪漢的故事。

故事的主人翁來自山東。

五千年前，中華文明分成東西兩大支脈。西部高原的炎帝是華夏族，以渭水為母親河，崇拜龍，在黃土高原創造了燦爛的仰韶文化。東部山東省的伏羲與蚩尤是東夷族，以濟水為母親河，崇拜鳳，創造了輝煌的大汶口文化[1]。在本土積蓄了足夠能量後，他們懷著更高的志向走向中原，龍與鳳不期而遇。

東部以蚩尤為首領的東夷九黎部落，西進到達涿鹿（今山西運城，非今日河北涿鹿）。從古崑崙之丘走下來的有熊部落首領軒轅（後被稱為黃帝），在今河南吞併了沒落的炎帝部落之後，渡過黃河挺進涿鹿。

軒轅與蚩尤展開了恢弘而慘烈的「涿鹿之戰」，結果蚩尤戰敗被殺。群龍無首的九黎部落只能潰散，一部分繼續留在東部地區，後來建立了萊等邦國；一部分被黃帝部族俘虜、同化，成為中原的黎民；一部分向西北流竄到今山西壺關縣一帶建立起黎國，直至商末被周吞併；還有一部分死硬分子向南方流浪，那是黃帝部落鞭長莫及的地方。這是一次艱苦卓絕的長征，直線距離不少於一千兩百公里。

在顓頊（音同「專旭」）、帝嚳（音同「庫」）時期，九黎部落已經完成戰略退卻，大部分集中在長江一線，環洞庭湖與鄱陽湖而居，形成了與華夏抗衡的三苗部落聯盟，時刻盼望著華夏出現內訌。

華夏的內訌發生在堯帝去世後。依照帝嚳一度傳位給長子摯的慣例，堯其實可以把繼承權授予長子丹朱。但堯認定丹朱不肖，把帝位禪讓給了以孝聞名的平民舜。丹朱不服，便聯合三苗起兵，與舜爭奪天下。舜派大禹領兵在丹水一帶擊敗了三苗，三苗君主被殺，丹朱也不知所終。

叛亂平息後，舜「竄三苗於三危」，也就是將三苗強行押解到今甘肅敦煌的三危山一帶。這是蚩

1 一九五九年於中國山東省大汶河畔發現的新石器時代遺址。

尤後人第二次忍辱含垢的長征，直線距離不少於三千公里。

三危山，又名卑羽山，這座綿延六十公里的山因有三座山峰危峙，所以取名三危山。後來的莫高窟就在主峰的對面。

儘管地處偏遠，人跡罕至，但因為有巍峨的山峰和蔥翠的林木做伴，三苗後裔漸漸適應了這裡的生活，於是選擇三危山的「危」作為部落姓氏。

秦末漢初，由於受到占據河西走廊的月氏、烏孫以及匈奴的壓迫，危氏族人的一支下定決心開始了第三次長途流浪，最終穿越寸草不生的流沙，沿孔雀河西行到達焉耆盆地。這是一次心驚膽顫的逃亡，直線距離約在一千四百公里左右。

他們起步於驚濤拍岸的黃海岸邊，落腳在黃沙漫漫的西域腹地，前後輾轉流浪了五千六百公里，可謂名副其實的萬里長征。

這個以危為姓的部族，能擺脫危險的命運嗎？

明知火坑也要跳，尾巴國的無奈

東漢劉炟當政時期，班超在西域披荊斬棘，縱橫捭闔，多數西域國家主動歸附東漢，但愚蠢的焉耆王和尉犁王有眼無珠，仍一味抱著匈奴的大腿不放。對此，危須王和山國國王心急如焚，但有苦難言。

他們抵達的區域，是一方牧草茵茵的綠洲，面臨洞庭湖一般的湖泊——西海（今博斯騰湖），背靠三危山一樣的大山——北山（今東部天山）。山色如娥，湖光如夢，綠野如詩，溫風如酒。尤其是眼前的湖泊，如綠洲的一雙秀目，一窩笑靨，一只美臍，一封永遠讀不夠、讀不懂的情書。老人們不禁感嘆：「啊，這裡的感覺就像家一樣！」

按照常理，一個使人感覺像家的地方，除了出生的故鄉，就是命運的歸宿。於是，他們在這裡停了下來，著手建造新的家園。

但這裡並不是一塊未經開墾的處女地，月氏的一支焉耆早已占據了綠洲中心。一來自身勢單力薄，只有幾千部眾，無法與數萬人的焉耆抗衡；二來自己新來乍到，焉耆不驅趕自己就已心滿意足了。最後，他們在焉耆東北部的綠洲上選好了城池的位置。

上帝賦予手以不同的手指，也給予人以不同的風格。這座城池建在今新疆和碩縣曲惠鄉，與許多犍陀羅風格的西域城池大相逕庭，帶有明顯的中式建築元素：街道簡潔明快，城牆類似長城，宮廷宅院配有飛簷與廊壁，簡直就是長安街亭樓閣的翻版。城池建好後，軍民全部搬進了城垣之內。

有了自己的城垣之後，危氏部族首領宣布建國。這位稱王的老首領說：「國名嘛，要有姓氏『危』字。第二個字選什麼呢？」他捻了捻長長的鬍鬚，靈機一動，「第二個字就選『須』吧，男人才有須，表示我們是個雄心萬丈的國家！」

從此，他們自稱「危須」。

民間有一種說法，名字決定命運。國家也是如此，不管如何改變年號，統統於事無補。如樓蘭王安歸，何處是歸途？西秦國王乞伏暮末，不就是「日暮窮途」嗎？如水專門剋火，大清這個國號，不就是注定要滅亡大明嗎？當然，這只是一種宿命論的民間觀點，但不幸的是，危須從誕生起，就是一個道道地地的危險須末之國。

因為危須身邊，站著一個狗熊般的龐然大物——焉耆國。這個鄰居有人口三萬，軍隊六千；而自己只有人口五千，軍隊兩千。對方的軍人比危須國民還多。孫子兵法云：「十則圍之，五則攻之，倍則戰之，敵則能分之，少則能守之，不若則能避之。」意思是說，當你的兵力十倍於敵人時，可以包圍他們；五倍於敵人時，可以攻擊他們；一倍於敵人時，可以與之交戰；勢均力敵，可以分而殲之；比敵人兵力少，只能防守；如果不如敵人強大，只能避開他們。如今，危須的總兵力只有對方的三分之一，依據兵法只有躲避。可是雙方距離太近，打又打不過，躲又躲不開，最明智的選擇就是給對方上貢，向對方稱臣，聽對方的話。

也就是說，焉耆王做得對的時候，他要服從；做得不對的時候，他也要盲從。有時明明看著前方是一個火坑，他不能提出異議，也必須陪著焉耆一起跳下去。

焉耆與漢分分合合，危須被迫同進同退

西漢時期，焉耆王在對漢朝關係上尚算明智，因此沒有像車師、輪臺、大宛一樣遭遇戰火，危須也沒有跟著倒楣。

東漢章帝劉炟（音同「達」）當政時期，班超在西域披荊斬棘，縱橫捭闔，多數西域國家主動歸附東漢，但愚蠢的焉耆王和尉犁王有眼無珠，仍一味抱著匈奴的大腿不放。對此，危須王和山國國王心急如焚，但有苦難言。

永元六年（九四年）秋，班超徵召西域聯軍，一舉掃蕩了焉耆及其走卒危須、尉犁、山國，砍掉了焉耆王和尉犁王的腦袋。好在，危須、山國國王屬於脅從，只是被撤了職，並沒有丟掉腦袋。

照理說，有了這一次教訓，危須新國王應該拉開與焉耆的距離了吧？但在這件事上，不是他說了算。說了算的，仍舊是實力。一天，新的焉耆王元孟傳話過來：「不聽話，就滅了你！」危須王戰戰兢兢地表示：「臣定會亦步亦趨。」

不久，年邁的班超返回洛陽，新任西域都護任尚繼承了班超說一不二的脾氣，卻沒有得到班超剛柔並濟的真傳，臉上罩著烏雲，嘴裡長著狼牙，腳一發癢就拿西域國王們的屁股出氣，結果引發眾

怒。帶頭反抗的，居然是東漢任命的焉耆王元孟，脅從者當然少不了尾巴國危須。很快，任尚就陷入了泥潭，如果不是班超之子班勇等出面接應，任尚可能無法活著逃回玉門關。

危須新王儘管很不情願地跟在元孟身後，但有時又自我安慰說，元孟在朝廷做過侍子，對漢人很了解，任尚不犯錯，我們怎麼會趕走他呢？也許這件事情有可原，漢人不至於興師動眾前來報復吧？

但生活中有一個常規：孩子犯了錯，一般都交由家長管教，任何家長都不會聽任別人去打自己的孩子。延光二年（一二三年），東漢委任班勇為西域長史，在三年內相繼降服了鄯善、龜茲、溫宿、車師，擊退了匈奴呼衍王和北單于的反擊，西域城郭諸國大多歸附了東漢，只有焉耆王元孟以及尾巴國危須等還心存僥倖。

結局與三十三年前有些相似。永建二年（一二七年），漢派敦煌太守張朗配合班勇發起軍事行動。急於邀功贖罪的張朗率領河西四郡兵馬三千人從北路率先發動攻擊，斬殺了兩千多名焉耆軍人。元孟害怕被殺，派出使者向張朗請降。危須王也被迫負荊請罪。

趕上三國亂局，危須領悟太晚煙消雲散

三國時代，是一個無章可循，無法可遵的時代。西域各國受中原禮崩樂壞風氣影響，揭開了「大魚吃小魚」的序幕，而人口已達五萬的焉耆也張開了血盆大口，將尾巴國危須「圍而滅之」。

有了連續兩次倒楣的經歷，危須王心中五味雜陳，開始尋找新的靠山，多次派使者到中原朝貢。一直到三國中期，中原史書都有危須使者朝貢的記載。

三國時代，是一個文人出計謀，武將去殺人的時代。一代梟雄曹操喊出了「寧教我負天下人，休教天下人負我」的口號，一向仁厚的劉備也在借來的荊州城賴著不走，割據江南的孫權則玩起了聯蜀抗曹的把戲。連投降都可能是「苦肉計」，如黃蓋；連摔孩子都是在「收買人心」，如劉備；誠實的人受愚弄，如魯肅；好心的人遭禍殃，如呂伯奢。所有的秩序被打破，一切的規則被廢棄，將軍可以踢翻國王，女婿可以殺死丈人，再也無章可循，再也無法可遵，曾經令周邊民族崇敬無比的中原文明變成了一鍋煮爛的餛飩。

這種禮崩樂壞的惡濁空氣流傳到西域，西域強國此前的溫文爾雅與寬宏大度漸漸消失，小國的倒楣日子到來了。於是，「大魚吃小魚」的政治遊戲揭開序幕，鄯善、于闐、疏勒、龜茲、車師前部、車師後部、烏孫，先後下手，人口已達五萬的焉耆也張開了血盆大口，亮出了猙獰牙齒，先強後弱，依次吃掉了萬人的尉犁、五千人的山國，最後將人口只有自身十分之一的尾巴——危須國「圍而滅之」。就這樣，西域三十三國瘦身為西域八強。

戰後，滿面紅光的焉耆王，帶上大堆的禮品到魏國朝貢，順便報告了自己將周邊小國納入焉耆版圖的原因。歷史上沒有具體記載，但他可能的理由，一是這個小國國王驕奢淫逸，國王的兄弟要求我們出兵主持正義（前秦出兵龜茲曾以此為由）；二是他們庇護我國的反對勢力，明顯是與我作對（努爾哈赤討伐大明曾以此為由）；三是他們扣押了我方士兵，拒不交還（日本侵華曾以此為藉口）。還有一個更真實的理由他們難以出口，就是「焉耆餓了，想吃危須」。

對於這些「漏洞百出」的解釋，魏王沒有提出異議。

據說，危須貴族私下跑到魏國告狀，但無人搭理。

至此，「危須」變成了一個歷史名詞。他們跑到哪裡去了？史學家給不出令人信服的答案。

幾經輾轉，我終於找到了危須國都遺址，它位於今和碩縣曲惠鄉政府所在地東部約三百公尺的區域。城址呈長方形，城牆為黃土夯築，西南角殘留著一座長寬約三．六公尺、高約二．四公尺的土墩。專家介紹，這裡曾出土過少量的彩陶罐、串球、開元通寶。由於文物稀少，遺跡殘破，只被定為自治區級文物保護單位。

我曾經離它如此之遠，又從未離它如此之近。此時，夕陽正迅速西下，浩蕩的秋風捲起黃沙，瀰漫了這塊寂寥的廢址，也塵封了我湧動的熱情。我在這裡感受到的，沒有震撼，只有淒涼與失落。

危須 小傳 歷史簡表

一個可憐小佃戶的故事，故事的主人翁來自山東。涿鹿之戰後，部分蚩尤後人來到長江一線避難，繼而被大禹流放到敦煌三危山，以危為姓。秦末漢初，河西走廊被月氏、烏孫占據，不堪壓迫的危氏族人穿越大漠西行，最終在風光旖旎的博斯騰湖畔停下了疲憊的腳步。但從建國那天起，他們就被迫充當強鄰焉耆的尾巴國，亦步亦趨，戰戰兢兢，其地位還不如地主家的佃戶。為此，在焉耆被更強盛的勢力征服時，危須不知跟著挨了多少打，吃了多少虧。即便如此，他們還是在三國時期被老主人「圍而滅之」。在國與國的生態中，物競天擇，強者生存。

傳說時代（三皇五帝、虞朝）

軒轅與蚩尤展開涿鹿之戰，蚩尤戰敗被殺。九黎部落四散，其中一部分向南方遷徙。

顓頊、帝嚳時期，九黎部落已大部分退卻集中在長江一線，形成與華夏抗衡的三苗部落聯盟。

帝嚳將帝位禪讓給平民舜，長子丹朱不服，聯合三苗起兵。舜派大禹擊敗三苗，並將三苗強行遷徙至三危山一帶。從此三苗後裔便以「危」作姓氏。

秦末漢初

受到占據河西走廊的月氏、烏孫以及匈奴的壓迫，危氏族人又一次遷徙，沿孔雀河西行到達焉耆盆地。危氏族人在此建國，名「危須」，但因人少勢弱，而聽命於強鄰焉耆。

東漢

漢和帝永元六年（九十四年）

班超徵召西域聯軍，一舉掃蕩焉耆、尉犁、危須、山國，殺焉耆王和尉犁王，危須、山國國王被撤職。

漢安帝延光二年（一二三年）

班勇任西域長史，相繼降服了鄯善、龜茲、溫宿、車師，擊退了匈奴呼衍王和北單于，除焉耆及危須外，西域諸國大多歸附東漢。

漢順帝永建二年（一二七年）

漢派敦煌太守張朗配合班勇征討焉耆。張朗率領河西四郡兵馬從北路率先發動攻擊，焉耆王元孟向張朗請降，危須王也一併請罪。

三國

危須被焉耆吞併。

第十七章

輪臺（烏壘）

一個彈丸之地，弱小到不足以列入西域四十八國，
西漢武帝年間即被貳師將軍李廣利殲滅，
沒想到卻因漢屯田政策且地處西域中央，而成為西域都護府所在地，
一舉躍為漢在西域的政治軍事中心。

可惜好景不常，隨著王莽退出西域、班固收復西域後將都護府遷往他處，
烏壘也漸漸荒廢，被人們遺忘……

輪臺（烏壘）都護府駐地

地理和歷史的地位：

・烏壘，原名輪臺國，又名倉頭國，地處西域中央，而成為西域都護府所在地，一舉躍為漢在西域的政治軍事中心。

・西漢末年，王莽退出西域、班固收復西域後將都護府遷往他處，剩下的只有殘垣斷壁，衰草夕陽。

烏壘，戶百一十；口千二百，勝兵三百人。城都尉、譯長各一人。與都護同治。其南三百三十里到渠犁。

——班固《漢書》卷九十六下

是骨氣還是傻氣？以螳臂擋車的彈丸之國

大軍所經之處，西域各國紛紛開城，為將軍接風洗塵，為士卒供給酒食。連人口八萬的龜茲，人口三萬的焉耆，人口上萬的樓蘭都大氣不敢出，不知為什麼，只有千人的小國卻城門緊閉。

北風卷地白草折，胡天八月即飛雪。
忽如一夜春風來，千樹萬樹梨花開。

輪臺（烏壘）

都護府駐地

散入珠簾濕羅幕，狐裘不暖錦衾薄。
將軍角弓不得控，都護鐵衣冷難著。
瀚海闌干百丈冰，愁雲慘澹萬里凝。
中軍置酒飲歸客，胡琴琵琶與羌笛。
紛紛暮雪下轅門，風掣紅旗凍不翻。
輪臺東門送君去，去時雪滿天山路。
山回路轉不見君，雪上空留馬行處。

天寶十三年（七五四年）秋，也就是「安史之亂」的前一年，輪臺雪後初霽，天色澄明，樹上掛滿了梨花般的雪花。北庭都護府武判官東歸長安，作為新任判官的岑參送出東門外。在怒號的朔風中，新舊判官依依惜別，一股曠世的豪氣促使詩人吟詠出這首著名的〈白雪歌送武判官歸京〉。

唐，一個彰顯著激情、洋溢著詩意的朝代。李白「繡口一吐，就是半個盛唐」；杜甫「筆落驚風雨，詩成泣鬼神」。而比李白小十四歲，比杜甫小三歲的邊塞詩人岑參，儘管不像李白那樣恣意灑脫，也不像杜甫那樣嚴謹深刻，卻絲毫不缺少盛唐詩人應有的闊達與雄壯。接下來，身為判官的他，還為上司——北庭都護、伊西節度使封常清寫下了一系列膾炙人口、流韻千載的邊塞詩，後人記住了岑參，知道了封大夫、武判官，也注意到了身為背景的輪臺。

不過，詩中的輪臺是唐代輪臺，是位於烏魯木齊南郊十公里的烏拉泊古城[1]。而本章所講的輪臺，是漢代輪臺，位於今新疆輪臺縣。

漢代輪臺是一個國家，又名倉頭國，它一露面就以羸弱不堪和不自量力而聞名。

1見蘇北海《西域歷史地理》（第二卷），新疆大學出版社，二〇〇〇年版。

說它羸弱不堪，是因為這個國家只有數千人，相當於今日中國東部的一個鄉；軍人不足千人，只相當於現代的一個步兵團。輪臺國王，充其量就是一個鄉長；輪臺軍事首腦，說好聽就是團長。說它不自量力，是因為一次戰爭。

輪臺堅拒開門，貳師將軍李廣利屠城祭旗

太初三年（前一〇二年），經過精心準備的漢貳師將軍李廣利，第二次西征大宛。這支由六萬名軍人、十萬頭牛、三萬匹馬、數萬乘驢駝及大量民夫組成的龐大隊伍，從敦煌啟程，走樓蘭道與絲路北道，如一道徹地連天的閃電，劈向大漠與綠洲交織的西域。

貳師將軍此行，於公是為漢武帝征討寶馬，於私是為上一次兵敗大宛報仇雪恨，於是，他恨恨地發出號令：「迎降者活命，抵擋者屠城！」大軍所經之處，西域各國紛紛開城勞軍，為將軍接風洗塵，為士卒供給酒食，為牛馬調撥草料。

連人口八萬的龜茲，人口三萬的焉耆，人口上萬的樓蘭都大氣不敢出，不知為什麼，這個只有幾千人口的小國卻城門緊閉。此時的輪臺國處在焉耆與龜茲之間，正當絲路北道要衝，是李廣利大軍西征大宛的必經之地。輪臺國王也許受了匈奴主子的蠱惑，也許想如三年前李廣利初征大宛時一樣閉門謝客，也許認為李廣利不過是憑著裙帶關係爬上將軍之位的繡花枕頭，也許想要一點買路錢，也許只是為了一點面子。

但面子是要實力支撐的，沒有實力，哪來面子？況且此一時彼一時也，李廣利不僅軍隊多了，脾氣也大了。看到前方城門緊閉，李廣利派出大嗓門的士兵喊話：「貳師將軍到了，開門！」

「不開！」過了半天，城頭才有人回應。

「城門不開，將被屠城！」大嗓門漢兵又喊。

「敗軍之將，何以言勇？」城頭上發出一陣哄笑。

李廣利沒有再讓手下廢話，揮劍一指：「拿下輪臺，祭我軍旗！」

一時間，如雨的馬蹄，如雷的吶喊，如注的鮮血湮沒了這座孤獨的小城。惡戰數日，城池終於陷落，輪臺（即倉頭城）遭到屠城，軍民無一倖存。

最終，這場情緒化、戲劇化的抵抗，以賭氣開始，以慘烈告終。這個名叫輪臺的彈丸之國，迅速消失。

之後，李廣利從輪臺西門揚長而去，留下滿城的屍體任蒼鷹與野狗撕扯。

這時還不到秋天，但真的應該下一場大雪，替那些慘死的軍民掩蓋屍首。如果岑參看到這個場面，恐怕會寫一首風格迥然不同的〈白雪歌〉吧。

史上第一帝王悔過書——〈輪臺詔〉

在泰山極頂，這位睥睨天下的帝王與拔地通天的神山做了一次超越人倫的交流。劉徹對泰山說了什麼，人們不知道；泰山告訴了劉徹什麼，歷史沒記載。後世只知道，此後劉徹像他的名字一樣「大徹大悟」。

提起輪臺，另一個避不開的人物是漢武帝劉徹。

劉徹生於父親漢景帝劉啟即位那年——西元前一五七年。劉啟在位期間，太子劉榮被廢，年方八歲的膠東王劉徹被立為太子。後元三年（前一四一年），劉啟駕崩，十六歲的劉徹即皇帝位。

劉徹接手的，是一個不錯的牌局。政治上，漢朝經過六十多年的辛苦經營，已經實現了政治穩定；經濟上，經過文景二帝四十年的休養生息，已經積累了大筆財富。但在鶯歌燕舞的表象之下，可怕的暗流正四處湧動，那就是諸侯國分裂傾向依然存在，匈奴的侵略壓力愈來愈大，人民的思想觀念呈現多元化的趨勢。

於是，這位敢作敢為的年輕帝王，先把政治、思想、外交、經濟、軍事「五指」叉開，然後攥成了一隻虎虎生威的鐵拳。

在政治上，他接受了主父偃的建議，用推恩令[2]一次就削去了一半的侯國，從而奠定了西漢大一統的政治格局。

在思想上，他採納了董仲舒「罷黜百家，獨尊儒術」的建議，結束了先秦以來「師異道，人異論，百家殊方」[3]的局面，一舉奠定了儒學在中國思想界兩千年的統治地位。

在外交上，他派張騫兩次出使西域，打通了絲綢之路，開創了中西經濟、文化交流的新紀元。

在經濟上，他採納了桑弘羊的主張，由政府直接經營運輸和貿易，將鹽鐵和鑄幣權收歸中央，控制了國家的經濟命脈。

在軍事上，他一改文景二帝被動防守的策略，派出戰將四面出擊，藉由衛青、霍去病發動的河南之戰、河西之戰和漠北之戰，解除了匈奴的威脅；藉由軍事威懾與使者說服的方式，將朝鮮、閩越、西南夷納入了版圖；藉由李廣利二征大宛，促使西域各國前來朝貢；並於太初四年（前一〇一年）設置了漢朝派駐西域的第一個官員——使者校尉，數百名田卒進駐輪臺屯田。

在劉徹手上，漢開創了中國專制王朝的第一個發展高峰，成為當時世界上最強大的國家。開拓疆域的「漢武」與統一中國的「秦皇」，得以成為中國史冊上熠熠生輝的雙子星。

劉徹登泰山大徹大悟，頒布〈輪臺詔〉反省一生作為

但劉徹四面出擊，嚴重消耗了漢的國力、軍力與民力，加上晚年的漢武帝派人入海求仙不成，巫蠱之禍又導致太子劉據自殺，李陵、李廣利還相繼投降，接二連三的打擊使雄心萬丈的劉徹變得心灰意冷。

征和四年（前八九年）的一天，劉徹對著一封奏疏發呆，上奏者是搜粟都尉桑弘羊。他提議派出數千名漢兵，對輪臺附近的五千餘頃良田進行大規模開發，並且將烽燧修到輪臺，這樣一來，既可以獲得可觀的收入，又可以有效地控制西域。

人真正的幸福不是擁有得多，而是索求得少。如果是在二十年前，劉徹見到這種揚我漢威的奏疏，一定神采飛揚，拍案叫絕。然而此時，他的眉頭糾結，臉色陰沉得如同百年的鍋底。

不久，他來到泰山。在泰山極頂，這位睥睨天下的帝王與拔地通天的神山做了一次超越人倫的交流。劉徹對泰山說了什麼，人們不知道；泰山告訴了劉徹什麼，歷史沒記載。後世只知道，此後劉徹像他的名字一樣「大徹大悟」，頒布了〈輪臺詔〉，深刻反思自己窮兵黷武的一生。詔書全文翻譯成白話文意思如下：

此前有的官員提出，把百姓賦稅每人每年增加三十錢資助邊防，這是明顯加重老弱孤獨者的負擔啊。如今又有官員奏請派兵到輪臺屯田，輪臺在車師以西千餘里，上次開陵侯攻打車師時，危須、尉犁、樓蘭在京的六國子弟率先西歸，送上糧草迎接漢軍，國王自己發兵數萬人，統馭將帥圍攻車師，迫降了車師王。由於出征的軍人眾多，自帶的糧食不足以保證大軍班師回朝，結果造成部

---

2 即諸侯王的王位除了由嫡長子繼承以外，還可以用「推恩」——也就是廣布恩惠的形式將國土分封給其他兒子。新的侯國不再受原諸侯國的限制，而是接受當地郡縣的管轄。

3 出自《漢書》卷五十六。

分體魄強健者盡食所蓄，數千名體弱多病者死在途中。朕派酒泉的驢、駱載著軍糧出玉門關迎接，仍有很多人沒有回來。

朕曾一時糊塗，聽信一個名叫弘的軍侯上書：『匈奴捆住馬的四蹄扔到城下，說要送馬給我漢朝。』又因為匈奴長期扣留漢使不許回朝，所以才派貳師將軍李廣利興兵征討，藉以維護漢使的威嚴。古時候，每當卿大夫提出計謀，都要先求神問卜，得不到吉兆不能出兵。因此貳師將軍出征前，朕曾普遍徵詢朝廷各位大臣以及地方郡國都尉成忠、趙破奴等人的意見，大家都認為「匈奴人捆縛自己的戰馬，是他們最大的不祥之兆」，有的認為「匈奴是在故意向漢朝顯示自己力量有餘而已」。

經過占卜得到的卦象是「大過」，爻在九五，匈奴必敗。方士、星象家及太卜都認為吉兆明顯，匈奴必敗，機不可失。還說：「此次漢將出征，到鬴山就能獲勝。」卦辭還顯示由貳師將軍掛帥最為合適，所以朕才派遣李廣利率兵出征，並告誡他不要深入匈奴腹地。然而，所有的計謀卦兆全都與結果相反。後來聽匈奴俘虜說：「聞聽漢軍前來，匈奴派巫師在漢軍必經的道路、水源中掩埋腐爛的牛羊，以此詛咒漢軍。單于送給漢帝馬裘時，常常讓巫師在馬裘上下詛，詛咒漢帝獲得災禍。匈奴人捆縛戰馬，是為了詛咒漢軍啊。」匈奴巫師還曾卜到「漢軍一位將領命運不利」。匈奴人又說：「漢朝雖然強大，但無法忍受飢渴。喪失一將，千軍散亡」。

等到貳師將軍兵敗，將士或戰死或被俘或四散逃亡，悲痛常在朕心。如今有人奏請遠赴輪臺屯田，修築哨所烽燧，這是典型的勞民傷財之舉，根本沒有為百姓考慮，朕不忍心採納。大鴻臚等人又建議，招募囚犯以封侯作為獎賞，借送匈奴使者回國之機刺殺單于，發洩我們的怨憤，這種事情連春秋五霸也不會做，況且匈奴對投降的漢人要全面搜查、詳細盤問。當今邊塞防務還未走上正軌，關口可以隨便出入，邊關官員派兵士狩獵獲取皮肉之利，兵士勞苦而烽火鬆弛，這些情況是從降兵和俘虜口中得知的。當今最重要的，是嚴禁各級官吏對百姓苛刻暴虐，廢止擅自增加賦稅的法令，鼓勵百姓致力農耕，恢復為國家養馬者免除徭役賦稅的政策，用來補充戰馬的缺額，不使國家軍備削弱而已。各郡國二千石的官員，要著手制定繁育馬匹和補助邊境的計畫，年終呈報朝廷。

在《楞伽經》中，佛陀說「悲生於智」。這是一道自我反省的詔書，也是中國史上第一份言詞懇切、保存完整的「哀痛之詔」、「悔悟之詔」。作為一介帝王，敢於自曝其「醜」於天下，不欺人，不欺心，不欺已，在死愛面子的中國人中是少有的。這也是這位專橫跋扈、殺人無數的帝王能夠贏得歷史尊敬的一大原因。

需要說明的是，這道詔書不應該稱之為〈輪臺罪己詔〉。之所以許多學者稱其為〈輪臺罪己詔〉，是因為據說劉徹曾說過：「朕即位以來，所為狂悖，使天下愁苦，不可追悔。自今事有傷害百姓，糜費天下者，悉罷之！」但據《資治通鑑》卷二十二記載，這段話是征和四年三月，劉徹封禪泰山之後的口諭，既非輪臺，又非詔書。

這段話《史記》與《漢書》並無記載，僅見於《資治通鑑》。司馬光的根據在哪裡？一個宋代的人，怎麼會知道連司馬遷和班固也不知道的事呢？

兩年後，劉徹撒手人寰，匈奴也發生內亂。

因這道詔書而愈加有名的輪臺，繼續落寞。

宣帝出手，漢轉守為攻，與匈奴再爭西域

劉詢登基後，一方面重新啟動了漢匈戰爭，一方面，兵發西域，並任命鄭吉進駐輪臺南部的渠犁屯田。但漢的勢力範圍還極其有限，西域大部分國家還唯匈奴之命是從，鄭吉會成為下一個賴丹嗎？

輪臺舊事重提，是〈輪臺詔〉發布十二年之後。元鳳四年（前七七年），作為漢武帝的繼承人，十八歲的漢昭帝劉弗陵已經登基十年，儘管身體一直不太好，但他感覺還是應該做點什麼了，便從廢紙堆裡重新撿起桑弘羊的奏疏，任命在漢朝當人質的扜彌太子賴丹為使者校尉，率領漢軍進駐輪臺屯田。可惜的是，賴丹很快就被企圖稱霸絲路北道的龜茲王殺害了。

賴丹被殺後，輪臺出現了政治真空。本始二年（前七二年），輪臺宣布復國，更名烏壘。此時的烏壘國只有一千兩百名居民，三百名士兵，在西域四十八國中基本上可以忽略不計。據蘇北海考證，輪臺又名布古爾（僕固與僕骨的轉音），是車師族的一個分支[4]。

漢屯田都尉被龜茲無辜殺死了，被李廣利屠城的輪臺國也死灰復燃了，難道漢真的如此軟弱可欺，如此富有耐性，如此令人失望嗎？

有一個人坐不住了，他就是上臺剛剛兩年的漢宣帝劉詢。劉詢的人生極富傳奇色彩，是中國歷史上唯一一個即位前蹲過大獄的皇帝。他是戾太子劉據的孫子，當年因「巫蠱之禍」[5]舉家蒙難，嗷嗷待哺的他被扔進了牢獄，多虧劉徹及時悔悟才保住小命。但榮華已逝，富貴不再，他從小就被收養在身為平民的祖母家，如果沒有意外，他以後無非就是一個叫嚷著「我乃大漢皇孫」聊以自慰的以編席賣鞋為生的劉備而已。

但和劉備一樣，在看似被命運拋棄之後，他又奇蹟般被命運垂青：元平元年（前七四年），二十一

歲的劉弗陵沒來得及留下子嗣就一命嗚呼；承繼大統的昌邑王又極不爭氣，登基二十七天就幹了一千一百二十七件荒唐事，結果被權臣霍光廢掉。環顧天下，只有民間的劉詢屬於根正苗紅的武帝嫡傳了。撿到皇位的劉詢可謂苦盡甘來。早年的悲慘經歷把他磨礪成一位真漢子，他開始打造「宣帝中興」的盛世，成為四位獲得廟號[6]的西漢皇帝之一。

劉詢登基後，一方面重新啟動了漢匈戰爭，由守轉攻；另一方面，兵發西域，讓陣地前移到曾經折戟沉沙的地區。

地節二年（前六八年），劉詢任命鄭吉為侍郎，率領免除刑罰的犯人進駐輪臺南部的渠犁屯田。站穩腳跟後，鄭吉將屯田基地擴大到車師，因功被提升為衛司馬，成為漢護鄯善以西使者。

但他的勢力範圍還極其有限，西域大部分國家還唯匈奴之命是從，西域真正的統治者仍是匈奴日逐王手下的僮僕都尉。鄭吉那區區幾百名屯田士，隨時都有可能被匈奴及其走狗生吞活剝。鄭吉會成為下一個賴丹嗎？

---

4 見蘇北海《西域歷史地理》（第一卷），新疆大學出版社，一九八八年版。

5 征和二年（前九十一年），丞相公孫賀之子公孫敬聲被人告發以巫蠱咒武帝，與陽石公主通姦，公孫賀父子及相關人員被處死。武帝寵臣江充奉命徹查巫蠱案，江充與太子劉據有隙，趁機糾集同黨陷害太子，皇后衛子夫和太子劉據起兵反抗未果，相繼自殺。事件受牽連者達數十萬人，史稱「巫蠱之禍」。田千秋等人上書為太子訴冤，致使武帝悔悟，處死了江充等人。

6 廟號是皇帝死後於廟中供奉時所稱呼的名號。但並不是所有君王都有廟號，一般君王死後會立專屬的家廟祭祀，但幾代之後就會遷於太廟合祭，只有對國家有大功的先王，才會特別追上廟號，表示永遠立廟祭祀。

天上掉餡餅，鄭吉成漢史上最幸運的人

五月龍城大會時，虛閭權渠單于已經病入膏肓，得到消息的顓渠閼氏暗示情人右賢王屠耆堂不要遠行。時隔數日，單于一命歸天。匈奴各王還未趕到，顓渠閼氏就和弟弟密謀，擁立右賢王為握衍朐鞮單于。

在鄭吉進駐西域那年，匈奴壺衍鞮（音同「滴」）單于病逝，弟弟左賢王繼位，稱虛閭權渠單于。新單于儘管沒有冒頓的雄心，但他不想匈奴帝國毀在自己手上，因此，多少還是想做一些改變。首先，他立右大將的女兒為大閼氏（單于之妻、妾的稱呼）；廢黜了壺衍鞮單于寵愛的顓渠閼氏，讓她跟隨自己的兒子生活，因為這位閼氏過於熱衷權力，經常干涉政務。其次，就是想緩和與漢僵硬的關係，也讓草原帝國有一點喘息的機會。

鞋子是否合適，只有自己的腳知道。新單于沒有按常規繼承哥哥所寵愛的顓渠閼氏，肯定與這個女人的性格與作風有關。但顓渠閼氏和她的父親左大且渠[7]就不這麼認為了，因為按照匈奴的慣例，後任單于在繼承上任單于之位的同時，也應該繼承他的閼氏，只要兩人沒有血緣關係，這是其一；其二是，單于一般應該娶匈奴第二大氏族——呼衍氏的女人為閼氏，顓渠閼氏出生於呼衍氏，而右大將卻與單于同屬於匈奴核心氏族——攣鞮氏，這就明顯違背了祖制。所以史載，左大且渠「深怨」單于。每當單于試圖與漢交好，左大且渠就從中作梗，派出軍隊跟在使者後面，讓漢絲毫看不出匈奴人的善意。

這個女人不甘心就此退出政治舞臺，於是主動向右賢王屠耆堂投懷送抱。顓渠閼氏不僅正值盛年，風韻猶存，更關鍵的是，她是前任單于的閼氏，相當於中原王朝的太后，在匈奴中有一定勢力，既然前閼氏有心，我又為何拒絕呢？於是，兩人勾搭在了一起，成為人後的床伴、人前的同盟。

匈奴內訌逼日逐王降漢，漢坐收西域四十八國

神爵二年（前六〇年），虛閭權渠單于病死。歷史上沒有記載虛閭權渠單于的遺命，但按照匈奴的規定，有資格繼承單于之位的有數人，依次是左屠耆（賢）王、左谷蠡王、右屠耆（賢）王、右谷蠡王、左右日逐王等，他們都是單于的子弟[8]。不過，在絕大多數匈奴人眼裡，最有資格繼承單于之位的只有兩個人，一是虛閭權渠單于的兒子稽侯狦（音同「山」），一是深得民心的日逐王先賢撣。日逐王之所以有繼承單于之位的資格，不僅因為他深得民心，更因為這是前任單于的承諾。且鞮侯單于去世後，日逐王的父親左賢王本應成為單于，但他讓位給了且鞮侯單于的兒子狐鹿姑單于，狐鹿姑單于曾表示死後傳位給日逐王的父親。然而，狐鹿姑單于死後，顓渠閼氏和衛律[9]合謀，立顓渠閼氏的兒子左谷蠡王為壺衍鞮單于，將左賢王晾在一邊。如今，狐鹿姑單于之後的兩任單于都死了，日逐王的父親也不在了，怎麼說也該輪到左賢王的兒子先賢撣了。

此時的匈奴單于庭暗流洶湧，因為早在五月龍城大會[10]召開時，虛閭權渠單于已經病入膏肓，得到消息的顓渠閼氏暗示情人——右賢王屠耆堂不要遠行。龍城大會結束後，右賢王部找理由留了下來。

時隔數日，虛閭權渠單于一命歸天。匈奴執政大臣——刑未央立刻派人分赴各地，要求匈奴諸王到龍城商議立新單于一事。匈奴各王還未趕到，顓渠閼氏就和弟弟左大且渠都隆奇密謀，脅迫刑未央

7與左右骨都侯、右大且渠一起輔助單于處理政務的近臣，一般由與單于結親的呼衍氏、須卜氏貴族擔任。
8見陳序經《匈奴史稿》，中國人民大學出版社，二〇〇七年版。
9西元前二世紀～前七〇年代，匈奴丁靈王。原為漢朝投降匈奴的官員，受到單于重用，經常參與匈奴的國家政事。
10每年向夏營地遷徙的五月，單于都要在龍城舉行全體匈奴貴族參加的大會，祭祀祖先、天地與鬼神。

擁立右賢王為握衍朐鞮單于。

屠耆堂擔任單于後，立刻展開一番清洗，郝宿王刑未央被一腳踢開，由且渠都隆奇取而代之；虛閭權渠單于的舊臣受到瘋狂打壓；兩位備選單于也成為攻擊目標。

虛閭權渠單于的兒子稽侯狦聞風而逃，躲到了岳父掌控的烏禪幕部。正因為這次成功逃亡，他才能在兩年後被擁立為呼韓邪單于，迫使走投無路的握衍朐鞮單于自殺。後來，他還有幸娶到了具有落雁之貌的漢宮美人王昭君。

人身威脅更大的，是與新單于有嫌隙的日逐王。經過激烈的勾心鬥角，日逐王最終決定穿越人生黑暗，到另一片陽光下去。

神爵二年（前六〇年）秋，負責管理西域的日逐王派人前來與鄭吉祕密聯繫降漢事宜。鄭吉將日逐王及其部下安全送到京師，常駐焉耆的匈奴僮僕都尉得以廢止。從此，四十八國之人，皆為漢天子之臣民；四十八國之河山，皆入漢之版圖。

喜訊傳到長安，劉詢擊節叫好，於是，昭告天下，封先賢撣為歸德侯。說起來，漢能夠全面接收西域，還應該要感謝顓渠閼氏。

鄭吉的運氣也不亞於劉詢。神爵三年（前五九年），鄭吉受封安遠侯，食邑千戶，成為首任西域都護。於是，他昂首問候天空，伸指彈去滿天塵埃，扯雲朵拭亮太陽。從此刻起，這萬里長空將是他鑲嵌著太陽的湛藍桂冠。

為此，史學家稱賴丹是最倒楣的人，鄭吉是最幸運的人。

三千人墾六萬畝地，烏壘國的鼎盛時期

西漢在西域的年支出找不到資料，但東漢每年花在西域的費用是七千四百八十萬錢。別說令人眼紅的冊封、禮聘、饋贈了，僅僅是經濟負擔銳減就讓西域各國喜不自勝，他們有什麼理由不倒向漢朝？

考慮到烏壘國位於西域中心，鄭吉因此將都護府設在渠犁以北三百三十里的烏壘城。都護府屬官有副校尉、丞各一人，司馬、侯、千人各兩人。職責是統領大宛以東城郭諸國兼督察烏孫、康居等行國，頒行朝廷號令。漢統領西域後，西域各國國王仍各領其國，但必須接受漢潮的冊封和任命方為有效。據記載，漢代西域各地「自譯長、城長、君、監、吏、大祿、百長、千長、都尉、且渠、當戶、將相到侯、王，皆佩漢印綬，凡三百七十六人」。他們都是由西域都護報請朝廷任命的。

「宗法制度」是古代中國傳統的家族習慣法制度。早期的國家建立後，這種宗法制度演進為治理國家的「分封制度」，從分封家族、分封諸侯，到分封諸王。漢代之後，在分封制度的基礎上，歷代中原王朝將其發展為中央冊封邊遠屬國的「宗藩體制」，凡是受到冊封的國家，不僅要由中央王朝授予封號，頒發玉璽，贈與官袍，給予賞賜或俸祿，而且遇到荒年可以向朝廷要求援助，遇到侵略可以請求朝廷出兵衛護。在這些宗藩之上，必有一個行使行政、軍事統領與協調職能的都護府、長史府、宣慰司。

當時的烏壘國王，既是漢帝任命的城都尉，又受都護府直接統轄。都護府與烏壘國，基本上可以說是相同的機構，只是名稱不同。

在西域都護府的範圍內，烏壘、渠犁、車師、伊循、姑墨的屯田士卒一度達到了五千人以上。以每人耕種二十畝（約十四市畝）計算，墾田近十萬畝，這真是一個令人震撼的數字。

為了維持西域都護府並保證絲路暢通，漢朝耗費之巨大是難以想像的。與此前控制西域的匈奴人以納賦壓榨各國截然不同的是，漢幾乎沒有向西域諸國收取任何賦稅，經營西域的費用除了藉由屯田解決，就是用內地的財政收入來補充。西漢在西域的年支出找不到資料，但東漢每年花在西域的費用是七千四百八十萬錢，按當時每石穀粟約為一百錢計算，每年的花費折合是七十四萬八千石糧食。別說令人眼紅的冊封、禮聘、饋贈了，僅僅是經濟負擔銳減就讓西域各國喜不自勝，他們有什麼理由不倒向漢朝，而去懷念那個對他們極盡壓榨盤剝之能事的匈奴呢？

經濟是最大的政治，也是政治的集中反映。對此，那個只懂得以拳頭說話的匈奴單于不知做何感想？

此後，鄭吉又活了十年。他明白，運氣不會始終跟著自己，要取得讓人信服的成績，必須踏石留印，抓鐵留痕。因此，他擔任西域都護的這十年，正是烏壘屯田區第一次「大躍進」，整個墾區風生水起、如火如荼，屯田士卒一度達到三千人。

鄭吉作為首任都護，手握一把寶劍，站在人來人往的烏壘城門，完成了一個「護」字的原型。此時的他，如魚得水。

黃龍元年（前四九年），鄭吉在烏壘病逝。同一年，他的主子劉詢駕崩，從烏孫回國的解憂公主也在長安仙逝。一王一將一公主三位著名歷史人物的死亡，是否意味著漢在西域的勢力衰落呢？

矯詔出征？最有故事的西域都護甘延壽

天剛亮，西征軍就從四面突入土城，郅支單于率領百餘名男女逃進宮殿。漢軍再次發起火攻，然後爭先恐後地殺進宮內，走投無路的郅支單于被亂軍刺死，頭顱被軍侯假丞杜勳砍下。

輪臺（烏壘）
都護府駐地

在混沌初開、成王敗寇的年代，我們不能無視領袖與英雄的作用。如亞歷山大死後，他開創的馬其頓帝國如一個蛋糕，被手下的四個將軍全部切走。如秦始皇死後，他建立的秦帝國如一塊懸在山巔的巨石，被一個莽漢（項羽）和一個潑皮（劉邦）聯手推下山澗。儘管這是事實，但畢竟是特例，我們不能因為這些特例而過度誇大領袖與英雄的作用。更多數的情況是，許多英明的領袖和蓋世的英雄死後，天並未塌下來。

劉詢、鄭吉、解憂離世後，西域並未丟失。從劉詢到王莽，共派駐都護十八人，見於史冊的十人，除了鄭吉，還有漢元帝劉奭時期的韓宣、甘延壽，漢成帝劉驁時期的段會宗、韓立、廉褒、郭舜，漢平帝劉衎時期的孫建、但欽，新朝王莽時期的李崇。

在這些有名有姓的都護中，有故事的，首推甘延壽。

甘延壽，字君況，西漢北地鬱郅（今慶城縣）人，少年時就以出身好、擅騎射被選進了御林軍。據說，他力氣了得，投石舉重無人能比；他還會輕功，曾輕鬆爬上御林軍亭樓，於是被提升為郎官。在一次徒手格鬥比賽中，他又力克群雄，被選為負責護衛皇帝的期門，憑藉著力氣與機靈受到皇帝的寵愛。不久，他被調升為遼東太守，後來不知什麼原因被免官。

此時的匈奴已分裂為南北二部，南匈奴單于呼韓邪向漢稱臣。北匈奴單于郅支則奪路西去，順便占領了西域北部的堅昆和丁零。站穩腳跟後，他要求漢送還做侍子的太子。對於知趣遠遁的郅支，漢特別派遣衛司馬谷吉不遠千里送還了太子。初元四年（前四五年），見到太子的郅支過河拆橋，把遠道而來的谷吉砍了腦袋。據後來投降的匈奴人回憶，谷吉被殺的甌脫（指邊境荒地）尚且處於呼韓邪單于的管轄區。

「凡兵，不攻無過之城，不殺無罪之人。」是古代戰爭約定俗成的規矩。隨後，郅支就意識到，自己殺死漢使是一件多麼愚蠢的事！他開始害怕漢朝復仇，祕密向他進攻，所以放棄剛剛占領的堅昆，繼續向遠離漢邊的西方逃竄。漢元帝初元五年（前四四年），也就是羅馬獨裁官凱撒被暗殺那年，郅支單于率領部下到達遠西的康居。

康居王盛情款待了他，並與他結成同盟。康居王將女兒嫁給了郅支，郅支也把女兒嫁給了康居王，互為岳父又互為女婿。

郅支開始以康居保護人自居，並將建在賴水河（今塔拉斯河）畔上的今哈薩克江布林，以自己的名字命名為郅支城。他還傳令西域各國進貢，並封閉了駝鈴聲聲的絲綢之路。

漢多次派人索要谷吉等人的屍體，郅支都予以拒絕，而且一再寫信嘲諷劉奭。試想，作為一大王朝，連續受到如此的侮辱，能善罷甘休嗎？但貪婪的人，總是誇大對自己有利的因素，用一句成語來概括，就是「利令智昏」。

不惜矯詔發兵，甘延壽、陳湯壯士斷腕征討郅支單于

建昭三年（前三六年），經車騎將軍許嘉推薦，甘延壽被起用為郎中諫議大夫、使西域都護騎都尉。他的助手是副校尉陳湯，山陽瑕丘（今山東兗州北）人。

兩人攜手進入烏壘城，與西部不可一世的郅支單于正面交鋒。

甘延壽和陳湯冒著觸犯漢律（矯詔發兵）的危險，以皇帝的名義祕密調發西域各國軍隊，連同屯墾軍共四萬餘人出征郅支。臨行前，兩人聯手上疏劉奭，陳說緊急出兵的理由，並表示接受「因假造皇帝詔書徵兵而觸犯刑律」所應接受的懲罰。當信使打馬東去的同時，甘延壽與陳湯也引兵西去。皇帝任何要求軍隊撤回的命令，都已無法對其產生影響。

大漠沙如雪，天山月如鉤。秋月下的中亞大草原，一支大軍正銜枚疾進。西征軍兵分兩路——南

路翻越蔥嶺，穿過大宛國；北路經溫宿、烏孫、康居，在距離郅支城幾十公里的地方成功匯合。

大軍進入康居後，禁止軍隊劫掠，與一些憎恨郅支的康居貴族立下祕密協定，並積極搜羅有關郅支的軍事情報。

聽說漢軍西來，心驚膽顫的郅支單于強打起精神，派出使者前往漢營詢問來意。甘延壽、陳湯回應說：「聽說單于客居康居，處境艱難，所以漢帝派我們前來迎接單于一家回漢地居住。」但郅支單于並未上當，而是一次次地讓使者來回捎話，打口水仗，顯然是在拖延時間。

「舌頭淹不死頑敵。」第二天，當第一縷曙光灑上綠洲，西征大軍全員出動。遠遠地，木城外殼包裹著土質城牆的郅支城出現在西征軍的視野裡。陳湯令旗一揮，大隊人馬風馳電掣般合圍過去。

北匈奴在四個城門設下魚鱗陣應戰，已形成合圍的西征軍則用火燒木城外殼。傍晚，郅支命令數百名騎兵嘗試突圍，但被西域聯軍用弓箭射了回去。眼看無法突圍，郅支只有死守。他親自披甲登上城樓，與幾十名妻妾一起以弓箭射擊攻城者。結果，郅支的鼻子被西域聯軍射中，血流不止；更可憐的是，他的多名妻妾被箭矢射中，香消玉殞。

半夜時分，木城陷落，北匈奴將士被迫退入內城——土城。天剛亮，西征軍就從四面突入土城，郅支單于率領百餘名男女逃進自己的宮殿。漢軍再次發起火攻，然後爭先恐後地殺進宮內，劍劍入肉，刀刀見血。走投無路的郅支單于被亂軍刺死，頭顱被軍侯假丞杜勳砍下。

當時沒有照相技術，要想證明一個人死了，只能很不恭敬地把死者的腦袋切下來，然後上漆、裝匣，由驛馬傳送給上司驗看。很快，這顆大好的頭顱被快馬傳送到三千三百公里外的長安。隨之，兩個不光彩的紀錄被郅支改寫：他是第一個被漢軍在戰場上砍頭的單于，也是第一個身首異處、死後不能全屍埋葬的冒頓子孫。

「明犯彊漢者，雖遠必誅」氣勢十足的請罪疏奏

漢軍的戰績還有，匈奴閼氏、太子、名王及以下一千五百一十八人被殺，一千餘人投降，一百四十五人被生俘。其中被俘的，還有部分羅馬雇傭軍，他們可能是西元前五十三年克拉蘇（Marcus Crassus）率領的羅馬東征軍在卡萊（今敘利亞的帕提亞）被安息帝國軍隊擊敗後，向東方逃跑的羅馬士兵。戰後，多數俘虜被甘延壽和陳湯送給了跟隨自己作戰的西域十五國的國王。那些羅馬戰俘則被安置在今甘肅永昌縣境內。漢將這個羅馬人居住的地方命名為驪軒（音同「離兼」）縣——「驪軒」就是漢史對古羅馬的稱謂。這並非我天馬行空的臆測，此事從《漢書》到《隋書》都有準確無誤的記載。

隋開皇十二年（五九二年），鑑於羅馬人已被漢人同化，隋文帝楊堅下詔將驪軒併入了鄰近的番和縣。八世紀中葉，驪軒城有可能是被吐蕃大軍毀壞。如今驪軒城遺址猶在，只是已經滄桑如沙漠中的木乃伊。

大功告成的甘、陳二人，誰也沒有攬功諉過，因為攬功也會攬到矛盾，諉過也會委掉信任。他們二人聯名上奏劉奭說：「臣聞天下之大義，當混為一，昔有唐虞，今有彊漢。匈奴呼韓邪單于已稱北藩，唯郅支單于叛逆，未伏其辜，大夏之西，以為彊漢不能臣也。郅支單于慘毒行於民，大惡通於天。臣延壽、臣湯將義兵，行天誅，賴陛下神靈，陰陽並應，天氣精明，陷陳克敵，斬郅支首及名王以下。宜縣頭槀街蠻夷邸閒，以示萬里，明犯彊漢者，雖遠必誅。」[11]

接到氣勢十足的奏疏和木匣中郅支的人頭，劉奭到底有什麼反應，史書上沒有記載，但近似的情景在後來的《三國演義》中出現過：孫權把關羽的頭裝在木匣子裡送給了曹操，曹操打開木匣子，對著關羽的頭冷笑道：「雲長公別來無恙？」

對於大臣們要治甘延壽、陳湯矯詔之罪的建議，劉奭不僅沒有理睬，還將甘延壽封為義成侯，拜為長水校尉；將陳湯賜爵關內侯，拜為射聲校尉。每人食邑兩百戶，各賞黃金一百斤，年俸祿定為兩

千石。然後，大赦天下。

得到升遷的兩位將軍依依不捨地離開了烏壘城，離開了為自己帶來無上榮譽的西域。兩人一抬頭，突見寒鴉萬點，駝著如血的殘陽，掠過蒼涼的胡楊林，消失在粉紅色的西天。

這一年，距離「有落雁之貌」的王昭君出塞還有三年，距離劉鶩立舞女趙飛燕為皇后還有二十年，那時的漢還沒有濃重的脂粉氣。而在西方，同樣偉大的古羅馬正忙著內訌，雷必達（Marcus Aemilius Lepidus）的軍權被屋大維（Gaius Octavian Thurinus）剝奪，三巨頭便成了屋大維和安東尼（Marcus Antonius）兩巨頭。

趕鴨子上架！名將背後的推手——陳湯

此時的甘延壽已沒有退路，因為即使他不同意，陳湯也會發兵西征，無論戰爭勝敗，他作為都護都難脫矯詔的干係；而且，他不同意的後果，要麼被這位山東大漢殺掉，要麼被冷落在病榻上孤獨死去。

我一直以為，在誅殺郅支單于一戰中，功勞應該記在主帥甘延壽頭上，山東人陳湯只是一個副手。副手就是隨從，劉奭怎能把他和主帥一樣封侯呢？

但打開《漢書》，一個令人驚愕的事實擺在我的面前。

原來，陳湯為人「沉勇有大慮，多策謀，喜奇功。」每當路過城鎮或高山大川，他都登高遠望，

11 出自《漢書》卷七十。

認真觀察、記憶。在臨近烏壘城時，陳湯對並排騎行的甘延壽建議：「郅支單于剽悍殘暴，稱雄於西域，如果任其發展下去，必定成為西域大患。現在他居地遙遠，沒有可以固守的城池，也沒有善於使用強弩的將士，如果我們召集屯田戍邊的兵卒，再徵調烏孫等國的兵員，直接去攻擊郅支，他守也守不住，逃也無處逃，這正是我們建功立業的大好時機啊！」（其人剽悍，好戰伐，數取勝，久畜之，必為西域患。郅支單于雖所在絕遠，蠻夷無金城強弩之守，如發屯田吏士，驅從烏孫眾兵，直指其城下，彼亡則無所之，守則不足自保，千載之功可一朝而成也）甘延壽認為他的分析很有道理，便說要奏請朝廷同意後行動。陳湯接著說：「這是一項大膽的計畫，而朝廷公卿多是庸碌之輩，一經他們討論，必然難以通過。」（國家與公卿議，大策非凡所見，事必不從）

這種敢於蔑視教條的摩羅精神[12]，的確是這個山東人身上獨有的特質，也是尚且沒有被董仲舒的儒家學說洗腦的中原人的本真血性。對此，甘延壽不是沒有動心，但主帥的身分由不得他造次。於是，他沉默良久，最後還是強調應該上奏，否則會無端背上矯詔的罪名。

抵達烏壘城後，一向強壯的甘延壽居然染上了重病。

陳湯深知，要成功，需要朋友；要取得巨大成功，需要敵人。但時光匆匆流逝，都護的病卻不見好轉。眼看機遇即將錯過，陳湯果斷地撇開都護，假傳聖旨徵調屯田漢卒及車師國兵員。病榻上的甘延壽聽到消息大吃一驚，立刻派手下將陳湯喊來，試圖制止陳湯這種犯法的舉動。卻見陳湯手握劍柄，以威脅的口氣喝斥甘延壽：「大軍已從四方彙集而來，你難道還想阻擋大軍嗎？不抓住戰機出擊，你還算什麼名將！」（大眾已集會，豎子欲沮眾邪？）此時的甘延壽已沒有任何退路，因為即使他不同意，陳湯也會發兵西征，無論戰爭勝敗，他作為都護都難脫矯詔的干係；而且，他不同意的後果，要麼被這位山東大漢殺掉，要麼被冷落在病榻上孤獨死去。這兩種結果，對於並非懦夫的將軍來講，都是難以接受的。

積極的人像太陽，照到哪裡哪裡亮；消極的人像月亮，初一十五不一樣。甘延壽不僅同意出兵，而且強撐病體加入了西征的隊伍。最終，這支眾志成城的大軍順利滅掉了北匈奴殘餘，完成了一件彪炳千古的偉業。

陳湯犯事被貶，多虧烏孫圍城而東山再起

其實，矯詔發兵，對於陳湯來說並不奇怪。原因在於，他既有山東人勇武率真的共性，也有桀驁不馴的個性。

山東人陳湯一向不按牌理出牌，他大腦中的額葉和頂葉似乎比一般人活躍得多。少年時代的陳湯，喜歡讀書且文思開闊，但因家庭貧困有時靠乞討度日，所以在鄉里並無好名聲。後來，他流浪到長安，認識了富平侯張勃。初元二年（前四七年），劉奭詔令公侯大臣推薦年輕才俊，張勃推薦了陳湯。等待分配期間，父親病逝，接到喪報的陳湯居然沒有回家奔喪。在那個儒學至上的年代，不奔喪就是不孝，不孝意味著無德。有人因此檢舉了陳湯，不僅陳湯被捕入獄，連舉薦他的張勃也被削減了兩百戶食邑。後來又有人大力舉薦，陳湯終於被任為郎官。因他主動請求出使外國，才得以成為西域都護府副校尉並立下奇功。

正當甘延壽與陳湯率領凱旋的大軍進入玉門關時，被朝廷負責執法的司隸校尉攔下，聲稱要檢查並逮捕陳湯。原來，在攻克郅支城後，一向貪財的陳湯將繳獲的大量財物私藏起來，知情者便向朝廷舉報了此事。陳湯立即上書皇帝說：「我與將士們不遠萬里誅殺郅支，照理說朝廷應派出使者前來慰勞與歡迎，如今卻派司隸來檢查審問並拘捕我，這不是為郅支報仇嗎？」（臣與吏士共誅郅支單于，幸得禽滅，萬里振旅，宜有使者迎勞道路。今司隸反逆收繫按驗，是為郅支報讎也）劉奭便下令撤

12 摩羅是梵文「惡魔」的意思。摩羅精神是指積極浪漫主義精神的文藝思想。代表叛逆、反壓迫專制，積極爭取自由、真理等性格。

回司隸，並令沿路縣城擺設酒食夾道歡迎得勝的大軍。

劉驁即位後，丞相匡衡又將陳湯私吞戰利品一事舊事重提，案件進入了法律程序。秦漢時期，根據訴訟原告不同，將案件分為兩類，一類叫官糾，即由官吏代表官府對犯罪者提起控告訴訟，類似於現代的公訴；另一類叫民告，即由當事人直接向官府控告呈訴，類似今天的自訴，正所謂「民不告官不糾也」。這次陳湯的案例是公訴，因此在官方取證後按律被免職。

之後，不甘寂寞的陳湯向劉驁上書，稱康居王送來的侍子不是真正的王子。劉驁派人核實，證明康居王子並非假冒。陳湯以誣告罪再次入獄，準備處以死刑。這時，太中大夫谷永向劉驁上書，引用《周書》中「記人之功，忘人之過，宜為君者也」的古訓，亟請皇帝為曾經立下奇功的陳湯開恩。陳湯被劉驁特赦，但被命令從一般士兵當起。

時隔幾年，受到烏孫圍攻的西域都護段會宗請求朝廷發兵救援，百官討論數日仍無結果。王鳳建議把足智多謀的陳湯請來，於是劉驁緊急召見了陳湯。因風濕導致兩臂不能屈伸的陳湯在覲見皇帝時，劉驁下詔不用行跪拜禮，然後把段會宗的求救信遞給了他。陳湯推辭說：「將相九卿皆賢材通明，我已經沒有任何官職，不足以謀劃大事。」（將相九卿皆賢材通明，小臣罷癃，不足以策大事）

心事這東西，你捂著嘴，它也會從耳朵裡跑出來。劉驁聽出了他話中的怨氣，便笑著說：「國家有急，君其毋讓。」陳湯這才慢吞吞地回覆道：「臣以為，這件事沒有什麼可以憂慮的。」

「為什麼？」劉驁一臉疑惑。

「一般情況下，五個胡兵相當於一個漢兵，因為他們的兵器原始笨重，弓箭也不鋒利。如今他們也學漢兵的製作技巧，有了較好的刀、箭，但仍然須以三比一來計算戰鬥力。現在圍攻會宗的烏孫兵馬不足以戰勝會宗，因此陛下儘管放心。即使發兵去救，輕騎平均每天可走五十里，重騎平均才三十里，根本不是救急之兵。」陳湯料定烏孫大軍是烏合之眾，無法持久進攻，因此推算說：「現在那裡的包圍已經解除。不出五天，會有好消息傳來。」

劉鷙還是半信半疑。過了四天，劉鷙果然接到戰報，稱烏孫大軍已解圍而去。

藉由這件事，大將軍王鳳深感陳湯經驗豐富，於是奏請皇帝啟用陳湯為從事中郎，軍事大事往往請他決斷。

一個「貪」字害死英雄好漢，陳湯晚景淒涼

對於劉鷙和王鳳啟用口碑不佳的陳湯，許多大臣不以為然甚至公開反對，但當政者自有其道理。因為用人標準並非一成不變，一般要隨時局變化而變化，多事之秋更重視人才的能力，和平年代更重視人才的操守，這就是亂世梟雄曹操所說的：「治平者尚德行，有事者賞功能。」（治理和平年代重官吏的德行，治理亂世重官吏的效能）也就是撥亂反正時期的雍正所提倡的：「寧用操守平常之能吏，不用因循誤事之清官。」對於雍正的用人之道，他最信任的大臣鄂爾泰進一步解釋說：「如果能做事，即使是小人，也應該愛惜指導；如果沒有能力，雖然是善人，也應該調離他處。」

史載，陳湯出任從事中郎後，既嚴明法令，又博採眾議，頗有將帥風範。

問題在於，再重效能的時代，也不可能完全忽視操守。照理說，在郅支城私吞戰利品的教訓歷歷在目，陳湯應該有所收斂了。想當初，陳湯被封關內侯時，有食邑兩百戶，秩俸二千石[13]。據考證，除去賦稅，漢代一個青壯年農夫（實際上指一個家庭）的年耕作收入平均九十石。依此推算，陳湯的年俸祿相當於二十二戶農夫的全部收成。再加上皇帝賜給的食邑，他每年的收入是數百戶農夫辛勤耕作的總和。要知道，一個治安、水利、賦稅、賑災什麼都管的大縣縣長年收入才六百石，小縣縣令才三百石啊！

13據林甘泉《秦漢經濟史》，漢代一石為兩斗，一斗十三斤半，一石相當於二十七市斤粟麥。

不是所有人經過命運的淬火，都能煉成金剛不壞之身。

讓一個好色的人戒掉欲望，除非挖去他的眼；讓一個手癢的人停止作案，除非砍去他的手。水衡都尉苟參死後，苟參的妻子想為兒子求封，送給陳湯五十斤金，陳湯便答應為其上奏。弘農太守張匡因貪污被傳訊，派人向陳湯求救，陳湯果然想方法為其洗脫罪責，後來收了對方兩百萬的謝禮。他還常常受人請託上奏，並心安理得地接受請託人的重金，屬於典型的「一手交錢，一手交貨」。好似他付出了辛苦，別人就應該有所表示。

哲學家叔本華（Arthur Schopenhauer）說過，財富就像海水，你喝得愈多，就愈感到口渴。長此以往，陳湯的貪財之名傳遍朝野。

「千里為官，誰不為錢？若不為錢，誰來當官？」中國古代戲曲裡的這四句念白，足以表明專制體制下權力與金錢的互換關係。因而，翻開二十五史的任何一史，都是貪官如毛，碩鼠遍地，但貪官遍地並不代表朝廷認可貪官。面對一份份質證陳湯的奏章，皇帝只能搖搖頭，遺憾地將陳湯貶為庶人。

在金碧輝煌的未央宮，當值太監要求陳湯出班。聽完詔書中羅列的罪名與證據，他只能感謝皇上不殺之恩，然後長跪不起，再也沒臉為自己狡辯一句。有人看見他那飽經風霜的臉上留下了一滴清淚。是後悔的淚，還是感激的淚？無人能懂。

免職後的陳湯被強制遷到風如刀、沙如雹的敦煌，日子墨黑如殤。幾年後，敦煌太守上書朝廷說：「陳湯誅殺郅支，威風遠及外國，現在降為庶人，不宜住在邊塞。」（湯前親誅郅支單于，威行外國，不宜近邊塞）於是，他被遷到安定（今寧夏固原）。看到陳湯晚景淒涼，議郎耿育又上書皇帝說：「當今梟俊擒敵之臣，獨有一陳湯耳。他之所以屢遭不幸，乃是其他大臣嫉妒所致，懇請皇帝予以關照。」於是，陳湯被允許遷回長安。

他開始酗酒，常常喝得爛醉，他很怕醒來，因為醒來是中斷，是破碎，是幻滅，是往事不堪回首的低落。不久，他便在醉生夢死中走完了榮辱交錯、跌宕起伏的人生。

西域各國上書請求，最受擁戴的都護段會宗

段會宗出關的消息不脛而走，很快傳遍翹首企盼的西域城邦。他每到一座城郭，都與國王和城主談笑風生，暢敘離別之情。每到一個國家，都要撫官恤民，了解風土人情以及鄰國關係。

在陳湯的故事裡曾經提到過段會宗這個名字。似乎，這位西域都護不如陳湯心裡有數，否則怎能一被包圍就驚惶萬狀地請求朝廷救援呢？難道他是一個膽小鬼？

段會宗，字子松，今甘肅天水人，生於漢始元四年（前八三年）。竟寧元年（前三三年），年過五十的他出任西域都護、騎都尉光祿大夫。他身居烏壘，眼觀六路，輕賦稅，廢苛政，深受西域軍民敬重。這就意味著，他儘管沒有陳湯絕世的果敢與超人的謀略，卻有著陳湯最為缺乏的自律與親和。也就是說，在陳湯手下，人們不擔心打敗仗，卻要時刻準備接受陳湯的訓斥；跟著段會宗，也許在戰場上會遭遇困難，但由於這位主帥的忠厚與和藹，他們會有一種生活在溫暖陽光下的愜意與安定。

在段會宗擔任都護的三年中，他自感沒有陳湯的軍事才能，便把自己以誠待人、以情感人、以理服人的長處發揮到了極致。在他任期屆滿擔任沛郡、雁門太守的日子裡，幾任西域都護都名聲不佳，無功而還。

只有經歷過冷酷寒冬的人，才會懷念春天的溫馨。鑑於後幾任都護的嗜殺與冷血，西域君民更加懷念段會宗在任時那溫暖愜意的時光。西域國王們連連上書，請求漢帝再派段會宗前來領導他們，他

們一再聲稱：「段任西域都護，我們言聽計從。」

為此，劉鶩既無奈，又欣慰，卻也擔心。他之所以無奈，是因為他將不得不撤換任期未滿的都護；之所以欣慰，是因為漢朝總算還有讓西域滿意的人；而他擔心的是，段已年老體衰，會領命出關嗎？陽朔元年（前二四年），劉鶩將段會宗從雁門召回長安，把自己的擔憂告知了這位比自己年長三十三歲的老將。想不到，老將毫不猶豫地答應下來。就這樣，六十歲的段會宗第二次風塵僕僕地走出玉門關。

聞聽段會宗二赴西域，好友谷永一方面深表敬佩，一方面又替他擔心，便寫了一封書信作為臨別贈言：「足下以柔遠之令德復典都護之重職，真是一件令人稱羨的好事。以你的才華智慧，足以在帝都充任國家之棟梁，擔當九卿丞相之要職，又何必關山迢迢，去崑崙山下與風俗迥異之人一起生活呢？可是我又想到，方今天下我大漢皇恩浩蕩，遠方賓服，在你之前又有傅介子、鄭吉、甘延壽、陳湯等人立下赫赫功勛，今後很難有人超過他們。因此作為你的摯友，我不得不勸告你，願你到任之後，多保重身體。辦一切事情，都要腳踏實地，切勿好高鶩遠，一味追求什麼奇功大勛。」（足下以柔遠之令德，復典都護之重職，甚休甚休！若子之材，可優遊都城而取卿相，何必勒功昆山之仄，總領百蠻，懷柔殊俗？方今漢德隆盛，遠人賓伏，傅、鄭、甘、陳之功沒齒不可復見，願吾子因循舊貫，毋求奇功）[14]讀完谷永的贈言，段會宗若有所悟。

事實證明，對人恭敬，就是莊嚴自己。段會宗出關的消息不脛而走，很快傳遍翹首企盼的西域城邦，國王們派遣子弟出城數十里相迎，烏孫國小昆彌[15]安日竟然遠涉千里趕到龜茲迎接。段會宗每到一座城郭，都與國王和城主談笑風生，暢敘離別之情，就像久別重逢的生死戰友。每到一個國家，都要撫官恤民，了解風土人情以及鄰國關係。

消息傳到康居，太子保蘇匿又高興又慚愧，他既對自己一度受匈奴威逼反對漢心中不安，又堅信段會宗是一位值得信賴的都護，因此親自率領數萬部眾前來歸順。段會宗派遣衛司馬帶領戊己校尉前去迎降。

遺憾的是，這位衛司馬是個膽小之徒，他見前來投降的保蘇匿人馬太多，擔心途中發生變故，竟然命令保蘇匿讓手下互相捆綁手腳。保蘇匿大為失望，便帶著部下逃走了。後來，有人將此事呈報到朝廷，皇帝竟不分青紅皂白地罷了段會宗的都護之職，調他去金城（今蘭州）擔任太守。

因為染病，段會宗未能赴任。一年之後，烏孫國小昆彌安日被殺，烏孫大亂。無奈之下，朝廷只好再次起用段會宗。

段會宗年過七十出使烏孫，將慘烈內訌化為無形

這一次，劉驁拜段會宗為中郎將、光祿大夫。已經年過七十的他，仍不計個人恩怨，不顧年事已高和鞍馬勞頓，毅然從烏壘前往烏孫，經過多方調停終於達成協議，立安日的弟弟末振將為烏孫小昆彌，將一場慘烈的內訌化為無形。

第二年，元貴靡的孫子雌栗靡擔任烏孫大昆彌。雌栗靡為人寬厚，治國有方，勢力日益壯大。末振將擔心大昆彌將自己吞併，便先下手為強，派人以詐降之計將雌栗靡刺殺。沒過多久，末振將也被雌栗靡的同情者刺殺。

劉驁命令段會宗向烏孫興師問罪。

14 出自《漢書》卷七十。

15 翁歸靡與匈奴之女所生之子烏就屠起兵殺泥靡，自立為昆彌。烏就屠因害怕漢朝興師問罪，尊翁歸靡與漢朝解憂公主之長子元貴靡為大昆彌，自稱小昆彌。自此烏孫有大小昆彌，大昆彌親漢，小昆彌親匈奴，兩昆彌爭鬥不止。

有人總結說，少年時你什麼都信，就有了信仰。中年時你有信有不信，就有了理想。晚年時，你懷疑得多相信得少，就有了思想。接到命令，已過「從心所欲不逾矩」之年的段會宗，並沒有簡單地執行皇帝的詔命，而是像以往歷次巡視一樣，只帶上三十名弓箭手來到赤谷城，然後不動聲色地把小昆彌的太子番丘找來，一邊親切交談，一邊將劍插進了番丘的胸膛，報了番丘之父暗殺大昆彌之仇。

消息傳出，末振將的姪子烏犁靡調遣數千騎兵將段會宗困在城中。大戰前的空氣凝重得像要滴下水來。段會宗登上城頭，毫無懼色地對城下的烏犁靡高喊：「如今你來殺我，如同拔一根牛毛一樣容易。可是不要忘了，大宛比爾等強大百倍，我漢軍割取大宛王人頭如探囊取物一般。」聽完城上的喊話，烏犁靡匍匐在地，對段會宗說：「末振將反叛漢朝，父債子還，你們殺其子是對的。我等無罪，請勿誅討。」段會宗答應不再追究。城下的小昆彌將士們感激涕零，解圍而去。消息傳到長安，皇帝下詔封段會宗為關內侯，賜黃金萬兩。

柳宗元筆下有一種小蟲子，牠會把沿途所遇盡可能撿拾起來，放在背上負重前行。這種蟲子背部粗糙，東西堆積在上面難以掉落，但即使疲憊到極點，牠還是不停地累加，直到撲倒在地。元延三年（前一〇年），段會宗耗盡了最後的精力，病死在烏孫，終年七十五歲。

死亡是一桿秤，用以衡量那些逝去的光陰。他死後，西域國王和民眾自發為他送葬，還為他修建了廟宇，年年禮拜。

時隔三年，他的主子劉驁因縱欲過度，死在寵妃趙合德的床上，終年四十六歲。如果劉驁與段會宗一樣活到七十五歲，正值新朝地皇四年（二三年），王莽正好被殺。

歷史可以推演，但不能假設。

但欽，時代與個性造就的縮頭烏龜

被不滿與騷亂包圍的但欽，抱著僥倖的心理，像鴕鳥一樣把頭埋在沙土裡。但如果你不能確定往哪裡走，那麼此處就是你的葬身之地。冬，焉耆王的六千兵馬攻入烏壘城，措手不及的但欽被砍下首級。

段會宗在世的時候，韓立擔任西域都護，並曾經與段會宗一起平定烏孫內亂。後來的西域都護郭舜、孫建都乏善可陳。唯一還有些故事的，是著名的縮頭烏龜但欽。

但欽剛剛擔任西域都護時，匈奴已被徹底征服，西域已全部納入了漢朝版圖。到元始二年（二年），西漢已擁有東西九千三百零二里、南北一萬三千三百六十八里的廣袤領土，人口接近六千萬，耕地達到八百二十七萬零五百三十六頃。這應該是一個東方帝國此後一千年再也難以超越的巔峰。

正如煙火上升到最高點必然謝幕一樣，以西元初年為標誌，西域形勢出現下行的趨勢。先是戊己校尉徐普因為與車師後國在道路問題上的糾紛，居然把車師後國國王姑句關了起來，造成姑句逃亡匈奴；接著，西域東南部的「去胡來」國（婼羌）被鄰近的赤水羌包圍，「去胡來」王唐兜急忙向西域都護但欽告急。

身在烏壘的但欽，一方面覺得烏壘距離去胡來太遠，一方面骨子裡不願意多管閒事，因而把唐兜的求救信扔在一邊，沒有派出一兵一卒前往救援。唐兜萬般無奈，拚死突出重圍，率領妻子與部眾一千餘人東逃玉門關，而玉門關守將拒絕唐兜入關。一氣之下，唐兜也率領部眾投降了匈奴。

當時，匈奴與漢關係已經緩和。於是，執掌朝政的太傅王莽派出中郎將王昌，逼迫匈奴將姑句與唐兜引渡回了漢朝，然後當著西域各國國王的面，將唐兜、姑句二王斬首。照理說，唐兜、姑句都事出有因，二王不到非殺不可的地步，王莽因此在西域喪失了信用，但欽已明顯感覺到西域各國的冷漠。

初始元年（八年）十二月，王莽逼迫太后王政君交出傳國玉璽，接受孺子嬰禪讓稱帝，改國號「新」，改長安為常安，稱「始建國元年」。之後，王莽將漢朝所封的「王」、「侯」改稱「公」，將周邊民族的「王」降格成「侯」，然後派出五威將王奇等十二人赴各地更換印信。就連西域都護駐紮的烏壘城，也被王莽改名埒（音同「列」）婁城。

新始建國二年（一〇年），車師後國新王須置離聽說王莽派右伯甄豐前來西域巡視，準備以迎接甄豐花費巨大為由，率領部下投降匈奴。消息傳到戊己校尉刀護耳中，刀護將須置離逮捕後，押送到埒婁城，交由西域都護但欽處置。

照理說，這是但欽對王莽的西域政策給予補救的良機。可是，但欽二話不說，就砍掉了須置離的帶髮人頭，在西域各國怨恨的怒火上使勁添了一綑柴。

西域各國開始對匈奴暗送秋波，而置身西域中心地帶的但欽卻蒙在鼓裡。

新朝衰弱給人可趁之機，焉耆王野心復甦砍但欽腦袋

始建國五年（一三年）春，烏孫大、小昆彌派使者到大新朝貢。王莽試圖藉由匈奴的外孫小昆彌與匈奴緩和關係，便在安排座次時，有意派人把小昆彌使者排在身為中國外孫的大昆彌使者之前，因而激起了大昆彌使者的強烈不滿。

夏日的西域，炎陽似火，大昆彌使者路過焉耆，不僅將一肚子苦水倒給了熱情的焉耆王，而且表達了對新朝衰弱的觀感。使者一席話，喚醒了焉耆王壓抑已久的欲望。是啊，新朝的威望已江河日下，匈奴已承諾做自己的後盾，為什麼我不能趁機崛起？要崛起，必須吃掉都護府治下的萬頃良田。焉耆距離烏壘城只有三百五十里，憑著焉耆快馬不過兩天。想到這裡，焉耆王眼冒紅光：但欽——你

這隻縮頭烏龜，別來無恙？

酸風射眸，寒日相吊，難道自己真的「四面楚歌」了嗎？已經被不滿與騷亂包圍的但欽，並非沒有感到威脅，他大可請求解甲歸田，因為按照都護三年一任的成規，他已經超期服役很久了；他也可以私自躲到關係尚可的龜茲，理由能找到一大堆。但他沒有這樣做，一來他認定王莽不會批准，二來都護府不能一日無帥。於是，抱有僥倖心理的他，像鴕鳥一樣把頭埋在沙土裡，一副不戰、不和、不守、不走的德行，患得患失，畏首畏尾，得過且過，苟延殘喘。

如果你不能確定往哪裡走，那麼此處就是你的葬身之地。冬，焉耆王的六千兵馬傾巢出動，突然西去攻入烏壘城，措手不及的但欽被砍下首級。

對於但欽，死亡不是終結，而是完成，他終於為自己的超期服役畫上了句點。

他的不作為與少膽識，或者說他的命運，是個性的悲劇與時代的悲劇交織而成的。在「天地不仁」的年代，他可以選擇做一個「芻狗」，也可以選擇做一個英雄，其中的差別就在於個性。

烏壘城最後飄揚的旗幟

很快，王駿就被「友軍」如雨的箭矢射成了刺蝟，隨他征戰多年的漢兵也被殺光。喧囂過後，山谷裡只剩下無數的斷肢殘骸，以及偶爾透進來的如血殘陽。在烏壘城飄揚了六十三個春秋的旗幡從此消失。

王莽豈能善罷甘休。

天鳳三年（十六年），王莽派遣五威將王駿、西域都護李崇、戊己校尉郭欽進駐西域。迫於新朝大軍的聲勢，西域各國違心地趕赴郊外歡迎。

王駿、李崇到達烏壘之後，先是痛斥了姑墨兼併溫宿國的行為，然後徵調都護府所屬的西域各國兵馬大舉討伐焉耆。莎車、龜茲等國共出兵七千餘人，焉耆的尾巴國尉犁、危須也派出人馬隨行，就連剛剛被痛斥的姑墨仍派出軍隊「將功補過」。

這樣一來，王駿手下可供調遣的人馬超過了兩萬，三倍於焉耆兵馬，戰爭的結果似乎無庸置疑。而且，焉耆王作為被討伐的對象，也公開聲稱投降新朝，似乎已經沒有什麼必要征討了。

但樣子還是要做的，如果這是焉耆的緩兵之計呢？於是，作為主帥的王駿決定兵分數路，進入焉耆接受投降。結果，他統領的這路大軍鑽進了焉耆布下的口袋陣，身後的姑墨、尉犁、危須軍隊又反戈一擊，他的前胸與後背全都暴露給了對方。

美國西點軍校軍規說，唯一比敵方炮火還精準的是友軍的炮火。很快，王駿就被「友軍」如雨的箭矢射成了刺蝟，隨他征戰多年的漢兵也被殺光。臨死時，王駿的瞳孔裡散發著無盡的疑惑，他至死也不明白，這幾個西域國家何時與敵人有了私下協議的呢？但歷史背面的銘文猶如魔王私處的刺青，是不容易看到的。

喧囂過後，山谷裡只剩下無數的斷肢殘骸，以及偶爾透進來的如血殘陽。末任都護李崇只能收拾殘兵敗卒退入龜茲國境，李崇的銅印在民國十七年（一九二八年）發現於今新和縣玉奇喀特古城（它乾城）。只有擔任後衛的戊己校尉郭欽僥倖退回中原。西域都護府，在殘破的烏壘城降下飄揚了六十三個春秋的旗幡。此後，烏壘國連同都護府一起消失，土地被併入了西鄰龜茲。

至於建武二十二年（四六年），莎車王賢殺掉龜茲王後設立的烏壘王，並沒有真正脫離龜茲。而永平十七年（七四年）恢復的西域都護府，首任都護陳睦也曾駐紮在這裡，但僅僅過了一年，陳睦的身首便分了家。等到班超擔任西域都護，也許嫌棄此地過於晦氣，也許考慮到這座城池殘破不堪，於是將府治設立在李崇避難的它乾城。只有光緒二十八年（一九〇二年）設立的輪臺縣，讓我們依稀記起這個曾經令有些人愛得發瘋，另一些人恨得要死的地方。

輪臺遺址出土，依稀可見田埂水渠，雄峙朔漠的威風已不復見

走馬西來欲到天，平沙萬里絕人煙。戰爭的疤痕上開滿了鮮花，關於血與火的故事已羽化為神話。近代，考古學家在輪臺發現了幾座古遺址：

一座叫柯尤克沁古城，位於縣城東南二十公里的迪那河流域的荒漠中，周長九百四十公尺，牆基寬五公尺，又稱奎玉克協海爾，維吾爾語意為「灰燼城」，據悉是被李廣利攻克的漢代倉頭城，即輪臺古城[16]。

另一座叫卓爾庫特古城，周長一千兩百五十公尺，牆基寬六公尺，位於縣城東南二十五公里的克孜勒河西岸的荒漠草甸中，也就是倉頭城東四公里處，據悉是屯田校尉城，考古學家黃文弼甚至推測，修建者就是被龜茲殺害的屯田校尉賴丹。這座當年雄峙朔漠的軍事堡壘，如今連廢墟也算不上了，尚且能看出點輪廓的，是城中的一個環形小湖以及一座九公尺高的戍堡遺址。如果夠細心，還可以在古城西部與北部的戈壁柳叢中，找到漢代「田卒」屯墾留下的田埂、水渠和大小均勻、劃分整齊的田塊。

還有一座叫協海爾科臺克古城（維吾爾語意為「樹墩城」），位於縣城東部五十六公里、野雲溝鄉南部三十二公里的策大雅鄉，據悉是西域都護府駐地——烏壘城[17]。古城四周分布著幾座屯墾軍營，向

16見李永康《輪臺屯田史話》，新疆人民出版社，二〇一一年版。

南有大道通渠犁國，向西有大道通校尉城，城堡之間有烽火臺傳遞訊息，史稱「七連城」。這座漢朝在西域中央的定鼎之地，一座威風八面的異域堅城，如今只剩下一片年代模糊的遺跡，陳列在懨懨的秋陽下。

兩千年的風雨塵沙，已將都護們踏石留印的足跡深深掩埋。

17 據《輪臺縣地名圖志》，一九八五年版。

輪臺（烏壘）小傳　歷史簡表

烏壘，原名輪臺國，又名倉頭國，創建者是車師的一個部落，應該劃入吐火羅人。李廣利二征大宛時，這個寂寂無聞的千人小國居然不自量力地閉門據守，結果慘遭漢軍屠城，繼而淪為漢的軍墾農場。直到漢宣帝時期，輪臺才宣布復國，更名烏壘。一定是新烏壘王開明而乖巧，因此漢將鄭吉將西域都護府遷到了烏壘，烏壘也搖身一變成為西域的政治軍事中心，為一任任都護或雄奇、或霸道、或貪婪、或猥瑣的表演提供了寬敞的舞臺。西漢末年，六十三歲的西域都護府踉蹌倒地，作為都護府另一張面孔的烏壘國也隕落在腥風血雨中，剩下的只有殘垣斷壁，衰草夕陽。

西漢

漢武帝太初三年（前一〇二年）
- 貳師將軍李廣利二次西征大宛。輪臺堅拒開門，全城被漢軍屠殺。

太初四年（前一〇一年）
- 漢朝派駐西域的第一個官員——使者校尉，率領數百名田卒進駐輪臺屯田。

漢昭帝元鳳四年（前七十七年）
- 在漢朝當人質的扜彌太子賴丹被任命為使者校尉，率領漢軍進駐輪臺屯田。但賴丹很快就被企圖稱霸絲路北道的龜茲王殺害。

漢宣帝本始二年（前七十二年）
- 賴丹被殺後，輪臺趁機宣布復國，更名烏壘。

地節二年（前六十八年）
- 劉詢任命鄭吉率領免除刑罰的犯人進駐輪臺南部的渠犁屯田。之後鄭吉將屯田基地擴大到車師，因功被提升為衛司馬，成為漢護鄯善以西使者。

神爵二年（前六十年）
- 日逐王降漢，從此西域四十八國，皆入漢之版圖。

此後，由於烏壘國位於西域中心，鄭吉將都護府遷至烏壘城。當時的烏壘國王，既是漢帝任命的城都尉，又受都護府直接統轄。都護府與烏壘國，基本上可以說是相同的機構，只是名稱不同。

漢宣帝黃龍元年（前四十九年）

- 將烏壘經營得風生水起的鄭吉，病逝在烏壘。同年宣帝也駕崩。

匈奴分裂為南匈奴與北匈奴。南匈奴向漢稱臣，北匈奴郅支單于避走康居，但仍與漢對抗。

漢元帝建昭三年（前三十六年）

- 甘延壽被任命為郎中諫議大夫、使西域都護騎都尉。與副校尉陳湯矯詔發兵，征討殺了漢使的郅支單于，取其頭顱。

竟寧元年（前三十三年）

- 年過五十的段會宗出任西域都護。他身居烏壘，眼觀六路，輕賦稅，廢苛政，深受西域軍民敬重。

漢成帝陽朔元年（前二十四年）

- 因西域各國上書請求，劉驁再次任命段會宗出任西域都護。

後因太子保蘇匿事件，段會宗被調去金城擔任太守，但未赴任。直到烏孫國大、小昆彌內訌，才又被起用，出使烏孫調停。

元延三年（前十年）

- 段會宗病死在烏孫。

新朝

王莽篡位前，即因殺車師王姑句及去胡來唐兜，而與西域各國關係緊張；篡位後又因西域都護但欽殺車師後國新王須置離而雪上加霜。

王莽始建國五年（十三年）

焉耆王率軍攻入烏壘城，殺西域都護但欽。

天鳳三年（十六年）

王莽派遣五威將王駿、西域都護李崇、戊己校尉郭欽討伐焉耆。結果王駿被殺、李崇退到龜茲，僅郭欽回到中原。

此後漢退出西域，烏壘國連同都護府一起消失，土地被併入西鄰龜茲。

東漢

漢光武帝建武二十二年（四十六年）

莎車王賢殺掉龜茲王後設立烏壘王，但烏壘並沒有真正脫離龜茲。

漢明帝永平十七年（七十四年）

漢恢復西域都護府，任陳睦為都護，但僅僅一年，陳睦便被殺。

班超收復西域後，將西域都護府改設於它乾城，烏壘漸漸被遺忘。

清朝

清德宗光緒二十八年（一九〇二年）

設立輪臺縣。

第十八章

龜茲

這裡曾是唐代安西都護府所在地，成為西域的政治文化中心，
也曾與漢朝和親烏孫的解憂公主結為親家，深受漢化的影響，
但如今說起龜茲，多數人第一個想到的應該是大乘佛教的宗師鳩摩羅什。
不僅因為他翻譯多部經書、奠定了漢傳佛教的基礎，
更因為他被迫娶妻納妾以及被各帝王搶來奪去的傳奇生平。

然而，在龜茲還有一樣重要的文化遺產鮮為人知，
那就是被敦煌莫高窟搶去了風采的克孜爾石窟。
這裡是佛教藝術沿著絲路東傳的第一站，
據傳其中還有敘利亞畫家題字的壁畫……

龜茲

飄逝的樂舞與梵音

地理和歷史的地位：

・龜茲曾與漢朝和親烏孫的解憂公主結為親家，深受漢化的影響。也曾是唐代安西都護府所在地，西域的政治文化中心。

・說起龜茲，最有名的就是大乘佛教的宗師鳩摩羅什，以及佛教藝術沿著絲路東傳的第一站——克孜爾石窟。

龜茲國，王治延城。戶六千九百七十，口八萬一千三百一十七，勝兵二萬一千七十六人。南與精絕、東南與且末、西南與扜彌、北與烏孫、西與姑墨接。能鑄冶，有鉛。東至都護治所烏壘城三百五十里。

——班固《漢書》卷九十六下

記載於樺樹皮上的神祕天書

一個名叫古蘭・柯迪阿吉的庫車人找到了鮑爾，但阿吉帶來的，不是阿富汗兇手的消息，而是一本殘破的書籍，這本書由樺樹皮裝訂在一起，上面的文字古怪得猶如天書。

光緒十五年（一八八九年），一個平淡無奇的年份，如果非要找一點事情，恐怕只有光緒帝親政、班傑明・哈里森（Benjamin Harrison）當選美國總統、法國艾菲爾鐵塔（Eiffel Tower）落成、河南安陽發現甲骨文勉強可以拿得出手。也就是說，這一年可以用上古早小說裡一句常見的話：「當日四海昇平，並無大事可敘。」

一天，一個英國青年沿著古絲綢之路悄悄進入新疆。表面上，這個英國人來這裡是為了狩獵娛樂。實際上，他是英國駐印度中尉情報官鮑爾（Hamilton Bower）。前不久，英國著名的中亞探險家安德魯・達格列什（Andrew Daglesh）被殺，兇手是一個阿富汗人。英國駐印度當局要求限期破案，追緝真兇的困難使命就交給了鮑爾——正以狩獵為幌子在中亞展開祕密測量的情報官。接受新任務後，他以狩獵隊為基礎，構建了一個地下情報網，把手下探員撒向阿富汗、中國和俄屬中亞。而他自己，則像《悲慘世界》（*Les Misérables*）中那個固執、敬業的偵探賈維（Javert）一樣，毫無希望地沿著古老的絲路，一個綠洲一個綠洲地搜尋遠走天涯的案犯。因為追蹤一條顯然是有意散布的假線索，他來到了塔克拉瑪干沙漠北部的中國小城——庫車。

一個名叫古蘭・柯迪阿吉的庫車人找到了鮑爾，但阿吉帶來的，不是阿富汗兇手的消息，而是一本殘破的書籍，這本書由樺樹皮裝訂在一起，上面的文字古怪得猶如天書。據阿吉介紹，這是他無意中在一個廢棄的關隘裡撿到的。經過討價還價，鮑爾買下了其中的五十一頁。回到印度，他將此書交給了加爾各答的孟加拉亞洲學會。第二年，學會的語言學祕書霍恩勒[1]發表了一篇滿含欣喜的報告，他說這是用婆羅米字母書寫的古印度梵語書稿，內容有關醫藥與巫術，時間在西元四世紀。

古印度人習慣在樺樹皮上寫書。但由於印度氣候潮熱，這種用樺樹皮寫成的書很難流傳下來。此前發現的最古老的印度樺樹皮寫本屬於西元十一世紀，而這本發現書稿的年代一下子提早了七個世

1 霍恩勒（Rudolf Hoernlé，一八四一～一九一八年）東方學家，德裔英國人。職涯專注於印度—雅利安語言的研究，最出名的成果可能就是破譯《鮑爾古本》。

紀。於是，這本被稱為《鮑爾古本》（*Bower Manuscript*）的手稿轟動了世界。

一夜之間，這個副產品使得小小的尉官鮑爾名揚天下，而那個殺人真兇也很戲劇性地迅速遭到逮捕：在中亞名城撒馬爾罕，鮑爾的兩個助手在集市上與兇手狹路相逢，雙方無意中同時抬頭，探員發現對面站著的正是他們大海撈針般苦苦尋覓的殺人犯。後來，鮑爾晉升為少將，受封為漢密爾頓爵士，還出版了一部名為《中亞旅行記》（*A trip to Turkistan*）的通俗讀物，可謂名利雙收。不知什麼原因，他的著作至今沒有被翻譯成漢語。

需要特別指出的是，《鮑爾古本》之所以轟動世界，不是因為這本樺皮書有多麼珍貴，而是因為它發現於絲綢之路交會處的新疆。一本印度梵文書稿，為何保存在庫車？它是外來的物件，還是當地的創造？一個千古之謎即將揭開。

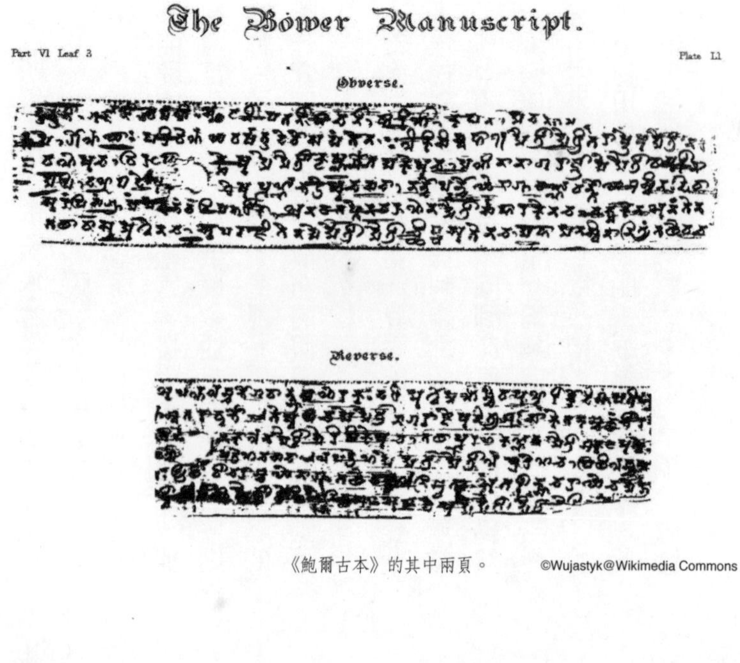

《鮑爾古本》的其中兩頁。 ©Wujastyk@Wikimedia Commons

黃沙底下的大發現，消失千年的龜茲語殘卷

在庫車的發現果然驚人，大量的古文字殘卷從黃沙底下翻檢出來，書寫材料五花八門，使用的字母也多種多樣，婆羅米笈多文、佉盧文、于闐文……但其中一種陌生的語言讓專家學者皺起了眉頭。

《鮑爾古本》引發了列強對新疆探險的熱潮，俄國和英國駐喀什的領事，奉各自國家的命令，努力搜尋偶然出土的古代寫本。來自英、德、俄、日的探險家也接踵而至，他們帶著對未知學術領域的渴求，職業探險的殉道精神，征服者的無盡欲望，急切地搶奪對西域歷史解讀的優先權。這時，一個西方人哪怕是去測量了亞洲一座未知山峰的高度，回國後都會受到英雄般的歡迎。而在那片土地上生息的人們，連生存的尊嚴都無從談起，就更談不上什麼解讀自身歷史的權利了。

接下來，在庫車及相關地區的發現果然令人驚訝，大量的古文字殘卷從民間收購出來，或者從黃沙底下翻檢出來，書寫材料五花八門，有棕櫚葉、樺樹皮、木板、竹子、皮革、絲綢、紙等；使用的字母也多種多樣，除了常見的漢文，還有婆羅米笈多文、佉盧文、于闐文、摩尼文、粟特文、回鶻文、吐蕃文、阿拉伯文等。這些文字大多已是死去的文字，每一種死亡的文字，都隱匿著一段消失的文明，而走進這個古代文字的叢林地帶，則意味著墜入不同文明交會的漩渦之中。

流行於東方的吐火羅語，竟與北歐地區的語言相同

面對這些木乃伊一般的神祕字符，語言學家們如飲甘飴，痴醉交加。在為大多數文字找到歸宿之後，他們在一種陌生的語言面前皺起了眉頭：這種語言出現在庫車出土的文書中、陶片裡和牆壁上，

它們用婆羅米字母中亞斜體拼寫，許多句子連在一起，無法分出單詞，對不上任何已知的語法規則，梵語專家們勉強能認出一些印度名字、醫藥名詞和佛教術語，但一時弄不清這是一種什麼語言。

在西醫中，醫生診斷疾病慣常使用排除法。在所有解讀失敗之後，習慣於排除法的學者們突然領悟到，既然已知的語言都能找到對應的族群，那麼這最後剩下的語言，不就是古代庫車原始居民的語言嗎？

這種語言就是龜茲（音同「丘詞」）語。

《大唐西域記》記載：「龜茲，文字取自印度，粗有改變。」這恰好與後來發現的龜茲語寫法相吻合。但這個「粗有改變」後的龜茲語，究竟是一種什麼語言？

光緒三十三年（一九〇七年），庫車出土了一本回鶻文佛經——《彌勒會見記》。德國語言學家繆勒（Friedrich Max Müller）從這本佛經的序言中讀到了這樣一段文字，大意是這本回鶻文佛經，是根據當地的托和利文翻譯過來的。「托和利」是什麼？不正是史書中的「吐火羅」嗎？細微的差別僅僅是音譯的不同。因此，繆勒將它命名為吐火羅語。

第二年，德國學者埃米爾・西格（Emil Sieg）和威廉・西格靈（Wilhelm Siegling）發現，吐火羅語的數詞、親屬名稱、家畜、人體部位名稱，和印歐語系西支的一些語言有所對應，因此確定了這種語言屬印歐語系西支。

這一發現令學者們萬分驚訝：**印歐語系西支是北歐一些地區的語言，吐火羅語卻流行於東方**。從地理位置來看，它處在印歐語系東支伊朗的東邊，恰似一個語言飛地，其中奧祕何在呢？

語言學家開始鍥而不捨地閱讀吐火羅語殘卷，逐漸發現，龜茲語與焉耆語儘管有明顯的親緣關係，但焉耆語全是佛經，而龜茲語除了佛經，還有護照、情書等世俗文書，兩種語言的部分字體也有分別，因此就把它們區分為兩種方言：吐火羅語A為焉耆語，吐火羅語B為龜茲語。

民國二年（一九一三年），法國學者列維（Sylvain Lévi）在論文〈乙種吐火羅語為庫車語考〉（*Le* «

tokharien B », langue de Koutcha）中證明，所謂乙種就是吐火羅語B，也就是古代龜茲的當地語言。就這樣，西方語言學家憑著幾頁殘缺的紙片，破解了一個千古之謎。一九七四年，吐魯番出土了一本用吐火羅語書寫的《彌勒會見記》，進一步驗證了回鶻語佛經序言中的說明。

來匆匆，去也匆匆，西方的探險家雖然對帶走的文物做了詳盡的研究，但能夠帶走的畢竟是一個文化的枝葉，留下的才是它的根脈。

一個死亡的語言被發現了，一個消失千年的民族若隱若現於塔里木盆地的綠洲之上，他們叫吐火羅人。

我們的疑問是，生活於古龜茲的吐火羅人來自哪裡？他們在這塊綠洲上做了什麼？

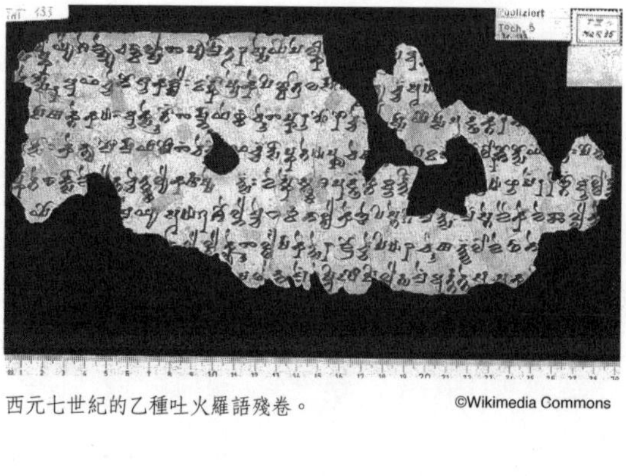

西元七世紀的乙種吐火羅語殘卷。 ©Wikimedia Commons

吐火羅人究竟是月氏人還是大夏後裔？

《隋書》與《新唐書》說大月氏與吐火羅是兩個民族，吐火羅居住在蔥嶺以西，唐代玄奘西行時還路過了吐火羅國；再者，漢代的大月氏曾「西過大宛，擊大夏而臣之」，自己人怎麼可能攻擊自己人呢？

要解答這些疑問，還需要從古歐洲人的遷徙說起。

美國人比爾．布萊森認為[2]，使用印歐語的部落，在西元前三五〇〇年至前二五〇〇年開始向歐洲和亞洲擴張。這種遷移形同蝸牛，只是循序漸進，以尋找新的獵物和牧場為目的。幾個世紀後，原始印歐語分裂為凱爾特語、日耳曼語、拉丁語、希臘語、印度—伊朗語、斯拉夫語等。其中的凱爾特語在西元前四〇〇年左右曾經覆蓋了大半個歐洲，可惜如今說這種語言的人只剩下五十萬了。日耳曼語分成三大語支：北日耳曼語，包括斯堪地納維亞語；西日耳曼語，以英語、德語、荷蘭語為主；東日耳曼語，包括已經消失的勃艮第語、哥德語、汪達爾語。古拉丁語則演化出法語、義大利語、西班牙語、葡萄牙語、羅馬尼亞語、普羅旺斯語、加泰羅尼亞語等。

試想，當一個說蓋爾語的蘇格蘭高地人得知他與一個說僧伽羅語的斯里蘭卡人所使用的語言有著相同的起源，一定分外激動。如果希臘人和羅馬人得知他們的語言都源於同一個牧羊人，一定會目瞪口呆。而當我說立陶宛語是所有印歐語系語言中演變最小的，今天的立陶宛人甚至能理解死去的文字——印度梵語中的某些簡單詞彙時，你會相信嗎？

既然龜茲語屬於印歐語系西語支，這是否意味著龜茲人的祖先是源於古老的歐洲人呢？

在古歐洲人的遷徙史上，的確有一夥說吐火羅語的人，大致在三千多年前，從近東及黑海沿岸向東流動，在巴爾幹北部與希臘語、印度—伊朗語的祖先有了聯繫。在東移到塔里木盆地以及河西走廊後，又與東伊朗語族的塞人、粟特人發生了語言接觸和民族融合。他們在中國史書中幾乎無所不在，卻往往語焉不詳。許多專家認為，秦漢之際活躍在河西走廊的月氏人就是吐火羅人[3]。但國學大師王國維堅決反對，他認為吐火羅是漢初從錫爾河南遷阿姆河流域的大夏後裔，吐火羅是大夏的對音[4]。這一派的理由有兩個，一是《隋書》與《新唐書》上說大月氏與吐火羅是兩個民族，吐火羅居住在蔥嶺以西五百里，唐代玄奘西行時還路過了吐火羅國；二是漢代的大月氏曾「西過大宛，擊大夏而臣之」，自己人怎麼可能攻擊自己人呢？隨著考古學、語言學的發展，王國維的論點已不攻自破，因為龜茲、焉耆、大月氏都說吐火羅語，都是由孔雀河古墓溝人和河西走廊月氏人演化而來，他們源出一脈，又各有特點

克孜爾墓地出土，證實龜茲與樓蘭美女、小河公主同出一系

一九八九年七月，在今拜城縣克孜爾鄉的一片開闊地上，鄉政府正組織所屬村賽馬刁羊，一匹奔馬突然陷進坑中……古龜茲人墓地被意外發現。由於這片開闊地即將因修建克孜爾水庫而被淹沒，所以考古所對墓地進行了四次搶救性發掘，先後發掘出一百六十餘座墓葬。經碳十四測定，墓葬年代在西元前一〇〇〇年至西元前六〇〇年左右。遺體臉型瘦長，鼻骨偏高，皮膚白皙，毛髮金黃，屬於典型的歐羅巴人種，難怪他們自稱「龜茲」（意思是「白色」），因為龜茲人是白種人。

後來，龜茲東部不遠處相繼出土的太陽墓地、樓蘭美女、小河公主，都是歐洲人種北歐類型，距今三千八百年左右，他們與克孜爾墓地一起，自西向東連成了一條線。

種種跡象表明，在距今三千年左右，塔里木盆地邊緣生活著一支古歐洲人種，緩慢地向水源充足的綠洲推進，有古墓溝人、龜茲人、焉耆人、焉布拉克人、月氏人、車師人、烏壘人。當他們從歐亞草原東遷西域的時候，還沒有與法國、義大利人的祖先一起生活。等他們遷到西域數百年之後，印歐語系東語支的印度、伊朗雅利安人才開始向東方遷徙。已故加拿大漢學家蒲立本（Edwin George Pulleyblank），早在一九七五年就任美國亞洲研究學會（Association for Asian Studies）會長時，就宣稱古歐洲人進入中國，絕不晚於其進入印度。

這是一支相當古老也相當大膽的古歐洲人。可以想像，那時的這支游牧縱隊，需要翻越白雪皚皚的崇山峻嶺，需要渡過寸草不生的千里流沙，在今天人們都望而卻步的嚴酷環境中，他們毅然走向了

2見比爾·布萊森（Bill Bryson）《布萊森之英語簡史》（*The Mother Tongue*），中國人民大學出版社，二〇一三年版。
3這是德國地理學家李希霍芬（Ferdinand von Richthofen）、英國蒙古學家西諾爾（Denis Sinor）、考古學者林梅村的觀點。
4見王國維《觀堂集林·西胡考》，中華書局，一九九九年版。

太陽升起的東方，駐足在一塊塊牧草茵茵的大漠綠洲間，這是一個多麼偉大的壯舉啊！

龜茲王得罪漢朝，上書謝罪就想一了百了

昔日階下囚一變而為漢官，引發龜茲王室驚慌，在龜茲貴族姑翼的慫恿與挑唆下，龜茲王調集大軍突襲了駐紮在輪臺屯田的漢軍，殺死了扜彌太子賴丹及其隨從。後來因為害怕，龜茲王又上書漢朝謝罪。

今天我們看到的，是信仰伊斯蘭教千年之久的庫車克孜爾河邊，一戶農家悠然地住在無名古城內，歷史和現實就這樣沒了距離。在龜茲古國境內，類似的古城遺址有大約上百座，大則方圓二、三平方公里，小則如一個學校的操場。其中有當地居民生活的聚落，也有漢唐將士戍邊的城堡。既然王城統治著邦城是西域古國的基本形制，那麼，龜茲古國境內的上百座廢墟中，究竟哪一座是王城呢？

《漢書．西域傳》粗略記載：「龜茲國，王治延城。」《晉書．卷九十七》描繪龜茲都城：「其城三重，中有佛塔廟千所……王宮壯麗，煥若神居。」唐代玄奘所見的龜茲都城「周十七八里」。顯然，這是一座人口眾多、規模宏大、燦爛非凡的城市。

考古界對龜茲王城的考察一直沒有中斷。一九五八年，考古學家黃文弼來到庫車。聽說一個農民在古城牆腳下取土時發現了陶器和人骨，他隨之調查了整個城牆，發現庫車古城與附近水系的關係，與酈道元《水經注》中對古代延城與附近幾條水系關係的描繪完全一致。他由此斷定：龜茲國都就在庫車新舊城之間。

如今已被多數考古學家認定的龜茲故城——皮朗遺址，位於庫車新城西約一公里的皮朗村。城中至今仍可見到三個高大建築的臺基風化而成的土墩——皮朗墩、哈拉墩、哈喀依墩。皮朗墩，維吾爾語為「大象」之意，傳說為龜茲王的御苑高臺，龜茲國王曾在此圈養大象，也有人說高臺形似一頭大象。故城周長近八公里，城牆高約二至七公尺，為夯土築成，每隔四十公尺左右有一個城垛。這片遺址不僅從漢到唐是主要的都城，而且從遠古時代起，就是城邦和聚落的中心，一直沒有被廢棄過，是漢代龜茲王都延城、唐代伊邏盧城遺址、唐安西都護府駐地。如今，壯麗的宮殿已繁華落盡，只剩下四處散落的臺墩夯築在大地之上，撐起人們對歷史的想像。

傅介子手刃樓蘭王安歸；常惠要跟龜茲王算清舊帳

春秋戰國時期，這裡就居住著許多古墓溝後人。後來，被匈奴擊敗的大月氏從河西走廊經焉耆、龜茲西遷，在龜茲留下了不少人民，這也是後來的貴霜帝國屢屢與龜茲結盟的人種學基礎。大約在漢初，龜茲就是一個名副其實的獨立國家了。

征和元年（前九二年），樓蘭王與樓蘭新王先後病逝，匈奴及時把樓蘭王子安歸送回家鄉繼承王位。擁有一半匈奴血統的安歸一頭倒向匈奴，先後攻殺了漢派往西域的使者和大宛、安息派往漢的使者，切斷了連接漢與西域的絲路。

「樓蘭病毒」傳播到西邊不遠處的龜茲。此時，負責在輪臺屯田並擔任漢朝屯田都尉的，是原扜彌國的太子賴丹。當年貳師將軍李廣利二征大宛勝利班師時，正趕上扜彌太子賴丹去龜茲國當人質。李廣利氣不過，就把龜茲王訓斥了一頓，然後把賴丹帶到了長安。

昔日階下囚一變而為漢官，引發龜茲王室驚慌，在龜茲貴族姑翼的慫恿與挑唆下，龜茲王調集大軍突襲了駐紮在輪臺屯田的漢軍，殺死了賴丹及其隨從。後來因為害怕，龜茲王又上書漢朝謝罪。

對於樓蘭與龜茲的所作所為，漢一直耿耿於懷。

元鳳四年（前七七年），漢平樂監傅介子率敢死隊出現在樓蘭，手刃了與漢作對的樓蘭王安歸，使樓蘭重新歸附了漢。

收拾完樓蘭，就輪到龜茲了。

本始二年（前七二年），解憂公主所在的烏孫受到匈奴圍攻。漢宣帝劉詢組織五路大軍西征，並派出蘇武的老部下常惠以校尉身分到烏孫督戰。受命之後，常惠說服烏孫出動騎兵五萬，與漢軍東西並進，對匈奴採取鉗形攻勢，取得一場酣暢淋漓的大勝。戰後，常惠被劉詢封為長羅侯，受命再次出使西域，代皇帝封賞立下戰功的烏孫貴族。

臨行前，常惠向漢宣帝提起了賴丹被殺的往事，請示是否可以順道跟龜茲王算一算舊帳，漢宣帝沒有答應，但權臣霍光暗示他，可以便宜行事。

絳賓附漢另闢蹊徑，誓娶解憂公主之女

之後，常惠率五百鐵甲騎士來到西域，然後用皇帝的符節從龜茲以西各國徵調軍人兩萬，另派副使召集龜茲東部各國軍人兩萬，加上烏孫軍人七千，從三面殺向龜茲「興師問罪」。

幸運的是，雖然漠北狼煙滾滾，大戰一觸即發，但漢軍主帥常惠不同於白起、項羽，不是一個以嗜殺為樂的人，熟讀兵法的他明白，戰爭的最高境界是「不戰而屈人之兵」。於是，在三軍合圍龜茲之前，常惠派出使者向龜茲王問罪。

當年誅殺賴丹的龜茲王已死，如今在位的是老王的兒子絳賓。作為西域大國，龜茲扼守絲綢之路北道中段咽喉，地處絲綢之路上的中西交通要衝，古印度、希臘—羅馬、波斯、漢唐文明千里迢迢到這裡歡聚，使得龜茲的色彩濃烈而斑斕，但命運也把它放在了十字路口，它必須依靠某個大國的勢

力來生存，當這些大國的勢力此消彼長時，龜茲就如同牆頭風吹的野草。面對壓境的大軍，此刻的絳賓感覺就像孤獨而無助的牆頭草。降，丟掉的是尊嚴，換來的是自己與萬民的生命。戰，有可能與此前的輪臺一樣，將國都變成一座廢墟。

他最終拿定主意，投向東方的漢帝國，迎接那個時代最強盛的政治、經濟和文化的光芒。

絳賓在連連謝罪之後，對漢使說：「先王之所以殺了賴丹，完全是聽了姑翼的讒言，而我無罪。」（乃我先王時為貴人姑翼所誤，我無罪）[5]對方回應：「既然如此，請交出姑翼。」絳賓派兵將姑翼綁起來交給了常惠，常惠連想都沒想，就砍掉了姑翼的腦袋。

既然轉向了漢，那就要轉得徹底，轉得夠本，像烏孫一樣緊緊抱住這棵大樹。對於如何深化與漢的關係，絳賓腦子比較清醒，他知道和親是一個不錯的選擇，但像龜茲這樣等級的國家，與漢和親恐怕只是一廂情願，與其提出和親被拒，還不如另闢蹊徑：我不能攬星星入懷，但總可以枕星星入眠吧。

眾所周知，中原禮教對於男女間接觸的防範極嚴，叔嫂間不能對話，朋友的女眷不能見面，鄰里的女子不能直視，未婚女子只能待字閨中。但這不是禮教森嚴的宋代，老夫子朱熹還未出世，這裡是西域，烏兒可以比翼齊飛，男女可以自由交往。一天，解憂公主的侍女馮嫽帶著解憂的愛女弟史到龜茲訪問。賓主一見面，弟史那漢烏混血的獨特風韻便深深迷醉了絳賓，絳賓那高鼻深目的另類氣質也征服了弟史。

那天，絳賓先演奏了一組自己譜的曲子，然後請弟史彈奏一曲琵琶。她那輕盈的彈奏，悠揚的旋律，令絳賓讚嘆不已。一曲奏罷，弟史又應邀起舞。她那令人眼花繚亂的舞姿和莊重高雅的風韻，折服了包括絳賓在內的所有龜茲人。兩人不僅一見鍾情，而且郎才女貌，更重要的是門當戶對，堪稱是

5出自《漢書》卷九十六下。

真正的千里姻緣。緣是什麼？是紅塵陌上的牽手，是十字路口的相逢，是千般春花一起綻放，是兩枚秋葉一起凋零。

回國後，絳賓派出求婚使者求娶弟史。這門親事可以說一舉三得，既求得了美人，又與烏孫結成了姻親，進而與漢也成了親戚。可是不巧，弟史公主已去長安學習鼓琴，婚事只能擱置。

美誰也消滅不了，在火裡不會燃燒，在水裡不會下沉，在腦中難以磨滅。接下來的日子，絳賓沮喪到了極點，有時一天不吃不喝，只是望著東方的萬里雲天發呆：除竹簡代喉舌，千種相思向誰說？

後來，常惠回朝廷覆命。剛剛將常惠送出龜茲，龜茲邊防軍人就截住了一個西來的漢使團。消息報到宮中，絳賓眼睛笑成了一條縫，嘴也咧到了腮邊。原來，使團裡有他朝思暮想的弟史。

絳賓與弟史攜手全力漢化，打造龜茲的千秋盛世

弟史學成之後，漢朝派侍郎送她回國，正巧路過龜茲。絳賓當即決定扣留使團，以免再生變故。同時派出使者前往烏孫說明情況。解憂公主為絳賓的誠意所感動，當即答應了這門婚事。

喜訊插上翅膀飛回龜茲，王宮一片歡騰，為絳賓和弟史舉行了隆重的婚禮。美人配玉郎，猶如陌上觀花，日影染身。絳賓娶到美人以後，把主要精力放在內政外交上，使得龜茲成為絲路北道影響力最大的國家。弟史成為王后之後，親自掌管國家樂舞機構，使得龜茲文化藝術結出了美麗的繁花。可謂珠聯璧合，相得益彰。

元康元年（前六五年），深諳漢朝規矩的解憂公主，為女兒和女婿面授機宜，希望他們比照漢宗室弟子，前往長安覲見皇帝。於是，絳賓陪同弟史，帶著龜茲樂器趕赴長安朝拜。有感於這對夫婦的忠心，更是出於對解憂和弟史的偏愛，劉詢封弟史為公主，賜予了絳賓夫婦漢朝印綬，並留他們在長安住了一年。

歸國時，劉詢賜給弟史公主車騎旗鼓，送上數千萬綺繡雜繒琦珍，贈給了一個數十人的樂隊和鐘、鼓、琴等樂器。回國後，絳賓按照漢律治理國家，仿照長安的樣式建設宮殿，整修了城牆，鋪設了道路，穿起了漢服，實行了出入傳呼、鐘鳴鼎食的禮儀。

「凡是現實的都是合理的，凡是合理的都是現實的。」黑格爾（G. W. F. Hegel）的這句名言，既欺騙了惡人，也欺騙了善人，既讓改革者喜悅，也讓守舊者狂歡。對於絳賓的一系列舉措，某些西域國家不以為然，有些龜茲貴族心存抗拒，甚至有人編出順口溜譏諷他：「驢非驢，馬非馬，若龜茲王，所謂贏（騾子）也。」但是，絳賓夫婦堅持只做不說，將龜茲納入了與中原王朝共同進步的洪流之中。此後，絳賓偕夫人多次到長安朝拜，誠心臣服於西漢。就連絳賓給兒子取的名字——丞德[6]，都是漢名。

基於此，我聯想到維吾爾族詩人克里木・霍家的一首詩：

蒲公英鄙夷地揶揄無花果樹：
「你糊塗了，居然腆顏側身於花木！」
無花果樹答道：「秋天再看吧，
究竟是你有眼無珠，還是我濫竽充數。」

不知不覺間，龜茲成長為塔里木盆地最為強盛的國家，國祚延續了一千個春秋。人類發展史證明，任何隔絕自我、排斥交流的國家終將化為烏有，唯有溝通和融合方能生生不息。

[6] 見《馮承鈞西北史地論文集》，中國國際廣播出版社，二〇一三年版。

新朝最後一任西域都護李崇之死

花落傷春，雁鳴悲秋。此後八年，李崇孤軍苦守最後的據點，直到被數千焉耆軍士包圍，李崇所部和前來救援的羌人全部戰死於西域都護府新治所——「三重城」，壯士的熱血浸透了沙土。

民國十七年（一九二八年），考古學家黃文弼率領考察隊來到新和縣玉奇喀特古城，古城位於新和縣城西南二十二公里處，是古龜茲國的勢力範圍，此時已經城牆坍塌、雜草叢生。

就在這塊不起眼的荒地上，黃文弼發掘出一枚鐫刻著「李崇之印」的銅質印章。李崇，這是一個足以讓黃文弼血液沸騰的名字。翻開史冊可以發現，李崇是新朝最後一任西域都護。從鄭吉到李崇，他已是第十八任都護了。那麼，李崇的印章為何會散落在古城的廢墟中呢？玉奇喀特古城，當地人稱「三重城」，漢代的城廓由外城、中城和內城三道城組成，城牆高峙，形制宏偉。專家推測這裡可能就是漢末西域都護府府治所在地。

讓我們乘坐時光機器回到那個瘋狂的年代。天鳳三年（一六年），西域都護李崇正協同武威將王駿指揮士兵奮力廝殺，這是一次對焉耆三年前殺害西域都護但欽的復仇之戰。剛剛履職的李崇，身負重揚朝威的重任。除了新朝軍隊，王駿和他還召集了龜茲、莎車七千軍士以及姑墨、尉犁、危須援軍，浩浩蕩蕩，兵發焉耆。

令鐵桿同盟龜茲意外的是，朝廷主力遭到焉耆伏擊，姑墨、尉犁、危須又臨陣倒戈，王駿被亂箭射死，李崇不得不退守龜茲。

花落傷春，雁鳴悲秋。此後八年，李崇孤軍苦守最後的據點，直到被數千焉耆軍士包圍，李崇所部和前來救援的羌人全部戰死於西域都護府新治所——「三重城」，壯士的熱血浸透了沙土。

一九五三年，考古工作者又在此發現了「漢歸義羌長印」，這也許就是那位與李崇一同戰死的羌人首領的印信。沙土掩埋了曾經的金戈鐵馬，只有幾枚不朽的印信見證了曾經的慷慨悲歌。「三重城」輝煌不再，只能帶著悲愴的記憶竦立於衰草殘陽，任時光抽絲剝繭，化為塵土。

東漢西域風雲錄，雙雄爭霸誰能勝出

龜茲王派左將軍率領龜茲、溫宿、姑墨、尉犁聯軍前往救援莎車，結果中了班超的「反間計」。就在龜茲王和溫宿王分別率兵來到莎車西部與東部邊境埋伏時，班超已經集中兵力攻克莎車軍營。

設在龜茲的西域都護府倒塌了，龜茲也隨之枯萎。

建武二十二年（四六年），莎車已成為西域霸主。莎車王賢先是蹂躪了鄯善，然後攻入龜茲國，殺掉了龜茲王，立自己的兒子則羅為龜茲王。後來，考慮到則羅年幼，他從龜茲分出了烏壘國，任命媯塞貴族駟鞬為烏壘王，協助經驗不足的則羅控制龜茲。

幾年後，肯定是無法忍受外來統治者的橫徵暴斂，龜茲人殺掉了則羅和駟鞬，請求匈奴另立龜茲王，並上報了新王建議名單。

對此，許多讀者也許會大惑不解，為什麼龜茲人選擇國王要得到別國認可？實際上，這涉及一個政權合法性的問題。合法性不是絕對意義上的正義或正確，它是存在於人們主觀意識中的相對概念，也就是政權在人們心目中存在的理由。上千年來，王朝的合法性一直來自於「受命於天」的思想，也就是所謂的血統和正統。所以，一些國家的弒君者或亂中求勝者一旦奪取政權，做的第一件事就是尋求合法性依據，如果與先王有直系血親當然更好；如果沒有血緣上的聯繫，那麼就會考證出與某位先帝的血緣關係。而第二件要做的事就是派出使者，到周邊大國尋求承認。

在當時的西域，周邊大國只有兩個，一是漢，二是匈奴。當時漢與匈奴在西域的博弈，某種程度上就是國王任命權的博弈，當然也就是勢力範圍的博弈。

既然匈奴在西域一家獨大，龜茲人只能跑到匈奴去尋求認定。結果，匈奴立龜茲貴族身毒為龜茲王。算起來，從絳賓脫離匈奴，到身毒重歸匈奴，已經過了近一百二十個春秋。

倒向匈奴的龜茲開始倒行逆施。永平十六年（七三年），龜茲王建攻破疏勒，殺掉了疏勒王，另立龜茲人兜題為疏勒王。之後，龜茲肩扛匈奴大旗，做起了絲路北道霸主。

班超三十六騎兵橫掃西域，龜茲重新依附東漢

僅僅過了一年，東漢軍司馬班超就率領一支三十六人的騎兵分隊奇襲了疏勒，立舊王的姪子忠為疏勒王，將龜茲人扶立的兜題遣送回了原籍，從此開始了與龜茲的長期對抗。

就在班超占據上風的時候，漢明帝劉莊於永平十八年（七五年）突然駕崩。趁東漢舉行國喪之機，焉耆等國攻殺了駐紮在烏壘城的西域都護陳睦，班超和疏勒王也被龜茲、姑墨軍隊圍攻達一年之久。漢章帝劉炟擔心班超安危，下詔允許班超回國。在于闐君民的苦苦挽留下，東返途中的班超果斷地留了下來。

之後，班超重新拉開架勢叫板龜茲，把第一個目標對準了由龜茲人擔任國王的姑墨。建初三年（七八年），班超率領于闐、疏勒、康居、拘彌聯軍攻破了姑墨石城，斬首七百餘人。

戰後，班超上疏劉炟說：「如今拘彌、莎車、疏勒、月氏、烏孫、康居已經重新歸附漢朝，只有龜茲、焉耆沒有投降。如果降服了龜茲，那麼西域未降服者就只有百分之一了。我孤守疏勒至今已有

五載，對西域的形勢已經瞭若指掌，每當我問起大小城邦，他們都說『倚漢如同依天』。現在最好拜龜茲侍子白霸為龜茲國王，以數百騎兵將他送回，與此同時我與西域諸國軍隊聯合出擊，歲月之間龜茲可擒。以夷狄攻夷狄，是最佳計策呀。我見莎車、疏勒田地肥廣，草牧豐饒，軍糧可以自給自足。況且姑墨、溫宿二王都由龜茲人擔任，既非其種，更厭其苦，其勢必反。如果姑墨、溫宿二國來降，那麼龜茲會不攻自破。」

劉炟知道班超大功可成，於建初五年（八〇年）派和恭率領八百將士與班超匯合。建初七年（八二年），被龜茲買通的疏勒王忠向班超詐降，結果被班超設下鴻門宴砍下了腦袋。

章和元年（八七年），班超徵發于闐等西域聯軍，進攻龜茲的另一個盟友莎車。龜茲王派左將軍率領龜茲、溫宿、姑墨、尉犁聯軍前往救援，結果中了班超的「反間計」。就在龜茲王和溫宿王分別率兵來到莎車西部與東部邊境埋伏時，班超已經集中兵力攻克莎車軍營。聽到戰報，龜茲王倉皇逃回國內，從此一夕數驚，失魂落魄，只等那個叫班超的戰神前來收割自己的腦袋。

永元三年（九一年），龜茲、姑墨、溫宿全部投降。漢和帝劉肇任命班超為西域都護，徐幹為西域長史，派遣司馬姚光將常駐洛陽的龜茲侍子白（或帛）霸送回了西域。班超與姚光共同脅迫龜茲貴族，廢掉了龜茲王尤利多，另立白霸為新龜茲王。然後，由姚光將尤利多帶回朝廷永久軟禁。

白霸收都護府軍引內訌，東漢決定退出西域

白霸，是第一位姓白的龜茲王。就像疏勒人姓裴，于闐人姓尉遲一樣，以後的龜茲國人多隨國王取姓為白。據考證，白或帛為梵語的音譯，意思是「供佛的花」。

之後，班超將都護府駐地設在龜茲它乾城[7]。從此，龜茲與班超一起在西域的碧藍長空中璀璨，直到班超年邁東歸。

後任西域都護任尚刻薄而冷漠，既無舊都護之威，更無舊都護之信，在任四年就受到西域各國圍攻。延平元年（一〇六年），朝廷將任尚召回，由新任西域都護段禧和西域長史趙博進駐它乾城。考慮到狹小的它乾城不足以抵禦反叛勢力的進攻，西域副校尉梁慬便以共同防守為由，勸說龜茲王白霸將都護府軍迎入了龜茲王城。白霸此舉，引起了龜茲人強烈不滿。龜茲吏民一起背叛白霸，聯合溫宿、姑墨數萬士卒圍攻龜茲。儘管事變得到了平息，但東漢保守派大臣也借此主張放棄西域。永初元年（一〇七年），漢安帝劉怙下詔撤銷西域都護府，招回伊吾、柳中屯田吏士。漢朝騎都尉王弘率領關中漢軍，迎回了段禧、趙博與梁慬。

都護府撤銷後，白霸的意志被反漢勢力綁架，龜茲開始敵視東漢。因此，當班超的三子、新任西域長史班勇於延光三年（一二四年）到達西域後，白霸之子龜茲王白英一度猶豫觀望。班勇當然明白對方在擔心什麼，便發出了法外開恩、既往不咎的信息。立刻，白英反綁了自己，率領姑墨與溫宿王向班勇投降。

白霸的兒子與班超的兒子一見面，居然似曾相識。班勇親自為白英鬆綁，兩雙大手緊緊握在一起，兩人談笑風生地說起父親之間的戰鬥友誼，爽朗的笑聲在塔里木河畔久久回蕩。

改變龜茲乃至中國佛教信仰的小沙彌

一天，小乘一切有部最著名的經師——鳩摩羅什的受業師盤頭達多風塵僕僕地趕到龜茲，坐到鳩摩羅什的金獅子座對面。想不到，師徒的這次難得重逢，居然是一次撕破臉皮的論戰。

在克孜爾，有一尊類似羅丹〈沉思者〉的雕塑。這是一尊佛像，光頭、凝神、垂目，單腿屈膝，左手撐石，右手撫膝，身著露肩僧衣，衣褶紋路流暢，神態莊重而灑脫，眉宇間透著無窮智慧，他就是佛教高僧、翻譯家——鳩摩羅什。

玄奘西行印度取經的故事幾乎婦孺皆知，但很少有人知道，在他之前已經有人完成了相同的偉業，他就是接下來將要介紹的鳩摩羅什。玄奘自東往西去，鳩摩羅什從西往東來。

佛教傳入西域的線路主要有兩條，一條是南線，翻越帕米爾到于闐，再向東到達鄯善；另一條是北線，先到疏勒，再到龜茲。從地理上看，中原的佛教是經過中亞和西域一站一站接力傳遞過來的[8]。正因如此，當佛經拿到漢僧手上時，經過層層轉譯並由不同的中介文字譯成的漢文佛典，錯訛和附會之處在所難免。這時，急需一個能夠對接印度、西域和中原的佛學大師。

西元四世紀初，一位印度小國宰相的兒子——剎帝利種姓貴族鳩摩炎（一說鳩摩羅炎），像釋迦牟尼年輕時一樣，放棄了家族的世襲官爵，翻越蔥嶺來到了小乘說一切有部[9]占統治地位的龜茲。龜茲國王白純對他十分敬慕，不僅聘他為國師，還把年方二十、過目成誦、篤信小乘的妹妹耆婆嫁給了他。

耆婆懷孕期間，常常到雀梨大寺[10]請齋聽法，並且精通梵文。東晉建元二年（三四四年），她生下一個兒子，取名鳩摩羅什[11]。

7在今新和縣玉奇喀特鄉西二十二公里處，一說在今庫車縣牙哈鄉的塔汗其。

8見季羨林〈鳩摩羅什時代及其前後龜茲和焉耆兩地的佛教信仰〉，原載於《孔子研究》二〇〇五年第六期。

9小乘佛教的重要派別，它所依循的《阿含經》被公認是釋迦牟尼最早的思想和教法。其主要理論為「法體恆有」和「三世實有」，認為一切法是實在的，過去、現在、未來都存在。在佛體上，它只承認過去有六佛，現世有釋迦牟尼佛，未來有彌勒佛。

10又稱昭祜厘大寺，即今維吾爾語所稱的蘇巴什（意為河的源頭）佛寺遺址，位於庫車縣城東北二十三公里處的庫車河兩岸，雀爾塔格山的南麓。

當時龜茲共有大型寺院十七所，仿照印度寺廟建造的雀梨大寺剛剛竣工。在阿羯田的半山上，由眾多寺院、禪房、佛塔組成的雀梨大寺，彷彿是一片綿延幾十公里的城市。許多西域人翻越蔥嶺來到龜茲修行，其中包括各國王室成員。佛教鼎盛時期，這裡可以容納一萬名僧侶。

一日，耆婆出城遊覽，見墳塚遍野，枯骨縱橫，於是深懷苦本立誓出家。鳩摩羅什也隨母親剃度出家，到雀梨大寺修行。那時，他只有七歲……

棄小乘歸大乘，鳩摩羅什十二歲即成宗教改革家

天才不是一種簡單的天賦。在雀梨大寺，負責講授經文與經律的兩位高僧發現，幼小的鳩摩羅什悟性與記憶力相當驚人，一天能誦讀一千偈，相當於三萬兩千字。漸漸地，高僧們感覺教不了這個天資過人的弟子了。

永和九年（三五三年），中國書法界難以忘懷的節日，王羲之在半醉半醒之間創作出中國第一行書〈蘭亭集序〉。同一年，九歲的鳩摩羅什跟隨母親長途跋涉到達小乘說一切有部的中心——罽賓國，拜著名法師盤頭達多為師。經師向他傳授了佛祖入滅後最初結集的四部經藏中的兩部——《中阿含經》與《長阿含經》，共四百萬言。由於鳩摩羅什聲名鵲起，國王特意把他請到宮中，召集途經罽賓的幾位外道論師與鳩摩羅什辯論。

克孜爾的鳩摩羅什像。 ©Yoshi Canopus@Wikimedia Commons

見到這個乳臭未乾的孩子，幾經論戰的外道們臉上堆滿不屑與輕慢，然而經過幾回合辯論，外道們竟然面面相覷，張口結舌。《高僧傳》[12]卷二描述說「外道折伏，愧惋無言」。從此，國王對他另眼相看，每天供應他一對臘鵝、三斗好米、三斗好麵、六升乳酥，還特意安排五個僧人和十個沙彌為他服務[13]。

十二歲時，鳩摩羅什學成回國，路經沙勒（疏勒）並停留了一年。在那裡，他遇到了大乘佛教般若空宗高僧——莎車王子須耶利蘇摩，首次接觸到了大乘經典。大乘理論，特別是「色空乃至一切空」的理論，對於持有小乘說一切有部「法體恆有」觀念的鳩摩羅什來說，是難以接受的。期間，經過長時間的反覆思辨，他終於接受了「空」論，「棄小乘歸大乘」，以一位宗教改革家的姿態大步登上歷史舞臺。

之後，他在溫宿國以大乘宏論挫敗了一位著名外道，名震蔥嶺，以至於龜茲王白純屈尊前往迎請鳩摩羅什和母親回國。

龜茲王白純為富國強兵，迎回外甥鳩摩羅什宣導大乘

西諺有云：「上帝的歸上帝，凱撒的歸凱撒。」白純沒有聽過這句話，但他深諳此理。他之所以對鳩摩羅什如此熱切，是因為小乘在龜茲極度膨脹，不僅枯萎了國家的財源與兵源，而且干擾與限制了國王的權威。他決定依託鳩摩羅什宣導大乘，以宗教改革為先導，走富國強兵之路。

11 梵語Kumārajīva，音譯為鳩摩羅耆婆，意思是「童壽」。
12 《高僧傳》為梁代僧人慧皎所著，是記載自東漢永平至梁代天監間著名僧人的傳記。
13 見薛克翹《中國印度文化交流史》，崑崙出版社，二〇〇八年版。

興寧元年（三六三年），年滿二十歲的鳩摩羅什在王宮正式受戒，當年便成為新建成的王新寺住持。兩年後，鳩摩羅什開始向本國的小乘高僧公開挑戰，轟轟烈烈的辯法傳遍西域。

一天，小乘一切有部最著名的經師——鳩摩羅什的受業師盤頭達多風塵僕僕地趕到龜茲，坐到鳩摩羅什的金獅子座對面。想不到，師徒的這次難得重逢，居然是一次撕破臉皮的論戰。老師將大乘「一切皆空」比作寓言中的空線、空布，指責大乘空宗虛妄。學生則以「總破一切法」的中觀學說為武器，徐徐道來，循環往復。一個月下來，老師已經信服，於是對昔日的學生感嘆道：「我是你的小乘師，你是我的大乘師啊！」

辯法獲勝，不僅使得小乘一切有部和禪定的理論壁壘轟然倒塌，而且使得僧團權威、寺院戒律受到嚴重摧殘。此後，鳩摩羅什廣開大乘法筵，聽聞者莫不歡喜讚嘆，大有相逢恨晚之感。最終，龜茲信眾接受了大乘教義，鳩摩羅什也因此被國王譽為國師。每逢大型法事，各國前來聆聽佛法的國王為了表達無限的敬意，都親自跪在地上，讓鳩摩羅什踩著膝蓋登上法座。

他主持龜茲法座十九年，地位相當於白純副王，以至於名震龜茲，蜚聲西域。

兩個預言與佛教因緣

引發戰爭的原因往往十分偶然，甚至有些搞笑。建元十九年，苻堅「久仰鳩摩羅什大名」命令驍騎將軍呂光率大軍西征龜茲。他還特別叮囑呂光：「攻克龜茲之後，把鳩摩羅什火速送回來。」

年輕的鳩摩羅什還有困惑，困惑來自兩個預言。

一個預言是，當耆婆帶他從罽賓歸來時，一位羅漢對耆婆說：「妳要好好守護這個小沙彌，如果他年至三十五歲（一說四十歲）仍不破戒，將來必定像阿育王時代的優波掘多法師一樣度人無數。假使他戒行不全，只能當個有學問的法師罷了。」

另一個預言是，二十歲的鳩摩羅什受戒後，耆婆決定前往天竺繼續修行。臨行前，她告誡哥哥國王白純：「我國即將衰落，所以我決定離去。」然後告訴兒子：「你施展才華的地方只能是震旦（東方），但對你不利。」

第一個預言：前秦大敗龜茲，鳩摩羅什被迫娶龜茲公主

前秦建元十五年（三七九年），龜茲傳出一個爆炸性消息：國王的弟弟白震不見了。據說，這個對王位覬覦已久的親王，已經和車師前部王一起到達長安，遊說前秦皇帝苻堅進攻龜茲。一起前往的車師國師鳩摩羅跋提還告訴信佛的苻堅，龜茲有三寶，一是覺臥釋迦佛像，二是佛骨舍利，三是高僧鳩摩羅什。

引發戰爭的原因往往十分偶然，甚至有些搞笑。建元十九年（三八三年），苻堅命令驍騎將軍呂光率七萬步兵、五千重裝騎兵西征。史載，苻堅發兵的理由是：「朕久仰鳩摩羅什大名，早就想把他迎請到長安了。」他還特別叮囑呂光：「攻克龜茲之後，把鳩摩羅什火速送回來。」透過這些張揚的話語，就能發現，苻堅早就對龜茲領銜的西域垂涎三尺了。

待這股東方鐵流進入焉耆，國王泥流趕忙率周邊小國投降。鳩摩羅什也規勸白純開城納和，但白純無動於衷。

白純並非不自量力，因為東漢以後的龜茲，先後併吞了烏壘、溫宿、尉頭三個小國，降伏了姑墨國，疆域東起輪臺，西至巴楚，北依天山，南臨大漠，的確算得上西域的泱泱大國。

但白純只看到了繁榮的表象，卻沒有參透暗藏的危機。這時的龜茲，用老子的一句話來形容，就是「天下有道，卻走馬以糞」。意思是，這樣的太平盛世，卻不重視操練軍馬，馬兒都不上戰場，所以被拾糞的小孩追著屁股打，讓牠多下些糞。

反觀對手呂光，四十六歲，漢代皇后呂雉家族的後裔，文化程度不高，相貌平平，不是「風之子」與「黑天鵝」，沒有飛翔的翅膀，但詭計多端，心狠手辣，滿口都是置人於死地的獠牙。呂光命令大軍在龜茲城南集中，每五里設一營，挖戰壕，築高壘，廣設疑兵。見威懾無效，便組織攻城。第二年七月，龜茲漸漸不支，於是用金銀財寶向獪胡求援。獪胡王派弟弟吶龍、將軍馗率騎兵二十萬加上溫宿、尉頭等國聯軍共七十萬救援龜茲。

雙方如期展開對決，塵沙沖天，呼號動地，流矢如雨，鮮血如注，人命的犧牲因近身肉搏而迅速與時間的流淌構成函數。最終，呂光大軍全勝，西域聯軍潰敗，白純收拾珍寶細軟逃走。

當一身戎裝的呂光騎著高頭大馬進入龜茲王城，王宮的奢華壯麗讓他大吃一驚，他甚至讓部下段業模仿〈阿房宮賦〉的體例，寫了一篇〈龜茲宮賦〉，以此來諷刺戰敗的龜茲王。

白純被廢，弟弟白震被立為新王，小乘佛教在龜茲得以迅速復辟。不久，一位天竺僧人攜《大涅經》東來，發現「龜茲國多小乘僧，不信涅槃」[14]。

更淒慘的是，本應該成為座上賓的鳩摩羅什，也成了呂光的俘虜，他的東方傳教之旅驟然變為一場隆重的押解。

但找到鳩摩羅什後，呂光並沒有立刻班師，也沒有將鳩摩羅什送往長安。因為，他被華美絕代的龜茲王城所吸引，更為龜茲的另一件珍寶——葡萄酒而陶醉。身為酒徒的呂光，一直看不慣佛教的清規戒律，他不僅自己喝酒，還強迫鳩摩羅什陪他喝酒。當時的西域葡萄酒叫穆賽萊斯，並非現代工藝，是介於葡萄酒和葡萄汁之間的一種含酒精的飲品，據說摻有枸杞、紅花、肉蓯蓉、鴿子血，甚至有時還會加入老虎、狐狸和公雞的血，人喝了以後像老虎一樣兇猛，狐狸一樣狡猾，公雞一樣淫蕩。

當時，呂光見鳩摩羅什「年齒尚少，乃凡人戲之，強妻以龜茲王女」，被鳩摩羅什堅決拒絕。呂光說：「道士之操，不踰先父，何可固辭？」於是，把鳩摩羅什灌醉，然後抬進事先布置好的洞房，並命令龜茲公主一絲不掛地睡在鳩摩羅什身邊[15]。

佛說，無論你遇見誰，他都是你生命中該遇見的人，沒有人是偶然進入我們的生命。儘管深諳此說，但一覺醒來的鳩摩羅什還是泣不成聲。他深知，破戒對於已是高僧的自己意味著什麼，但他又須對身邊同樣可憐的公主負責。此時，他想起羅漢的預言，或許自己的佛緣已了。

一年後，酩酊大醉的呂光才帶著四十一歲的鳩摩羅什東返長安。途中傳來了前秦在淝水戰敗，苻堅已被老部下姚萇殺死的噩耗。呂光只得停下腳步，割據涼州，在今甘肅武威成立了後涼。

鳩摩羅什變成了一個不用送達的禮物。不過，因為他準確地預測了東返途中的一場山洪[16]，呂光從此對他刮目相看，安排他幫自己占卜吉凶、預測福禍。這種裝神弄鬼的工作，一做就是十七年。期間，鳩摩羅什默默地學習漢語，加之他本身精通梵文、龜茲文，東西方文化開始在他的腦海裡融會貫通，一種具有創造精神的佛教中國化的獨特文化觀，在他隨波逐流的外表下熔煉而成。

第二個預言：鳩摩羅什在長安譯經三十五部，讓佛教與中國文化密切融合

命運似乎還沒有被誰的預言所擊垮。後秦弘始三年（四〇一年），呂光病死兩年後，一場為得到鳩

14 見唐代釋智升撰《開元釋教錄》卷四。

15 見《高僧傳．鳩摩羅什》，中華書局，一九九二年版。

16 呂光率軍返國，中途在山下紮營休息。鳩摩羅什說：「不可在此地停留，否則全軍將士必定狼狽不堪，應把軍隊遷往山頂。」呂光不理睬鳩摩羅什的建議，依然故我。當天晚上，果然大雨滂沱，山洪暴發，積水有數丈深，將士死亡有數千人。此時，呂光方才暗自感嘆鳩摩羅什的神異。

摩羅什的戰爭再次爆發。身為佛教徒的後秦皇帝姚興，為了爭奪鳩摩羅什發兵攻打後涼，後涼國主呂隆歸降，鳩摩羅什被送往距離長安五十公里的草堂寺。

就在兩年前，高僧法顯已經啟程前往天竺取經，兩位大師因此錯過了切磋佛經的機會。假如鳩摩羅什早到長安兩年的話，法顯前往天竺的計畫興許會取消，因為法顯前往天竺才得以解明的疑問，在鳩摩羅什這裡都有較為滿意的答案，而且鳩摩羅什進入長安後也將答案告知了眾僧，法顯的天竺之行幾乎是一場徒勞。但在那個資訊不流通的年代，這樣的徒勞何止一宗？

抵達長安後，姚興以國師之禮對待鳩摩羅什，讓他收弟子八百，率領僧眾三千宣講佛法，姚興也常率群臣聽他講經。如此一來，置身長安的鳩摩羅什與身處廬山的慧遠，形成了中國南北兩大佛學中心。出於對鳩摩羅什的欽佩，慧遠甚至寫信向他求教。

弘始七年（四〇五年），姚興在長安皇宮北牆與渭河之間開闢了逍遙園，作為鳩摩羅什的譯經場，開始了中國史上規模空前的譯經活動。年過半百的鳩摩羅什開始釋放能量，思想和才華噴薄而出，他率領數千弟子共翻譯大小乘經、律論三十五部兩百九十四卷[17]。其中的《法華經》（又稱《妙法蓮華經》）促成了天臺宗[18]的形成，《阿彌陀經》是淨土宗的經典之一，《金剛經》、《心經》、《大品般若經》是被引用最多的佛經，《維摩詰經》被認為是中國文學的瑰寶，而他翻譯的龍樹和聖提婆的著作則成為他的弟子所創立的三論宗的基本經

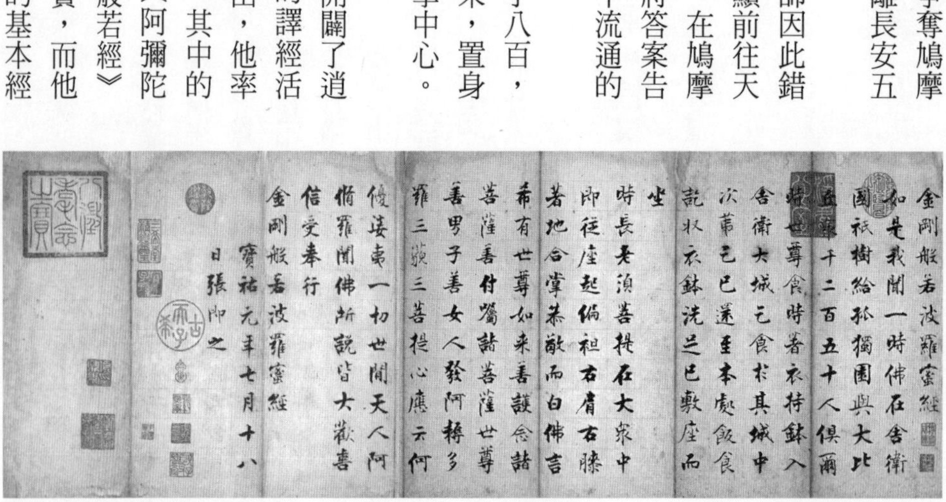

鳩摩羅什翻譯的《金剛般若波羅蜜經》部分。宋寶祐元年（1253年）張即之寫本。 ©Wikimedia Commons

典。就連救苦救難的觀世音菩薩，也是他在《法華經》中首先介紹給中國民眾的。他的著述，至今尚有《大乘大章義》、《維摩詰經注》、《答姚興書》傳世。他每譯一經，總是先當眾解析，然後以西域本口譯為漢語，另外安排一名僧人閱覽譯本核對，如果發現西域本有謬誤，再用天竺梵文本校正，並且反覆斟酌漢語字義，直至數百人詳加審定後筆錄下來，最後全面校正一遍，方才定稿。

鳩摩羅什，穿行在千里之外的一個人，不僅醫治了中原佛經凝滯紛亂的痼疾，而且連通了天竺、龜茲、中原的文化與佛教，開啟了佛教中國化，在漢語應用上開創了新的文風，形成了大量被民眾採用的日常用語。我們很難想像，今天掛在嘴邊的漢語詞彙，是一個來自龜茲的僧人和其他佛經翻譯者創造的，一如：單位、律師、勝利、愛河、欲火、一廂情願、三生有幸、十字路口、味同嚼蠟、迴光返照，甚至如涉及校園的上課、下課、作業、導師；或涉及宗教的塵緣、晨鐘暮鼓；表示時空的相對、絕對、過去、現在、當下、未來；有關哲學的自由、平等、覺悟、自覺、真理、「種瓜得瓜，種豆得豆」；表示褒義的莊嚴、功德無量、有口皆碑等；表示貶義的臭皮囊、痴人說夢、鏡花水月、殺人不眨眼等[19]。正如趙朴初先生所說的：「如果徹底摒棄佛教文化，恐怕我們連話都說不周全了。」

推而廣之，中國最為輝煌的唐詩、宋詞、元曲與明清小說，無不流淌著恆河的濤聲和奇妙的梵音。唐代和尚王梵志、寒山、拾得的詩，一改六朝以來頹廢綺靡的宮體詩風，散發出令人耳目一新的通俗、自然之美；王維儘管不是僧人，但他取字摩詰，篤信佛教，詩中掩映著禪房花木，傳導著鐘磬

17見薛宗正《從說法龜茲到弘法長安》，原載《佛學研究》年刊，二〇〇一年。

18佛教傳入中國後，形成了八種觀察佛法的方法——八大宗派：三論宗（法性宗）、唯識宗（法相宗）、律宗、淨土宗、華嚴宗（賢首宗）、密宗（真言宗）、禪宗、天臺宗。其特點可用一偈淺而概之：密富禪貧方便淨，唯識耐煩嘉祥空。傳統華嚴修身律，義理組織天臺宗。

19見薛克翹《佛教與中國文化》，崑崙出版社，二〇〇六年版。

之音，一舉開創了無我、空靈、禪寂的佛家美學詩風。在「詩佛」王維身後，中唐詩人劉長卿、韋應物、賈島、錢起、司空曙、戴叔倫等也紛紛披落風塵，走入自然，歸入禪宗一派，獲得了一種淡遠、朦朧、超然的審美感受[20]。宋代文人歐陽修號「六一居士」，蘇軾號「東坡居士」，李清照號「易安居士」，而這種風雅之舉顯然與佛教有關。從《竇娥冤》、《牡丹亭》、《西廂記》，到《西遊記》、《紅樓夢》、《聊齋志異》，隨處散發著濃重的佛教氣息。至於中國的佛寺、佛塔、雕塑、繪畫、武術、體操、瑜伽、按摩，則直接刻寫著佛教與古印度、犍陀羅的印痕。

由此，我們還可以得出一個結論：**中國內地的佛教，不是從印度直接傳入，而是先傳入龜茲、于闐等地後，再進入中原的**。漢譯佛典音譯，與其說是梵文音寫，不如說是龜茲語音寫，如沙彌，梵語為Sramanera，龜茲語為Sanmir；出家，梵語Pnaunajya為「前進」之意，龜茲語Ostmamlalne含有「出家」之意；外道，梵語Mithyaelnsti有「謬見」之意，龜茲語Pannann有「外」之意；滅，梵語Samma、Santi為「和」之意，龜茲語Kes有「息」之意。當然，這也是季羨林[21]先生一貫堅持的觀點。

「當使焚身之後，舌不燋爛」，佛教宗師的最後預言

據《高僧傳》記載，虔誠的佛教徒姚興，居然也像酒徒呂光一樣，挑戰鳩摩羅什的心理極限。姚興認為像鳩摩羅什這樣「聰明超悟，天下莫二」的人，沒有後代實在可惜，因此安排了一場優生學試驗——逼迫他接受伎女十人，令他不住僧坊，別立廨舍。而《晉書．藝術傳》卻說鳩摩羅什破戒並非「被迫」：一天，姚興及朝臣、大德沙門千餘人在草堂寺聽鳩摩羅什講經，鳩摩羅什忽然走下高座，對姚興說：「有兩個小兒坐在我肩上，想是需要婦人了。」（有二小兒登吾肩，欲鄣須婦人）姚興召宮女進奉，一經交合便生下兩子。姚興隨後感嘆「何可使法種少嗣」，便再逼迫鳩摩羅什接受伎女十人。仔細審視會發現，《晉書》的表述既聳人聽聞，又前後矛盾，鳩摩羅什主動要女人的部分可能採

自野史逸聞[22]。

戒已經破過，哪還怕再破？既然無法躲開強權的戲弄，那就把自己的虧愧陳情於眾吧！即便被譏笑嘲弄，也要警示後人；即便被踢來踢去，也能鏗然有聲。因此，鳩摩羅什常常掛在口頭上的話是：「臭泥中生蓮花，但採蓮花，勿取臭泥也。」以此告誡弟子不要仿效自己招妻納妾。品讀此言，每一個人都能深深體會到他內心的自責與愧疚。

一個人的偉大並不在於他的肉體和精神是否如真空般純粹，相反的，像代數公式一樣板結的生活卻很少產生偉大的人物。喬達摩也是在中斷了洞中避世絕欲的苦行，重新走入人群後，才獲得一連串深刻的人生感悟並開創佛教先河。鳩摩羅什所經歷的一連串磨難與尷尬，不會對他的佛學事業沒有半點幫助吧？這也許就是後世僧侶一直銘記他的輝煌，而對他屢次破戒忽略不計的原因吧。

弘始十五年（四一三年）的長安，戰雲密布，人心惶惶，此時距離東晉滅亡只剩七個年頭了。死神正表情嚴肅地走向鳩摩羅什的經床，床邊跪滿了徒弟。那一刻，他蒼老的目光分外堅定。他儘管破戒了，但對得起自己傾心的佛祖，配得上佛教高僧的稱號。末了，他用鄭重的口氣說：「如果我所譯出的經典不失佛意，身體火化後，惟舌不爛。」（若所傳無謬者，當使焚身之後，舌不燋爛）然後圓寂。

對於他這句帶有預言性質的話，多數弟子並不奇怪，因為深諳預測學的大師幾乎無所不能。當然，也不排除某些弟子在心中嘀咕：骨頭都燒化了，舌頭豈能不爛？

據說，他的屍體火化之後，唯獨舌頭沒有燒焦，弟子們這才為他的臨終誓言，也為他的嚴謹精神

---

20 見陳炎、李紅春《儒釋道背景下的唐代詩歌》，崑崙出版社，二〇〇三年版。

21 季羨林（一九一一～二〇〇九年），中國語言學家、翻譯家，梵文、巴利文專家。是世界上少數從事吐火羅語研究的學者之一。

22 見霍旭初《西域佛教考論》，宗教文化出版社，二〇〇九年版。

所深深折服。又據說，今甘肅武威的羅什寺塔，便是安葬其舌頭的地方。因此，羅什寺將是我今後必須前往拜訪並印證真假的去處。至今，我的願望未了。

一代高僧已離開我們一千六百個春秋，但他的英名不死，精神永存，他已經化作了佛的足跡，留印在芸芸眾生的心頭。

去勢復生？奇特寺的傳說

一天，國王準備去遠方瞻仰佛跡，便詔命同胞弟弟代攝國政。國王臨行前，王弟將一個密封的金匣交給國王，一再叮囑哥哥在瞻仰佛跡歸來後方可打開。

兩百多年後的一天，玄奘西行取經路過屈支國（即龜茲），先後參觀了大龍池、東昭怙厘寺、大城西門外的佛教大會場，然後渡河來到阿奢理貳伽藍。「阿奢理貳」意為「奇特」，所以這座寺廟又被稱為「奇特寺」。

在這座庭宇敞闊、佛像林立、高僧雲集的寺廟裡，玄奘遇到了龜茲第一高僧木叉趜（因同「局」）多。主修大乘的玄奘與主修小乘一切有部的木叉趜多展開了激烈的辯經。看來，曾經興盛過大乘佛教的龜茲，因鳩摩羅什一人而興，也因他的東去而衰。

在這裡，他還聽到了一個傳說。說的是這個國家的先王篤信佛教，崇敬三寶：佛寶，指成就圓滿的諸佛；法寶，指諸佛的教法；僧寶，指依照諸佛教法如實修行的沙門。一天，國王準備去遠方瞻仰佛跡，便詔命同胞弟弟代攝國政。國王臨行前，王弟將一個密封的金匣交給國王，一再叮囑哥哥在瞻仰佛跡歸來後方可打開。國王沒有多想，便將金匣交給大臣保管。

等到國王歸來，立刻有人覲見國王，宣稱王弟在國王遠行期間淫亂中宮，而且說得煞有介事。此類事情很難取證，誣衊你容易，證明清白卻十分困難，甚至可能愈描愈黑。如此一來，王弟陷入了百口莫辯，跳進黃河也洗不清的尷尬境地。

國王聽後雷霆震怒，準備對弟弟和王后施以酷刑。想不到，王弟被傳來後，沒有絲毫驚慌，只是說：「我不敢逃脫罪責。」然後提醒哥哥：「請把我送給您的金匣打開吧。」大臣打開金匣，原文記載的是：「乃斷勢也。」古代把男性生殖器稱作「勢」，也就是說，這是一個割下來的男性生殖器。國王看了看金匣中的東西，一臉疑惑地問：「這個奇特的東西是什麼？你又想說明什麼？」弟弟屏退左右，解開腰帶，露出失去生殖器的下體。原來，王弟擔心臨時攝政期間遭人陷害，便在國王臨行前悄悄自宮，並將斷勢裝入了金匣。

見此情景，國王先是滿臉漲紅，繼而淚流滿面，緊緊抱住同胞弟弟不放。進讒言者受到嚴懲，國王兄弟之間的情誼愈加深厚，王弟也有了隨時出入後宮的特權。

說來奇怪，過了一段時間，王弟突然不再進出後宮了。國王以為王弟病了，便派親信前去問候。原來，在一個陽光明媚的上午，王弟出城時偶然遇到一個人趕著五百頭牛匆匆行路。王弟好奇地問這個人：「你驅趕著這麼多牛，意欲何為？」

那人回答：「欲事形腐。」也就是要將這些牛統統閹割掉。

聽到這裡，聯想起自己「去勢」的經歷，他不禁悲從心生，自言自語道：「我今天身體殘缺，難道是要償付前世的罪孽？」隨即，他用財寶贖下了五百頭牛，使牠們免遭閹割的命運。

神奇的是，因為這件善事，王弟的男根居然漸漸生出，身體恢復到割勢前的狀態，當然也就不能隨便進出後宮、招惹是非了。

知曉了事情始末，國王深感此事奇特之至，於是專門修築了這座伽藍，藉以弘揚弟弟的揚善之舉和天作之妙。

不久前，克孜爾石窟前面出土了一件雕刻著龍首的陶祖（男根）。這樣一個象徵生殖器崇拜的物品為何會出現在佛教聖地的前方？難道它與奇特寺「去勢復生」的王弟有著某種關聯？

龜茲最偉大的文化積澱——克孜爾石窟

從某種意義上說，莫高窟是模仿與複製克孜爾，而且已經走向了漢化，莫高窟不過是克孜爾的水中月、鏡中花。

民國元年（一九一二年），新疆各方勢力鏖戰正酣，美麗的西域籠罩在血雨腥風之中。在這個非常時期，德國人馮．勒柯克（Albert von Le Coq）卻開始組織探險隊，準備前往新疆庫車。當他辦理簽證時，德國當局警告他放棄此行，因為那裡隨時有生命危險。意外的是，馮．勒柯克回絕了這個善意的勸告，他和探險隊員簽下切結書，決定照常出發。令他做出這一瘋狂舉動的，正是那個他曾經造訪的地方，一個令他無法拒絕的誘惑——克孜爾石窟。

依山，則宗教生，從此生生不息；臨水，則詩情發，於今浩浩蕩蕩。克孜爾，位於今拜城縣克孜爾鎮東南八公里處，背岩面水，渭干河流於谷底。克孜爾的維吾爾語意是「紅色」[23]，得名於河對面的雀勒塔格山。豔陽下通紅的山體，既顯示了一種堅韌，也暗示了一種狂熱，還彷彿聚滿了神靈。

在陡峭的崖壁上，密密麻麻的洞窟綿延數里。早在建安十年（二〇五年），龜茲就仿照印度阿旃（音同「沾」）陀石窟[24]的樣式，開始在克孜爾崖壁上開鑿石窟，時間比敦煌莫高窟早了一個半世紀。然而，這樣一座佛教聖地和藝術寶庫，卻在伊斯蘭教徒征服龜茲之後，被長期冷落和沉埋於荒沙蔓草之中。

德國探險家勒柯克首度挖掘克孜爾洞窟，驚見哥德式墓穴

近代，伴隨著西方殖民者進軍中亞的腳步，中國西北突然成了西方探險家夢中的樂園。光緒三十二年（一九〇六年）初，在德國皇室和軍火大亨克虜伯（Krupp）贊助下，普魯士皇家吐魯番探險隊輾轉抵達克孜爾洞窟。領隊名叫阿爾伯特·格倫威德爾（Albert Grünwedel），是柏林民俗博物館印度部主任；成員有柏林民俗博物館館員馮·勒柯克和博物館雜工瑟奧多·巴圖斯（Theodor Bartus）。這時的克孜爾洞窟，完全處於無人管理的狀態，荒草淒迷，暮鴉回翔。破敗的洞窟，如一個個骷髏的眼睛，裸露在鬆動的山崖上。勒柯克迫不及待地鑽進洞窟，展現在眼前的一切令他震驚不已。他在日記中寫道：「最初看見的是供養人畫像。他們雙腳叉開，踮著腳尖，身穿織錦長袍，頭戴三角帽。從畫中人物的服飾衣著，以及繪畫技巧的成熟洗練，可以推論該地的文明水準，要比同時期的日耳曼國度高出許多。根據我們推算，這些石窟在五至八世紀之間曾盛極一時……在昏暗的石窟牆壁上，古

克孜爾石窟的吐火羅供養人壁畫。 @Wikimedia Commons

23 也有人認為克孜爾的維吾爾語意思是「姑娘」。

24 位於印度馬哈拉斯特拉邦北部文達雅山的懸崖上，西距奧蘭加巴德一百零六公里。始鑿於西元前二世紀。石窟環布在新月形的山腰陡崖上，綿延五百五十多公尺，以壯麗的建築、精美的雕刻和壁畫而著稱，與泰姬瑪哈陵並稱為印度的雙璧。

代龜茲人的形象與探險者之間的距離近在咫尺卻相隔著一千六百多年……我們看到的人像，酷似歐洲騎士時代的繪畫：在晃動的燈光下，君侯們姿態瀟灑地用腳尖站在那裡，身穿華麗的武士裝；金屬製的騎士腰帶上，掛著長直的寶劍，劍柄為十字形……（我們）好像來到了一個哥德式的墓室。」他興奮地說：「看來，中國在古希臘、古羅馬時期就已經和歐洲發生交集。」

兩千多年前，歐亞大陸兩端遙相輝映的兩大文明，正釋放著耀眼的文明之光。他們從未停止對彼此的好奇與追尋，然而在歷史的記載中，他們的觸角卻從未交疊在一起。

人們的疑問是，克孜爾壁畫上的希臘風格，來自哪裡？

建元三年（前一三八年），**張騫鑿空西域的壯舉被看作是絲綢之路開通的標誌。實際上，這條路早在西元前兩三千年就形成了，它是亞歐大草原上游牧者大遷徙的路徑**。西元前三三四年，馬其頓國王亞歷山大從絲路西段發起了長達十年的東征，大軍所向披靡，從黑海、裏海、阿拉伯海到印度河流域，都飄揚著他的旗幟，希臘文化在他占領過的地方特別是中亞犍陀羅扎下了深根。於是，太陽神阿波羅的形象被拿來塑造佛陀。高挺筆直的鼻梁、鬈曲的頭髮、希臘長衫模樣的袈裟，再加入宗教苦修的觀點，眼窩深陷，形容枯槁，佛陀早期的形象成為東西合璧的最佳見證。此後，**在犍陀羅融匯而成的佛教藝術開始沿著絲綢之路一路東漸，先後形成了三種樣式，首先是被新疆文化融合的西域樣式，進而是進入陽關後被西北少數民族文化與中原文化夾擊下形成的敦煌樣式，最後才是進入中原後被徹底漢化的龍門樣式。**

以年輕出家人抵禦誘惑為題，打造裸體藝術的世界

在「道震西域，聲被東國」的佛都龜茲，梵音高唱、袈裟飄逸的克孜爾是一個中心。**克孜爾這片陡峭的山崖，無疑就是最早誕生西域樣式的地方**。在克孜爾洞窟，希臘神話中的太陽神、月亮神成了

天相圖中的日天、月天。希臘神話和印度神話交織而成的形象——人面鳥身的金翅鳥也呈現其中。

馮．勒柯克和德國探險隊很快投入繁忙的工作，為洞窟編號、臨摹壁畫、拍攝照片。文字記載的缺乏，讓克孜爾洞窟蒙上了一層神祕的面紗。唯一能找到線索的，是那些殘破不全的壁畫。

壁畫中的許多人物為供養人——由於他們出資建造了洞窟，所以作為獎賞，他們及其家人的肖像被繪在石窟門左右兩側或甬道兩壁，其情景類似為捐獻者樹碑。在二〇五號窟，考察隊發現了幾個特殊的供養人形象。這些人衣著華麗、腰挎長劍，最令人不解的是，他們的腦後都畫著圓形的頭光。

在另一個洞窟中，他們找到了一束龜茲文書，在其中一張給石窟寺施捨錢財的帳單中，出現了六個龜茲國王的名字。其中一個國王妻子的名字，居然正好與二〇五號窟供養人像上題寫的龜茲文相吻合。顯然，這是一個龜茲國王出資修造的洞窟，他叫托提卡，王后叫司瓦雅普拉普哈。有頭光的正是國王和王后。

國王供養人的發現成為打開克孜爾洞窟營造歷史的鑰匙，然而喜訊並未就此止步。很快，他們又有了新的發現。

在一個破舊不堪、充滿濕氣的洞窟中，他們發現了幾個特殊的人物形象。這些人物戴著埃及樣式的黑色假髮，左手拿著一個小調色盤，右手拿著一枝中原式樣的長杆毛筆。顯然，這是一個正在描繪壁畫的畫家。在二二二號窟，他們發現了一行字跡潦草的題記，經過破譯，其大致的意思是：「來自敘利亞的畫家摩尼跋陀創作了這些畫。」學者根據壁畫的風格，推測出創作時間應該在西元六至七世紀，當時薩珊王朝的波斯軍隊正大舉入侵敘利亞，這位敘利亞畫家也許是因為這個原因沿著絲路來到龜茲避難，最終在克孜爾謀得了一份畫工的差事。

就這樣，來自世界各地的畫家，像希臘神話中的畢馬龍（Pygmalion）一樣，傾注了全部心血與愛，日日精心雕琢心中的「象牙美女」。在冰天雪地裡，在飢寒交迫中，他們剔除了一方方頑石，磨禿了一把把鑿頭，多少人歷經斷臂折足，多少人不幸魂飛魄散。終於，石壁上浮現出佛陀的面貌，菩薩的笑靨，飛天的翅膀，還有連環圖一般佛陀轉世前的本生故事。大量的畫面，是年輕出家人如何抵禦各種誘惑。

整個石窟，簡直就是一個裸體藝術的世界。這裡的天宮伎樂、歌女舞神是裸體，故事畫中的宮女、魔女、菩薩也是裸體，甚至連九十九窟中的佛陀之母摩耶夫人也以全裸的形象出現。

最美的裸體，莫過於八十三窟壁畫裡的有相夫人。她沒有眼睛，看不見參觀她的人；沒有鼻子，嗅不出進洞人的氣味；沒有嘴巴，說不出一句話，只有裸露的腿、腰肢與乳房。壁畫講述的是優陀羨王的王妃——有相夫人因忘形歡舞招致禍災，被彈奏箜篌伴舞的國王看出「死相」，戛然停止彈奏的瞬間。畫面中的王妃在國王面前赤身起舞，她身材修長，頭挽大花鬘，耳佩大環璫，項掛瓔珞，手足均佩串珠環飾，雙手舞動彩巾，左腳後翹，身體前傾，乳房隨著舞蹈朝上聳起，乳頭盈紅瑰麗，身體呈三道彎曲線，唯一的衣服是腰間的飄帶，巧妙地遮住私處。

從此，這幅帶有戒律性質的壁畫被方丈作為每一個剃度的僧人必須經歷的地方。那些年輕的僧人踏進洞

克孜爾第八十三號洞窟壁畫：有相夫人。

窟，一定先是驚豔，繼而臉紅，然後依照佛規閉目打坐。壁畫上的有相夫人知道，打坐的僧人們心並不平靜，那個本該安放佛的地方，必定被自己柔美的腰肢、微顫的乳房、輕啟的櫻脣所霸占，口乾舌燥，身體僵硬，淫心被放大到無限，直到窟中一黑如墨，洞外月光升起，僧人心靜如土，回歸枯寂。這時，有相夫人的眼裡，也盛滿了欣慰。因此，這裡成為小乘佛僧理想的苦修地。

在佛僧被趕走的下一個千年，王妃眼裡只剩下幽怨。因為此後到來的，再也不是虔誠打坐的僧侶，而是滿身臭氣的牧羊人、流浪漢、異教徒甚至盜畫賊。他們色迷迷地盯著她的裸體，用嘴親吻她的腳趾與小腿，用手褻瀆她的乳房。當然，他們還殘存著一點羞澀，因此摳去了王妃及所有壁畫人物的眼睛。**有相夫人就是一面風月寶鑑啊，純粹者在她面前得到寧靜，淫蕩者在她面前現出原形。**

反彈琵琶的飛天是佛教世界想像的飛神，每當佛講法時，他們便凌空飛舞，奏樂散花。克孜爾的飛天身體飽滿健碩，膚色是一白一棕，性別為一男一女，女性飛天頭戴花蔓，男性飛天頭披方巾，他們在天宮中舞瓔珞，彈樂器，灑花雨，靠身體的能量飛行，被稱為天宮伎樂。而飛天飛到了敦煌莫高窟，不僅被穿上了衣服，而且沒有了性別，他們借助雲氣與裙帶飛天，霞帔曳彩虹，裊裊於虛空，甚至成了天宮圖裡的裝飾。**從某種意義上說，莫高窟是模仿與複製克孜爾，而且已經走向了漢化，莫高窟不過是克孜爾的水中月、鏡中花。只是克孜爾過於內斂、隱匿，才將光輝的冠冕交給了敦煌。**

意圖保存壁畫，卻成為最大破壞者

克孜爾，這個遠離人間塵囂的去處，這個眾神匯聚、多種文化交織的洞窟，卻未能躲過歷史的劫難，戰亂、宗教紛爭以及自然的侵蝕消耗著洞窟的生命。塑像被砸毀，壁畫被刻劃、挖空甚至成片鏟去，許多洞窟甬道坍塌，壁畫黴變脫落。

勒柯克決意將洞窟中包括有相夫人在內的最為精美的壁畫切割下來，運回德國。他在著作中寫道，「因為所有繪畫如不被我或者歐洲類似的機構保存，毋庸置疑要走向毀滅。」他眼裡的克孜爾洞窟，如同一個無人認領的可憐孤兒。

然而，帶隊的格倫威德爾反對這樣做，他認為壁畫留在洞窟中更有價值且更易保護。作為助手的勒柯克不得不暫時放棄這一想法，但他並未死心。所以一九一二年，德國當局勸告他不要前往新疆時，他硬著頭皮出發了。

民國二年（一九一三年），在新疆伊犁起義後的混亂無序中，勒柯克平安抵達了克孜爾洞窟。這一次，由於格倫威德爾患病，勒柯克成了考察隊頭目，他終於可以放開手腳為所欲為了。在庫車縣城，他訂做了八十個大木箱。接著指揮助手巴圖斯用狐尾鋸肆無忌憚地切割剝取壁畫，最為精美的壁畫連同整面牆被揭了下來，分割成塊後裝入木箱運回德國，入藏柏林民俗學博物館。

僅從克孜爾石窟，德國探險隊就截取了近五百平方公尺的壁畫。後來斯坦因和橘瑞超也跟隨其腳步，採用類似的工具對西域的壁畫進行了瘋狂的切割。

比壁畫被劫更讓人尷尬的是，勒柯克離去後，克孜爾洞窟仍未引起國人多少注意，除了民國十七年（一九二八年）考古學家黃文弼在此進行了十六天的考察外，大部分時間克孜爾石窟處於死一般的寂靜中。軍隊被打敗了，要塞被攻克了，都城被占領了，龜茲還有世界公認和仰慕的偉大文化積澱。如果連這些文化積澱也被偷走了，龜茲還有什麼？

直到一九六一年，中國政府終於把故宮、敦煌莫高窟、克孜爾石窟列為第一批國家重點文物保護單位。位於克孜爾石窟的新疆龜茲研究院，精心呵護與管理現存的兩百三十六個洞窟及近一萬平方公尺的壁畫。

流失德國的三百九十五塊壁畫中，如今只有一百四十五塊還收藏在德國亞洲藝術博物館。其餘的兩百五十塊壁畫，已全部在二戰的炮火中化為瓦礫。勒柯克所帶回的壁畫遭遇如此劫難，而他所斷言走向毀滅的洞窟中的壁畫卻完好地保留在洞窟之中，這對於自負的德國人無疑是莫大的諷刺。更大的諷刺是，這個出身富豪之家的探險者，居然死於貧困與孤獨，時間是一九三〇年。

唐玄宗〈霓裳羽衣曲〉原來是借花獻佛？

〈霓裳羽衣曲〉由李隆基作曲，楊玉環編舞，演出時歌舞器樂並用，場面宏大，堪稱唐朝歌舞盛世裡最大的靡靡之音。但後來一位名叫江少虞的宋朝人發現，〈霓裳羽衣曲〉的創作來源其實是龜茲。

誰又能想到呢？一位既能上馬征戰，又能下馬治國的皇帝，居然是一位音樂家，還能親自譜寫樂曲，親自擔任樂隊指揮，並被後世藝伶尊為鼻祖。

他叫李隆基，唐睿宗李旦的三子，小名三郎，廟號「玄宗」，謚號「至道大聖大明孝皇帝」，所以又稱唐明皇。

他屬雞，既可以報曉，用自己一心政務的前半生開創了「開元盛世」，成為一代英主；又可以報暮，以自己醉心藝術、寄情深宮、忠奸不分的晚年引發了「安史之亂」，成為唐的罪人。他的史料堆積成山，關於他和前兒媳的風流韻事俯拾皆是，這些故事還是留給史學家和文學家恣意咀嚼吧。我只想躡手躡腳地溜進大明宮，看一看他親手組建的音樂舞蹈團體——「梨園」。

唐代最著名宮廷樂舞，源自龜茲樂曲〈婆羅門〉

我剛剛鑽進宮殿，就遇到西涼節度使楊敬述覲見。

這是一個馬屁精，粗通文墨，《全唐詩》收有一首他勉強能拿出手的詩。為了迎合李隆基的喜好，他把當時流行於西域的樂曲〈婆羅門曲〉整理成曲譜，敬獻給了聖上。

天寶十三年（七五四年），李隆基親自組織修訂樂曲，這首〈婆羅門曲〉更名為〈霓裳羽衣曲〉。這部由李隆基作曲，楊玉環編舞的作品，據說是唐代最著名的宮廷樂舞，演出時歌舞器樂並用，場面宏大、色彩繽紛。歌舞者陶醉其中，觀賞者如醉如痴，堪稱唐朝歌舞盛世裡最大的靡靡之音。

後來，一位名叫江少虞的宋朝人發現，〈霓裳羽衣曲〉的創作來源是龜茲。宋釋贊寧所著《高僧傳》卷三也記載，龜茲有一個地方，「其水滴溜成音可愛。彼人每歲一時彩綴其聲以成曲調。」

在一個幽深的山坳中，無數晶瑩的水珠從布滿苔蘚的懸崖上滴下，叮咚有聲，匯成一股清泉。當地人稱呼這裡「千淚泉」。大自然的天籟之音，成了音樂家創作的重要源泉。山間流泉滴水成音，在微風相伴之下，龜茲樂工突發靈感，日後敬獻給唐玄宗的那首〈婆羅門曲〉應運而生。

其實，管弦伎樂只是龜茲的半個身位，與音樂相伴而生的舞蹈——曲伴舞，最終使得龜茲成了蜚聲亞歐的音樂舞蹈之都。

「回裾轉袖若飛雪，左旋右旋生旋風，一曲似從天上來。」龜茲樂舞秉承龜茲文化中西合璧的深厚底蘊，把這種具有多元特徵和交雜優勢的文化推到了至善至美的境界，人稱「天宮飛來的歌舞」。宋代詩人沈遼在〈龜茲舞〉中寫道：「龜茲舞，龜茲舞，始自漢時入樂府。」以翹足、旋轉、扭腰、送胯為主要特點的龜茲舞蹈，隨著呂光東歸，先是流向涼州，與漢樂融合產生了涼州樂；繼而流進長安，推動重建了古典雅樂，以宮廷樂舞的形式涅槃於唐朝，在燕樂、清樂、西涼樂、高麗樂、天竺樂、疏勒樂、安國樂、康國樂、高昌樂等「十大樂」中獨領風騷，繼而向西傳到東歐，向東輻射到日本、朝鮮、越南、緬甸。

盛唐時節，龜茲藝人倡導的蘇幕遮（發源於龜茲的一種假面具舞）、婆羅遮（古龜茲中秋節的一種街頭舞蹈）、柘枝舞（從石國傳入龜茲的一種民間獨舞）、撥頭舞（從印度傳到龜茲的一種舞劇）、輪臺舞（源於龜茲的一種大型舞蹈）、胡旋舞（從康國傳入龜茲的一種快速旋轉的舞蹈）、胡騰舞（從石國傳到龜茲的一種以騰躍為特點的健舞）、春鶯囀（源於龜茲的一種在席子上表演的軟舞）一度風靡長安。

蘇祇婆〈琵琶曲〉創八十四調，與俞伯牙〈高山流水〉並駕齊驅

天和三年（五六八年），一個陣容龐大的和親隊伍走進長安，新娘是突厥木杆可汗之女阿史那公主，新郎是北周武帝宇文邕。酷愛樂舞的公主帶來了一支三百人的西域樂舞隊，外加西域特有的五弦琵琶、豎箜篌、哈甫、羯鼓等樂器。龜茲琵琶高手蘇祇婆就在其中。

蘇祇婆生於龜茲，姓白，從小隨父親學藝，因善彈琵琶而名噪鄉里。抵達長安後，以蘇祇婆為首的龜茲樂隊，不僅在宮廷演出，而且走上街頭表演，一時傾倒長安，聲震朝野。北周滅亡後，宮廷樂師蘇祇婆被迫流落民間，在酒肆歌坊賣藝為生。

隋朝建立後，隋文帝楊堅對宮廷雅樂極為不滿，專門組織了一次「開皇樂議」，下令改制音律。此後七年，宮廷樂師絞盡腦汁，也沒有拿出音樂改制方案。

一天，剛剛受到楊堅訓斥的鄭譯獨自徘徊在街市上，冥思苦索著遲遲未能找到的高音。忽然，他的思緒被樂聲打斷，循聲走進一家酒肆，只見蘇祇婆正在彈奏琵琶，嫻熟而完美的旋律緩緩流淌。與中原音樂不同的是，琵琶七聲之中有三聲鄭譯從未聽過的怪音。這三聲怪音，不正是自己苦苦尋找的高音嗎？

立刻，鄭譯拜蘇祇婆為師，將蘇祇婆的「五旦七聲」與中原傳統調式對照轉譯，創立了八十四調，俗稱「蘇祇婆琵琶八十四調」。鄭譯的音改方案得到了隋文帝的讚許，以龜茲為主的新音樂體系從此確立。後來，蘇祇婆創作的〈琵琶曲〉被欽定為唐朝宮廷宴樂。在音樂史上，蘇祇婆與創作了〈高山流水〉的俞伯牙和彈奏〈廣陵散〉的嵇康得以並駕齊驅，入列中國古代十大音樂家。

千年一瞬，一切的誕生與消亡都在交替之間。曾經樂舞盛行的古龜茲，如今仍然瀰漫著濃厚的歌舞氣息。只是現在人們使用的維吾爾樂器，已經與壁畫上的龜茲樂器大相逕庭。然而，人們仍舊能夠從中看到龜茲音樂的基因與遺韻，龜茲樂舞已經將血液注入到新的藝術之中。龜茲不死，龜茲樂舞不死。

夜月食昴，李世民順應「天意」出兵龜茲

李世民對龜茲臣服西突厥一直耿耿於懷，一晚，月食昴星。次日上午，李世民下詔說：「月是陰之精，是用刑之兆；昴星，是胡地的對應，預示著龜茲、焉耆氣數將盡。」於是徵發人馬大舉西征。

歷代中原王朝在西域的進退，總是與自身興衰有關。魏晉之後，河西與西域群雄並起，中原王朝的影響早已退出了這裡。

但事情果真如此嗎？能回答這個問題的，不是考古人員，而是盜墓賊。

一九九〇年代，盜墓賊潛入了新和縣通古孜巴西古城，不知盜走了多少珍稀文物。當文管人員發現盜洞後，只在裡面撿到一批銅錢和破碎的陶片。後來估算，這次撿到的銅錢至少有三千枚，銅幣大多銘刻著唐朝「大曆」、「建中」年號，然而使用這種年號的錢幣卻從未出現在歷史記載中。更奇怪的是，它們用紅銅鑄成，鑄造工藝粗糙，遠遠不及同期出土的開元通寶和乾元重寶。難道這座古城中的人私鑄錢幣？雖然朝廷允許駐軍鑄幣，可是不顧統一規格，單獨鑄造卻極為罕見。

專家考證，留下這些錢幣的，是與唐長期失去聯繫的安西都護府將士。問題在於，為什麼安西都

護府將士會與唐朝失去聯繫，為什麼他們會被阻隔在古龜茲境內？

這還得從唐朝建立說起。

李淵建立唐朝後，龜茲王蘇伐勃馬夫即刻派出使者到長安祝賀，表現出高人一籌的政治眼光。貞觀四年（六三〇年），蘇伐勃馬夫的兒子——新王蘇伐疊入朝獻馬，被李世民賜予龜茲王國璽與國書。但是不久，龜茲臣服於西突厥，蘇伐疊不再向唐朝貢。

對此，李世民一直耿耿於懷。貞觀二十一年（六四七年）的一天，蘇伐疊的弟弟、新王白訶黎布失畢派使者前來朝貢。當晚，發生月食昴星。次日上午，李世民下詔說：「月是陰之精，是用刑之兆；昴星，是胡地的對應，預示著龜茲、焉耆氣數將盡。」（月陰精，用刑兆也；星胡分，數且終）[25]

於是，李世民任命阿史那社爾為昆丘道行軍大總管，契苾何力為副總管，率領安西都護郭孝恪、司農卿楊弘禮、左武衛將軍李海岸，徵發鐵勒十三部十萬人馬大舉西征。

第二年秋，唐軍擊敗西突厥處月、處密部和龜茲的同盟焉耆，前鋒抵達距龜茲王城伊邏盧城三百里的磧石。阿史那社爾派伊州刺史韓威帶一千騎兵為前鋒，誘使龜茲王及大將羯獵顛率五萬龜茲主力出戰，然後與提前埋伏的後軍將輕敵冒進的龜茲軍一舉擊潰，龜茲王狼狽逃進王城。

眼看唐軍即將完成對王城的合圍，龜茲王率領部分親信西逃。阿史那社爾一邊安排郭孝恪接收王城，一邊組織精兵對龜茲王窮追猛打，最終在六百里外的撥換城將龜茲王及羯獵顛擒獲。

僥倖漏網的，只有龜茲國相那利。想不到，

25出自《新唐書》卷二百二十一上。

唐太宗李世民

這個漏網之魚膽敢帶領西突厥援軍與龜茲殘餘共一萬多人突襲郭孝恪駐守的王城，猝不及防的郭孝恪及其兒子戰死。倉部郎中崔義起在城中緊急招募軍人與那利展開巷戰，曹繼叔、韓威也調集部眾發起反擊，殺死那利部屬近萬人，那利二次逃亡。

唐軍到處張貼告示，千金懸賞捉拿那利。這比打獵、經商、放牧賺得快多了！許多龜茲國民像警犬一樣低頭亂竄，細細梳理著每一個帳篷、樹墩與山包。很快，那利就被人扭送進了唐營。

踏平龜茲後，阿史那社爾將白訶黎布失畢、那利、羯獵顛押送到長安，然後扶立龜茲王的弟弟白葉護為新國王，並讓工匠將這一輝煌的戰績刻進了石碑。

捷報傳到遙遠的長安，正值一個秋陽似火的日子，李世民親自宣讀了奏報，一臉陽光地對群臣說：「人生之樂，有幾種幾等。築土城、騎竹馬，是兒童的樂趣；佩金銀、穿綾羅，是婦人的樂趣；賣得利、屯及時，是商人的樂趣；做高官、享厚祿，是士大夫的樂趣；樹軍威、戰無敵，是將帥的樂趣；四海寧、人民安，是帝王的樂趣。今天，是朕最快活的日子！」（夫樂有幾，朕嘗言之：土城竹馬，童兒樂也；飾金翠羅紈，婦人樂也；貿遷有無，商賈樂也；高官厚秩，士大夫樂也；戰無前敵，將帥樂也；四海寧一，帝王樂也。朕今樂矣）然後，發出口諭，要求滿朝文武「酒喝乾，再斟滿，今夜不醉不還！」（遂遍觴之）

龜茲分裂在即，親唐派上書李治放舊王歸山

新龜茲王白葉護過於平庸與懦弱，龜茲貴族分成兩派，一派主張與唐保持關係，又不得罪西突厥；一派堅持唯唐之命是從。兩派公說公有理，婆說婆有理，而新王又沒有主見，龜茲面臨分裂的危機。

勝利者的喜日，自然是失敗者的末日。

龜茲王白訶黎布失畢、國相那利、大將羯獵顛被押到長安，李世民在紫徽殿接受了三名垂頭喪氣的俘虜。按照例行的程序，先是由皇帝責備他們的罪過，然後由俘虜們匍匐謝罪，繼而皇帝詔令赦免其罪，讓他們住進專門軟禁外國君臣的鴻臚寺，還破例委任白訶黎布失畢為左武衛中郎將。之後，唐宣布把安西都護府從交河城遷至龜茲都城，統領龜茲、焉耆、于闐、疏勒四國。說個題外話，此戰為阿史那社爾帶來了無盡的榮譽，他在病逝後獲得陪葬唐太宗的陵墓——昭陵的殊榮，他的墳塚被修成蔥山的形狀，以表彰他平定龜茲之功。

阿史那社爾大軍撤離後，新王白葉護過於平庸與懦弱，龜茲貴族分成兩派，一派主張「按過去方針辦」，既與唐保持關係，又不得罪西突厥；一派堅持唯唐之命是從，絕不做首尾兩端者。兩派公說公有理，婆說婆有理，而新王又沒有主見，龜茲面臨分裂的危機。於是，親唐派貴族懇請唐朝送還白訶黎布失畢，以平息派系之爭。

永徽元年（六五〇年），剛剛上臺的唐高宗李治任命白訶黎布失畢為右驍衛大將軍、龜茲王，允許他與那利、羯獵顛一起回國就任。

權力和愛情一樣，失去的時間愈久，復辟的可能性愈低。他畢竟已經離開龜茲王位兩年，不僅國事大為生疏，大臣們也被弟弟換得差不多了，他只能更依賴那利、羯獵顛這兩位「難兄難弟」。

哪知道，那利、羯獵顛與唐本有二心，回國後便與反唐勢力沆瀣一氣。特別是國相那利，居然提出要與白訶黎布失畢分權，從而拉開了一場「君權與相權的博弈」。

這種博弈，在史學界被稱為「虛君制」。中國近代國學大師錢穆在〈中國傳統政治〉一文中說：「要避免世襲皇帝之弊害，最好是採用虛君制，由一個副皇帝即宰相來代替皇帝負實際的職務與職責。」

中國最早主張虛君制的，並非唐代的這夥龜茲人，而是戰國時期秦國嬴政的「仲父」呂不韋。他的基本觀點是「天下，非一人之天下也，天下之天下也」。他還在《呂氏春秋·分職》中說：「君也者處虛。素服而無智，故能使眾智也。能執無為，故能使眾為也。」意思是，君主處於超脫狀態才能發揮監督作用，百官也才能人盡其能；君主若事必躬親，反而會造成國家的衰弱與混亂。應該說，這是一種理想的政權設計模式，君主僅僅作為象徵，具體政務由宰相來行事。這種虛君制，與日本的天皇制和英國的君主立憲制有異曲同工之妙。這種體制能在兩千年前提出，實在令人欽佩。可以說，秦莊襄王在位和嬴政即位前期，相國呂不韋基本上就是按照這一構想做的。為了使這一構想變成制度，呂不韋在嬴政親政的這一年公布了《呂氏春秋》，寄望嬴政能繼續施行他的構想。

但事與願違，嬴政在主張舉國體制為一人服務的李斯協助下，繼承了商鞅的思想，在以法家治國的路上愈走愈遠，直到成為最專制的帝王。呂不韋也被罷相，還落了個飲鴆自殺的下場。

從呂不韋罷相開始，君權與相權的博弈就成了中國政治史上最糾結的一道難題，不斷被強硬的統治者所修正，並沿著強化君權、削弱相權的道路愈走愈遠。明朝初年的朱元璋，在殺掉宰相胡惟庸以後，就決定在大明一朝永遠廢掉宰相這個職位。大清在大明無相權的基礎上，進一步強化了皇帝的絕對專制，君權與相權集於一身，把皇帝這一天下最瀟灑的工作變成了苦差。執政十三年的雍正，僅硃批奏摺就達三萬五千多件，平均每天批閱八千多字，四十七歲就累死在案頭。

那麼，龜茲的國相能扭轉這一貫性嗎？換句話說，胳膊能扭得過大腿嗎？

君權與相權博弈，竟以一頂綠帽分出勝負

就在君權與相權的博弈即將分出高下的當口，龜茲王宮傳出了一則醜聞。出身突厥的王后阿史那氏居然出軌了，而且她的新相好就是國相那利。

照理說，胳膊還真的有力氣扭得過大腿。因為國相那利不僅能力超群，還有一個鐵桿同盟——手握軍權的大將羯獵顛。當時，在那利的首肯下，羯獵顛與唐朝叛將——西突厥可汗阿史那賀魯攀上了關係。內有同盟，外有強援，國相與國王分權似乎水到渠成。

但就在君權與相權的博弈即將分出高下的當口，龜茲王宮傳出了一則醜聞。出身突厥的王后阿史那氏居然出軌了，而且她的新相好就是國相那利。

首先應該責怪那利，你在與王權博弈的關鍵時刻，怎能犯下這種低級錯誤，為政治對手留下如此惡劣的口實呢？

但一個巴掌拍不響，王后也難辭其咎。她是一個不甘寂寞的混血美人，眉似初春柳葉，常含雨恨雲愁；面如三月桃花，暗藏風情月意。國王不僅在魄力上讓她失望，在肉體上也滿足不了她，再加上國相威望如此之高，兩人又常常見面，因此她的出軌似乎順理成章。

對此，國王卻百思不得其解，論地位，儘管國相權力很大，但畢竟是自己的下屬；論長相，國相也比自己英俊不到哪裡去。

在恍惚的燈光裡，國王質問阿史那氏：「妳為什麼背叛我？」

「因為，你不是真正的男人！」最傷人的話，總是出自最溫柔的嘴。聞言，他一夜無話。

好在，白訶黎布失畢還明白，能夠搶走的愛人便不算愛人，但一國之君的面子往哪裡擺呀？他的

貼身侍衛要求殺掉國相，但他投鼠忌器，擔心局勢失控，而遲遲下不了決心，結果被徹底架空，成了一名讓國人譏笑的傀儡與「烏龜」。

龜茲王趁朝覲哭訴，李治有感：朕替你做主！

人之為人，什麼都有尺度，小人沒有；什麼都有底線，無恥沒有。傳說一天下午，滿面春風的國相拜訪了垂頭喪氣的國王。照理說，這次會面頗尷尬，但國相卻給國王講了一個佛經《九雜譬喻經》中的故事：「在古代的一個國家，王太子無意間看到母后輕浮，心裡受了刺激，離家出走，在山中遇到了一個會法術的梵志。梵志從口中吐出一壺，壺中走出一個美貌的女人。梵志睡著後，女人也用法術從口中吐出一壺，壺中走出一個英俊少年，與女人嬉戲玩樂。過了一會兒，女子將少年收入壺中，將壺吞下。梵志醒來，將女子收入壺中，將壺吞下，揚長而去。」顯然，這個故事是要叫國王放寬心，但國王畢竟是一個大男人，而且是一國之君，豈能如此容易忘掉王后被奪的奇恥大辱？

見國王仍黑著一張臉，國相無趣地走開了。

一天夜裡，一名親信對國王推心置腹地說：「若愛，請深愛；若棄，請徹底。不要曖昧，傷人傷己！」但滅山中賊易，滅心中賊難啊，國王的臉上仍沒有一絲陽光，只有迷惘。

顯慶元年（六五六年），國王前往長安朝覲李治。在一個私密場合，前者向後者控訴了那利與王后私通的惡行。

望著涕淚俱下的龜茲王，李治也不免黯然神傷，他輕撫著對方的後背說：「放心吧，朕替你做主！」

考慮到龜茲內訌已起，李治於顯慶二年（六五七年）將安西都護府遷回高昌故地，並派出大將蘇定方出擊西突厥。才過年頭，李治就將白訶黎布失畢與那利調往京城。未經審問，那利就被投進了唐的牢獄，罪名是「大不敬」。要知道，這在中原可是十惡不赦[26]的大罪呀！

白訶黎布失畢笑了。

據說一天下午，滿面春風的白訶黎布失畢到天牢與垂頭喪氣的那利告別，並順便為後者講了一個故事。內容是一罐蜜糖不小心打翻了，一隻蒼蠅被香氣吸引，落到蜜糖上大吃大喝，結果腳被蜜糖黏住，無論怎麼死命掙扎地拍打翅膀也飛不起來，就淹死在蜜糖裡了。在還有一口氣時，蒼蠅說：「唉，我嘗到了蜜糖的甜蜜，卻付出了生命的代價。」講完故事，白訶黎布失畢揚長而去。之後，李治派遣左領軍郎將雷文成護送白訶黎布失畢回國。就這樣，因為國相那利沒有管好自己的下半身，他此前關於「虛君制」的所有努力，全部付之東流。

龜茲將軍羯獵顛堅決叛唐，投降西突厥

別人只能幫你，卻不能替你。試想，一個連老婆都管不住的國王，能讓大臣們心服口服嗎？果然，聽說國相被唐朝扣押，負責監國的大將羯獵顛命令軍隊緊閉國門，將國王擋在了境外，並派遣使者向正與唐軍作戰的阿史那賀魯投降。

料峭的春寒，吹透了白訶黎布失畢的錦袍，也吹走了國王所有的雄心。他就像默片裡的演員，想奮力呼喊，卻發不出絲毫聲音。只見他神情恍惚地坐在馬上，向西方親切的土地以及逶迤的遠山，投去悵然寂寥的一瞥。歲月悠長，所餘單薄，帝國已經不屬於身為國王的自己，自己的魂魄難道也要離開自己的肉體？

史載，進退兩難的他一下子病倒在郊外，很快便悒悒而終。這個可憐國王的唯一安慰是，他和其

26 隋唐法律將謀反、謀大逆、謀叛、惡逆、不道、大不敬、不孝、不睦、不義、內亂列為十大重罪，遇有大赦也不予赦免。

他十三位少數民族領袖的石像有幸陪立在唐太宗的昭陵。

不久，蘇定方就將阿史那賀魯徹底擊潰，西突厥從此滅亡。阿史那賀魯僥倖逃到石國，還是被唐副將蕭嗣業生擒，扔進了長安的太廟，面對當年恩公唐太宗的牌位，日日反思自己忘恩負義的後半生。有人認為應該將叛唐的阿史那賀魯殺掉，但李治沒有這樣做。皇帝的開闊心胸，來自於唐的實力與自信，這是其他朝代所無法比擬的。試想，自省的「咒師」密勒日巴[27]都能成為聖者，為什麼阿史那賀魯不能改邪歸正？

此時已是盛春，滿樹的桃花開始凋零，如同龜茲王冤屈的血淚。李治命令左屯衛大將軍楊胄揮師西域，已經失去西突厥後盾的羯獵顛孤掌難鳴。雙方大戰於泥師城，《新唐書》說：楊胄「與羯獵顛決戰大破之，擒羯獵顛及其黨，盡殺之」。

至於龜茲王那位偷情的遺孀，史書上沒有交代，如同《三國演義》忘了交代貂蟬的下落一樣。

戰後，唐冊立白訶黎布失畢之子白素稽為新王，授右驍衛大將軍、龜茲都督。安西都護府重新遷回龜茲都城，升格為大都護府，下設龜茲、疏勒、于闐、碎葉四鎮，龜茲成為唐統治西域的中心，所以龜茲王城又稱安西。

唐與吐蕃圍繞安西展開殊死的爭奪，安西都護府數度失守。直到武則天所建的周朝長壽元年（六九二年），王孝傑收復了安西四鎮，安西都護府的府衙才在龜茲穩固下來。

安西都護府最為強盛時，管理的戍卒多達兩萬四千人。

鐵騎內調西域空虛，安西都護府成沙漠孤島

駐軍與屬國精銳內調，大大削弱了唐在西域的防禦力量，吐蕃軍隊乘虛而入，占領了河西走廊，絲綢之路被斬斷，安西與朝廷的聯繫徹底中斷，安西都護府部隊成為一支孤軍。

就在唐雄心萬丈、獨步天下的時候，一把滾燙的匕首已經對準了帝國心臟。手握匕首的人名叫安祿山，是李隆基與楊貴妃寵信的大將，范陽、平盧、河東三鎮節度使，控制著近二十萬戰力超強的邊兵，其中范陽節度使名下有兵九萬一千四百人，馬六千匹；平盧節度使名下有兵三萬七千五百人，馬五千五百匹，河東節度使名下有兵五萬五千人，馬一萬四千八百九十匹。唐朝其餘的六個節度使，總共才控制著兵二十八萬七千六百人，馬四萬九百匹，而且全部分散在長安以西與以南的遼遠區域內。

面對如此嚴峻的軍事局面，近乎腦殘的宰相楊國忠居然公開挑戰安祿山，導致雙方矛盾加劇。天寶十四年（七五五年）十二月十七日，一個寒風刺骨的清晨，安祿山在范陽城南檢閱了十五萬大軍，以奉密詔討伐楊國忠為藉口，把留守范陽的任務交給心腹大將史思明，隨即命令全軍殺奔洛陽，發起了著名的「安史之亂」。

27 密勒日巴，藏傳佛教的密宗上師。相傳其父親早死，家產被親戚占據，於是他學習咒術，以法術咒死他的親戚，奪回家產，並且降下冰雹懲罰鄉里的人。他後來悔悟，師從馬爾巴上師，在山洞中長期禪坐修苦行，終得解脫。

玄宗出逃遇禁軍叛變，楊貴妃縊死馬嵬坡

接到戰報，李隆基趕忙從楊貴妃溫軟的懷抱裡爬起來，將北庭伊西節度使封常清任命為范陽、平盧節度使入關平叛。根據敵強我弱的形勢，封常清與右金吾大將軍高仙芝決定堅守潼關，結果被求勝心切的李隆基以「失律喪師」罪處斬。之後，楊國忠又挑唆李隆基逼著新任主將哥舒翰冒險出擊，結果遭到安祿山部將崔乾佑的伏擊，唐軍十八萬人馬僅剩八千，哥舒翰被俘，長安門戶潼關失守，都城徹底暴露在叛軍面前。

天寶十五年（七五六年）六月十三日，天剛剛亮，啟明星放射出少有的藍光，李隆基急忙命令手下悄悄打開禁苑西門——延秋門，帶上楊國忠、楊貴妃姐妹、皇子、公主、皇孫及部分近臣、宦官、宮女，在幾千禁軍的護衛下狼狽逃離長安。在逃亡的隊伍裡，太子李亨與禁軍首領陳玄禮一直並馬而行。走到馬嵬坡（今陝西興平市西北二十三里），陳玄禮突然鼓動禁軍官兵亂刀砍死了楊國忠及其兒子楊暄。楊貴妃的大姐韓國夫人也被砍斷了粉頸（楊貴妃的三姐虢國夫人和楊國忠的妻子裴柔從長安逃到寶雞後被殺）。御史大夫魏方進試圖阻止殺紅了眼的軍人，結果被軍士們順手砍死。然後，情緒激昂的士兵們包圍了皇帝和貴妃臨時休息的住所，要求把紅顏禍水楊貴妃交出來。

面對陳玄禮，李隆基哀求道：「朕老矣，能安朕心者唯有貴妃，朕願意退位。」陳玄禮面有難色。李隆基又強硬起來：「如有堅持加害貴妃者，只有從朕身上踏過！」將士們堅決不允。

李隆基將目光無奈地轉向親信宦官高力士。高力士哭喪著臉說：「將士們殺了楊國忠和韓國夫人，貴妃活著，他們能心安嗎？一旦他們鬧起來，什麼事情都可能發生，請陛下三思啊！」

李隆基只得賜死楊貴妃，由高力士執行，前提是給她留一個全屍。一介帝王，居然保護不了自己最心愛的女人。此時的李隆基，是否想起了自己帶兵殺死韋后的情景？是否想到了策馬飛奔的青春歲月？是否想到了萬國來朝的開元盛世？是否想到了被自己授意殺害的高仙芝與封常清？

確認貴妃已被勒死，大軍才保護著李隆基逃往四川。對於中國古代四大美人之一的楊貴妃的死，多數人感到她罪有應得，死不足惜，理由是，沒有她，無能的楊國忠一定當不上宰相；沒有她，安祿山可能也不會造反；沒有她，可能李隆基依舊英明。只有極少數人替她可惜，理由是，她不過是男權社會裡的一朵浮萍，根本沒有資格與能力決定自己的命運。是李隆基發現了她，從兒子懷裡奪過了她，寵壞了她，也最終葬送了她。

龜茲王派弟弟白孝德助唐，一人單騎敗叛軍驍將劉龍仙

沒有證據證明太子李亨是這場兵變的始作俑者，但他卻是最大的受益者。此後，對父親徹底失望的李亨與大隊人馬分手北上，於七月十二日在靈州（今寧夏靈武）自行宣布登基，是為唐肅宗，李隆基則被遙尊為太上皇，這也是李隆基駕崩後廟號被定為「玄」的原因，《逸周書．謚法解》曰：「含和無欲曰玄，應真主神曰玄。」說得簡單一點，甘心讓位為「玄」。

李亨以靈州為臨時基地，舉起了平叛大旗，調集河西、隴右、安西、北庭精銳部隊入關作戰，詔命朔方節度使郭子儀為武部尚書主持平叛。救援的烽火燃燒到西域，安西都護府一萬五千名精兵返回鳳翔，組建了鎮西北庭行營，參加了收復長安的戰爭。唐還傳檄西域各國參與平叛，並「許以厚賞」，龜茲王派弟弟白孝德率領配有陌刀、長柯斧的龜茲騎兵入關助戰。

乾元二年（七五九年），史思明進軍洛陽。在河陽縣，白孝德隨朔方節度使李光弼與叛軍正面交鋒。兩軍擺開陣勢，史思明部下驍將劉龍仙在陣前高聲叫罵。李光弼環視左右，問誰能出陣應戰，白孝德應聲而出。

李光弼問：「需要多少兵馬？」（所要幾何兵？）白孝德答：「可獨往耳！擂鼓助威即可。」（可獨往耳……兼請大軍鼓噪以增氣勢，他無所用。）[28]話音剛落，白孝德已單騎衝到陣前，乘劉龍

仙不備，用雙矛將其挑落馬下，叛軍潰敗而去。白孝德因功歷任安西、北庭行營節度使，吏部尚書，太子少傅，封昌化郡王。

但駐軍與屬國精銳內調，大大削弱了唐在西域的防禦力量，吐蕃軍隊乘虛而入，占領了河西走廊，絲綢之路被斬斷，安西與朝廷的聯繫徹底中斷，安西都護府部隊成為一支孤軍。

領孤軍堅守飛地，最後都護郭昕不知所終

面對吐蕃經年累月的圍困，郭昕和守軍們沒有放棄。一邊厲兵備戰，一邊耕作自養。然而，吐蕃的阻隔使得他們與朝廷的聯繫難以接續，連李豫駕崩、李适繼位這樣重大的訊息都難以傳達。

當時擔任攝安西都護、安西四鎮留後的，是郭子儀的姪子郭昕。古城中出土的「大曆」、「建中」銅錢，很有可能就是這些孤軍在與朝廷失去聯繫後私自鑄造的。

從二〇〇三年開始，新和縣文物局與自治區考古研究所調查了古龜茲境內的古蹟遺存。經踏勘、挖掘、航拍、測繪，學者們發現，把這些唐代遺跡串聯起來的，正是一個功能完備的防禦體系，而發現銅錢的通古孜巴西古城正處於整個防禦體系的核心，這與當地人對古城的稱呼也不謀而合。

巴西，突厥語意為「頭」或「首府」。渭干河流域的大量戍堡周長只有兩百至三百公尺，但通古孜巴西古城周長將近一千公尺。黃文弼斷定，這裡就是唐朝的屯田基地。

黃文弼在通古孜巴西古城中挖掘出幾份文書。一件文書記載了一個名叫李明達的人，因為無糧下炊，在大曆十五年四月十二日向同伴蔡明義借了青麥一石七升、小米一石六升。另一件文書記錄了一

個名叫白蘇畢梨的人前來領取屯米。白蘇畢梨，顯然是個龜茲姓名。因此，黃文弼推斷，龜茲與中原隔絕後，安西都護府屯田戍卒開始起用本地人。

面對吐蕃經年累月的圍困，郭昕和守軍們沒有放棄。他們與龜茲當地民眾團結一致，一邊厲兵備戰，一邊耕作自養。

戰備物資雖然可以安然無虞，然而一件事情仍然困擾著郭昕，那就是吐蕃的阻隔使得他們與朝廷的聯繫難以接續。在古城發現的唐死亡官兵的墓誌上，出現了「廣德四年」的年號，但事實上唐代宗李豫的廣德年號只用了兩年。在發掘的文書中，大量出現了「大曆十五年」的記載，然而唐朝年號「大曆」只到十四年便因李豫駕崩而終止了。連唐德宗李适繼位這樣重大的訊息都難以傳達，可見郭昕與長安隔絕之深。

繞道回紇抵達京城，安西與朝廷終於取得聯繫

一次次派出信使，一次次杳無音訊。終於，在建中二年（七八一年），長安城裡出現了安西使者的身影。一起到來的，還有北庭節度使李元忠的使者。這一次，郭昕派遣的使者，是從北面的回紇控制區，迂迴繞道抵達京城。

安西與北庭使節的到來，引起整個朝廷的轟動，朝野上下為他們「忘身報國」的精神感動得「鼻酸涕流」。久久未有音訊的安西、北庭守軍，始終忠心耿耿，苦守飛地，對於紛亂動蕩、危機四伏的朝廷來說，的確是一個莫大的安慰。

李适派遣使者，同樣繞道回紇到達龜茲。使者帶來的壞消息是，郭昕的叔叔郭子儀剛剛離開人

28出自《舊唐書》卷一百零九。

世；而使者帶來的好消息是，郭昕升遷為安西大都護、四鎮節度觀察使，四鎮將士均按等級破格提拔七級。興元元年（七八四年），李适又加封郭昕尚書左僕射，其官職加在一起是開府儀同三司、尚書左僕射兼御史大夫、檢校右散騎常侍兼充安西大都護、四鎮節度觀察使，封爵武威郡王。一名駐守邊關的將領，獲得如此高的職務與封爵，我查遍史書，一直難以找到出其右者。

接到詔書，將士們自然是山呼萬歲，歡呼雀躍。而郭昕卻默默地走上城頭，遙望著東方的萬里雲天，垂淚不止，是為自己撒手人寰的叔叔？為自己剛剛得到的榮譽？還是為自己今後的處境？是啊，此時唐朝所能給予他們的，也只有精神上的慰藉和鼓舞了。絲綢之路斷絕以及自身的困境，使得唐朝幾乎不能再對龜茲孤軍做任何支援，郭昕仍將面對孤立無援的困境。

郭昕的故事，使我聯想到蘇聯作家高爾基（Gorky）作品中的一個情節：一群人在黑夜裡穿行，迷失在莽林中，找不到走出去的路。一個叫丹柯的勇士把自己的心挖出來，點燃，舉起來，像舉起一枝火炬，引導大家走出了莽林。郭昕也把心挖出來，燃成了火炬，但他能引導自己的部下走出戰爭的莽林嗎？

唐僧悟空取經回國，見證安西四鎮最後的榮景

貞元五年（七八九年），唐僧悟空[29]回國，在疏勒鎮見到了鎮守使魯陽，在于闐鎮見到了鎮守使鄭據，在龜茲見到四鎮節度觀察使、安西大都護郭昕，在焉耆鎮會見了鎮守使楊日佑。此時的安西仍然佛火旺盛，佛寺林立，安西四鎮仍在唐軍手中。

僅僅過了一年，吐蕃再次進攻西域，北庭陷落，北庭的同盟軍回鶻被擊敗，北庭節度使楊襲古被殺，都護府餘眾和沙陀酋長朱邪盡忠投降吐蕃，安西與朝廷聯絡的唯一通道被截斷。同年，安西四鎮之一的于闐陷落。這居然是史籍對安西的最後記載。

從此，「安西阻絕，莫知存否」[30]。

我們無法知曉，在吐蕃大兵壓境的那一刻，垂垂老矣的郭昕和連升七級的將士們心中在冥想什麼，最後的命運何去何從。

多少英雄在這裡開疆拓土，用熱血書寫傳奇。多少兵士征戰沙場，白首戎陣。從鑿空西域的張騫，到戰死沙場的李崇，從平定西域的班超，到苦守飛地的郭昕，他們將生命遍灑在這片廣袤的土地上，也將開拓與堅韌鑄入了一個民族的靈魂。

在今新和縣東南野豬出沒、紅柳簇簇、沙漠起伏的紅柳灘中，隱藏著一座廢址——通古孜巴西古城。要想感知這座「眾城之城」昔日的風采，須站上八、九公尺高的古城牆垣鳥瞰，只見古城周圍點綴著十幾個大大小小的城市遺跡、佛寺殘牆以及遠處依稀可見的烽燧戍堡，它們如同眾星捧月一般拱衛著這座遺跡。遙想當年，數萬唐朝屯田將士在此練兵、耕作、念經、生息，那是一個多麼繁盛，多麼詩意，多麼雄奇的景觀啊！

29《西遊記》中孫悟空的原型。本名車奉朝，法號悟空。年輕時奉旨出使西域，因病滯留罽賓，且剃度為僧，後又遊歷天竺。一共過了四十年，才返回長安。

30出自《舊唐書》卷一百九十六下。

回鶻來了！西域佛教聖地從此揮別佛陀

察合臺汗禿黑魯帖木兒對龜茲佛教徒進行了殘酷迫害，對佛教文化實施了毀滅性破壞。佛教寺院廟宇被拆毀，佛像被搗毀，佛教經典文獻被焚燒，具有千年歷史的龜茲佛教文化被破壞殆盡。

安西都護府陷落後，白姓龜茲王下臺，從白霸開始延續了七百年的白氏王朝落下帷幕。五十年後，從蒙古草原西來的西州回鶻征服了龜茲，大量的回鶻人移居此地。像于闐一樣，龜茲人種逐漸回鶻化。

宋景德三年（一〇〇六年），另一支回鶻——蔥嶺西回鶻建立的黑汗王朝，發起長期且劇烈的伊斯蘭聖戰風暴，西域佛教的一大中心大寶于闐國被征服，最後的塞人——于闐人漸次回鶻化與伊斯蘭化。西域佛教的另一大中心龜茲也被踏在聖戰者腳下，信仰佛教的龜茲人被強迫皈依了伊斯蘭教。從此，龜茲不再是一個獨立或半獨立的政權。

十四世紀，改宗伊斯蘭教的察合臺汗禿黑魯帖木兒，對龜茲佛教徒進行了殘酷迫害，對佛教文化實施了毀滅性破壞。佛教寺院廟宇被拆毀，佛像被搗毀，佛教經典文獻被焚燒，具有千年歷史的龜茲佛教文化被破壞殆盡。當地佛教僧侶或被迫接受伊斯蘭教，或逃往異國他鄉，或抗拒被殺。至此，僧侶們曾經無限鍾愛與嚮往的龜茲古國，只能無奈地揮別佛陀。

太古老的文明像太多灰塵積壓成殼，令這個城市有種無法擦拭的陳舊感。當我們驅車進入風沙漫漫的庫車縣城，迎面遇到的是一座醒目的石坊牌樓，上書四個漢字：「龜茲古渡」。這是一座橋，克孜（姑娘）們用紗巾蒙面款款而行；巴郎（小夥）們手牽著羊緩緩走過。前方是一條老街，幾輛搭著紅色剪邊涼篷的馬拉車、驢拉車擦身而過。再往裡面走，就是一座古樸而肅穆的大清真寺。一切都慵懶而悠閒，似乎在為一個多年前的夢而停留。

在近五十萬人的庫車縣，已經找不到一個純正的吐火羅人，只有維吾爾族、漢族、回族、柯爾克孜族、哈薩克族、蒙古族、俄羅斯族、錫伯族、滿族、烏孜別克族等。在這座現代化的縣城裡，也已經看不出曾經是佛教的一大中心，如果非要尋找佛教的印記，您只能加入旅行團，走進那些遠離縣城喧囂的地方，走進著名的八大佛教洞窟，尤其是偉大的克孜爾。

今天，「龜茲」這兩個字雖然成為了歷史，但它傳播的信仰和文明已經內化為中華傳統文化的一部分，與所有人類永恆的精神財富一樣，在我們身軀上留下了不朽的印記。

光陰，大概是世界上最公平的使者了，它從不會白白流逝。每一座城市在光陰裡櫛風沐雨穿梭而過，都會留下大大小小的「血淚」與「傷痕」，但它們的所得，也就是文化，穩定地留了下來，成為這座城市最美麗、最合身的衣裳，如影隨形，遺世獨立。

龜茲永存。

龜茲

小傳

龜茲，焉耆的鄰居兼雙胞胎兄弟，操吐火羅語B，白種人，三千年前來到塔里木盆地，是絲路北道上人口最多、實力最強的國家。西漢時期，在「賴丹事件」引發的國家危機面前，龜茲國王親自扮演了美男計的主角，不僅成功化解了戰爭風險，而且與漢廷建立了牢固的朝貢關係。東漢時期，在一番你來我往、高下立判的較量之後，龜茲王心悅誠服地投降了班超，班超也放心地把西域都護府搬到了龜茲，使得此地一度成為西域的政治、經濟、文化中心。

更重要的是，這裡是西域混血文明表現最為充分的地區之一，聲名顯赫的佛教翻譯家鳩摩羅什成長於此，恢弘壯美的克孜爾石窟開鑿於此，風靡唐朝的龜茲樂舞誕生於此。至於龜茲國消失的準確日期，我們至今仍不得要領。不過，它為我們留下的文化遺產已然足夠。

歷史簡表

距今三千年左右

塔里木盆地邊緣生活著一支古歐洲人種，他們緩慢地向水源充足的綠洲推進，成為後來的古墓溝人、龜茲人、焉耆人、焉布拉克人、月氏人、車師人、烏壘人。

春秋戰國時期

龜茲故城一帶居住著許多古墓溝後人。後來，被匈奴擊敗的大月氏從河西走廊經焉耆、龜茲西遷，在龜茲留下了不少人民，與當地人融合。

西漢

漢初龜茲已是絲路北道小有勢力的獨立國家。貳師將軍李廣利二征大宛勝利班師時，聽聞扜彌太子賴丹要去龜茲國當人質。一氣之下，就把賴丹帶回了長安。

漢昭帝元鳳四年（前七十七年）

龜茲王在貴族姑翼的慫恿與挑唆下，趁勢突襲了駐紮在輪臺屯田的漢軍，殺死了屯田校尉賴丹。

漢宣帝本始二年（前七十二年）

烏孫受到匈奴圍攻。劉詢派大軍出征，並授命常惠以校尉身分到烏孫督戰。常惠趁此機會，徵調西域聯軍，向龜茲「興師問罪」。當年誅殺賴丹的龜茲王已死，繼位的絳賓出降，並交出姑翼給漢軍。

新朝

此後絳賓為進一步鞏固與漢的關係，迎娶解憂公主的女兒弟史，兩人聯手，在龜茲進行漢化，打造政治與文化的盛世。

王莽天鳳三年（十六年）

王莽派武威將王駿、西域都護李崇與戊己校尉郭欽率大軍出征焉耆，懲戒其三年前殺害西域都護但欽。不料兵敗，西域都護李崇退到龜茲據守八年，最後戰死。

東漢

西域都護府倒塌後，龜茲也隨之枯萎。

光武帝建武二十二年（四十六年）

莎車王賢成為西域霸主，先後進攻鄯善、龜茲，殺龜茲王，立自己的兒子則羅為龜茲王。龜茲人無法忍受外來統治者橫徵暴斂，殺掉了則羅，投靠匈奴。匈奴立龜茲貴族身毒為龜茲王。

漢明帝永平十六年（七十三年）

龜茲王建攻破疏勒，殺掉了疏勒王，另立龜茲人兜題為疏勒王。之後，龜茲肩扛匈奴大旗，做起了絲路北道霸主。

永平十七年（七十四年）
- 班超率領一支三十六人的騎兵分隊奇襲了疏勒，立舊王的姪子忠為疏勒王，從此開始了與龜茲的長期對抗。

永平十八年（七十五年）
- 劉莊駕崩。趁東漢舉行國喪之機，焉耆等國攻殺了西域都護陳睦，班超和疏勒王也被龜茲、姑墨軍隊圍攻達一年之久。

漢章帝建初三年（七十八年）
- 班超率領于闐、疏勒、康居、拘彌聯軍攻破了龜茲人擔任國王的姑墨石城，斬首七百餘人。

建初五年（八十年）
- 劉炟派和恭率領八百將士與班超會合。

建初七年（八十二年）
- 被龜茲買通的疏勒王忠向班超詐降，卻被班超所殺。

章和元年（八十七年）
- 班超徵發于闐等西域聯軍，進攻龜茲的另一個盟友莎車。龜茲王派左將軍率領龜茲、溫宿、姑墨、尉犁聯軍前往救援，結果中了班超的「反間計」，班超攻克莎車軍營。

漢和帝永元三年（九十一年）
- 龜茲、姑墨、溫宿投降。劉肇任命班超為西域都護，龜茲王尤利多被廢並帶回長安軟禁，白霸被立為新龜茲王。

之後，班超將都護府駐地設在龜茲它乾城。從此，龜茲與班超共守西域，直到班超年邁東歸。

漢殤帝延平元年（一〇六年）
- 新任西域都護段禧和西域長史趙博勸說龜茲王白霸將都護府軍迎入龜茲王城，引起龜茲吏民不滿，起而背叛白霸，聯合溫宿、姑墨數萬士卒圍攻龜茲。

漢安帝永初元年（一〇七年）
- 劉祜下詔撤銷西域都護府，龜茲也被反漢勢力占據。

延光三年（一二四年）
- 班勇出任西域長史，白霸之子龜茲王白英降漢。

漢獻帝建安十年（二〇五年）
- 龜茲仿照印度阿旃陀石窟的樣式，開始在克孜爾崖壁上開鑿石窟，時間比敦煌莫高窟早了一個半世紀。

- 晉康帝建元二年（三四四年）：鳩摩羅什出生。
- 晉穆帝永和九年（三五三年）：九歲的鳩摩羅什跟隨母親到達小乘說一切有部的中心，罽賓國。十二歲學成歸國，路經沙勒（疏勒），在當地認識大乘理論，一年後棄小乘歸大乘，成為著名宗教改革家。
- 晉哀帝興寧元年（三六三年）：二十歲的鳩摩羅什在龜茲王宮正式受戒，成為王新寺住持。龜茲在他影響下轉而信仰大乘。他主持龜茲法座十九年，不僅名震龜茲，更蜚聲西域。
- 前秦宣昭帝建元十五年（三七九年）：龜茲王的弟弟白震覬覦王位已久，和車師前部王前往長安，遊說苻堅進攻龜茲。
- 建元十九年（三八三年）：苻堅命令驍騎將軍呂光率大軍西征，並交代他勝利後，火速帶回鳩摩羅什。
- 建元二十年（三八四年）：龜茲不敵呂光攻勢，向獪胡求援。獪胡與溫宿、尉頭等國聯軍前往救援卻仍然不敵，呂光大軍全勝，西域聯軍潰敗，龜茲王白純逃走。
- 建元二十一年（三八五年）：呂光帶鳩摩羅什啟程回長安，途中得知前秦在淝水戰敗，苻堅被殺。呂光於是割據涼州，成立後涼。
- 後秦文桓帝弘始三年（四〇一年）：呂光已病死兩年。姚興為了爭奪鳩摩羅什發兵攻打後涼，後涼國主呂隆歸降，鳩摩羅什被送往草堂寺。
- 弘始七年（四〇五年：姚興開闢逍遙園，作為鳩摩羅什的譯經場，在此鳩摩羅什率領數千弟子共翻譯大小乘經、律論三十五部兩百九十四卷。
- 弘始十五年（四一三年）：鳩摩羅什圓寂。
- 北周武帝天和三年（五六八年）：龜茲琵琶高手蘇祇婆，隨著突厥木杆可汗之女阿史那公主嫁入後宮的西域樂舞隊來到中原。

隋朝

隋文帝時期官員鄭譯拜蘇祇婆為師，創立了八十四調，俗稱「蘇祇婆琵琶八十四調」。後來，蘇祇婆創作的〈琵琶曲〉被欽定為唐朝宮廷宴樂。

唐朝

唐太宗貞觀四年（六三〇年）
- 龜茲王蘇伐疊入朝獻馬，被李世民賜予龜茲王國璽與國書。但是不久，龜茲臣服於西突厥，蘇伐疊不再向唐朝貢。

貞觀二十一年（六四七年）
- 李世民任命阿史那社爾、契苾何力率領安西都護郭孝恪、司農卿楊弘禮、左武衛將軍李海岸，徵發鐵勒十三部十萬人馬大舉西征。

貞觀二十二年（六四八年）
- 唐軍擊敗西突厥處月、處密部和龜茲的同盟焉耆，並將龜茲軍一舉擊潰，龜茲王率領親信西逃。但最後，龜茲王白訶黎布失畢、國相那利、大將羯獵顛皆被俘虜，押到長安。

  唐將安西都護府遷至龜茲都城，統領龜茲、焉耆、于闐、疏勒四國。但新王白葉護懦弱，龜茲貴族分成兩派，一派親唐，一派主張唐與突厥兩面討好。龜茲面臨分裂的危機。

唐高宗永徽元年（六五〇年）
- 剛剛上臺的李治任命白訶黎布失畢為右驍衛大將軍、龜茲王，允許他與那利、羯獵顛一起回國就任。不料，日後卻在龜茲引發君權與相權之爭。

顯慶元年（六五六年）
- 龜茲王前往長安朝覲，與李治哭訴。

顯慶二年（六五七年）
- 李治將安西都護府遷回高昌故地，並派出大將蘇定方出擊西突厥，同時將龜茲國相那利投入唐的牢獄。不料負責監國的大將羯獵顛堅決反唐，投降西突厥，龜茲王抑鬱而終。

在蘇定方剿滅西突厥後，羯獵顛孤掌難鳴，被左屯衛大將軍楊胄擊敗。戰後，唐冊立白素稽為新王，安西都護府重新遷回龜茲都城，下設龜茲、疏勒、于闐、碎葉四鎮，龜茲成為唐統治西域的中心。

武周武則天長壽元年（六九二年）
● 歷經多次與吐蕃爭奪安西，王孝傑終於收復了安西四鎮。

唐玄宗天寶十三年（七五四年）
● 李隆基親自改寫西域〈婆羅門曲〉為〈霓裳羽衣曲〉。

天寶十四年（七五五年）
● 安史之亂爆發。

天寶十五年（七五六年）
● 楊貴妃被賜死，大軍保護著李隆基逃往四川。同年太子李亨在靈州自行宣布登基，並調集大軍收復長安，其中包括安西都護府、龜茲王的弟弟白孝德。

唐肅宗乾元二年（七五九年）
● 白孝德擊敗叛軍史思明部下驍將劉龍仙，因功歷任安西、北庭行營節度使，吏部尚書，太子少傅，封昌化郡王。

精銳內調削弱了唐在西域的軍力，吐蕃乘虛而入，占領了河西走廊，絲綢之路被斬斷，安西與朝廷的聯繫斷絕。

唐德宗建中二年（七八一年）
● 安西使者從回紇控制區，迂迴繞道抵達京城。雖終於與朝廷取得聯繫，但此時的唐朝無力西顧，安西仍與孤軍無異。

貞元五年（七八九年）
● 唐僧悟空返國途經安西，此時的安西仍然佛火旺盛，佛寺林立，安西四鎮仍在唐軍手中。

貞元六年（七九〇年）
● 吐蕃再次進攻西域，安西四鎮之一的于闐陷落，這是史籍對安西的最後記載。

唐末，從蒙古草原西來的西州回鶻征服了龜茲，大量的回鶻人移居此地，龜茲人種逐漸回鶻化。

北宋

宋真宗景德三年（一〇〇六年）

● 蔥嶺西回鶻建立的黑汗王朝，攻陷龜茲，強迫龜茲人皈依伊斯蘭教。從此，龜茲不再是一個獨立或半獨立的政權。

清朝

清德宗光緒三十二年（一九〇六年）

● 德國探險隊抵達克孜爾洞窟。領隊是格倫威德爾，成員有勒柯克和巴圖斯。他們在此發現了大量的佛教壁畫，融合了古羅馬、希臘的藝術風格，還有疑似來自敘利亞的畫家題字。

二十世紀之後

一九一三年

● 勒柯克再度來到克孜爾洞窟，切割並盜走近五百平方公尺的壁畫，帶回德國，後於二戰期間幾乎毀去大半。

一九二八年

● 考古學家黃文弼在克孜爾洞窟進行了十六天的考察。

一九六一年

● 中國政府將克孜爾石窟列為第一批國家重點文物保護單位。

一九八九年

● 在今拜城縣克孜爾鄉發現古龜茲人墓地，先後發掘出一百六十餘座墓葬。

如今被多數考古學家認定的龜茲故城——皮朗遺址，位於庫車新城西約一公里的皮朗村。

第十九章

姑墨

因為鍾情於沙漠而取名為姑墨，
最終也如流沙般消逝，沒有留下一點聲響。
這個位於今阿克蘇地區的西域古國，
在歷史上就如它的名字一般默默不起眼，
偶爾跟隨在大國的後面出現，
跟著暢飲勝利的歡樂，或是跟著戰敗投降。

但它還是有值得說嘴的地方，
像是「信口雌黃」中的「雌黃」就產自姑墨。

姑墨

取名「沙漠」的國度

地理和歷史的地位：

- 姑墨，梵語的意思是「沙漠」，是絲路北道上一個人口超過兩萬的中型綠洲國家，在大國的夾縫中求生存。
- 唐僧玄奘前往印度取經途中，曾路過此地，留下簡單記載。

姑墨國，王治南城，去長安八千一百五十里。戶三千五百，口二萬四千五百，勝兵四千五百人。姑墨侯、輔國侯、都尉、左右將、左右騎君各一人，譯長二人。東至都護治所二千二十一里，南至于闐馬行十五日，北與烏孫接。出銅、鐵、雌黃。東通龜茲六百七十里。

——班固《漢書》卷九十六上

一水一峰一漠孕育出的綠洲古國

很早以前，塔克拉瑪干沙漠是一個百花盛開的地方，有著潺潺河流，鬱鬱森林。但在一個漆黑的夜晚，這個國家下起了沙土，一連下了數日，全國上下都被厚厚的沙土埋了起來，除了一個名叫瓦利的人。

今南疆小城阿克蘇，鑲嵌在沖積平原上，素有「塞外江南」之美譽，是阿克蘇地區政治、經濟、文化中心，詩意地棲居著三十個民族的三十多萬人口，像極了一位俊美賢淑的青春少女。說她俊美賢淑，是因為這裡最著名的「一水一峰一漠」，使她有了白水一樣的溫柔，山峰一樣的挺拔，大漠一樣的胸襟。

一水，指阿克蘇河（古名托什干河）。阿克蘇，維吾爾語意為「白水」。這條發源於天山南脈的純白色河流，是塔里木河的北部支流，與喀什噶爾河、蔥嶺河（今葉爾羌河）、于闐河（今和田河）、庫車河、克里雅河，一起在塔里木盆地北緣匯入一瀉千里的塔里木河，從而造就了塔里木河作為中國第一大內流河的優美身段。與此同時，在這些支流所形成的沖積綠洲上，養育了一個又一個偉大的游牧部落，崛起了一個又一個獨立的城邦國家。阿克蘇河，就是阿克蘇城的母親河。

一峰，指天山第一峰——托木爾峰。托木爾峰，維吾爾語意為「鐵峰」。「明月出天山，蒼茫雲海間」，托木爾峰位於中國與吉爾吉斯斯坦國境線附近，在中國、哈薩克界峰汗騰格里峰西南二十公里處，屬天山山脈中天山區，海拔七四四三．八公尺，終年白雪皚皚，雲纏霧繞，雄偉俊秀，直入雲霄。就像一個臉色冷峻的衛士，千年如一日地護衛著美麗的阿克蘇。

一漠，自然是指塔克拉瑪干沙漠。儘管大漠是荒涼與險惡的代名詞，但卻與高山、大河一起，造就了阿克蘇人吃苦耐勞、不畏強權、剛直不阿的獨特性格。

在漢代西域四十八國中，居然有一個國家對大漠情有獨鍾，以沙漠為名，它就是建於今阿克蘇地區的古國——姑墨。「姑墨」一詞，源自於梵語，意為「沙漠」。

他們說，沙漠是偉大的。你敬畏它，它就會饋贈你紅柳、駱駝甚至綠洲；你漠視它，它會隨時將你埋葬！

如果不信，請聽流傳在阿克蘇的一個古老傳說：

很早以前，塔克拉瑪干沙漠是一個百花盛開的地方，有著潺潺的河流，茂盛的森林，密布的城鎮和鄉村。這個國度的人們一開始都有道德信仰，到後來卻過起了瀆神的生活。真主出於仁慈，對國民的罪孽忍耐了很久，但他們愈來愈遠離宗教，陷入歧途，最後真主決定懲罰他們。在一個漆黑的夜晚，這個國家下起了沙土，一連下了數日，全國上下措手不及，都被厚厚的沙土埋了起來，只有一個名叫瓦利的教徒與家人逃脫了這一滅頂之災。沙災前夜，真主預先告知瓦利，這個王國即將滅亡，命他趕緊逃離。瓦利攜帶家眷連夜北逃，來到阿克蘇的城郊，在此度過餘生。如今，仍有不少信徒前來朝覲他位於阿克蘇近郊的陵墓[1]。

姑墨王不無野心，看準時機步上焉耆後塵

當姑墨國軍隊趕到烏壘城時，西域都護的老同盟莎車、龜茲國軍隊早就到了。令姑墨人想不到的是，焉耆的尾巴國尉犁、危須也集結到都護帳下。難道，焉耆的鐵桿兄弟尉犁與危須已經真心歸附漢人？

這個綠洲國家，分布在蔥嶺河以北，天山汗騰格里峰以南地區，中心位於今新疆阿克蘇市及北部十三公里的溫宿縣。

《漢書》記載，姑墨國擁有居民兩萬四千五百人、軍隊四千五百人，人口總數排在烏孫、大宛、疏勒、龜茲、焉耆之後，列西域四十八國的第六位，是一個不可小覷的中型國家。而且，在漢代，它已發展成以農業為主，牧業為輔的文明國家，建起了南城，成為絲路北道的重要驛站。值得炫耀的是，這裡礦產資源豐富，出產銅、鐵，這就為實現強兵富國之夢提供了取之不盡的原料。

這裡還出產一種名叫雌黃的礦物質。雌黃，是一種單斜晶系礦石，主要成分為三硫化二砷，含有

劇毒，是在低溫熱液礦床和硫質火山噴發中與雄黃伴生的礦物。在古代，雌黃常用來修改錯字，並被有些不懷好意的人用於竄改文章，久而久之也就有了「胡說八道」的引申意義，成語「信口雌黃」即由此來。

文章可以用雌黃竄改，但歷史無法篡改。儘管姑墨這個中型國家不無雄心，但這個名字從出現那天起，就與漢朝緊密聯繫在了一起。

神爵二年（前六〇年）前後，漢朝在姑墨東部兩千零二十一里的烏壘城設立了西域都護府，姑墨王還先後被任命為姑墨侯、輔國侯，成為漢帝直接任命的官員。建始三年（前三〇年）之後，為防備北部的烏孫發生叛亂，漢成帝劉驁派戊己校尉率一千名田卒來到姑墨屯田。這是一段酸甜交織的日子，甜是因為可以不受原來的西域霸主匈奴、地方霸主龜茲奴役，酸是因為要接受西域都護的調遣與屯田校尉的監督。遇到段會宗那樣敦厚的都護也就罷了，一旦遇到冷苛的都護，就只有打落牙齒和血吞的分兒了。

這種酸楚在西漢末年持續發酵，漸漸變成了怨恨。特別是王莽建立新朝之後，已與王莽離心離德的西域各國開始對匈奴暗送秋波，曾經風平浪靜的西域頓時戰雲密布。

西域聯軍「見機行事」，誘王駿步入死亡陷阱

新朝始建國五年（一三年）冬，焉耆王突然發兵攻入烏壘城，殺死了西域都護但欽，西域大亂，姑墨王丞殺溫宿王，把溫宿併入了姑墨。

1見俄國探險家米哈伊爾·瓦西里耶維奇·別夫佐夫（Михаил Васильевич Певцов，一八四三～一九〇二年）的《別夫佐夫探險記》（*Путешествие в Кашгарию и Кун-Лунь*），新疆人民出版社，二〇一三年版。

儘管新朝國內飢民遍野，起義頻發，王莽已經捉襟見肘，困頓不堪，但對於姑墨王的渾水摸魚之舉，特別是焉耆攻殺都護的罪惡行徑，一向自負的王莽當然不能聽之任之。天鳳三年（一六年）二月，關東地震，雪深數尺。王莽不顧「天怒人怨」，仍派遣五威將王駿、西域都護李崇、戊己校尉郭欽進駐西域都護府。

王駿、李崇一到烏壘，就先發出令箭，痛斥了姑墨兼併溫宿國的行為，嚴令姑墨儘快恢復溫宿國，並且把姑墨改名為「積善」，然後祭出符節，徵調都護府所屬的西域各國兵馬，準備大舉討伐焉耆。

姑墨南城王宮內一片寂靜。剛剛受到痛斥並被改名，如今又接到了都護府徵調軍隊的命令，姑墨王丞一臉陰雲。如果不出兵，顯然就給了西域都護府新的口實，他們在踏平焉耆後也許就會接著收拾自己；出兵嘛，自己又一萬個不情願。在左右為難中，丞找來幾個智囊商議對策。他們從日落嘀咕到日出，又從日出磋商到月升，終於，君臣達成共識：主動出兵，暗通焉耆，兩面夾擊，趕走漢人。

當公開宣稱「將功補過」的姑墨國軍隊趕到烏壘城時，西域都護的老同盟莎車、龜茲國軍隊早就到了。令姑墨人想不到的是，焉耆的尾巴國尉犁、危須也派出軍隊集結到都護帳下。難道，焉耆的鐵桿兄弟尉犁與危須已經真心歸附漢人？

夜裡，月兒躲在了烏雲後面。姑墨軍事統帥偷偷來到尉犁與危須軍營，幾雙眼睛詭祕地閃爍著，原來他們都與焉耆私下取得了聯繫。心神領會之後，他們只說了一句話：「見機行事！」

第二天，王駿將西域聯軍分作數路，向焉耆發出了剿殺令。

王駿不僅天性樂觀，而且急躁冒進。他統領的這一路大軍很快就鑽進了焉耆布下的口袋陣。王駿下令應戰，而身後的姑墨、尉犁、危須軍隊卻反戈一擊，很快就將冒死突圍的王駿射殺。

聽到戰報，姑墨國王臉上一片朝霞。

大國夾縫中求生，姑墨命中注定當個小弟

經過這一輪空前的劫難，姑墨人意識到，僅憑自己區區幾千人的軍隊，是難以自全的。最現實的選擇，就是找一個同盟軍；找不到同盟軍，就乾脆投進大國的懷抱。

整個東漢一朝，儘管姑墨並不弱小，卻常常站在東部鄰居龜茲的陰影裡。這個角色，說得好聽一點是幫手，說得難聽一點是幫兇。他之所以甘心這樣做，是因為有慘痛的歷史教訓。東漢初年，姑墨西南部的鄰國莎車，借助與東漢的特殊關係迅速崛起。建武二十二年（四六年），莎車王賢先後發兵攻克了鄯善、龜茲和于闐。一年後，賢懷疑鄰近各國有叛逆之心，便將于闐、拘彌、姑墨、子合王召集到莎車，在酒宴上殺死了他們。此後，賢沒有再在這幾個國家任命新的國王，只是派出將軍鎮守這些國家。

不要總覺得被輕視，先問問自己有沒有分量。經過這一輪空前的劫難，姑墨人意識到，僅憑自己區區幾千人的軍隊，是難以自全的。最現實的選擇，就是找一個同盟軍；找不到同盟軍，就乾脆投進大國的懷抱。永平三年（六〇年），于闐國人殺掉了鎮守該國的莎車將軍，于闐新王休莫霸連續兩次擊敗了莎車王賢，姑墨、龜茲等北道國家在匈奴的支持下趁機復國。復國後的姑墨投到龜茲帳下，龜茲王走到哪裡，哪裡就有姑墨王戰戰兢兢的身影。

後來，于闐新王廣德攻克了莎車國，殺掉了自己的岳父——莎車王賢，將東漢初年的西域霸主莎車吞併。匈奴當然不想讓于闐一國獨大，便派出五名大將，率領焉耆、尉犁、龜茲、姑墨等十五國軍隊兵臨于闐。廣德選擇了投降，將太子派到匈奴做人質，願意從此接受匈奴的管轄。此後，西域再次成為匈奴的天下。

龜茲王敗給班超成東漢囚徒，姑墨王勢小僥倖保住王冠

在西域無邊的黑暗裡，一顆名叫班超的將星劃破夜空。這個從書香門第走出來的彪形大漢，於永平十六年（七三年）率領三十六名騎兵出玉門關，一個曠古的傳奇拉開序幕。

這支小小的騎兵分隊，先後征服了鄯善、于闐和疏勒國，重開了西域都護府，絲路南道再度回到了中原王朝手中。

永平十八年（七五年），漢明帝劉莊駕崩，焉耆趁東漢舉國哀喪，攻殺了西域都護陳睦。孤立無援的班超也被龜茲、姑墨軍隊圍攻達一年之久。為此，漢章帝劉炟允許班超回國，但東歸途中的班超被西域軍民的信任與挽留所感動，毅然冒著生命危險重返疏勒。

班超決定先拿龜茲的幫兇姑墨開刀。建初三年（七八年），班超組織疏勒、于闐、康居、拘彌聯軍一萬餘人，攻破了阿蘇河西岸的姑墨軍事重鎮石城，斬首七百，打通了疏勒與烏孫之間的軍事通道。

有了這一勝仗為基礎，班超萌發了一統西域的雄心，於是向漢章帝申請增兵。元和元年（八四年），東漢派遣假司馬和恭率領八百將士增援班超。

時間之歌總是向上，視過去為序曲，未來為高潮。章和元年（八七年），班超徵發于闐等國兩萬五千名軍人，第二次攻打莎車，龜茲派左將軍率領姑墨、溫宿、尉頭等五萬聯軍解救莎車。面對空前嚴峻的情勢，班超召集將校和于闐王商議說：「眼下我們兵少不敵，為今之計不如各自散去，于闐軍隊從此處東歸，我從此西歸，夜半聽到鼓聲便可分別撤退。」會後，故意將軍事部署透露給了俘虜。龜茲王尤利多得知後，親率一萬騎兵提前到西部攔截班超，姑墨、溫宿的八千騎兵則到東部去攔擊于闐軍隊。得知兩支敵軍已經分別出動，班超便祕密召集各部兵馬，於雞叫時分奔襲莎車軍營，被斬殺的軍人遠遠超過五千，莎車王無奈投降班超。

聽到戰報的龜茲、姑墨、溫宿統帥五內俱焚。此戰最大的意義在於，讓西域諸國意識到，班超不

僅是一名陰毒而血腥的刺客，還是一名可以指揮大軍作戰的將領。試想，區區兩千名漢軍加上西域聯軍就能吃掉一個龐大的國家，難道自己還要在這裡等待被班超各個擊破嗎？於是，他們沒命地逃回國內。

之後，他們就像熟透的莊稼，翹首企盼著班超前來收割。

永元三年（九一年），龜茲連同兩個尾巴國——姑墨與溫宿一起投降班超。三個國王各自扛著自己的腦袋，身後各領著一行腳印，像埋藏在五線譜裡稀稀落落的黑色音符，朝著班超的軍營走來。龜茲王尤利多被撤職後押往東漢，姑墨、溫宿王僥倖保住了王冠。

國如其名，直至沉入歷史黃沙仍默默無聲

姑墨的助手與幫兇生涯看似已經結束，但這並不是真正的結束。只要有大地主，就會有狗腿子。只要有主犯，必會有脅從。三國時期，龜茲仍是絲路北道大國，那麼作為小弟的姑墨，不僅要附屬於中原的魏國，也必須聽命於東鄰龜茲，以換取唾面自乾的寧靜。南北朝時，姑墨被寫作「姑默」，字面上的意義就是「姑且沉默」。到了唐代，姑默被稱為「亟墨」、「跋祿迦」或「婆樓迦」，阿拉伯語又稱「拔換」。

唐僧玄奘前往印度取經，路經跋祿迦國。他在《大唐西域記》卷一中說：跋祿迦國東西六百餘里[2]，南北三百餘里，都城周長達五六里，風土、人情、習俗、文字、法律與龜茲相同，只是語言稍有差異。有寺廟幾十所，僧徒上千人，修習小乘說一切有部。」可惜他來去匆匆，以致佛徒們來不及作揖，許一些美麗的願望。

2唐代一里相當於今四四二．五公尺。

顯慶三年（六五八年），唐高宗李治在這裡設置了姑墨州，州府設在拔換城（今阿克蘇市）。天寶十年（七五一年），因唐軍退走，姑墨州從此廢除，這個或國或州的政權被龜茲合併。

由是，姑墨古城沉入歷史的荒漠。

南城何在？拔換何在？州府何在？

《西遊記》中是否暗藏著姑墨古城的位址？

《西遊記》裡的流沙河就在溫宿縣西部，當地人稱庫木艾日克河，意思是「流動的沙河」。當地老人聽更老的人說過，這裡曾有一個絲路古城。

人們一直在今溫宿縣孜孜追尋著姑墨古城遺址。

有人說，它位於溫宿縣溫宿鎮自東至西近六平方公里的坎坡上，遺址有四到六層，分別是漢代南城、唐代州府、清代王母殿、馬將軍府和王子城。

也有人說，它位於溫宿縣博孜墩古墓群附近。「博孜墩」柯爾克孜語意為「褐色的土丘」，地處半山坡，起伏錯落的墓葬綿延數平方公里，這裡既有土垣環列的家族墓園，也有形單影隻的孤塚墳丘；既有高大氣派的墓門拱拜，更多的則是排列有序的平民墳塋，曾出土帶孔磨刀石、青銅刀、鐵器等漢代文物。古墓群左側有一條深達三十公尺的裂谷，但見谷中白楊成列，流水淙淙，房舍錯落，炊煙裊裊。這片墓地周邊非常有可能承載西域古國的一個王庭。

在今溫宿縣政府背後的一片民居中，還殘留著一段約五十公尺長的黃土夯成的古城牆。如今這道殘牆已經淪落為一排房屋的山牆，只有一棵老態龍鍾的楊樹斜靠在牆基上，像一位弓背的老人見證著歲月滄桑。左宗棠西征時期，這裡還是一座完整的古城。有人說，這或許就是姑墨古城。

在溫宿縣城西北的坎坡上，有一片散布著雜草、灌木的荒灘。荒灘東北部的綠洲上有幾堵殘牆，殘牆邊豎著一塊一九九二年刻立的石碑，上有「高老莊」三個大字。難道這裡就是《西遊記》中「豬八戒背媳婦」的高老莊？當地老人聽更老的人說過，這裡曾有一座高姓莊園，說不清是什麼原因消失了。《西遊記》裡的流沙河就在溫宿縣西部，當地人稱庫木艾日克河，意思是「流動的沙河」。他們還說，這裡曾有一個絲路古城。

這些似乎都值得商榷，我們期待藉由考古發掘更多姑墨國的歷史「印痕」。遠古文明如同琥珀，既晶瑩可鑑又不可能全然透明，一定的沉色、積陰，即些許的神祕感與渾濁度，反而是它的特質。

姑墨 小傳

歷史簡表

姑墨，梵語的意思是「沙漠」，後來更名姑默、亟墨、跋祿迦、婆樓迦、拔換，是絲路北道上一個人口超過兩萬的中型綠洲國家。論實力，它顯然無法與疏勒、龜茲抗衡，但欺負一下小鄰居倒是綽綽有餘。於是，他們在西域都護被殺後，渾水摸魚地吞併了鄰國溫宿。這一嚴重違反遊戲規則的做法，當然受到新任西域都護的痛斥，他們也因此對漢人恨之入骨，先是在加入西域都護府聯軍後吃裡扒外，隨後又幫助龜茲與班超唱對臺戲，結果被班超一頓猛踹。這個似國似州的政權堅守到唐天寶年間，便迥然失去了記載，如同一陣繞膝的秋風。

西漢

漢宣帝神爵二年（前六十年）
- 漢朝在烏壘城設立了西域都護府，同時姑墨王也被任命為姑墨侯、輔國侯，成為漢帝直接任命的官員。

漢成帝建始三年（前三十年）
- 為防備北部的烏孫發生叛亂，劉鶩派戊己校尉率一千名田卒來到姑墨屯田。

新朝

王莽與西域各國離心離德，情勢緊張。

王莽始建國五年（十三年）
- 焉耆王發兵攻入烏壘城，殺死了西域都護但欽，姑墨王丞趁機併吞溫宿。

天鳳三年（十六年）
- 王莽派遣五威將王駿、西域都護李崇、戊己校尉郭欽徵發西域聯軍攻打焉耆。姑墨雖加入聯軍但暗地與焉耆合作，聯軍臨陣倒戈，新朝軍隊敗走。王莽退出西域。

東漢

莎車崛起，成為西域霸主。

- 光武帝建武二十二年（四十六年）
  - 莎車攻克了鄯善、龜茲和于闐。
- 建武二十三年（四十七年）
  - 莎車王賢用計殺了于闐、拘彌、姑墨、子合王，並派出將軍鎮守這些國家。
- 漢明帝永平三年（六十年）
  - 于闐反抗莎車暴政，擊敗莎車王賢，姑墨、龜茲等北道國家在匈奴的支持下趁機復國。復國後的姑墨投靠龜茲。後來于闐併吞莎車，匈奴不願于闐坐大，起兵攻打，于闐投降，西域再次成為匈奴的天下。
- 永平十六年（七十三年）
  - 班超率領三十六名騎兵出玉門關。先後征服鄯善、于闐和疏勒，重開西域督護府。
- 永平十八年（七十五年）
  - 劉莊駕崩，焉耆趁隙攻殺西域都護陳睦；孤立無援的班超也被龜茲、姑墨軍隊圍攻達一年之久。
- 漢章帝建初三年（七十八年）
  - 班超組織疏勒、于闐、康居、拘彌聯軍一萬餘人，攻破了姑墨石城，斬首七百。
- 元和元年（八十四年）
  - 東漢派遣假司馬和恭率領八百將士增援班超。
- 章和元年（八十七年）
  - 班超第二次攻打莎車，龜茲派左將軍率領姑墨、溫宿、尉頭等五萬聯軍解救莎車。但中了班超的反間計，莎車被攻破。
- 漢和帝永元三年（九十一年）
  - 龜茲與姑墨、溫宿一起投降班超。

三國時期

姑墨夾在龜茲與魏國之間兩面討好，還算寧靜。

魏晉南北朝

姑墨被寫作「姑默」，是一段「姑且沉默」的時期。

唐朝

姑默被稱為「亟墨」、「跋祿迦」或「婆樓迦」，阿拉伯語又稱「拔換」。唐僧玄奘前往印度取經途中，曾路過此地，留下簡單記載，僅知姑墨信仰小乘佛教，且與龜茲關係密切。

唐高宗顯慶三年（六五八年）

● 唐在這裡設置了姑墨州。

唐玄宗天寶十年（七五一年）

● 唐軍退出西域，姑墨州從此廢除，後被龜茲吞併。

第二十章

溫宿

西漢一統西域，最開心的就屬溫宿這般規模的小國，
有了強勢的漢朝居中協調兼威嚇，多少能遏止西域大國任意兼併，
或者至少被欺負之後，能有個人哭訴和主持公道。

可想而知，西漢末年至東漢初年，
少了老大哥的溫宿歷經了一段夾縫求生、朝不保夕的飄搖日子，
直到班超強勢回歸，溫宿這朵向日葵，終於看到了太陽……

溫宿

班超的鐵桿粉絲

地理和歷史的地位：

・漢在西域設立了都護府，溫宿在漢朝的羽翼下躲過被大國吞併的命運。西漢末年至東漢初年，溫宿歷經了一段夾縫求生的飄搖日子，直到班超強勢回歸西域。

溫宿國，王治溫宿城，去長安八千三百五十里。戶二千二百，口八千四百，勝兵千五百人。輔國侯、左右將、左右都尉、左右騎君、譯長各二人。東至都護治所二千三百八十里，西至尉頭三百里，北至烏孫赤谷六百一十里。土地物類所有與鄯善諸國同，東通姑墨二百七十里。

——班固《漢書》卷九十六下

姑墨已經亡國卻還占了溫宿？

阿克蘇道員羅長祜稟報朝廷，提議修建一座新城，道署設在新城之內。而老城則「沿用古名溫宿」，設巡檢。古溫宿之名被可笑地戴在了古姑墨頭上，所以古溫宿只好另外取名烏什縣了。

姑墨的下一站自然是溫宿國。《漢書》上說，姑墨距離溫宿兩百七十里，換算成今天的距離是一百一十二公里，與今溫宿縣到今烏什縣的距離基本相符。也就是說，古溫宿國在今溫宿縣西部一百二十公里的烏什縣。

對此，我不禁啞然失笑，因為這已不是新疆官員第一次「張冠李戴」了。在設立鄯善縣時，大清新疆巡撫饒應祺鬧過一次笑話。而在這裡，笑柄再次出現。乾隆二十年（一七五五年），大清將古溫宿國地區定漢名為「烏什」（回語「烏赤」，意為「山石突出」；一說是突厥語，意為「物之頂端」）。乾隆二十二年（一七五七年），大清將古姑墨國地區定名為「阿克蘇」。到了光緒九年（一八八三年），阿克蘇道員羅長祜稟報朝廷，提議修建一座新城，道署設在新城之內。而老城則「沿用古名溫宿」，設巡檢。十九年後，正好是光緒二十八年（一九〇二年），溫宿升格為縣，而這時的新疆巡撫還是那個舉人出身的饒應祺。

這樣一來，新疆的縣名就出現了第二個張冠李戴的錯誤：古溫宿之名被可笑地戴在了古姑墨頭上，所以古溫宿只好另外取名烏什縣了。

照理說，這次不能全怪新疆巡撫饒應祺，他最多是個「失察」之責，這個錯誤主要應該歸罪於阿克蘇道員羅長祜。

羅長祜，又名「羅長祐」、「羅長佑」、「羅長裕」，湖南雙峰縣人，著名愛國將領左宗棠的手下悍將。光緒元年（一八七五年），大清「海防」與「塞防」之爭塵埃落定，左宗棠受命西征阿古柏叛軍，負責統領西征大軍營務的湘軍統帥劉錦棠時年三十一歲，而統領湘軍營務處的羅長祜只有二十九歲。

身為將軍的羅長祜是打仗的好手，也是建設阿克蘇城的功臣，但不是一位文武全才，因此，出現這種將溫宿與姑墨混淆的歷史錯誤也就在所難免了。

鑑於這是一位愛國將領，我們就原諒他的這次失誤吧，儘管這一失誤非常低級。

大概，後來的大清和民國官員也原諒了他，所以溫宿縣和烏什縣的地名至今未改。

一瞬間山河易主，小國逃不掉的噩夢

溫宿，維吾爾語意為「水源豐富的地方」。中心位於今烏什縣境內的溫宿國，北依天山南脈，南臨塔里木盆地，處於天山與盆地結合部的山坡上，平均海拔一千兩百公尺以上，塔里木河北部支流托什干河穿境而過，從此造就了此地「半城山色半城泉」的獨特景致。

獨特的地勢，使得古溫宿國成為溫帶大陸半乾旱氣候區，冬暖夏涼，四季宜人。因此，這裡在漢代初期就聚集了八千四百名居民，溫宿國都城溫宿城就建在美麗的托什干河旁，是漢代絲路北道上的一顆明珠。

神爵二年（前六〇年），漢在西域設立了都護府，將包括溫宿在內的西域四十八國納入了漢的版圖。

表面上看起來，一個獨立的國家聽從西域都護的號令，似乎意味著國家主權的讓渡。但事實上，每一個西域小國都樂此不疲。拿溫宿國來說，其國民人數，儘管比西部的尉頭國多一倍，但不到東鄰姑墨國的三分之一，只相當於絲路北道大國龜茲的十分之一，如果沒有西域都護府的制衡，溫宿隨時會面臨被姑墨或龜茲吃掉的危險。

因此，溫宿國王對西域都護府的號令表現得尤為積極。正因為如此，漢宣帝在溫宿人中任命了輔國侯、左右將、左右都尉、左右騎君等官員。

這般幸福安穩的日子過了七十多年，溫宿國王不知換了幾代，突然有一天，噩夢隨著西域都護被殺而降臨。

始建國五年（一三年）冬，趁新朝內外交困之際，焉耆王發兵殺死了都護但欽。但欽一死，西域大亂。

一個漫天大雪的日子，小小的溫宿城像雪人一樣龜縮在冰封的托什干河邊。姑墨王丞率領四千名士兵進入溫宿，全部士兵才只有一千五百人的溫宿王放棄抵抗，乖乖地打開城門，將丞畢恭畢敬地迎進了溫暖的王宮。手握寶劍的丞坐在已繳了械的溫宿王對面，開始了一邊倒的對話：

溫宿王問：「您雪天來此，有何貴幹？」

「無他，只是想吞併貴國。」丞一臉輕蔑地回答。

「你這樣做，都護答應嗎？」

「別指望但欽那個縮頭烏龜，他已經被焉耆王殺死了。」

「你到底想幹什麼！」溫宿王一身正氣。

「幹什麼？」話音未落，丞已經將鋒利的寶劍刺入了溫宿王的胸膛。一股殷紅的血噴湧而出，在金黃色的宮牆上繡出了一朵詭異的玫瑰。

宮外的雪愈來愈大，雪花飛舞，洋洋灑灑，每一片雪花都是那麼柔美，但又格外陰冷。漫天雪花掩蓋了刺殺者凌亂的腳印，一切都陷入了雪壓之後無縫可尋的絕對平靜。

待到雪霽天晴，丞宣布吞併溫宿，將自己的兒子任命為新的溫宿王。

班超強勢回歸，溫宿王如向日葵看到太陽

溫宿王就像一棵向日葵，可憐兮兮地企盼著如日中天的班超。他們渴望重續在西域都護府掌控下的溫馨時光，但這支小小的漢人騎兵分隊如何能對以龜茲為主的絲路北道國家構成實質的威脅。

向日葵的特性，是希望時時沐浴太陽的光輝。

溫宿王被殺後，溫宿貴族偷偷跑到新朝求援。此時，但欽與溫宿王先後被殺的消息早已傳到新朝，王莽一連數天臉色鐵青。

天鳳三年（一一六年），在內政外交捉襟見肘的情勢下，王莽仍派遣五威將王駿、西域都護李崇、戊己校尉郭欽進駐西域。王駿、李崇一到烏壘，就痛斥了姑墨兼併溫宿的行為，嚴令姑墨儘快恢復溫宿國。

一貫陽奉陰違的姑墨王丞，不僅滿口答應立刻恢復溫宿國，同時也主動派軍參加西域都護征討焉耆的戰爭，做出了改邪歸正的姿態。但私底下，他既不召回擔任溫宿國王的兒子，還與焉耆達成裡應外合的默契，試圖徹底扳掉新朝軍隊這塊絆腳石。

由於王駿的自負與輕信，姑墨王的陰謀居然輕易得逞了。輕敵冒進的王駿中了焉耆的埋伏，聯軍姑墨、尉犁、危須軍隊又臨陣倒戈，結果王駿被殺，新朝軍事勢力從此退出西域。

消息傳到西部的溫宿國，大街小巷一片哭聲。

西域權勢不停更迭，溫宿苦盼西漢盛世再現

轉眼又是三十個懶洋洋的春秋。說起來，溫宿國人應該感謝萬人唾罵的莎車王賢。建武二十二年（四六年），西域新霸主——莎車王賢先是攻克了不服調遣的鄯善，繼而吞併了人多勢眾的龜茲、大宛和于闐。一年後，賢又擺下鴻門宴，將溫宿國的死敵姑墨王連同于闐、拘彌、子合王一起殺掉。然後，賢派出將軍鎮守這些國家。儘管溫宿國的命運也好不到哪裡去，但畢竟，他們看到了欺負別人的人最終被別人欺負的下場。

永平三年（六〇年），是一個令所有被壓榨和奴役的西域國家歡欣鼓舞的年份。就在這一年，于闐首先發難反抗莎車，殺掉了鎮守該國的莎車將軍，于闐新王休莫霸連續兩次擊敗了莎車王賢，姑墨、

龜茲、溫宿等北道國家在匈奴的支持下趁機復國。

十幾年暗無天日的日子，使得復國後的溫宿王與姑墨王捐棄前嫌，一起投到了龜茲帳下，成為龜茲的兩個忠實信徒。

後來，在于闐新王廣德殺掉莎車王賢，試圖獨霸西域的嚴峻形勢下，溫宿王毅然派出軍隊，參加了匈奴人組織的十五國聯軍，最終迫使于闐投降，從而打破了于闐一家獨大的格局，在西域維繫了群雄並存的微妙平衡。

這種微妙的平衡因為一個漢人的到來而趨於穩固。永平十六年（七三年），班超率領三十六名東漢騎兵潛入西域，迅速控制了絲路南道。聽到這個消息，溫宿王亦喜亦憂，喜的是他們渴望重續在西域都護府掌控下的溫馨時光，憂的是這支小小的漢人騎兵分隊無法對以龜茲為主的絲路北道國家構成實質的威脅。於是，溫宿王既不敢明抗龜茲，又開始為自己考慮後路。

永平十八年（七五年），劉莊駕崩，焉耆趁東漢舉行國葬之際，攻殺了西域都護陳睦。龜茲王要求姑墨、溫宿王與自己一起圍攻孤立無援的班超，但溫宿王以身體不適為藉口未領兵前往。龜茲、姑墨軍隊圍攻班超達一年之久，後來不了了之。

戰後，龜茲王對溫宿王一頓臭罵，並且公開揚言：「以後再遇戰事，如不及時出兵，定當踏平溫宿！」

章和元年（八七年），班超徵發于闐等國兩萬五千名軍人，第二次攻打莎車。接到同盟國莎車的求救信，龜茲王立刻派左將軍率領姑墨、溫宿、尉頭等五萬軍人解救莎車。迫於龜茲王的威勢，溫宿王無奈地親自率軍參加了戰鬥。

面對龜茲聯軍與于闐裡應外合的嚴峻形勢，班超故意散布消息，將於夜半分兩路撤離戰場。龜茲王尤利多得知後，親率一萬騎兵提前到西部攔截班超，命令溫宿王率八千騎兵到東部攔擊于闐軍隊。得知兩支敵軍已經分別出動，班超祕密召集各部兵馬，於雞叫時分奔襲莎車軍營，莎車王無奈地投降東漢。

聽到戰報的溫宿王大驚失色。試想，區區兩千名漢軍加上西域聯軍就能吃掉一個龐大的國家，難道自己還要在這裡等待被班超各個擊破嗎？於是，他沒命地逃回國內。

之後，溫宿王就像一棵向日葵，可憐兮兮地企盼著如日中天的班超。

永元三年（九一年），難兄難弟溫宿、姑墨王心悅誠服地投降了班超，他們昔日的主子龜茲王尤利多也無奈地投降。結果，龜茲王尤利多被撤職後押往東漢，溫宿王則僥倖保住了王冠。

溫宿軍民在燕子山腰，刻下了「追班隨漢」、「繼超追憲」八個大字。

佛光普照溫宿，只為替羅什作嫁？

對面的高僧倒頭便拜，宣布皈依羅什。於是，羅什聲譽大起，聞名四方，以至於龜茲國王親自來到溫宿迎接羅什回國。似乎，溫宿國出現在佛教史上，就是專門為鳩摩羅什作嫁的。

可惜的是，東漢也未能萬壽無疆。中原朝廷的勢力退出西域後，溫宿被迫與姑墨一起再次附屬於龜茲。

西元一世紀之後，佛教經大月氏之手傳入西域，歷經磨難的溫宿國積極擁抱了這個能渡人去天國的神奇宗教。國王帶頭信仰佛教，廣建佛寺，許多僧眾趕到這裡修行。儘管此地的宗教氛圍因為居民數量的關係，趕不上號稱佛國的于闐和號稱佛都的龜茲，但還是雲集了一批能言善辯的高僧。

永和十二年（三五六年）左右，溫宿國一個高僧以善辯名震四方。據說，他曾手擊王鼓發出誓言：

「誰能在論辯中戰勝我，我就砍下腦袋來感謝他！」（論勝我者，斬首謝之）[1]

此時的鳩摩羅什，先後在罽賓國與沙勒國（疏勒）研修了小乘說一切有部和大乘佛經，佛學境界已經達到了一般僧人難以企及的高度。

一天，他和母親揮別沙勒，順著絲路北道經溫宿回國。一進溫宿，他就聽到了那位善辯的高僧以腦袋為賭注，與天下僧侶論經的消息。順理成章，十四歲的小沙彌——鳩摩羅什坐在了趾高氣揚的高僧對面，周圍聚集了一大批僧徒和民眾，就連溫宿王子和公主也趕來觀看。

辯論開始前，小沙彌笑著說：「出家人何必以腦袋為賭注？」

未等高僧回應，小沙彌已經提出了兩個問題。聽到這兩個高深莫測的佛學題目，一直研習小乘的高僧隨即迷悶自失，久久無法回答。

一束燦爛的陽光投射在羅什稍嫌稚嫩的臉上，只見他以平靜而堅定的語氣，循循善誘地解答自己的兩個問題，每說出一個答案，圍觀者便發出一陣驚嘆。聽罷小沙彌的解釋，高僧驚奇地問：「小師父法號？」

「還沒有法號，我叫鳩摩羅什。」

圍觀者聽到這裡，紛紛竊竊私語：「怪不得，原來是名震罽賓、沙勒的佛教神童啊。」

對面的高僧倒頭便拜，宣布皈依羅什。於是，羅什聲譽大起，聞名四方，以至於龜茲國王親自來到溫宿迎接羅什回國。

似乎，溫宿國出現在佛教史上，就是專門為鳩摩羅什作嫁的。

1 出自南梁《高僧傳》卷二。

溫宿改名烏什，是因為「三個吐魯番」

他們抵達此地後發現，這裡山巒起伏，跌宕有致；小河環繞，泉水噴湧；林蔭蔽日，綠草茵茵；夏無酷暑之感，冬無凜冽之寒，是名副其實的「塞外江南」。

北魏以後，龜茲國將同樣信仰佛教的溫宿國兼併。

貞觀二十二年（六四八年），唐攻克龜茲，在溫宿國舊地設置了溫肅州，州治地名叫「大石城」，也叫「于祝」，隸屬於安西大都護府。

唐玄奘前往印度取經時，儘管遺憾地與溫宿城擦肩而過，卻是經由溫宿境內的別迭里山口西行。別迭里山口就是史書記載的拔達嶺、凌山，是絲路中道的一條支線，也是通往伊塞克湖南岸的便捷之路。

十七至十八世紀，準噶爾汗國為了鞏固在南疆的統治，將居住在吐魯番的部分維吾爾人遷到了古溫宿國地區。居民組成變了，地名也隨之變化。在清朝文獻中，準噶爾汗國被平定以前的烏什被記作「圖爾滿」，「圖爾滿」正是吐魯番的另一種譯寫。

傳說很久以前，三個吐魯番商人來到烏什，他們原本計畫從此繼續南行，但在抵達此地後發現，這裡山巒起伏，跌宕有致；小河環繞，泉水噴湧；林蔭蔽日，綠草茵茵；夏無酷暑之感，冬無凜冽之寒，是名副其實的「塞外江南」，特別是遊覽了燕子山、九眼泉、柳樹泉及托什干河沿岸的原始沙棘林之後，他們深深地陶醉了，於是決心定居於此，獨享上天之恩賜，獨占地理之福澤，並以此為基地做起了生意。依靠得天獨厚的自然環境和毗鄰中亞的地理優勢，他們生意愈做愈大，家族愈來愈興旺，如今維吾爾族已占此地總人口的九〇%。

三個商人百年之後，他們的後人便把這片三面環山的地方稱為「烏什吐魯番」（意為「三個吐魯番」），即為「富庶無邊」。

今「烏什」的維吾爾語發音就是「烏什吐魯番」。

看來，這個名字所包含的詩意並不亞於溫宿。

溫宿

小傳 歷史簡表

溫宿，一個半城山色半城泉的優美去處，位於今烏什縣境內海拔一千兩百公尺的山坡上，是絲路北道上的一顆明珠。這是一夥「被侮辱與被損害的人」，西域都護剛剛被殺，「狼外婆」姑墨王就對「小紅帽」溫宿國下了毒手。多少年後，溫宿才在匈奴支持下復國，並在班超到來後棄暗投明，成為東漢的忠實擁戴者。為了表達對班超的敬意，他們甚至別出心裁地在燕子山腰刻下了「追班隨漢」、「繼超追憲」八個大字。北魏之後，絲路北道霸主龜茲將其吞併。

西漢

漢宣帝神爵二年（前六十年）

漢在西域設立了都護府，將包括溫宿在內的西域四十八國納入漢的版圖。

新朝

王莽始建國五年（十三年）

焉耆王趁新朝內外交困之際，發兵殺死了都護但欽，西域大亂。

姑墨王丞率領四千名士兵進入溫宿，殺溫宿王，宣布吞併溫宿，將自己的兒子任命為新的溫宿王。

天鳳三年（十六年）

王莽派遣五威將王駿、西域都護李崇、戊己校尉郭欽進駐西域。王駿、李崇一到烏壘，就痛斥了姑墨兼併溫宿的行為，姑墨王丞作出了改邪歸正的姿態，卻與焉耆裡應外合。王駿中了焉耆的埋伏，姑墨、尉犁、危須軍隊又臨陣倒戈，王駿被殺，新朝軍事勢力從此退出西域。

東漢

西域新霸主莎車王賢攻克鄯善，吞併龜茲、大宛和于闐。之後賢擺下鴻門宴，用計殺掉姑墨、于闐、扜彌、子合王。

漢明帝永平三年（六十年）

于闐首先發難反抗莎車，殺掉了鎮守該國的莎車將軍，于闐新王休莫霸連續兩次擊敗了莎車王賢，姑墨、龜茲、溫宿等北道國家在匈奴的支持下趁機復國。

永平十六年（七十三年）

班超率領三十六名東漢騎兵潛入西域，迅速控制了絲路南道。

永平十八年（七十五年）

漢明帝劉莊駕崩，焉耆趁東漢舉行國葬之際，攻殺了西域都護陳睦。龜茲王要求姑墨、溫宿王與自己一起圍攻孤立無援的班超，但溫宿王以身體不適為藉口未領兵前往。龜茲、姑墨軍隊圍攻班超達一年之久，後來不了了之。

漢章帝章和元年（八十七年）

班超徵發于闐等國兩萬五千名軍人，第二次攻打莎車。龜茲王立刻派左將軍率領姑墨、溫宿、尉頭等五萬軍人解救莎車。班超祕密召集各部兵馬，於雞叫時分奔襲莎車軍營，莎車王無奈地投降東漢。

漢和帝永元三年（九十一年）

溫宿、姑墨王投降班超，龜茲王也無奈投降。龜茲王尤利多被撤職後押往東漢，溫宿王則僥倖保住了王冠。溫宿軍民在燕子山腰，刻下了「追班隨漢」、「繼超追憲」。

魏晉南北朝

中原朝廷的勢力退出西域後，溫宿被迫與姑墨一起再次附屬於龜茲。

晉穆帝永和十二年（三五六年）

溫宿國高僧與十四歲的鳩摩羅什辯論，高僧敗後宣布皈依羅什。羅什聲譽大起，聞名四方，龜茲國王親自來到溫宿迎接羅什回國。

北魏以後，龜茲國將同樣信仰佛教的溫宿國兼併。

唐朝

唐太宗貞觀二十二年（六四八年）

- 唐攻克龜茲，在溫宿國舊地設置了溫肅州，州治地名叫「大石城」，也叫「于祝」，隸屬於安西大都護府。

明清時期

準噶爾汗國為了鞏固在南疆的統治，將居住在吐魯番的部分維吾爾人遷到了古溫宿國地區。

清高宗乾隆二十年（一七五五年）

- 大清將古溫宿國地區定漢名為「烏什」。

乾隆二十二年（一七五七年）

- 大清將古姑墨國地區定名為「阿克蘇」。

清德宗光緒九年（一八八三年）

- 阿克蘇道員羅長祜稟報朝廷，提議修建一座新城，道署設在新城之內。而老城則「沿用古名溫宿」，設巡檢。古溫宿之名被戴在了古姑墨頭上。

光緒二十八年（一九〇二年）

- 溫宿升格為縣，只好另外取名烏什縣。

第二十一章

尉頭

或許是因為它以天然峽谷為王治，而不是人造城郭，
導致今日有多達四個縣市搶著認領尉頭的古都所在。
這是一個西域小小國，卻膽大包天，勝兵八百也敢跟班超叫囂，
雖然最後敗下陣來，變成東漢的繞指柔，可英勇的血脈流傳了下來，

如今這裡傳唱著英雄瑪納斯的史詩故事，
提醒人們千年以前的熱血與勇氣。

尉頭

狹長的河谷

地理和歷史的地位：

- 這是一個沒有王城的游牧行國。西漢時期沒有鬧事紀錄。東漢時跟著大國起鬨，卻惹到最不該惹的強人班超。
- 史詩英雄「瑪納斯」的故鄉。

尉頭國，王治尉頭谷，去長安八千六百五十里。戶三百，口二千三百，勝兵八百人。左右都尉各一人，左右騎君各一人。東至都護治所千四百一十一里，南與疏勒接，山道不通，西至捐毒千三百一十四里，徑道馬行二日。田畜隨水草，衣服類烏孫。

——班固《漢書》卷九十六上

在歷史迷霧中尋找尉頭

《漢書》上說，尉頭國「田畜隨水草」，意思是依傍大河，而烏什縣向西的阿合奇縣城就在托什干河南岸，但兩者距離只有七十八公里，與《漢書》中描述的距離相差近五十公里。難道我錯了？

這是一個天光燦爛的上午，天山雪帽反射出耀眼的光芒，殷紅的秋葉隨風起舞。戀戀不捨地離開

「塞外明珠」烏什，我們前往另一個絲路驛站古尉（音同「玉」）頭國。憑著直覺，我決定溯托什干河而上，前往阿合奇。

其實，尉頭國到底在哪，我並不是十分肯定。

現代史料上說，這個古國的疆域可能與今柯坪縣、阿合奇縣、巴楚縣、圖木舒克市皆有關係。這幾個縣的官方網站顯示，圖木舒克市是漢代尉頭國所在地，境內的唐王城即是尉頭國遺跡；柯坪縣是古「絲綢之路」的重要驛站，境內的奇蘭古城屬於古尉頭國；巴楚縣漢代為尉頭國地；阿合奇縣在東漢至北魏時期稱尉頭國，其疆域大致就是今阿合奇縣轄境範圍。這些雜亂的資料埋葬了火把和路標，我們幾乎失去了前進的方向，周圍野徑交錯，迷霧濕衣。

《漢書》上說，尉頭國在溫宿國西部三百里，換算成今天的距離是一百二十五公里。還說，尉頭國「田畜隨水草」，意思是這是一個依傍大河的所在。而烏什縣向西只有阿合奇縣，而且阿合奇縣城就在托什干河南岸。看來，我出發前的直覺是對的。

但是，我查閱了中國公路里程表後發現，烏什縣城西去阿合奇縣城只有七十八公里，與《漢書》中描述的距離相差近五十公里。難道我錯了？

在路邊的一塊草坪上，我和地質同行們繼續手忙腳亂地查閱資料。突然，一個同事發現，阿合奇縣城西去哈拉奇鄉四十七公里，與烏什跟阿合奇的距離相加正好是一百二十五公里。而且我也查到，阿合奇處於托什干河谷，與史書上的尉頭谷相契合。另一個同事也在喊：「阿合奇縣網站上說，漢代尉頭谷就在哈拉奇！」

於是我們認定，古尉頭國的中心就在阿合奇縣哈拉奇鄉。

山谷間一座大帳，沒有城郭的絲路重鎮

尉頭谷並不是一座城市，而是整個山谷，因為這個來回游牧的部落，似乎不需要固定的城市。這也是後人苦苦尋找這個名叫尉頭谷的王城，卻屢屢空手而歸的原因吧。

汽車在望不到盡頭的狹長山谷間徐徐穿行，一條柏油路起伏蜿蜒著伸向西方，像牧馬人甩出的長鞭。山谷間流淌著一條白浪飛捲的河流，偶爾可以見到一兩處綠草茵茵的牧場，幾匹馬兒一邊甩著尾巴，一邊悠閒地低頭吃草。喧鬧中夾著悠閒，如一幅美麗的風景畫。

發源於吉爾吉斯斯坦的托什干河，北沿是連綿而峻拔的天山，南邊則是喀拉鐵克山，這裡的地形是兩山夾一谷，這個狹長谷地叫卡克夏勒，柯爾克孜語的意思是「乾旱少雨的山區」。這個縣海拔在一千七百公尺以上，全部處於山谷地帶，所以稱為九山半水半分田。這裡的柯爾克孜族占總人口的九〇%，是著名史詩《瑪納斯》的故鄉。柯爾克孜族在境外稱吉爾吉斯族。

漢文帝六年（前一七四年）以後，被匈奴擊敗的大月氏舉部西遷，然後占領了塞人游牧的伊犁河地區，迫使幾十萬塞人分散遷徙。其中一小股塞人馬隊，從伊塞克湖西南部穿過天山別迭里山口，然後溯托什干河而上，在托什干河中上游河谷停下了腳步，於河邊草地上建成了一連串美麗的牧場。

天長日久，這個兩千餘人的游牧部落，偶爾向南遊蕩到今柯坪縣、圖木舒克市和巴楚縣境內，非常接近以今喀什為中心的另一支塞人。後來，聽說其他塞人兄弟部落紛紛建立了國家，也許是自尊心作祟，他們的首領也自稱國王，宣布建立了一個名叫尉頭（又名「郁頭」）的國家，並將國都定在今哈拉奇鄉的尉頭谷。

好笑的是，尉頭谷並不是一座城市，而是整個山谷的名字，因為這個來回游牧的部落，似乎不需

要什麼固定的城市，首領只需在山谷裡搭建一座大帳就足夠了。這也是後人苦苦尋找這個名叫尉頭谷的王城，卻屢屢空手而歸的原因吧。

我們趕到哈拉奇鄉後也遺憾地發現，這裡除了托什干河谷裡散落著的幾個牧場，河谷旁幾座看不出年代的墓地，鄉政府門前高聳的電線杆，無錫市援建的一所希望小學，幾棟新落成的興牧樓房，再也難以找到什麼人文景觀。

史載，張騫出使西域之後，官方絲綢之路正式開通。當時的絲路北道，從龜茲西行，經姑墨、溫宿，然後就抵達了尉頭。從這裡轉身向南，便是南北絲路交會的疏勒。因此，這個沒有王城的地方，也曾經是絲綢之路的一座重鎮。

神爵二年（前六〇年），漢在西域設立了都護府，尉頭國正式劃入都護府管轄，漢宣帝劉詢還在尉頭國貴族中任命了左右都尉和左右騎君。

這個游牧行國很聽話，整個西漢時期都沒有鬧事的紀錄。據說，為了與漢看齊，他們不斷派出王族到與漢聯姻的烏孫國學習，就連服裝都沿用了烏孫人的樣式。《漢書》上說他們「衣服類烏孫」。

尉頭之所以不鬧事，是因為軍人太少，沒有鬧事的本錢。因為無能為力，所以順其自然；因為心無所恃，所以隨遇而安。都護掌控西域時，他言聽計從。都護撤出西域後，他乖乖地聽從莎車使喚。莎車被匈奴制服後，他轉而聽命於匈奴。更多時候，他跟在塞人老大哥疏勒屁股後面。

可是，當鄰居鬧事的時候，他能不跟著起鬨嗎？

吃了豹子膽！槓上「超級刺客」班超

班超前腳離開疏勒，疏勒就有兩座城池投降了龜茲國，與對班超素無好感的尉頭王聯兵叛漢。一個一向低調、與世無爭的小國國王，怎麼敢不顧後果地背棄盟約？他是吃了豹子膽，還是被灌了迷魂湯？

東漢時期，尉頭還真的跟著別人起鬨了一次，起鬨的對象還是班超。

班超，一位外表粗魯、內心縝密的文武全才，於永平十六年（七三年）投筆從戎，然後以軍司馬的身分率領三十六名部下闖蕩西域。在絲路南道，班超把自己的膽略與嗜血發揮到極致，人還沒到疏勒，他那「超級刺客」的故事就已經傳得神乎其神。永平十七年（七四年），班超一行從小路潛入疏勒，然後派人進入疏勒王駐紮的城池，綁架了龜茲所立的疏勒王兜題，立舊王的姪子忠為疏勒王，並大度地將兜題遣送回了龜茲。如此巨大的「宮廷政變」，在班超手上簡單得如同兒戲一般。

班超將自己的大本營設在槃橐（因同「磐陀」）城，北部的尉頭國王特意趕來會見班超。見到班超，尉頭王稍稍有些失望，他實在無法將心目中高大俊朗的漢將與眼前這張滿腮鬍鬚、僵硬乏味的面孔聯繫起來。儘管如此，他還是表現得畢恭畢敬，發誓甘做漢臣。

永平十八年（七五年），劉莊去世。焉耆國借漢朝國喪之機，攻陷了都護陳睦的駐地。西部的班超立時變得孤立無援，受到龜茲、姑墨圍困長達一年之久。

剛剛登基的漢章帝考慮到班超的艱難處境，下詔准許班超回國。對於班超的離去，西域諸國表現出兩種截然相反的態度。疏勒與于闐君民拚命勸阻，悲號痛哭；而班超的敵對勢力卻暗中竊喜，班超前腳離開疏勒，疏勒就有兩座城池投降了龜茲國，與對班超素無好感的尉頭王聯兵叛漢。

對此，我百思不解：一個一向低調、與世無爭的小國國王，怎麼敢不顧後果地背棄盟約，跟著幾個毫不可靠的城主背叛以前的主子呢？他是吃了豹子膽，還是被灌了迷魂湯？

心理學上有一個案例：一個人鼻子流血，仰面走路，後面的人以為天上有什麼稀罕的東西，也跟著仰面而行。不一會兒，後面的仿效者跟了一長串，愈是什麼也沒看見，愈是仰起脖子看。直到最前面的人鼻血止住了，覺得身後似乎有人，回頭一看，嚇了一跳，忙問跟著我幹什麼？後面的人面面相覷，無言以對。

孔子老子有道理，尉頭王大難不死的領悟

也許是被于闐君民的苦苦挽留所觸動，也許被幾個小人的反覆無常所激怒，義薄雲天的班超居然調轉馬頭，以赴湯蹈火的決心和壯士斷腕的氣概，帶著三十六名忠勇之士重返疏勒。

我們無法穿越歷史的隧道，看不到班超噴火的眼神。我們只知道他制定了由近及遠、先易後難的報復計畫。先是將仍在彈冠相慶的疏勒叛將全部捕殺，砍下首級掛在城頭示眾；然後向猝不及防的尉頭國發動攻擊以示懲罰，六百餘名身強力壯的尉頭騎士為國王的短視賠上了性命。

六百人，在冷兵器時代並非一個大數字，但對於只有八百兵力的尉頭王來說，那幾乎就是軍隊的全部啊。好在，他的親兵們冒死抵擋，才保護著他拚命逃進深山，像狐狸一樣躲進臭烘烘的山洞。

有時人需要狠狠地摔一跤，才知道自己站在哪兒。驚魂稍定之後，對自己的愚蠢行徑痛悔不已的尉頭王派出親信向班超請罪，請罪的人額頭都磕出血了，班超才勉強答應說：「尉頭王的榆木腦袋暫且寄放在他肩膀上吧，饒你不死！」

收拾完尉頭，班超轉而對付曾圍攻自己的姑墨。幾年後，曾帶頭攻擊班超的龜茲也宣布投降。

至此，尉頭王已經對這位外表粗魯的漢將佩服得五體投地。後來，學會了漢語的尉頭王偶然讀到「孔子見老子」一節。他把臣下召集在帳中，學著孔子評價老子的口氣，煞有介事地說：「我知道鳥

能飛，但常被人射下來。我知道魚能游，但常被人釣起來。我知道狼善跑，但常會落入羅網。只有龍我們沒見過，牠能雲裡來，雨裡去，變幻莫測，無人能夠看清牠的真面目。我每次見到班超，他都給我一種摸不透的感覺。我想，他大概就像龍一樣吧！」[1]

此後的尉頭國史，可以用兩個字概括：「順從」。在中原軍事力量退出西域後，他既不強軍，也不富民，而是把全副心力用在巴結絲路北道霸主龜茲，甘心做龜茲的跟屁蟲。對此，一些大臣頗有微詞，但尉頭王振振有詞地說：「水，天下至柔者也，但擊之無創，刺之無傷，斬之不斷，焚之不燃，所以能順勢而流，隨勢而變，或湍湧大山之間，或奔騰大荒之野。」[2]聞之，臣工們再也無言。

無言並不代表服氣，因為臣下們心裡清楚，態度決定心情，但無法決定前途。魏晉南北朝時期，龜茲國開始蠶食周邊的附屬國，失去國王頭銜的不僅僅尉頭，還有溫宿。這條「至柔至順之水」終於流到了盡頭。

尉頭轉世的名字，就是阿合奇，柯爾克孜語意為「白芨芨草」。

史詩英雄「瑪納斯」的故鄉

他的眼睛如深邃的湖泊，他的鼻梁如高聳的大山，他的鬍鬚如茂密的葦叢，他呼出的氣如一股旋風，他眼中射出的光像風箱搧旺的火團。從正面看去，他像一隻猛虎；從背面看去，他像一條巨龍。

一些話說出來就是火，
一些火點燃了就是飛翔，

一些樹長高了就是山，
一些山一碰就生出閃電，
一些閃電在瞬間就完成了一生。

這是柯爾克孜史詩《瑪納斯》的一個片段。

《瑪納斯》與藏族史詩《格薩爾王傳》、蒙古族史詩《江格爾》並稱「三大英雄史詩」，而阿合奇縣是英雄史詩《瑪納斯》的故鄉。

這部二十三萬多行、兩千餘萬字的格律詩共分八部，敘述了八代人的創業歷程，史詩以第一部的主角瑪納斯（蒙古語意為「巡邏者」）而得名。如今廣泛流傳在中國新疆、吉爾吉斯斯坦、哈薩克、烏茲別克斯坦、阿富汗的柯爾克孜（吉爾吉斯）人居住區。其中尤以阿合奇縣流傳最廣。

手握血塊與油脂誕生，注定不平凡的柯爾克孜英雄

《瑪納斯》第一部長達七萬三千多行，內容最為古樸，氣勢最為磅礴，故事最為曲折，結構最為完整，藝術上也最為純熟，篇幅占整部史詩的四分之一。這部史詩由「神奇的誕生」、「少年時代的顯赫戰功」、「英雄的婚姻」、「部落聯盟的首領」、「偉大的遠征」、「壯烈的犧牲」幾節構成。

1《史記》卷六十三，孔子所說原文為：「鳥，吾知其能飛；魚，吾知其能游；獸，吾知其能走。走者可以為罔，游者可以為綸，飛者可以為矰。至於龍，吾不能知其乘風雲而上天。吾今日見老子，其猶龍邪！」

2引述自老子《道德經》第四十三章：「天下莫柔弱於水，而攻堅強者莫之能先也，以其無以易之也。水之勝剛也，弱之勝強也，天下莫弗知也，而莫之能行之也。故聖人之言云曰：受邦之詬，是謂社稷之主，受邦之不祥，是謂天下之王。正言若反。」

史詩是從英雄的誕生開始的。說的是柯爾克孜加克普汗富甲一方，但老來無子。藉由祈子儀式，年邁的妻子竟然神奇地懷孕了。瑪納斯誕生時，一手握著血塊，一手握著油脂。手握血塊預示他將讓敵人血流成河，手握油脂預示他要讓民眾過上富裕生活。在此之前，統治柯爾克孜人的卡勒瑪克汗王已從占卜者口中獲悉，柯爾克孜族將要降生一個力大無比的英雄。於是，卡勒瑪克汗王派人四處搜尋，並把所有懷孕的柯爾克孜婦女一一剖腹查看，試圖將英雄絞殺於母腹之中。

為了躲避卡勒瑪克人的追殺，瑪納斯出生後便被送到森林裡扶養。幼年的瑪納斯，主動把財產分贈給貧苦百姓，還與民眾一起進山放牧。十一歲時，已經力大無窮的瑪納斯，率領四十名小勇士和柯爾克孜各部民眾，與入侵的卡勒瑪克人浴血奮戰，最後把入侵者趕出了柯爾克孜領地。由於瑪納斯出色地主持了哈薩克汗王闊闊臺依盛大的祭典，他的威名得以傳遍四面八方，他被擁戴為汗王，成為當時被卡勒瑪克奴役的各族民眾公認的領袖。

為追剿東逃的卡勒瑪克人，瑪納斯率領大軍遠征。經過與獨眼巨人搏鬥，與卡勒瑪克大將交鋒等數次血戰，瑪納斯終於大獲全勝，登上了卡勒瑪克首領昆吾爾的寶座。但他把愛妻卡妮凱依的「遠征勝利應立即班師，否則必有大禍」的勸誡置於腦後，樂而忘返，結果遭敗將昆吾爾的毒斧擊中頭部，不幸身亡。柯爾克孜族重新陷入無盡的災難之中。

口耳相傳千年，象徵自由、勇敢、堅強、團結的民族精神

在這部傳唱千年的史詩中，瑪納斯被塑造成了一位剽悍、善戰、粗獷的勇士：「他的眼睛如深邃的湖泊，他的鼻梁如高聳的大山，他的鬍鬚如茂密的葦叢，他呼出的氣如一股旋風，他眼中射出的光像風箱搧旺的火團。從正面看去，他像一隻猛虎；從背面看去，他像一條巨龍；從上面看去，他像一隻蒼鷹。」

戰爭場面則扣人心弦：「這場廝殺嚇得高山發抖，滔滔的河水也停止了奔流。戰場上瀰漫了遮人的塵沙，日光暗淡無華。」

說唱起愛情卻又峰迴路轉：「高山上的鮮花，也比不上她的漂亮，卡妮凱依像草原上的彩霞，她的芳名刻在瑪納斯的心上。」

史詩後七部，講述的是瑪納斯的兒子、兒子的兒子，兒子的兒子的兒子等數代人繼承先輩遺志，內懲叛逆，外禦強敵，斬除妖魔，追求幸福的悲壯人生與曲折傳奇。史詩的每一部既獨立成篇，又前後呼應，共同組成了情節離奇、場面壯闊、愛恨交織，悲喜交替的宏大史詩，自始至終貫穿著反對奴役、爭取自由、追求愛情的主題，通篇流淌著一個被壓榨、被奴役的弱小民族不畏強權、團結奮鬥的精神特質和堅強意志，向柯爾克孜這個偉大的民族致敬。

更應該致敬的，是一位小學教師出身的柯爾克孜老人，他叫居素甫．瑪瑪依，民國七年（一九一八年）出生於阿合奇縣哈拉布拉克鄉米爾凱奇村，二〇一四年離世前，他是世界上唯一能演唱二十三萬行《瑪納斯》史詩的大瑪納斯奇[3]，歌詞的體量是古希臘史詩《伊利亞德》（*Iliad*）的十四倍，被國內外史詩專家譽為「荷馬再世」。而今他的孫女阿克拉依，也已成為小有名氣的女瑪納斯奇。

「荒灘變成了湖泊，湖泊變成了桑田，山丘變成了溝壑，冰川變成了河灣，一切的一切都在變化，唯有祖先留下的故事代代相傳」。沒有文字，沒有曲譜，這就是居素甫．瑪瑪依老人留給我們的唱詞，也是這部英雄史詩得以世代口傳的精髓。

3 柯爾克孜語，意為「民間歌手」。

尉頭

小傳

尉頭，又叫郁頭，中心位於今阿合奇縣西部的尉頭谷，那裡生活著兩千多名與烏孫衣著相似的牧民。他們多數時間自甘寂寞，唯一一次不寂寞，居然是在班超率兵東歸時舉兵反叛。結果，六百多名尉頭騎士被砍了腦袋，那可是尉頭國的八成兵力啊！此後，尉頭王落下了另一個後遺症，那就是只知「順從」，不管對方是誰，不論是非曲直。

歷史簡表

西漢

漢文帝六年（前一七四年）

被匈奴擊敗的大月氏舉部西遷，占領塞人游牧的伊犁河地區，迫使幾十萬塞人分散遷徙。其中一小股塞人馬隊，從伊塞克湖西南部穿過天山別迭里山口，然後溯托什干河而上，在托什干河中上游河谷停下了腳步，於河邊草地上建成了一連串美麗的牧場。

這個兩千餘人的游牧部落，偶爾向南遊蕩到今柯坪縣、圖木舒克市和巴楚縣境內，非常接近以今喀什為中心的另一支塞人。後來，聽說其他塞人兄弟部落紛紛建立了國家，他們的首領也自稱國王，宣布建立了一個名叫尉頭的國家，並將國都定在今哈拉奇鄉的尉頭谷。

漢宣帝神爵二年（前六十年）

漢在西域設立了都護府，尉頭國正式劃入都護府管轄，漢宣帝劉詢還在尉頭國貴族中任命了左右都尉和左右騎君。

東漢

漢明帝永平十六年（七十三年）

班超投筆從戎，以軍司馬的身分率領三十六名部下闖蕩西域。

永平十七年（七十四年）

班超一行潛入疏勒，派人進入疏勒王駐紮的城池，綁架了龜茲所立的疏勒王兜題，立舊王的姪子忠為疏勒王，並將兜題遣送回了龜茲。班超將大本營設在槃橐城，北部的尉頭國王特意趕來會見班超，發誓甘做漢臣。

永平十八年（七十五年）

漢明帝劉莊去世，焉耆國借漢朝國喪之機，攻陷了都護陳睦的駐地。西部的班超立時變得孤立無援，受到龜茲、姑墨圍困長達一年之久。

漢章帝下詔准許班超回國，班超剛離開疏勒，疏勒就有兩座城池投降了龜茲國，與尉頭王聯兵叛漢。班超重返疏勒，先將疏勒叛將全部捕殺，然後向尉頭國發動攻擊以示懲罰。尉頭王派出親信向班超請罪。班超轉而對付曾圍攻自己的姑墨。幾年後，曾帶頭攻擊班超的龜茲也宣布投降。

中原軍事力量退出西域後，尉頭把全副心力用在巴結絲路北道霸主龜茲，甘心做龜茲的跟屁蟲。

魏晉南北朝

龜茲國開始蠶食周邊的附屬國，尉頭也被併吞。

第二十二章

疏勒

疏勒始建於西漢，
雖然張騫出使西域在這裡看到商貿街市大為驚豔，
但它卻一直到東漢才拜班超所賜受到中原王朝注意。
班超駐守西域三十餘年，在疏勒便度過十八年，
無怪乎這裡被稱為班超的第二故鄉，
而疏勒也不負此名，世代心向中土，
直到唐朝仍堅守安西都護的職責，為抵擋吐蕃而消亡。
自疏勒消亡後，這塊土地上崛起了新的汗國，
也掀起了新的宗教戰爭……

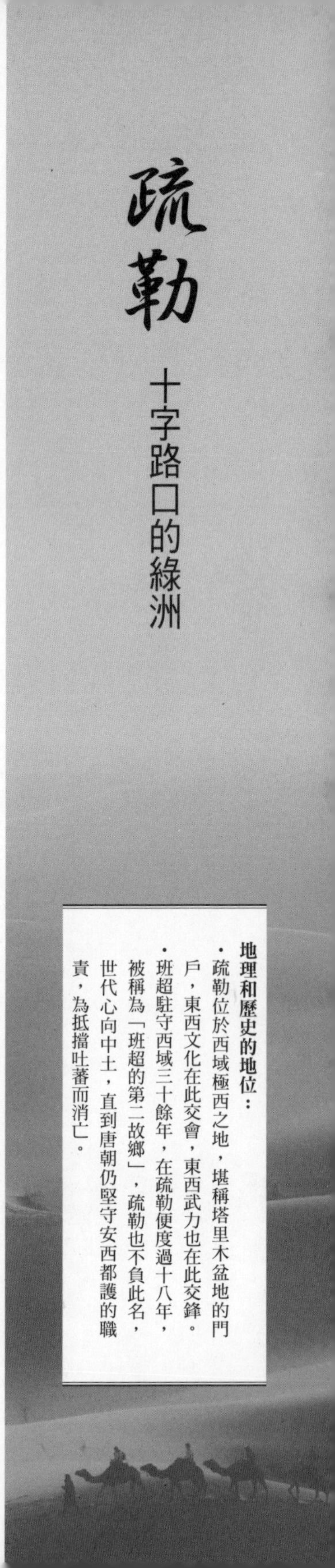

疏勒

十字路口的綠洲

地理和歷史的地位：

・疏勒位於西域極西之地，堪稱塔里木盆地的門戶，東西文化在此交會，東西武力也在此交鋒。

・班超駐守西域三十餘年，在疏勒便度過十八年，被稱為「班超的第二故鄉」，疏勒也不負此名，世代心向中土，直到唐朝仍堅守安西都護的職責，為抵擋吐蕃而消亡。

疏勒國，王治疏勒城，去長安九千三百五十里。戶千五百一十，口萬八千六百四十七，勝兵二千人。疏勒侯、擊胡侯、輔國侯、都尉、左右將、左右騎君、左右譯長各一人。東至都護治所二千二百一十里，南至莎車五百六十里。有市列，西當大月氏、大宛、康居道也。

——班固《漢書》卷九十六上

張騫摸黑逃出匈奴，與疏勒初邂逅

張騫對於疏勒的第一個觀感是「有市列」，也就是有商貿街市。對此，他頗為吃驚，這可是他一路上看到唯一一個有市列的國度。根據經驗推測，這應該是一個人口不少、交通便利、商貿發達的國家。

元光六年（前一二九年），漠北草原。一個深沉而無辜的黑夜，幾顆微弱的星辰，在龍城[1]上空無力地閃爍著，連風也不再強烈，只敢躡手躡腳地吹拂。

一位三十五歲左右的漢人，深情地望了一眼酣睡的妻兒，然後悄悄鑽出帳篷，與幾個約好的同伴像螢火蟲一般消逝在沉沉的夜幕中。

他叫張騫，字子文，漢中郡城固（今陝西城固縣博望鎮）人，漢朝使者，九年前受漢帝劉徹的委派出訪大月氏，不幸被匈奴扣留。最近，匈奴的戒備有所放鬆，他和使團成員才得以逃脫。

這夥成功脫逃者，從龍城向西南，跨過浚稽山、涿邪山，經伊吾、車師、危須、焉耆、烏壘、龜茲、姑墨、溫宿，西行數十天，來到西域南北道交會處的綠洲國家疏勒。

處在東西交通的十字路口，連接世界四大文明的樞紐

疏勒建國的歷史並不長。大約在漢文帝六年（前一七四年）左右，受到西遷的大月氏攻擊，駐牧在伊犁河流域的塞王被迫率部南下，穿過鐵列克山口來到疏勒。後來，考慮到疏勒綠洲承載能力有限，塞王便帶領大部分人繼續南行，只留下少數人定居於此。儘管這片綠洲不大，但畢竟處在東西交通的十字路口，是連接世界四大文明的樞紐。這就意味著，它既是世界文明交會的福地，各色商旅休憩的樂園，也將是戰雲密布的疆場，西域大國爭奪的目標。也就是說，獨特的地理位置，使它大受其益，也使它飽受其害。

對於疏勒這個陌生的國家，張騫的第一個觀感是「有市列」，也就是有商貿街市[2]。對此，張騫頗為吃驚，這可是他一路上看到的唯一一個有市列的國度。根據經驗推測，這應該是一個人口不少、

1 又名「龍城」，為匈奴祭天之處，在蒙古鄂爾渾河西側的和碩柴達木湖附近。

2 見疏勒縣委宣傳部《絲路疏勒》，山東人民出版社，二〇一一年版。

交通便利、商貿發達的國家。

疏勒王熱情接待了張騫一行，賓主密切交流了一番。

張騫問疏勒王：「貴國為什麼取名疏勒？」

疏勒王皺了皺眉，滔滔不絕地說：「疏勒是簡稱，完整名稱是佉（音同「區」）路數怛（音同「達」）勒。按照我的理解，疏勒是我們所講的粟特語，意思是有水的地方。可我的智囊們不太認同，他們說疏勒又叫佉沙，是古波斯語英雄的音譯，全名是伽師祗離或者迦師佶黎。我很希望這是一個英雄的國家，但我們的軍人只有兩千，國民不足兩萬，怎能配得上英雄之名呢？」然後，疏勒王閉上眼，搖了搖頭，並深深嘆了一口氣。

從對方的嘆息裡，張騫感到這是一個對漢沒有助益的國家。

接下來的交流內容更為寬泛，涉及人文、地理、交通、商貿、對匈奴的態度、周邊國家的狀況等。在疏勒王看來，張騫所在的漢朝令他十分羨慕。而對於張騫來說，疏勒王所說的一切，形同天書。

但畢竟，疏勒不是張騫的目的地，他還必須繼續西行。

在惜別疏勒王之後，張騫西行到達大宛國，繼而轉道康居，然後到達了終點站大月氏。

張騫「鑿空」西域，發現比漢更廣大的嶄新世界

張騫從長安出發時，大月氏王尚且健在，他們仍在阿姆河以北的索格底亞那游牧。而在張騫滯留匈奴的十幾年中，大月氏已經征服了阿姆河以南的大夏。時間和距離是造物主最妙的手段，能讓人慢慢地忘記痛苦。當張騫到達大月氏時，大月氏王已死，王后當政，安居中亞的大月氏人不想再與匈奴為敵。難道那裡真有一種忘憂草，撫平了他們昔日的傷疤嗎？張騫不信。

張騫在大夏整整住了一年，使出渾身解數，幾乎磨破了嘴皮，也未能說服大月氏與漢夾擊匈奴。萬般無奈之下，張騫只得帶著深深的遺憾回國。為了避開匈奴，張騫選擇走南路，打算經青海羌人部落返回長安。戲劇中的曲折情節再次出現，倒楣透頂的張騫再次落入匈奴之手。一年多後，匈奴單于去世，張騫才與胡人妻子和堂邑父[3]乘亂逃回長安。

地理學的發現往往如此，是戰爭而不是和平引導著人們去了解中亞的地理。張騫此行雖未達到預期目的，卻意外了解了西域及南亞人文地理，為中國發現了一片比漢還要廣大的嶄新世界，他的貢獻卓著，司馬遷稱之為「鑿空」西域。

此後，漢的絲綢、紙張、瓷器等傳入中亞，西域的各種物產源源不斷地傳入漢地，包括疏勒的無花果、巴旦木（偏核桃）、胡桃（核桃）、火浣布、葡萄。

細想起來，劉徹並非和平使者，他派張騫出使西域的目的，在於斬斷匈奴右臂，割斷蒙古草原與青藏高原的聯繫。因為這兩塊大陸上的羌胡一旦連為一體，天朝擴張的夢想就會破滅。張騫出使西域與發動對匈戰爭一樣，都是漢武帝經略西域的一部分。經略的收穫一是開通了著名的絲路，掀開了漢與西方的外交史；二是設置了武威、張掖、酒泉、敦煌四郡，將四把楔子釘入祁連山草原。

3 西域胡人，張騫第一次出使西域的助手兼嚮導。

不降就綁了！班超出其不意收服疏勒

兜題見這位漢將既年輕又文弱，根本無意投降。於是田慮乘兜題不備，將刀架到兜題脖子上，然後將他五花大綁。兜題的親信猝不及防，紛紛驚慌逃走。事成之後，田慮派人將消息報給城外的班超。

張騫帶回的消息，令文臣武將們有些失望。但他介紹的西域風情、豐富物產和廣闊疆域，卻讓劉徹大開眼界。這位已到而立之年的帝王決定用雄心與刀劍，犁開這塊神祕而遙遠的處女地。

如同愚公移山一樣，經過劉徹及其兒子劉弗陵、曾孫劉詢七十多年前赴後繼的征戰，漢終於在神爵二年（前六〇年）趕走了西域的主人——匈奴僮僕都尉，在烏壘城設立了西域都護府。

但處於西域極西的疏勒，一直沒有引起人們的注意。

東漢永平十六年（七三年），以匈奴為後盾的絲路北道霸主龜茲王建，悍然出兵疏勒，殺死了疏勒國王成，將龜茲貴族兜題任命為新疏勒王，牢牢控制了這個十字路口上的國家。

與此同時，漢明帝劉莊也沒閒著，出身書香門第的班超被委派和從事郭恂一起，率領三十六名騎兵出使西域。在鄯善小試牛刀之後，班超又用武力迫使于闐王廣德歸附漢朝。永平十七年（七四年），班超一行神不知鬼不覺地來到距疏勒王兜題駐紮的槃橐城九十里的地方。

九十里，換算成今天的距離不足三十八公里，快馬只需一個小時，是一個進可迅速到達，退可從容逃離的距離。班超紮下軍帳，派遣手下田慮前往槃橐城勸降。田慮臨行前，班超交代說：「兜題本就不是疏勒人，疏勒人必然不會聽從他的命令。如果他不肯投降，可以立刻綁了他。」（兜題本非疏勒種，國人必不用命。若不即降，便可執之）[4]

田慮進城後，兜題見這位漢將既年輕又文弱，絲毫沒有表現出投降的意思。於是乘兜題不備，田慮將刀架到兜題脖子上，然後將他五花大綁。兜題的親信猝不及防，紛紛驚慌逃走。在成功控制現場之後，田慮派人將消息飛報給城外的班超。

那應該是一個日光熾烈的午後，滿臉鬍鬚的班超騎在馬上，大搖大擺地進入槃橐城。然後，他把疏勒文武大臣全部召集起來，控訴龜茲國的無道行徑，提議立原疏勒王成的姪子忠為疏勒王，疏勒國人無不歡欣鼓舞。

剛剛走馬上任的忠和疏勒官員，紛紛要求班超殺掉兜題。照理說，他們的要求並不過分，而且這也含有為被無辜殺害的疏勒先王報仇的因素。但班超卻將兜題放回了龜茲，因為他不短視，他需要在剛剛到來的西域樹立寬宏大量的聲譽。就這樣，班超在極西的疏勒，在這個漢威從未達到的地方扎下了根。隨之，西域都護府重新設立，絲綢之路再度開通。

故事講到這裡，你可能會以為班超天生有救世主的氣質，全身閃耀著神聖不可侵犯的光輝，從蒞臨西域那一刻起便有唯我獨尊的氣魄，像一道徹地連天的閃電，劃破西域那混亂而單調的漫漫長夜；也像一場百年不遇的暴風雨，摧枯拉朽般蕩滌著舊世界的一切污泥濁水。他的成功是近乎壓倒性的，天命所歸，不可抗拒。他帶來的震撼和衝擊是如此巨大，西域的國王和將軍皆大氣不出，恭順有加，唯班超馬首是瞻。

可惜事實並非如此。

4 出自《後漢書》卷四十七。

走還是留？生死關頭的男兒淚

坐在馬上的班超，仰望著寂寥而深邃的天空，任熱淚在腮邊橫流。四十四歲的他，是第一次流淚吧，為什麼？為了疏勒、于闐百姓完全的信賴，為了像自殺的黎弇那樣的生死情誼！

事實上，班超的西域開拓史，更像是一部莽林探路史，每一步都布滿了陷阱、荊棘，籠罩著重重迷霧，伴隨著劇烈陣痛，波折不斷，血淚斑斑。

永平十八年（七五年），劉莊駕崩，十八歲的漢章帝劉炟登基。乘漢朝大喪之際，焉耆王領兵圍攻西域都護府，殺死了都護陳睦。龜茲、姑墨等國也趁風揚沙，發兵進攻疏勒。

班超領兵駐紮的盤橐城，位於今喀什東南郊的吐曼河岸邊，別名艾斯克薩城[5]。疏勒王忠所在的疏勒城與班超所在的磐橐城一前一後，互為犄角，首尾呼應，雖然勢單力薄，還是堅持了一年有餘。

建初元年（七六年），劉炟得知陳睦已死，擔心班超獨臂難支，便下詔允許班超回國。考慮到時局艱難，加上將士們思鄉心切，尤其是又收到了皇帝的詔書，儘管心有不甘，班超還是偷偷叮囑手下收拾行裝，準備歸國。不告而別，不符合班超的性格。清晨，他派出快馬向疏勒君臣通報了自己即將東歸的消息。

這幾年，班超廣施恩德、伸張正義，讓久經亂世的君民沐浴到和平的陽光。消息傳出，疏勒上自王宮貴胄、下至販夫走卒，無不群情洶湧，驚恐莫名。負責帶兵的疏勒都尉黎弇（音同「演」）淒婉地說：「漢使棄我們而去，疏勒必將再度被龜茲所滅，我實在不忍心看到漢使離開啊。」（漢使棄我，我必復為龜茲所滅耳。誠不忍見漢使去）說罷，拔刀自刎。

班超一行東歸路過于闐，于闐君民放聲哭喊著說：「我們依賴漢使就像依賴父母，你們千萬不能走啊！」（依漢使如父母，誠不可去）許多人抱住馬腿，苦苦挽留。

這是一個多麼令人心酸也令人感動的場面啊！坐在馬上的班超，仰望著寂寥而深邃的天空，任熱淚在腮邊橫流。四十四歲的他，是第一次流淚吧，為什麼？為了疏勒、于闐百姓完全的信賴，為了像自殺的黎弇那樣的生死情誼！

「走還是留？」班超把徵詢的目光投向了身旁的郭恂和身後的三十六位壯士。他分明看見，每一個戰友眼裡都滾動著淚花，臉上沒有顯現出一絲畏懼。他們深知，生活就是一棵長滿可能的樹，真的勇士一輩子只需要做一件事，就是使不可能變成可能。於是，班超調轉馬頭，重返疏勒。

身後，是于闐君民山呼海嘯般的頌歌：「南山蒼蒼，南水泱泱，將軍之德，山高水長。」他們走出于闐城很遠了，那高亢而喜悅的呼喊還轟鳴在城頭，久久不散。

潮退了，才能發現誰在裸泳。班超東返的短短幾天裡，疏勒已有兩座城池歸降了龜茲，北鄰的尉頭國也與兩座叛城聯合作亂。班超一回疏勒，就帶兵捕殺了反叛首領，然後領兵攻入尉頭那片山谷，殺死尉頭軍人六百餘名，迫使對方乖乖歸降。

聯合烏孫以降龜茲，班超鞏固西域的最後一步

建初三年（七八年），班超率疏勒、康居、于闐、拘彌一萬聯軍，攻入龜茲的「馬前卒」姑墨，踏平了姑墨石城，斬首七百餘級。

兩年後，班超上書劉炟，分析了絲路北道形勢及自身優勢，要求適當增兵，平定西域。消息傳

5北京大學考古文博學院教授林梅村認為，磐橐城位於今圖木舒克市的托庫孜薩來古城。清代學者暨旅遊作家謝彬則認為，磐橐城位於疏附縣治回城。

出，班超的老鄉徐幹自願前往西域輔佐班超。對於徐幹西來，《後漢書》記載：「平陵人徐幹素與超同志，上疏願奮身佐超。」

劉炟任命徐幹為假司馬，帶領一千名解除徒刑和自願隨行的人增援班超。

本來，莎車認定漢朝不會派兵增援班超，僅憑班超的三十六名部下根本成不了氣候，於是依附了龜茲。新任疏勒都尉番辰也突然反叛。危急關頭，徐幹恰好趕到疏勒。兩位老鄉合力突襲毫不知情的番辰，殺掉了番辰及其手下千餘人，再次平息了疏勒境內的反叛勢力。

接下來的目標，就是龜茲。要解決兵多將廣的龜茲，僅靠班超及徐幹的千餘兵力顯然遠遠不夠。於是，班超上書漢章帝說：「烏孫乃西域大國，控弦之士超過十萬，過去劉徹時曾派公主遠嫁烏孫，到劉詢時最終得到了烏孫的援助。如今可以派遣使者前去招撫慰問，以使烏孫國能與我們同心協力。」（烏孫大國，控弦十萬，故武帝妻以公主，至孝宣皇帝，卒得其用。今可遣使招慰，與共合力）

劉炟採納了班超的建議，於建初八年（八十三年）拜班超為將兵長史、假鼓吹麾幢，徐幹為軍司馬，另派衛侯李邑護送烏孫使者回國，向烏孫大小昆彌賞賜錦帛，順便聯繫「合作」事宜。

然而，正是這個使團的出現，讓班超遇到了大麻煩。

將軍的緋聞

班超到底有沒有娶疏勒美女，這是一個令人糾結的問題。就個人私心來說，我真希望當年的他沒有在疏勒娶妻。倘若如此，一個既不好色，也不貪財，一身正氣，兩袖清風的班超，是多麼完美啊。

這支漢烏聯合使團行進到于闐，正好趕上龜茲進攻疏勒，膽小如鼠的李邑再也不敢前行。

南斯拉夫有句諺語，「如果你幫不上忙，就別來亂。」照理說，這是為人處事的底線，但李邑為了掩飾自己的怯懦，居然上書朝廷稱西域之功難成，並一再強調班超「擁愛妻，抱愛子，安樂外國，無內顧心」。

已在疏勒住了六年的班超，到底有沒有娶疏勒美女，這是一個令人糾結的問題。就個人私心來說，我真希望當年的他沒有在疏勒娶妻。倘若如此，一個既不好色，也不貪財，一身正氣，兩袖清風的班超，是多麼完美啊。但是，班超確實娶了一位疏勒王室之女，這位美女還為他生了一個兒子，名叫班勇。據《後漢書》記載，永元十三年（一〇一年），班超送在西域出生的三子班勇隨安息使者回到洛陽。班超的元配夫人遠在洛陽，而班勇的生母只是一位疏勒女人。

班超聽說自己受到李邑的詆毀，慨嘆說：「我本就不具備孔子弟子曾參的賢德，如今又遭到多次加來的讒言，恐怕要被世人所懷疑了！」（身非曾參而有三至之讒，恐見疑於當時矣）然後「遂去其妻」，也就是「休」了妻子。

即使是一個「糞土當年萬戶侯」的超級強人，只要是樹大招風，就不得不面臨「千秋功罪，任人評說」的無奈與尷尬。從古至今，人一旦被流言擊中，哪怕是再明顯不過的無稽之談，流言也不會輕而易舉地煙消雲散，正所謂「好事不出門，壞事傳千里」，人性弱點使然。

但又有誰能顧及那位被趕走的女人的感受呢？由於《後漢書》的作者不肯為這位女人多說一句話，因此我們不知道這個女人的名字，也看不到這個女人臨走時的表情。她不僅被迫離開朝夕相處的丈夫，還要與年幼的愛子生別。悲如何抑？情何以堪？

戎馬征戰的班超因保衛邊疆給千百萬人帶來了安全，卻給自己的女人帶來了莫大的痛苦。從此，有七情六欲的人性班超，變成了百毒不侵的超人班超。他的最後一抹溫情，就這樣被事業的巨手折斷。喜哉？悲哉？

世界以痛吻我，要我報之以歌

一天，李邑的告狀信輾轉萬里，送到了劉炟手中。以寬容著稱的劉炟不禁嘆了一口氣。他深知班超的為人，要說班超娶一位女子、生一個孩子可能所言不虛，但一味強調他「擁愛妻」、「抱愛子」、「安樂外國」就未免過分了。所以，他下詔痛切責備李邑說：「縱然是班超擁愛妻、抱愛子，那麼他手下思念家鄉的千餘名士兵為什麼都與他同心同德呢？」（縱超擁愛妻，抱愛子，思歸之士千餘人，何能盡與超同心乎）劉炟還命令李邑接受班超的節制調度，並詔告班超：「如果李邑勝任在外事務，可以留下擔任你的從事。」（若邑任在外者，便留與從事）

史載，班超並未將李邑扣留在身邊，而是讓李邑帶著烏孫侍子回京。為此，直腸子的徐幹質問班超說：「李邑之前親口詆毀你，試圖敗壞平定西域的大業，如今你何不借著皇上的旨意留下他，還派他護送烏孫國侍子呢？」（邑前親毀君，欲敗西域，今何不緣詔書留之，更遣他吏送侍子乎）班超回答：「是何言之陋也！以邑毀超，故今遣之。內省不疚，何恤人言！快意留之，非忠臣也。」翻譯成白話文就是：你這話大錯特錯了！正因為李邑誣陷過我，我今天才送他回去。難道一條瘋狗咬了你，你也趴下去反咬牠一口嗎？既然問心無愧，為什麼要害怕別人的閒言碎語呢？為了自己一時痛快而把他留下來，並非忠臣啊！

「內省不疚，何恤人言？」這是班超心靈深處的一股清泉，流不盡，吐不完，一直奔流到永遠永遠。如果把這句話當作今日官員的座右銘，那該是多麼大的警示啊。

泰戈爾說：「世界以痛吻我，要我報之以歌。」班超就是這樣一個人，嚴厲起來殺人不眨眼，寬容起來忍得胯下辱。不知道李邑是否從此吸取教訓，變成了一個好人；但受到班超這位仁義之士的感染，以荒蠻無理著稱[6]的疏勒民風大變。正是這種人格的力量，在敵寇林立的鐵血殘陽中鞭霆掣電，拔山貫日，支撐起東漢西域一片天。

莎車王獻上重金，疏勒王窩裡反氣炸班超

表面上，班超表現得很從容大度；暗地裡，他派出精銳埋伏，設下帷帳，準備舞樂，按照最高禮儀盛情接待忠及其隨從。酒過三巡，菜過五味，正值酒酣耳熱之際，班超突然高喊：「來人，拿下叛賊！」

元和元年（八四年），劉炟又派遣假司馬和恭等四人率領八百名兵士前去協助班超。實力大增的班超調集疏勒、于闐聯軍攻打聽命於匈奴的莎車。

詭計多端的莎車王也沒有閒著，他使出了「釜底抽薪」的狠招，暗中派人帶上重金前去收買疏勒王忠。在一般人看來，忠的疏勒王之位是班超給的，如果沒有班超，他也許仍舊生活在兜題的冷眼與淫威中。但莎車王了解他，知道他是個見利忘義的人，只要奉上足夠多的財寶，忠翻臉會比翻書更快。

果然，見到財寶的忠與班超決裂，跟隨莎車王西逃到烏即城據險頑抗。

聽到忠反叛的消息，班超的腦袋幾乎炸開：自己拚上性命扶立，又苦心孤詣輔佐的忠，怎麼會為了區區利益而置良心和道義於不顧，做出如此下作卑鄙，如此令人噁心的舉動呢？

於是，他另立疏勒府丞成大為疏勒王，發動所有不願謀反的人前去攻打忠。雙方相持了半年，但因為康居派兵援救忠，班超最終沒有攻克烏即城。

無奈之下，班超只有懊惱地退兵。此時的班超，就像童話裡的漁夫，親手把魔鬼從封印的瓶子裡

6 唐代慧苑法師將《華嚴經》中的難字加以注音釋義，寫成《大方廣佛華嚴經音義》，簡稱《慧苑音義》。其中認為，疏勒也可以翻譯為「惡性國」，因其國人性多獷戾之故。

放了出來，自己卻反而差點被魔鬼吃掉。在返回駐地的路上，班超在部下面前一再嘟囔說：「這個卑鄙小人，我怎麼會看走眼呢？」

這就意味著，他承認自己也有用人不察的時候，也會遭遇「滑鐵盧」。這與我們此前設想的那位明察秋毫、戰無不勝的文武全才似乎有些差距。但細細想來，作為一個吃五穀雜糧、有喜怒哀樂的歷史人物，他既有超出常人的剛毅果敢，也有正常人的性格缺陷，有時也會看人不準，視事不明，處事不周。

智慧向來長在傷口上。於是，他像竹子一樣，有力地拔節，不斷在否定中塑造更好的自己，全力熔鑄自己的心志，直到把輕信鍛鍊成沉穩，把血氣鍛鍊成堅韌，把聰明鍛鍊成狡黠，把魯莽鍛鍊成詭譎。

得知大月氏與康居聯姻，班超派人帶上絲織品探望月氏王，讓他規勸康居王不要與忠同流合污。於是康居王很快撤兵而去，並將忠帶回了康居。

疏勒叛王密謀龜茲詐降，反遭班超設下鴻門宴

元和三年（八六年），叛王忠從康居借兵回國，占據了楨中城（今喀什西南四十公里），並暗中與龜茲達成共識，然後派人向班超詐降。見到忠的使者，班超很高興，滿口答應了忠請降的要求。聽說班超上鉤，忠心中竊喜，馬上帶領輕騎來見班超。

殊不知，鷹立如睡，虎行似病，正是牠取食吃人的手段。表面上，班超表現得很從容大度；暗地裡，他派出精銳埋伏，設下帷帳，準備舞樂，按照最高禮儀盛情接待忠及其隨從。酒過三巡，菜過五味，正值酒酣耳熱之際，班超突然高喊：「來人，拿下叛賊！」立刻，幾個彪形大漢牢牢箝制住忠。那一刻，忠面如死灰，呆若木雞，似乎想說什麼，卻又無話可說。

班超一聲令下，人頭落地。

漢軍就勢擊潰忠的隨從，收穫了七百餘顆腦袋。這些腦袋與屍身被堆在一起，上面覆以沙土，形成了一個沙丘模樣的人文景觀，丘前立上石碑，碑上刻有事發經過，供西域各國的君臣們定時前來觀摩，作用類似西湖岳王廟裡的秦檜夫妻跪像。

此後，班超收服了莎車、大月氏、龜茲、姑墨、溫宿、焉耆、危須等國，西域大大小小近五十個國家全都歸附東漢。總之，班超已經可以開口驚風雨，揮手起風雷，只要他願意，再也沒有攻不下的堡壘和征服不了的國家。我彷彿聽到一個粗獷而堅凝的男高音隔著兩千年的歷史洞壁高喊：舉世滔滔，捨我其誰！

永元四年（九二年），班超被正式任命為西域都護，站上了事業與榮譽的巔峰。恰好就在這一年，他遠在京城的哥哥、《漢書》作者班固，因受到竇憲案[7]牽連，受盡獄吏的非人折磨，慘死在獄中。儘管漢和帝劉肇隨後嚴厲譴責了這種殘忍的行徑，但已經於事無補。

噩耗傳到疏勒，班超老淚縱橫。

征服龜茲後，班超將都護府駐地設在龜茲它乾城，從此離開了逗留整整十八年的疏勒。他打馬離開疏勒的那天早晨，天陰沉著臉，地罩著層沙，送行的人一眼望不到盡頭，他一步一回頭地回首致意，直到所有人都淡出了他的視線，只剩下天空中的飛鳥。一路上，他低頭不語。是啊，這個距離中原萬里之遙，但已成為第二故鄉的極遠之地，寄託著班超多少愛恨情仇啊。

永元七年（九五年），劉肇頒布詔書說：「班超歷盡艱險，坐鎮西域二十二年，西域各國無不賓

7 漢和帝永元元年，權臣竇憲率兵伐匈奴，班固任中護軍。竇憲大破匈奴後，班固撰〈竇將軍北征頌〉一文，對竇憲北征匈奴大加歌頌。洛陽令種競被班固家奴醉罵，因此懷恨在心。永元四年竇憲失勢，被迫自殺，班固受牽連被免官。種競利用竇憲事敗之機，逮捕班固，日加笞辱，班固在獄中過世，年六十一歲。

服。班超除掉依附匈奴的國王，改立心向漢朝的國王，不動絲毫錢糧，不須大軍遠征，便得遠夷之和，同異俗之心。鑑於班超立下大功，封班超為定遠侯，食邑一千戶。」（超遂踰蔥嶺，迄縣度，出入二十二年，莫不賓從。改立其王，而綏其人。不動中國，不煩戎士，得遠夷之和，同異俗之心，而致天誅，蠲宿恥，以報將士之讎。……其封超為定遠侯，邑千戶）

英雄歸去，帶走東漢帝國的最後餘暉

那應該是劉肇上任以來少數幾個吃不下、睡不好的日子。他閉上眼睛，體味著焦急、疑惑、擔心、沮喪混雜在一起的感覺。他隱約意識到，班超兄妹的上疏已經在群臣中傳揚開來，他其實已經沒得選擇。

靠著班超，東漢不僅稱霸關內，而且業已橫行西域。漢的光輝達到了頂點，似乎從天上的行星到地上的沙土，都畢恭畢敬地遵循著漢的指令運行；似乎漢已經君臨天下，振長策而御宇內，普天之下莫非漢土。

世紀初的西域天空閃爍著金色光芒，象徵著漢帝國的全盛時期。這樣的偉大時代在東漢史上是空前的，或許也是絕後的。然而，這個統一的帝國注定只能曇花一現，喧囂一時，終究要像春花一樣凋零於地，像泡沫一樣化為無形。

因為，東漢在西域並未建立起與中原一致的郡縣體制，原來的西域諸國仍在運行，西域都護府只是一個代管者、協調者而已；未推行與中原一致的土地與賦稅制度，原來的西域諸國並無義務向東漢納賦，各國的權力與西周時期的封國並無二致；未實行與中原一致的法律制度，西域諸國各有各的法律體系；也未將中原的文化推行到西域，西域諸國仍各有各的文字、語言與習俗；最關鍵的是，東漢連軍隊都沒有統一，西域諸國各有各的軍隊，歸國王統轄，當西域某國發生叛亂或受到外來攻擊時，才按照西域都護府的號令出兵，而是否按時出兵還要看國王的心情。也就是說，西域諸國之所以如此恭順地聽命於東漢，不是因為東漢在西域設立了什麼都護府（都護府漢兵數量有限），而是因為有一個智慧、強悍、義薄雲天、令人折服的班超。一言以蔽之，真正發揮作用的，是班超的人格魅力。在西域諸王眼裡，班超是個戰神，是個魔鬼，是個詛咒，誰想得罪他，就必須先摸摸自己脖子上長著幾顆腦袋。

如果春風已將原野吹綠，不用很久，秋霜一定會將它染紅，這是季節的律動；如果你現在身強力壯，終有一天，歲月會使你老態龍鍾，這是生命的律動。班超也吃五穀雜糧，也和常人一樣會生病；班超阻擋不住太陽東升西落，也和常人一樣會老去。特別是，他已近七十歲了。俗話說，人生七十古來稀啊！

人們開始感到不安，似乎有什麼重大事件即將發生。儘管西域都護府這座大廈依然高高聳立，看上去依然那麼雄偉壯麗，那麼牢不可破，但氣氛卻變得凝重起來，一種山雨欲來之勢壓抑在人們心中。眺望天際，人們隱約看到一片小小的烏雲，那麼不起眼。沒人知道，它即將帶來一場疾風驟雨，將老都護辛辛苦苦壘砌起來的大廈徹底抹去。

在暴風雨到來前，讓我們再次抬頭看一眼西域黃金時代的天空，作為最後的紀念。這可是一片東西上萬里、南北數千里，雲集了四十八個國家的疆域呀，白種人、黃種人、混血人在這裡安然棲居，世界各地的商人在這裡隨意停留，這裡沒有戰火，沒有天災，大漠孤煙直，長河落日圓。金色的光芒照耀在老都護紋溝深深的臉上，把他身旁的土地都塗上了神聖的色彩。此情此景，不禁令人想起希臘神話中奧林帕斯山上的巍峨宮殿，以及宮殿前飲宴狂歡的宙斯和眾神們。

誰會想到，這震撼人心的壯麗，卻是斜陽投射在東漢帝國土地上最後的餘暉。

兄妹接連上疏請求，只願生入玉門關

永元十二年（一〇〇年）盛夏，宮裡的花樹落英滿地，洛陽的空氣濕熱得像要擰出水來，二十一歲的劉肇接到了一封遠方的上疏。上疏者是六十八歲的西域都護班超。他在上疏中動情地說：「臣聽說姜太公雖然封在齊，死後卻安葬在周；狐狸死時，頭往往朝著出生的山丘；代地所產的馬，總是懷戀北邊吹來的風。周與齊同在中原，相隔只有千里，太公尚且思戀故土，何況小臣遠處絕域，怎能沒有『依風』、『首丘』之情？當年蘇武滯留匈奴十九年，現在臣奉皇命駐守西域已近三十載，如果終老於此也將無怨無悔，只怕後人因此不願出使西域。臣不敢奢望到達酒泉郡，但求活著走進玉門關！我老而多病，身體衰弱，冒死上言，謹派遣我的兒子班勇攜帶貢品入塞，趁我活著的時候，讓班勇回去看一眼親愛的中國。」

看完這封上疏，劉肇打了一個寒噤。昨天夜裡他剛剛做了一個奇怪的夢，夢見洛陽西部的一個關城狼煙滾滾。難道，這個不祥的夢應在渴望東歸的班超身上？

皇帝在猶豫。

第二年農曆十月，洛陽進入中秋，天愈來愈陰沉，厚厚的烏雲堆積在空中，黑夜一天比一天漫長，金黃的落葉鋪滿了城中大道，偶爾吹過一陣涼爽的風，沙沙作響。從西域歸來的班勇見到了從未謀面的姑姑，姪子跪在姑姑腳下，姑姪二人泣不成聲。

第三年初春，冰雪尚未消融，寒風依舊刺骨。年輕皇帝的案頭上又多了一份上疏，上疏者名叫班昭，是班超的妹妹，東漢才女。她守寡後，一直幫助哥哥班固編撰《漢書》。在班固被酷吏冤殺後，是她最終完成了《漢書》的編撰，成為中國第一位女性史學家。如今，班昭已經五十六歲。

這封上疏是替哥哥求情的，大意是：「我的兄長班超僥倖立功，特蒙皇帝重賞封侯，我們全家將永遠銘記皇帝的恩德。哥哥當初出使西域，立志以生命報效國家。不意碰上陳睦事變，哥哥孤身輾轉掙扎於險地，以智慧與勇氣艱難維持著西域的局勢。每當爆發戰爭，他總是身先士卒，雖然身受重傷也不避死亡。幸蒙陛下神靈，他才得以延續生命於大漠，到現在已經整整三十年了。三十年啊，我們兄妹骨肉分離已久，就是見面恐怕也已經認不出對方。同他一道出使西域的將士都已不在人世，而年齡最大的哥哥也將近七十歲了。我聽剛剛歸來的姪子說，他身患重病，鬢髮皆白，兩手麻木，耳不聰，目不明，依靠枴杖才能正常行路。他雖想竭盡全力報答皇上的天恩，但迫於年歲遲暮，犬馬之齒將盡。而西域諸國素來對老人不敬，如不及時派人接替班超，恐怕壞人會伺機而動，萌生犯上之心。一旦發生暴亂，班超定然力不從心，其結果上會毀滅國家累世的功勛，下會廢棄忠臣長期的努力，那將是最為令人悲痛的局面啊！所以哥哥於萬里之外，懷歸國之誠，自己陳述痛苦焦急之心，伸頸企望，已過三年，但仍未蒙皇上省察。

「我聽說古代十五歲服役，六十歲免役。陛下登基以來，以至孝治理天下，得萬國之歡心，就連小國的臣子都體恤有加，況且班超已獲封定遠侯，所以我才敢冒死為班超乞求，乞求允許班超回鄉安度餘年。《詩經．大雅》說：『老百姓藉由勞動，可以得到小康。先施恩惠於中國，然後乃安定四方。』班超一在信中和我生別，今生恐怕真的見不到他了。我實在不忍看到班超壯年時盡忠於大漠，年邁時遺屍於荒野那悲慘至極的結局啊！如果皇上執意不允許班超歸來，西域一旦發生惡變，希望班超一家能像趙母、衛姬那樣，因事先上奏而免於牽連之罪。我愚笨不明大義，觸犯朝廷忌諱，萬望皇上見諒。」

讀罷上疏，劉肇已淚眼矇矓。那應該是劉肇上任以來少數幾個吃不下、睡不好的日子。他閉上眼睛，體味著焦急、疑惑、擔心、沮喪混雜在一起的複雜感覺。他隱約意識到，班超兄妹的上疏已經在群臣中傳揚開來，多數人既擔心又同情。如果不允許班超回來，他將是一個令人心寒的君主。直覺告訴他，他其實已經沒得選擇。

終於，劉肇詔命任尚接任西域都護，允許班超東歸故里。

在繼任者的選擇上，劉肇很是謹慎。任尚，也是一個幹才，具有擔任護羌府長史和戊己校尉的豐富經歷。對於這一任命，監察御史們無一反對。

即將離開西域的班超坐臥不寧。一連幾天，他既興奮，又痛苦。因為，他的根已經深深植入了浩瀚無垠的西域，他的夢已經完全融入了羌笛聲聲的邊關。

新西域都護苛刻嚴酷，激起西域各國反叛

臨行前，任尚要求老都護將經驗留下。班超告誡任尚說：「您一定要我提建議，我就貢獻一點愚見。塞外的官吏士兵，本來就不是孝子順孫，都是因為犯有過錯而被遷徙塞外，守邊屯戍。而西域各國，心如鳥獸，難以扶植，卻容易叛離。水至清則無魚，人至察則無徒，應當採取無所拘束、簡單易行的政策，寬恕他們的小過，只求總攬大綱而已。」（必不得已，願進愚言。塞外吏士，本非孝子順孫，皆以罪過徙補邊屯。而蠻夷懷鳥獸之心，難養易敗。今君性嚴急，水清無大魚，察政不得下和。宜蕩佚簡易，寬小過，總大綱而已）顯然，這是一位將軍置身激流漩渦之中卻能驚弦雁避、駭浪船還的原因所在，也是一位外交家在西域各國之間縱橫馳騁三十載的經驗之談。

表面上，任尚連連稱是，私底下，他卻不以為然地對手下說：「我原以為班君會有奇策，他今天所言不過平平罷了。」（我以班君當有奇策，今所言平平耳）

這位新西域都護行事苛刻嚴酷，不久就激起西域各國反叛。是啊，**如果你的心是一座火山的話，怎能指望從你的手裡開出花朵？**

一瞬間，閃電劃破了夜空，暴風雨終於來了。其實，也不能完全怪任尚。因為，班超在西域留下的烙印太深。換成任何一個人，都無法達到班超的威望與境界。況且，這位新都護根本聽不進老都護

的臨行囑託。在四面楚歌中，東漢不得不將任尚撤回，班超三十年的苦心經營一朝盡廢。

不管怎樣，班超該說的已經說了，該做的也都做了。至於西域的未來，他只有祈禱。

大漠重重，長路漫漫。長達三十年的西域征戰加上數月的長途跋涉，耗盡了老英雄的全部精力。永元十四年（一〇二年）八月，他一抵達洛陽便臥床不起，胸肋部的老病迅速加重。皇帝派來御醫問診和用藥，也未能挽留老英雄的生命。九月，班超撒手人寰，終年七十一歲。

有人說，他駕鶴西去了，因為那裡才是他的歸宿。有人說，他根本未歸來，因為他的名字已經和西域永遠熔鑄在一起了。

更多的人說，班超就是西域，西域就是班超。

千秋興嘆，甘英與羅馬失之交臂

若漢朝直接開通與大秦的商路會損害其壟斷利益，於是安息人不斷設置障礙，從中作梗，沒有向甘英提供更直接的經敘利亞的陸路，而是藉由船員之口陳說渡海的艱難，千方百計阻止漢使西行。

我本想結束班超的故事，卻發現有一件事不捨得遺漏，儘管有節外生枝之嫌。受命承辦這件事的，是班超的部下甘英，任務是「出使大秦」。

「大秦」，就是西方史書中的羅馬帝國。至於為什麼漢稱羅馬為大秦，《後漢書》的解釋是：「其人民皆長大平正，有類中國，故謂之大秦」「長大」是指身材，「平正」是指道德，意思是身材與道德都與中國人類似，所以叫大秦。如果這一解釋無誤，顯然這是隨便為別人取名字。更有意思的是，當時的西方人不稱中國為「漢」，而稱中國為「賽里斯」和「秦」。這算不算西方史學家報復中國給別人亂取名字呢？

永元九年（九七年），班超的部下甘英受命出使大秦。甘英率領使團從龜茲（今新疆庫車）啟程，經條支（今伊拉克）、安息（今伊朗），「窮臨西海而還」[8]。

西海，是什麼海呢？

中東地區在國際政治中號稱「五海之地」，環繞著阿拉伯海、紅海、黑海、地中海、裏海。甘英西行，可能去往裏海；也可能經過裏海邊緣向西北行走，抵達黑海岸邊；如果向西南行走，可能到達阿拉伯海的波斯灣；如果穿過伊朗、伊拉克、阿拉伯半島，他可能會到達紅海岸邊；他也可能一直向西走，來到地中海岸邊。也就是說，甘英所臨的西海，有可能是五海之中的任何一個。但《後漢書》又說這裡是「安息西界」，那麼最有可能就是地中海和紅海。不管這個西海是兩者中的哪一個，他只要再邁出一步、兩步，就可能進入「大秦」——偉大的羅馬帝國了。

但他卻受到安息人的恐嚇，沒能跨出至關重要的一步，從而與羅馬失之交臂。如果順利抵達羅馬，他很有可能見到羅馬皇帝涅爾瓦（Marcus Cocceius Nerva），並且帶回羅馬皇帝致東漢皇帝的國書，東漢與羅馬這兩個世界級帝國有可能共同締造世界歷史的新紀元。

可惜的是，安息人太狡猾，甘英太膽小。

眾所周知，**漢與西方交往通商，絲綢是獲利最為豐厚的品項。作為漢朝與大秦絲綢交易的中轉站，安息一直藉由壟斷通路而獲取暴利**。它之所以能夠實現貿易壟斷，是因為當時的安息是西亞一霸，西亞各國大多臣屬於它[9]。也許是考慮到若漢朝直接開通與大秦的商路會損害其壟斷利益，於是安息人不斷設置障礙，從中作梗，沒有向甘英提供更直接的經敘利亞的陸路，而是藉由船員之口陳說渡海的艱難，千方百計阻止漢使西行。

歷史記載，甘英臨大海欲渡，安息西界船員對甘英說：「海水廣大，往來者逢善風三月乃得度，若遇遲風，亦有二歲者，故入海人皆齎（音同「飢」，意指「帶著」）三歲糧。」見甘英遲疑，安息人又通過傳說渲染海上航行的恐怖：「海中有思慕之物，往者莫不悲懷，若漢使不戀父母妻子者可入。」[10]

甘英聞之，停下了西行的腳步。

有人分析，甘英之所以停止西行，一方面是因為膽小，另一方面則是他出身於內陸，對航海知之甚少，因而才輕信了安息船人對海上危險的誇張描述，只能對著對岸那個名叫「大秦」的國度望洋興嘆。他不知道大秦本名羅馬，更不知道羅馬人對來自中國的絲綢趨之若鶩，絲綢價格甚至一度成為帝國經濟的指標。

儘管功虧一簣，但他改寫了一個紀錄——**甘英是史書所載第一個到達地中海或紅海岸邊的中國人**。以孤傲著稱的近代學者王國維也禁不住讚嘆甘英說：「千秋壯觀君知否，黑海東頭望大秦。」

8出自《後漢書》卷八十八。
9見向達所著《中西交通史》，嶽麓書社，二〇一一年版。
10出自《晉書》卷九十七。

寧為唐朝疏勒鎮，不為西域疏勒國

說起來，這是疏勒王第三次遣使入唐了。面對一臉陽光的李世民，使者再度重申了上兩次的請求，言詞之懇切，態度之積極，令李世民怦然心動。但以敢於直言著稱的大臣魏徵卻不以為然。

東漢末年的風雲變幻，並未動搖疏勒君民「一心向漢」的信心與決心，因為他們再也不想讓班超的第二故鄉背上叛徒的罵名。永建二年（一二六年），疏勒王臣磐派遣使者朝貢，漢順帝拜臣磐為漢大都尉。

東漢衰落後，中原陷入曠日持久的內戰。在隨後的四百年間，中原皇帝換了上百位，疏勒王也經歷了幾十代，他們先後被迫役屬於龜茲、嚈噠、突厥等，但仍一如既往地與中原割據政權保持著進貢關係。

三次遣使入唐，疏勒王積極煽動李世民的野心

寒意終難久，報春三兩枝。唐朝的建立，特別是東突厥被唐朝滅亡的喜訊，很快點燃了疏勒王歸附中央王朝的信念。貞觀九年（六三五年），疏勒王使終於衝破西突厥的軍事高壓，來到長安面見李世民，當面表達了恢復中央對西域統轄的強烈願望。

疏勒王的舉動使西突厥可汗大為恐慌。這一次，西突厥痛下血本，把一位美貌的公主下嫁給疏勒王，企圖以聯姻拴住他。疏勒王不為所動，一年後再次祕密遣使入唐。

貞觀十三年（六三九年），長安又一次出現了胡人打扮的使者。說起來，這是疏勒王第三次遣使入

唐了。面對一臉陽光的李世民，使者再度重申了上兩次的請求，言詞之懇切，態度之積極，令李世民怦然心動。但以敢於直言著稱的大臣魏徵卻不以為然。

疏勒王使當然知道魏徵之言在皇帝心中的分量，一股從未有過的失望湧上心頭。

望著疏勒王使落寞而去的背影，四十歲的李世民眉頭皺了起來。散朝後，他留下中書令、山東淄博人房玄齡，就疏勒王三次遣使之事對房玄齡說：「我南征北戰平定了天下，建立了唐朝，四方的少數民族無不欣然前來歸附。但像疏勒這些西域小國，至今處於苦難之中無法自保，實在讓人痛心。希望你們認真輔佐我，不要老是說些喪氣話，讓我難下決心啊！」也許，此時他已經產生了在西域設置安西都護府及四大軍鎮的想法。

高昌王無理言行推波助瀾，唐果斷設立安西都護府

不久，李世民派到高昌國的問罪使李道裕回到長安，報告了高昌王麴文泰的種種無理言行。李世民大怒，任命吏部尚書侯君集為交河行軍大總管，左屯衛大將軍薛萬均為副總管，率步騎數萬及屬國軍隊，於當年冬天遠征高昌。貞觀十四年（六四〇年）八月，唐軍進占高昌。隨後，李世民不顧魏徵的勸阻，果斷地在交河城設置了安西都護府，以喬師望為首任督護。

貞觀二十年（六四六年），在唐軍的步步緊逼下，西突厥乙毗射匱可汗向唐遣使求和，並提出聯姻請求，答應割讓疏勒等五國作為迎娶唐公主的聘禮。

李世民當然不會答應。貞觀二十二年（六四八年）底，唐朝大將阿史那社爾蕩平了龜茲，疏勒、于闐也望風而降。

貞觀二十三年（六四九年），五十二歲的李世民下令將安西都護府從交河城遷往龜茲，同時宣布建立龜茲、焉耆、疏勒、于闐四鎮，統歸安西都護府轄制。同年七月十日，一代豪雄李世民駕崩於含風

殿。從此，疏勒有了唐朝駐軍。這就意味著，李世民在生命的最後一刻完成了那位疏勒王及其使者孜孜以求的心願。疏勒鎮設立時，不知那位三赴長安的疏勒使是否健在？

西突厥、吐蕃作亂西域，逼疏勒王叛唐攻打于闐

李世民駕崩後，西域風雲驟變。

永徽元年（六五〇年），唐高宗李治繼位。吐蕃公然叛唐，攻陷了安西四鎮。李世民在世時任命的唐瑤池大都督、突厥人阿史那賀魯也發動大規模叛亂，在擊敗乙毗射匱可汗後自稱西突厥可汗，然後與吐蕃爭鋒，整個西域陷入混戰。

顯慶三年（六五八年），唐將蘇定方、蕭嗣業擊敗並生擒了阿史那賀魯，西突厥汗國從此走下歷史舞臺。但漏網的西突厥殘部由思結闕俟斤都曼帶領竄往天山以南，脅迫疏勒王聯兵攻破于闐，企圖勾結吐蕃共同對抗唐軍，但幾個月後也被唐軍擒獲。

龍朔二年（六六二年），西突厥殘餘一直在疏勒一帶作亂。三年後，西突厥人將刀架在疏勒王脖子上，逼迫他發兵與吐蕃、突厥人一起聯合進攻大唐的于闐鎮。但疏勒軍民始終不甘擔起叛唐之名，隨時伺機擺脫突厥與吐蕃的控制。而唐為了奪回安西重鎮疏勒，也派大將蕭嗣業發兵征討。

蕭嗣業，唐朝名將，出身於蘭陵蕭氏，早年曾跟隨隋煬帝左右，隋朝滅亡後隨蕭皇后逃入東突厥避難，李世民當政後回歸唐朝，作為蘇定方的助手出征西突厥，因親手擒獲阿史那賀魯而名聲大震。聽到蕭嗣業西進的消息，西突厥首領心驚不已，被迫帶上疏勒使者入朝請罪，疏勒重新回歸大唐。

對於重新控制疏勒，李治很是興奮。但如何才能有效控制這個極西的軍事要地呢？一向審慎的他陷入了沉思。

中庭月色正清明，無數楊花過無影。他站在窗前，任晚風吹拂著他瘦削的臉頰。突然，他的身子

開始搖晃。一個太監大喊：「皇上的風眩症犯了——」

武后與李治咬耳朵，疏勒升格為都督府

> 每次上朝，武后都會垂簾於御座之後，與聞政事，幕後指揮。再以後，風眩日重的李治難以臨朝聽政，政事皆決於武后。對於如何更好地控制西域，當然也要聽武后的主意。

李治的風疾，是宮內盡人皆知的老毛病了。因為身體不好，他常常讓皇后武則天幫自己處理政務。

早在永徽六年（六五五年），二十七歲的李治立三十一歲的武則天為皇后那天起，見多識廣、行事果斷的武則天就開始為體弱多病的李治出謀劃策。麟德元年（六六四年），上官儀試圖借助李治廢除武后，結果反被武后殺掉。此後，武后將李治牢牢掌控在股掌之間。每次上朝，武后都會垂簾於御座之後，與聞政事，幕後指揮。再以後，風眩日重的李治難以臨朝聽政，政事皆決於武后。對於如何更好地控制西域，當然也要聽武后的主意。

上元二年（六七五年）正月二十一日，李治支撐著病體上朝。鑑於于闐王抗擊吐蕃有功，李治下詔：「升于闐鎮為毗沙都督府，以于闐王尉遲伏闍雄為大都督，府下設五州，屬安西都護府管轄。」[11]聽完詔書，群臣山呼萬歲。李治終於做了一次主，他的臉上露出久違的笑意。

三月的長安，桃紅柳綠，蝶飛蜂舞，花光人面，掩映迷離。受惑於陽春的景致，李治與武后結伴春遊。結果，風眩症又犯了。於是，他召集大臣們商議，準備讓武后攝知國政。中書侍郎郝處俊阻止

他說：「天子理外，后理內，天之道也。陛下怎能以高祖、太宗之天下委天后而不傳子孫！」中書侍郎李義琰也表示反對，李治便不再堅持自己的意見[12]。

一天，武后向李治建議說：「你單獨將安西四鎮之一的于闐升格為都督府，其他三鎮如何平衡？況且疏勒的戰略位置不亞於于闐。」

李治問：「天后的意見呢？」

「我意是將疏勒、焉耆、龜茲全部升格為都督府，一來可以收買本地國王之心，二來可以派駐唐兵屯墾，以便將這些地區徹底控制在朝廷手中。」

李治感覺有理，便一一答應。

武后以李治的名義下詔，將疏勒、焉耆、龜茲三鎮全部升格為都督府，任命本地國王為大都督，都督府下設司馬與參將，前者協助都督理政，後者主辦漢文文書。都督府下設數州，各州首腦為刺史，也由本地貴族兼任。

詔書傳到疏勒，受益者無不額手稱慶。

吐蕃捲土重來，安西四都督府淪陷

新設的疏勒都督府，治所設在伽師城（今喀什以東二十五公里的汗諾依古城），東北接龜茲都督府，西接休循州都督府，東南接毗沙都督府，轄境西達帕米爾高原，東北至今阿克蘇，東南至今皮山一帶，是安西各都督府中轄地最廣、領州最多的重鎮，在唐朝西陲牽一髮而動全身。因此，這裡除有疏勒鎮的常設地方部隊外，還有安西都護府直接控制的疏勒軍，常備兵力鼎盛時期達萬人以上，兵員大半來自內地，不足部分從西域補充。

意想不到的是，儀鳳二年（六七七年），吐蕃大軍捲土重來，再次攻占了疏勒，設立僅僅兩年的疏勒都督府名存實亡。到永隆元年（六八〇年）秋，安西四都督府全部淪入吐蕃之手。此時的吐蕃「地方萬餘里，諸胡之盛，莫與為比」[13]。

光宅元年（六八四年），六十歲的武則天宣布登基。由於連年征戰，朝中大臣多主張放棄安西，獨有武則天秉承唐太宗遺志，決心恢復對西域的控制。兩年後，疏勒人、唐忠武將軍裴沙鉢羅與安西大都護共同制定了收復西域的大計。

如意元年（六九二年），周朝武威軍總管王孝傑統兵大敗吐蕃，將吐蕃勢力趕出了西域，安西都護府和四大都督府得以全部恢復。聖曆元年（六九八年），疏勒大都督裴夷健曾遣使覲見周朝女皇武則天。

長安三年（七〇三年）冬，突騎施部首領娑葛自立為「可汗」，發動大規模叛亂，武則天下令發重兵征討。娑葛企圖先發制人，以五千騎兵部隊搶攻疏勒。駐紮在疏勒的安西都護郭元振，集中督護兵力與疏勒都督府兵占據了赤水河口的要津，使敵人一時無法突破。第二年夏天，周朝大軍大舉反攻，娑葛無奈投降，疏勒轉危為安。

在勝利的喜悅中，萬里之外的中原傳來消息，八十一歲的武則天退位，武則天的三子、四十九歲的李顯第二次登上皇位，國號從周改回唐。

疏勒都督府一片歡騰。

11《資治通鑑．卷二〇二》、《冊府元龜．卷九百六十四》有類似的記載：「以于闐國為毗沙都督府，分其境為十州，以于闐王尉遲伏闍雄為毗沙都督。」

12《新唐書．卷一百十五》記載：處俊諫曰：「天子治陽道，后治陰德，然則帝與后猶日之與月，陽之與陰，各有所主，不相奪也。若失其序，上謫見於天，下降災諸人。昔魏文帝著令，帝崩，不許皇后臨朝。今陛下奈何欲身傳位天后乎？天下者，高祖、太宗之天下，非陛下之天下，正應謹守宗廟，傳之子孫，不宜持國與人，以喪厥家。」中書侍郎李義琰曰：「處俊言可從，惟陛下不疑。」

13出自《資治通鑑》卷二百零二。

因疏勒成名的第一位唐將——張孝嵩

張孝嵩親率萬餘兵馬，西進數千里，對阿了達盤踞的連城發動猛攻，俘斬叛軍千餘人。大食、康居、大宛、罽賓等八國相繼遣使請降。但張孝嵩取勝後，不但沒得到封賞，反而被關進涼州監獄。

在西元八世紀的西域，期望獲得長期的安寧，是一個如同泡沫般美麗的夢，因為南方強大的吐蕃一直居高臨下，虎視眈眈。

連鬣狗都知道，骨頭啃不動便換一個更易著力的地方。正面強攻安西受挫之後，吐蕃大軍重闢蹊徑，於開元十年（七二二年）九月迂迴到喀喇崑崙山以南，企圖先攻占小勃律國[14]，而後北上進犯安西。很快，吐蕃攻占了小勃律九城，並包圍了都城孽多（今喀什米爾西北吉爾吉特），小勃律王沒謹忙一面組織抵抗，一面致信唐北庭都護張孝嵩：「勃律，是唐的西門。如果丟失，西方諸國都會附屬吐蕃，請都護趕快派兵援助。」（勃律，唐之西門，勃律亡，則西域皆為吐蕃矣）[15]

當時有兩個兄弟國，稱為大勃律[16]與小勃律[17]，位於吐蕃與西域之間，歷來是唐與吐蕃必爭之地。開元初年，小勃律王沒謹忙到長安朝貢，唐玄宗李隆基應邀在小勃律派駐了綏遠軍。受到攻擊的小勃律向唐求救，是理所當然的事。

調度疏勒援助小勃律有功，張孝嵩翻轉仕途升任安西都護

張孝嵩，字仲山，南陽（今河南鄧州）人，身長七尺，儀表非凡，雖是進士出身，但慷慨好兵，期望像班超一樣立功異域。開元三年（七一五年），他以監察御史的身分前往安西考察軍情。臨行前，李

隆基允許他在關鍵時刻見機行事，不必上奏朝廷。當時，吐蕃與大食對西域垂涎三尺，它們首先把目標選定在內附唐朝已久的拔汗那國身上，共同扶立阿了達為拔汗那新王，並發兵向拔汗那王遏波之進攻。遏波之兵敗後，逃往安西都護府求救。正在安西巡察的張孝嵩接到軍情，立即對安西都護呂休璟說：「不救則無以號令西域。」[18]鑑於張孝嵩有機斷專行之權，呂休璟將指揮權交給了張孝嵩。張孝嵩親率萬餘兵馬，一路山行水宿，西進數千里，對阿了達盤踞的連城發動猛攻，俘斬叛軍千餘人。大食、康居、大宛、罽賓等八國相繼遣使請降，準備乘機偷襲的後突厥阿史那默啜也退向漠北。但張孝嵩取勝後，不但沒得到封賞，反而被關進涼州監獄，後又被貶為靈州兵曹參軍，原因是有人控告張孝嵩貪污。

在漫長的人生中，總會有起有落。關鍵在於，起的時候要有落的準備，落的時候要有起的信心。落難之後，他潛心研究政治、軍事與地理，彷彿他不是經受災難，而是在準備功課。

真相大白後，他被任命為北庭都護。當時，唐北庭督護府轄區在天山以北，任務是「防制突騎施、堅昆、斬啜（武則天為「東突厥」取的名字）」。儘管北庭督護的地位比不上「撫寧西域」的安西都護，但畢竟有了一方展示智與勇的舞臺。

經歷過苦難歷練的張孝嵩，以清新的面貌重新走進史冊，一如暴風雨過後的絢麗彩虹。走到沙洲（今敦煌），他因斬殺蛟龍平定了水患而名聲大震。來到西域，又正好遇上小勃律王沒謹忙求救。

14在今喀什米爾西北部，先後附屬於唐朝和吐蕃。

15出自《資治通鑑》卷二百十二。

16在今巴蒂爾斯坦一帶，先後附屬於唐朝和吐蕃，今別稱小西藏。

17在今喀什米爾西北部，先後附屬於大唐和吐蕃。

18出自《資治通鑑》卷二百十一。

接到求救信，張孝嵩一刻也沒有怠慢，命令疏勒軍緊急馳援。十月二十九日，疏勒軍副使張思禮率領疏勒都督府兵與中亞士兵共四千餘人，快馬加鞭，晝夜兼程，翻越蔥嶺，穿過瓦罕谷地，進入小勃律北部邊境。得知援軍已到，小勃律王沒謹忙乘勢出擊，與唐軍從南北方向夾擊吐蕃大軍。經過幾晝夜鏖戰，殺死與俘虜數萬名吐蕃將士，丟失的城池全部光復。

由是，疏勒都督府威名大振，大都督裴安定於開元十六年（七二八年）被唐冊封為疏勒王，李隆基還在嘉獎令中說：「遂能扞披邊陲，歸我聲教……綏厥戎落，永為漢藩。」[19]張孝嵩也因功調任安西副都護，不久升任安西都護，晚年被封為南陽郡公。

算起來，他是因疏勒成名的第一位唐將。

宦官不笑，泯了將帥恩仇

只有急流勇退的人能成為歷史的偉人，夫蒙靈詧顯然不具備偉人的特質。他罵完高仙芝，又瞪著起草報捷書的劉單吼叫。唯一沒有挨罵的只有宦官邊令誠。這位宦官一臉不快，將此事密報給了皇帝。

下一位唐將因疏勒成名，還要等到十多年以後，他叫夫蒙靈詧（音同「察」），羌人出身，時任疏勒鎮守使。

開元二十七年（七三九年）秋，突騎施在唐朝西部重鎮——碎葉城[20]發動叛亂，發兵占據了怛邏斯。唐磧[21]西節度使蓋嘉運發兵進攻碎葉城，卻遭到碎葉城和怛邏斯叛軍的夾擊。危急時刻，蓋嘉運要求疏勒派兵馳援。接到命令，疏勒鎮守使夫蒙靈詧調集疏勒精兵，以閃電般的速度穿越疏勒西北的鐵列克山口，與拔汗那國王軍隊成功匯合，然後奇襲並攻克了怛邏斯。不僅確保了唐軍主力在碎葉城的全面勝利，也使先前被大食和突騎施威脅的中亞小國紛紛歸附唐朝。

開元二十九年（七四一年），碎葉城遭到西突厥達奚部圍攻。夫蒙靈詧再次奉命出兵，一舉擊潰了敵軍主力。

戰後，夫蒙靈詧榮升安西四鎮節度使，部將高仙芝也榮升安西節度副使。高仙芝，高句麗人，出身將門，姿容俊美，善於騎射，少年時代跟隨父親高舍雞來到安西前線，先後在安西四鎮節度使田仁琬、蓋嘉運手下任職，一直未受重用。其實這也正常，因為千里馬也需要伯樂識貨。接下來，自然是夫蒙靈詧慧眼識寶，高仙芝騰達有期。在夫蒙靈詧帳下，他被引為左膀右臂，成為冉冉升起的一顆將星。

高仙芝「坦駒嶺大戰」震驚中外，東羅馬、大食紛紛遣使來朝

不久，屢戰屢敗的吐蕃再次打起安西四鎮的主意。有了上一次兵敗小勃律的教訓，這一次吐蕃換了一種策略——和親。吐蕃以武力為後盾，脅迫西部的小勃律王與吐蕃公主成親，繼而收服了小勃律國。受其影響，附近的二十餘個小國也紛紛倒向吐蕃，絲綢之路又為之堵絕。

朝廷詔令夫蒙靈詧發兵征討，而夫蒙靈詧把出征的機會留給了節度副使高仙芝。

19 出自〈冊疏勒國王裴安定文〉。

20 今吉爾吉斯斯坦托克馬克城西南八千公尺處，詩人李白的出生地。

21 音「氣」，指沙漠，這裡指敦煌以西、高昌以東的大沙磧。

真正的英雄從不放過任何揚名立萬的機會。天寶六年（七四七年）八月，疏勒都督府旌旗蔽日，鼓號聲聲，行營節度使高仙芝帳前已聚集了一萬大軍。他命令疏勒守捉使趙崇玼（音同「此」）為前部先鋒，拔換（今阿克蘇）守捉使賈崇瓘（音同「冠」）為後應，高仙芝與部下封常清統領中軍，浩浩蕩蕩越過蔥嶺，渡過播密川（Pamir，帕米爾，也可能是烏滸水）進入小勃律邊境。當時的監軍是中使邊令誠，一個來自李隆基身邊的宦官。

這個宦官，是我們不得不說的人物，也是高仙芝與封常清一生避不開的瘟神。他中等身材，高鼻梁，嘴上沒有一根毛，一雙冷冰冰的小眼睛，眉毛幾乎擰在一起，臉上永遠帶著一種痛苦的微笑，就好像他已經憋不住了、非上廁所不可的表情。第一次見到這張臉，高仙芝就倒抽了一口涼氣，顯然，這是個需要小心應付的人。

唐三路大軍悄悄逼近小勃律西北部的連雲堡（今阿富汗東北的薩爾哈德）。連雲堡南依險峻挺拔的大山，北臨滾滾的婆勒川，地勢險要，易守難攻。堡內吐蕃軍人僅有千人，但堡南十五里的山上有八九千人駐紮。一旦唐軍被發現，堡內和山上的吐蕃守軍必將聯手頑抗，那將大大增加唐軍的進攻難度。次日清晨，趁婆勒川河水低緩，高仙芝率軍強渡河流，以雷霆萬鈞之勢發動攻擊，只一個時辰便斬敵五千人，活捉一千人，繳獲戰馬千匹，第一道屏障被迅速清除。

由於邊令誠畏懼不前，高仙芝只好留下他率老弱士卒三千人守城，自己則親率主力疾行三天進逼坦駒嶺。

海拔四千六百八十八公尺的坦駒嶺（今巴基斯坦北部的達爾科特山口），是興都庫什山最為險峻的山口之一。要想登臨山口，只有沿著冰川而上，別無他途，其艱難可想而知。唐軍以必死的決心，沿陡峭而濕滑的冰川攀援而上，終於越過山口，擊潰了小勃律叛軍，活捉了小勃律王與吐蕃公主，戰爭以唐軍大獲全勝告終。

這就是震驚中外的「坦駒嶺大戰」。戰後，蔥嶺以西的東羅馬、大食等七十二個國家受到強烈震懾，紛紛遣使來到長安，表示與唐朝永結睦鄰。

「越級上報」落人口實，邊令誠一封密報翻轉上下關係

秋來了，天地塗滿金色，高仙芝勝利班師，帶著數不清的戰利品，包括一批垂頭喪氣的俘虜，其中最大的俘虜就是反綁著雙手的小勃律王與吐蕃公主。大軍走到播密川，高仙芝再也難抑心中的喜悅與豪邁，命令手下劉單在河邊起草了捷報，並派中使判官王廷芳騎快馬進京報捷。

按照常規，作為皇帝任命的行營節度使，高仙芝完全可以直接向朝廷報告戰況。但畢竟，他還是安西副都護，是夫蒙靈詧的部下。這一「越級上報」的做法，引起夫蒙靈詧強烈不滿。

長江後浪推前浪，這是自然規律；一代新人換舊人，這是人生必然；父母締造了我們卻不理解我們，這就是進化。對此，經歷了諸多變故的他並非不明白，只是不甘心，就像絕大多數臨近退休的官員總是想方設法多做幾天一樣。只有急流勇退的人成為歷史的偉人，如華盛頓、如葉爾欽。

但夫蒙靈詧顯然不具備偉人的特質，因而當高仙芝一行回到都護府，他不僅未派一人出面迎接慰勞，而且一見面就破口大罵：「吃狗屎的高麗奴，你的于闐使是誰舉薦的？你的焉耆鎮守使是誰舉薦的？你的安西副都護使是誰舉薦的？你的安西都知兵馬使是誰舉薦的？你竟敢繞過我擅自奏捷！要不是剛立了功，馬上砍了你的腦袋！」（啖狗屎高麗奴！於闐使誰與汝奏得？焉耆鎮守使誰邊得？安西副都護使誰邊得？安西都知兵馬使誰邊得？此既皆我所奏，安得不待我處分懸奏捷書！奴當斬，顧新立功，故貸爾）

罵完高仙芝，他又瞪著起草報捷書的劉單吼叫：「就你會起草詔書嗎！」（聞爾能作捷書）

沒有挨罵的，只有宦官邊令誠。儘管如此，這位宦官還是一臉不快。他既怕死又冷漠，卻看不慣別人冷漠，於是將此事密報給了皇帝，可以說幫了高仙芝一個大忙。史載，他在密報裡憤憤不平地

說：「仙芝立下奇功反而受到死亡的威脅，以後誰還替朝廷賣命呢？」（仙芝立功而以憂死，後孰為朝廷用者？）[22]

肯定是密報發揮了作用，年底，李隆基宣布撤銷夫蒙靈詧的一切職務，任命高仙芝為鴻臚卿、攝御史中丞、安西四鎮節度使，封常清為慶王府錄事參軍、充節度判官。將小勃律王赦免後留在京城做皇帝的侍衛，改小勃律國號為歸仁，派歸仁軍守衛。

昔日的下級頓時變成上級，夫蒙靈詧害怕極了。每天醒來，他都會不由自主地摸摸脖子，看看腦袋是否完好無損。更奇怪的是，他每次遇到高仙芝，對方還像過去一樣恭恭敬敬。夫蒙靈詧害怕了，對方的恭敬背後是否包藏著更大的禍心？

最緊張的還不是夫蒙靈詧，而是經常在背後說高仙芝壞話的副都護程千里、押衙畢思琛、行官王滔、康懷順、陳奉忠等人。

一天，高仙芝將這些人找來。先是用手指點著程千里的腦袋說：「你面似男兒，心如婦人，你知錯嗎？」（公面雖男兒，而心似婦女，何邪？）程一臉蒼白，頻頻叩頭。高仙芝又責問畢思琛：「你奪了我城東幾千畝田莊，還記得嗎？」（爾奪吾城東千石種田，憶之乎？）畢狡辯道：「那是您看我生活艱難，好心送給我的。」（此是中丞知思琛辛苦見乞）高仙芝沒好氣地回應：「你那時作威作福，我是怕你，哪裡是看你可憐！」（爾時吾畏汝威，豈憐汝而賜邪？）高仙芝還高聲痛斥了王滔、康懷順、陳奉忠。

狗血淋頭的訓斥持續了一刻鐘，當五個人準備接受嚴厲的責罰時，高仙芝卻刀劍入鞘，代之以和藹的笑容：「如果我今天不當面把話說清楚，恐怕你們會整天提心吊膽。既然話已說完，過去就讓它過去吧。」（我欲不言，恐汝懷憂，言了無事矣）受訓斥的人沒有笑，但高仙芝燦爛的笑容足夠六個人分了。

消息傳到夫蒙靈詧那裡，這位老上司摸了摸腦袋，摸到了裡面的愚鈍。然後摸了摸胸口，安撫了懸著的心。

臨行前，夫蒙靈詧似乎有幾句抱歉的話想對昔日愛將說，不光是為了表達歉意，也是為了對方的前程，他多麼想告訴他，事業愈是輝煌，愈要冷靜、心定、寵辱不驚呀。但剛剛受到自己訓斥、如今又風光無限的老部下，能聽得進勸誡嗎？他欲言又止。

雲煙漫漫，漠風蕭蕭。駐馬躊躇，他身後是代表力量與尊嚴的都督府，風雨如晦，不堪回首；他眼前是日夜東流的塔里木河，默默無語，逝者如斯。

回到長安，這位名將一度淡出了人們的視線，正所謂「春花聞杜鵑，秋月看歸燕。人情薄似雲，風景疾如箭。」[23]他最後一次出現是天寶十四年（七五五年），時任安東副大都護並改名馬靈詧的他，被叛將安祿山派人誘殺。

老師死了，他曾經的助手能活下去嗎？

22此段故事出自《舊唐書》卷一百零四及《新唐書》卷一百三十五。
23引述自元代吳西逸〈雁兒落過得勝令〉。此四句為吳西逸暗指自己嚮往歸隱的理由。

凡動刀的，必死於刀下——名將的結局

高仙芝外出巡視剛進大帳，邊令誠就帶著一百名陌刀手趕到了。聽完敕書中羅列的罪狀，高仙芝滿臉冤屈：「我退兵，的確是罪，雖死不辭；然而說我剋扣軍糧，分明是誣陷我啊。」

夫蒙靈督的預感沒有錯，高仙芝的「越級上報」之舉只是他性格弱點的冰山一角。儘管高仙芝後來又打了幾次勝仗，被好大喜功的李隆基加授開府儀同三司，但這反而使他特立獨行、嗜殺無度的本性更加充分地暴露出來。到了後來，他為了邀功請賞，居然發展到誣衊中亞小國反叛，然後借此理由征討的地步，與唐關係最為密切的石國國王和突騎施可汗被他押到長安交由李隆基斬首。從進入長安的那一刻到被砍掉頭顱的那一瞬，這兩位可憐的西域國王一直呼天搶地地喊冤，聲嘶力竭地申訴，那喑啞的嗓音，哀怨的眼神，無助的表情，甚至讓殺人不眨眼的劊子手都有些不忍。可是，他們愈是喊冤，李隆基愈是覺得他們該殺，因為「一代明君」怎能懷疑自己的愛將而相信「反賊」呢？

高仙芝多行不義遭背叛，唐「怛邏斯之戰」慘輸大食

高仙芝所作所為，激起了境內中亞各國的反抗，給了西部強鄰——新興的阿拔斯王朝可乘之機。接下來，是一段逆勢而動、以沙搓繩的歷史鬧劇。面對阿拔斯王朝咄咄逼人的東擴，高仙芝企圖憑一己之力將漫天的夕暉化為旭日朝霞，於是在天寶十年（七五一年）先發制人，與副將李嗣業，別將段秀實一起，率領安西都護府兩萬漢兵，外加拔汗那、葛邏祿盟軍一萬人西進，在怛邏斯城與阿拔斯呼羅珊總督阿布率領的十餘萬阿拉伯聯軍交鋒。唐軍雖在兵力上居於劣勢，因高仙芝指揮有方，雙方

激戰五天仍未分勝負。就在相持不下的時候，葛邏祿部突然叛變，與阿拉伯聯軍前後夾擊唐軍，高仙芝率部潰逃。臨陣倒戈的拔汗那部又擋住去路，幸虧臂力超群的李嗣業用陌刀奮力殺開一條血路，他才率僅僅數千人逃回安西。

怛邏斯之戰，使唐朝在中亞的羈縻府州淪喪殆盡，唐的號令再也不能西出伊犁河，兩萬名被俘的唐兵和工匠被帶到大食。一個名叫杜環的戰俘，曾跟隨阿拔斯王朝使團到過中亞、西亞、非洲的十餘個國家，並於七六二年從海路回到了廣州。從他在遊記《經行記》中，人們得知被俘的唐朝工匠將瓷器、畫工、紡織等技藝傳入了中東[24]。更重要的是，中國的造紙術被帶到了撒馬爾罕，繼而傳播到開羅、義大利、西班牙，進而引發了歐洲的文藝復興。在今天的伊朗語中，中國式宣紙還被稱為「撒馬爾罕紙」。

李隆基聽信邊令誠讒言，高仙芝、封常清命喪潼關

戰敗後，高仙芝回京擔任右金吾大將軍。天寶十四年（七五五年）十一月，「安史之亂」爆發，面對叛軍的瘋狂進攻，唐軍副元帥高仙芝和北庭伊西節度使封常清決定收縮防線，退守潼關。

自認為幫過高仙芝的宦官邊令誠，多次向高仙芝索賄未果，趁機向李隆基進讒言，聲稱高仙芝無故失地且貪污軍糧，封常清畏敵如虎並動搖軍心。急於求勝的李隆基派邊令誠為監軍，代表自己到潼關督戰，並給了邊令誠一大特權：「拒絕出戰者，斬！」

拒絕出戰的封常清首先倒在了邊令誠刀下。

高仙芝外出巡視剛進大帳，邊令誠就帶著一百名陌刀手趕到了。聽完敕書中羅列的罪狀，高仙芝

24 見《杜環經行記》，中華書局，一九六三年版。

滿臉冤屈：「我退兵，的確是罪，雖死不辭；然而說我剋扣軍糧，分明是誣陷我啊。」（我退，罪也，死不敢辭。然以我為盜頡資糧，誣也）然後，他用一雙血紅的眼睛瞪著邊令誠說：「上是天，下是地，兵士都在，你難道不知道嗎！」（上天下地，三軍皆在，君豈不知？）[25]當時，營中將士都跟著大呼「冤枉」，一時怨聲震天，天地變色，但邊令誠不為所動。

美好的人性源自美好的制度，在君權至上的年代，單純講道理是一件很無力的事。再說，**向別人解釋自己是無用的，因為喜歡你的人不需要，不喜歡你的人不相信**。就這樣，高仙芝與封常清這兩個如雷貫耳的名字，先後在一個荒坡的臨時墓碑上找到了歸宿。說起來，他們被殺的確有些冤屈，可想一想那些冤死在他們刀下的中亞國王呢？這正應了耶穌基督的話：「凡動刀的，必死於刀下。」[26]

哈薩克斯坦也有句諺語，吹滅別人的燈，會燒掉自己的鬍子。迫於邊令誠的淫威，新上任的將領冒險出擊，中了叛軍埋伏，以至於全軍覆沒，邊令誠也成了俘虜。後來，邊令誠僥倖逃回唐營。唐肅宗李亨一見邊令誠，便命令手下將其拖出轅門斬首。邊令誠辯解說：「我對唐的忠心，天地可鑑啊！」但李亨憤憤地回應道：「出賣戰友的小人，留之何用？」

歷史上的作惡宦官多如牛毛，邊令誠的壞名聲儘管沒有魏忠賢、劉瑾、王振、汪直、安德海那麼大，卻也是很壞很壞的一個。有人認為他的壞，一部分是閹割手術後遺症，應予以同情；但唐肅宗的同情心有限，留給死難的將帥用還嫌不足，怎麼會分給這種喪盡天良的壞蛋？

隨著「安史之亂」爆發，唐再也無暇西顧。不僅如此，唐還徵發安西都護府精兵入關勤王，只剩老弱病殘守衛西域，以致不得不依靠新興的回紇勉強支撐殘局。

貞元五年（七八九年），中原僧人悟空在取經返國途中路過疏勒，見到了身兼唐大都督的疏勒王裴冷冷和疏勒鎮守使魯陽。他們仍然率領全體軍民，奮力抵擋著步步緊逼的吐蕃大軍。這就是「一心向唐」的疏勒；值得尊敬的疏勒。

史籍中最後一次提到安西，是貞元六年（七九〇年）。這一年，吐蕃大舉進攻西域，于闐與北庭先後陷落，疏勒也訊息全無。

「是佛告訴我這樣做的。」疏勒國王的領悟

隨著佛教在疏勒盛行，大量的伽藍、佛塔、僧舍拔地而起，西來東往的僧侶匯聚。疏勒成為與于闐、龜茲、高昌並列的西域佛教聖地。人們常常看見，國王臣磐跪在佛像前，焚香禱告，虔誠無比。

在歷史敘述中，但凡戰爭故事都過於引人注目，和平故事則因為略顯平淡而容易被忽略，比如佛教的傳入，就是溫文爾雅的故事，流淌了幾個世紀，綿延不絕。

西元前一世紀，使用粟特語的大月氏南遷大夏以後，對神奇而神祕的佛教產生了深深的敬仰之心。而此時的佛教發源地——印度，占上風的宗教已非佛教而是婆羅門教[27]。因此，佛教的中心從印度轉移到了貴霜。這個以富樓沙（今巴基斯坦的白沙瓦）為中心，與羅馬、安息、東漢並列的世界級帝國，領土已經與東漢的西域接壤。從地域上說，距離貴霜帝國最近的就是疏勒。因此，疏勒很可能成為西域最早引入佛教的國家之一。

25 出自《新唐書》卷一百三十五。

26《新約聖經．馬太福音》第廿六章五十二節。

血性男兒臣磐皈依佛門，將疏勒改造為西域佛教中心

永初年間（一〇七～一一三年）的疏勒國，就像安徒生童話裡的天國花園，藏在一般人看不到的西域角落裡，儘管河水清澈，花兒爭豔，仙女如雲，美酒飄香，但當地人已見怪不怪，習以為常，日子過得清淡如水，波瀾不興，要是有誰家的孩子夭折了，誰家的女兒入宮了，誰家的老太婆上吊了，都會引起不小的騷動。一天，城裡傳出一個爆炸性的新聞，說有人被殺了。殺人兇手名叫臣磐，是疏勒國太后的弟弟，國王安國的舅舅。他是一個講義氣、有血性的人，因為打抱不平，捅死了一個欺男霸女的貴族，按律應當入獄。事件發生後，國王安國將臣磐「流放」到貴霜帝國做人質，一來給死者家屬一個交代，二來使舅舅免除牢獄之苦。

臣磐來到富樓沙後，貴霜國王迦膩色迦破格接見了他。兩人一見如故，相見恨晚。之後，迦膩色迦給臣磐最高的禮遇，特意為他在印度、迦畢試國（即高附國）、犍陀羅國（在今阿富汗喀布爾河以南）建造了三座館舍，供他在冬、夏與春秋季節分別居住。每個館舍還建有一座伽藍，供他研修佛教。

「人質」臣磐從此成為佛教徒。

後來，安國病逝，因為無子，主政的太后立臣磐的姪子遺腹為疏勒王。消息傳到大月氏，臣磐求見貴霜國王說：「安國沒有後代，若從母姓中選擇疏勒王怎麼會輪到遺腹呢？我是遺腹的叔父，按照長幼有序的原則，應該優先立我為疏勒王吧？」大月氏王感覺有道理，便派兵將他送回了疏勒。巴基斯坦史書將這段史實記錄為貴霜帝國占領了疏勒，顯然大錯特錯了。

聞聽臣磐要回國，疏勒國內一片譁然。新王遺腹愁眉不展，惶惶不可終日；疏勒貴族們則眉開眼笑，奔相走告，他們一來佩服臣磐的為人，二來忌憚大月氏的兵威，於是一起奪取了遺腹的印綬，迎立臣磐為王。

許多大臣建議，為絕後患，應該立刻除掉遺腹。但此時的臣磐已非過去那個血腥的莽漢，勸人向

善的佛教已將他改造成寬容的智者。他下達詔書，只是將被奪了王位的遺腹降格為磐槁城侯。

有人不解，臣磐說：「是佛告訴我這樣做的。」

「那麼，佛是誰呀？」大臣們紛紛向國王投來熱切的目光。

於是，臣磐開始自上而下推廣佛教。

在處理政務與念經之餘，臣磐心中依舊掛念著貴霜的故居與伽藍，雖然遠隔高山大川，卻一直沒有中斷對佛的供養。而且，隨著佛教在疏勒盛行，大量的伽藍、佛塔、僧舍拔地而起，西來東往的僧侶開始匯聚到疏勒。最終，疏勒成為與于闐、龜茲、高昌並列的西域佛教聖地。人們常常看見，國王臣磐和一般僧眾一樣跪在佛像前，焚香禱告，虔誠無比。

也就是說，疏勒能成為佛教的一大中心，臣磐厥功甚偉。

只可惜，一心向善的臣磐死得過於淒涼。建寧元年（一六八年），年邁的他外出遊獵，被急於篡權的小兒子和得放暗箭射死。

和得弒父引漢討伐，疏勒因內憂外患而沒落

兒子殺死老子從而篡位，和得不是第一人，在他之前的匈奴單于頭曼之子冒頓這樣做過，在他之後的安祿山之子安慶緒也這樣做過。問題是，頭曼有錯在前，冒頓弒父在後；安祿山不是什麼好人，同樣不是好人的安慶緒弒父似乎也符合常理。但和得之父臣磐不但一心向善，而且愛民如子，對待兒

27 源於西元前二〇〇〇年的吠陀教，是今印度教的古代形式。它把人分為婆羅門（教士和學者）、剎帝利（貴族和戰士）、吠舍（農夫和客商）、首陀羅（奴隸）四個等級，而與此對立的佛教則主張眾生平等。西元前一八〇年後印度推行種姓制度，奉婆羅門教為國教，佛教在印度的地位一落千丈。

子們似乎也找不出任何可以指責之處，身為兒子的和得何以做出如此該受「天譴」的惡毒之舉呢？原因，還是國王頭上那燦爛的王冠和手中無上的權力。

自從人類社會有了國家和國王的那天開始，對極權的爭奪就一刻也沒有停止過，不管權力在誰手上，是爺爺、父親、叔伯，還是哥哥、弟弟、姪子。誰手中有王冠，我就搶誰；誰阻攔我，我就殺誰。

儘管每個國王都宣稱，王位是上天授給的，但總有人敢對其說不，總有人在私下鼓譟：「王侯將相，寧有種乎？」更多的反對者往往就在帝王身旁。在芸芸眾生眼中神聖與莊嚴的帝王之位，在身邊某些人看來，是唾手可得的東西。於是，高坐龍椅的皇帝行走於刀鋒，說不定哪個夜晚或凌晨，會有身邊人揣著匕首走到他床前；說不定哪一碗參湯、哪一碟美味裡，會有置他於死地的急性或慢性毒劑。於是，宮幔深處演繹出一齣齣禍起蕭牆的陰謀，流淌出一灘灘猩紅的王侯之血，傳出一起起被極權誘惑而扭曲了人性的骨肉相殘故事。

這不禁讓人想起流行於歷代盜墓者之間的一個「潛規則」。月黑風高之時，如果是父子倆一起進入某座大墓，當他們飽獲之後，特別是盜取了價值連城的寶物之後，必須按照父前子後的順序撤出。唯有如此，在前面鑽出盜洞的父親接起他們盜取的成果，還會拉兒子出來；假如相反，為父者可能會被兒子一腳踹回大墓深處。

無上的權力和爆發的財富對人性的扭曲，不但迅速、徹底，很難避免，而且無法醫治。是權力異化了人性，也異化出疏勒這則血腥的弒父案。

對於這起滅絕人倫的事件，身為西域守護神的漢朝表現出超常的憤怒。《後漢書》記載，兩年後，漢靈帝劉宏為了替臣磐報仇，派五百敦煌軍人，與戊己司馬曹寬、西域長史張宴帶領焉耆、龜茲等西域聯軍三萬餘人，一起討伐疏勒，把和得困在楨中城達四十餘天，可惜最終不了了之。對於漢朝來說，打不下來是我的能力問題，但我畢竟為臣磐做了點什麼。

而現藏於西安碑林的〈曹全碑〉則說，這次戰役以東漢大勝告終，城破之日，和得自己捆綁著出城投降，被漢朝按律砍去了腦袋。此舉的意義在於，誰若膽敢殺害被東漢加封的國王，先要摸一摸自己的脖子上有幾個腦袋。

臣磐死了，疏勒因內訌衰落了。好在，他所引入的小乘佛教頑強地傳承了下來。據記載：

永和十二年（三五六年），十二歲的鳩摩羅什從罽賓習佛歸來，在疏勒停留了一年。

隆安四年（四〇〇年），東晉高僧法顯西行途經疏勒，正好趕上當地舉行五年佛教大會。

貞觀二年（六二八年），唐僧玄奘取經經過疏勒，發現這裡有僧徒萬餘人，習小乘教說一切有部。

開元十五年（七二七年），新羅僧人慧超從印度回唐路經疏勒，發現這裡仍「有寺有僧，行小乘法……」

疏勒佛火繚繞、寺塔林立、僧徒遍城的狀況，一直持續到信仰伊斯蘭教的喀喇汗王朝東擴至此。也就是說，盤坐含笑的佛陀一直普照了疏勒近八百個春秋。

喀喇汗王朝崛起，伊斯蘭巨潮氾濫塔里木盆地

阿不都將伊斯蘭教定為國教後，立刻發起去佛教化印記的軍事行動，大量的佛寺、佛塔、洞窟被搗毀，僧舍被改作他用，僧侶被強迫改宗伊斯蘭教。幾乎一夜之間，金色的「佛教聖地」疏勒已成陳跡。

要敘述喀喇汗王朝，還須從蒙古草原上的回鶻說起。

這是一支不容小覷的力量，大唐的忠實盟友和草原霸主。但到了晚唐，回鶻汗國內訌不斷，屬部

黠戛斯趁機在葉尼塞河上游挑戰回鶻的權威。開成四年（八三九年），回鶻境內又遭遇了百年不遇的饑荒。雪災發生的第二年，十萬黠戛斯騎兵向回鶻發出了致命的一擊。回鶻履破可汗被殺，無限輝煌的回鶻汗國從此滅亡。

回鶻分五支南下、西遷。西遷主力由回鶻宰相馺（音同「撒」）職和外甥龐特勤率領，匯集十五部回鶻投奔原來附屬於自己的葛邏祿，遠遷到蔥嶺西部的楚河一帶，被稱為蔥嶺西回鶻。

蔥嶺西回鶻不甘心就此淪落，他們於九世紀末建立了名為喀喇汗王朝的袖珍小國。喀喇，突厥語意為偉大、強大、最高，而原意是黑色。因此，喀喇汗王朝又被多數史學家稱為黑汗王朝。但一些維吾爾語言學家對這一稱謂很有意見，他們認為就像「喀喇崑崙」不是「黑崑崙」而是「巍峨崑崙」一樣，不能簡單地把「喀喇汗王朝」直譯為「黑汗王朝」[28]。不容忽視的是，幾任喀喇汗在錢幣上先後自稱「桃花石・博格拉汗」、「東方與中國之王」、「東方與中國之蘇丹」。

首任汗王名叫毗伽闕・卡迪爾汗，建牙於巴拉沙兗（吉爾吉斯斯坦的托克馬克附近），稱喀喇斡耳朵（意為「大王帳」）。汗王死後，兩個兒子分別繼位：老大巴澤爾駐在巴拉沙兗，稱阿爾斯蘭（獅子）王，為大汗；老二奧古爾恰克駐怛邏斯，稱博格拉（公駝）汗，為副汗。

奧古爾恰克與薩曼王朝關係惡化。西元八九三年，薩曼王朝發動了聲勢浩大的伊斯蘭聖戰，喀喇汗副都怛邏斯被攻克，一萬五千名軍人被俘，他被迫遷都疏勒國舊地——喀什噶爾[29]。

不久，薩曼王朝伊斯瑪儀汗兄弟發生內訌，伊斯瑪儀汗的弟弟納斯爾在內訌失敗後來到喀什噶爾尋求政治庇護。為了利用伊斯瑪儀汗兄弟的矛盾打擊薩曼王朝，奧古爾恰克熱情接納了這位穆斯林王子，並且委任他為阿圖什地方長官。

期間，奧古爾恰克的姪子薩克圖・布格拉認識了納斯爾王子並與之結成了朋友。在長期的耳濡目染中，薩克圖偷偷皈依了伊斯蘭教，並取了阿不都・克里木的教名。

千萬不要低估薩克圖這位英俊少年，並認為他信仰伊斯蘭教只是順勢而為。其實，他轉變信仰包含著不為人知的勃勃雄心。他一邊暗中學習宗教知識，一邊祕密培養忠實信徒。經過多年的臥薪嘗膽，他在二十五歲時帶領穆斯林兄弟成功發動政變，奪取了博格拉汗位。

一上臺，他就宣布伊斯蘭教為合法宗教，號召臣民皈依穆斯林。然而，他的號召如石沉大海，幾乎沒有掀起什麼波浪，甚至有些佛教徒開始醞釀暴動。沒辦法，他只有舞動手中的權杖，開始自上而下地強制推行伊斯蘭教。回曆[30]三三〇年（九五一～九五二年），他又發動對巴拉沙兗的聖戰，打敗了拒絕接受伊斯蘭教的大汗，占領了巴拉沙兗。從此，伊斯蘭教成為喀喇汗王朝的國教，作為穆斯林標誌的星月旗開始在這片土地上獵獵飄揚。

武力去佛教化，金色佛國疏勒變伊斯蘭教大本營

阿不都·克里木將伊斯蘭教定為國教後，便立刻發起了去佛教化印記的軍事行動，大量的佛寺、佛塔、洞窟被搗毀，僧舍被改作他用，僧侶被強迫改宗伊斯蘭教，抵觸者受到殘酷鎮壓。幾乎一夜之間，金色的「佛教聖地」疏勒已成陳跡。

喀喇汗王朝強制推行伊斯蘭教並瘋狂迫害佛教徒的做法，引起了信奉佛教的東部鄰居大寶于闐李氏王朝的不滿。于闐國不僅對喀喇汗王朝的佛教徒暴動給予支持，而且還收留和庇護逃亡到于闐的佛教徒。於是，兩國關係急轉直下，從宋太祖建隆三年（九六二年）開始，展開了將近半個世紀的血腥肉

28 見魏良弢所著《喀喇汗王朝史》，人民出版社，二〇一〇年版。
29 維吾爾語直譯為「玉石」，引申為「美石般的地方」。還有「各色磚房」、「初創」之意。
30 又稱伊斯蘭曆、希吉來（意為「遷徙」）曆。第二任哈里發為紀念穆罕默德六二二年率穆斯林由麥加遷徙到麥地那，決定把西元六二二年七月十六日定為伊斯蘭曆元年元旦。

搏。

戰爭進程一波三折，有勝有負。天平在咸平二年（九九九年）發生傾斜，喀喇汗王朝順利滅亡了薩曼王朝，收編了大量伊斯蘭聖戰同盟軍，戰力急劇上升。景德三年（一〇〇六年），喀喇汗王朝占領了于闐城，導致具有千年文明、講印歐語的于闐人皈依了伊斯蘭教，開啟了塔里木盆地維吾爾化和伊斯蘭化的歷史巨潮。它在地圖上就像是一條氾濫的河流，逐漸向西域東部擴展。

至此，喀喇汗王朝達到鼎盛，疆域涵蓋今中國新疆南部，吉爾吉斯、塔吉克和哈薩克南部、烏茲別克東半部。首都設在巴拉沙兗，陪都設在喀什噶爾。伊斯蘭教傳入後，他們將用粟特字母創制的古回鶻文改為以阿拉伯字母創制的「畏吾兒字」。

喀什噶爾順理成章地成為西域伊斯蘭教的大本營。

將霧河絮語化作長詩——《福樂智慧》

浩渺的天宇之間，似乎有一道靈異之光，投射在佇立於河邊的他身上。那一刻，他感覺大腦中湧動起從未有過的詩意。這種靈異的感覺，引導他成為一個講述者，說出他聽到的那些神示話語。

在這世上我已遂心願，
對貪欲我也緊閉上雙眼。
對今生的求索我已厭倦，
萬年俱泯，再也無話可言。

這是回曆四六二年（一〇六九～一〇七〇年），作者快要完成長詩時寫下的幾行詩。他感覺自己已經用生命將該說的話用詩說完了，把世界寫盡了。他滿意了，因為自己有了兩種歸宿：喀什噶爾和這首長詩。

長詩名叫《福樂智慧》，直譯為「帶來幸福的智慧」，作者於一〇一二至一〇一七年間出生於喀喇汗王朝八剌沙兗名門世家，名叫玉素甫・哈斯・哈吉甫。青年時代，玉素甫來到喀什噶爾的「汗勒克買德力斯」——皇家伊斯蘭經學院，學成後留校任教。

喀什噶爾的吐曼（維吾爾語意為「霧」）河，是一條對玉素甫有過生命啟示的河流。

我不知道從什麼時候喜歡上了這條河
但它一直感動著我

那是一個炎炎夏日，河裡盛開著浪花，河邊斜倚著綠樹。已經讀完皇家伊斯蘭經學院的玉素甫來到河邊。浩渺的天宇之間，似乎有一道靈異之光，投射在佇立於河邊的他身上。那一刻，他感到自己的心飛出了胸膛，與那道光芒一起舞蹈，大腦中湧動起從未有過的詩意。這種靈異的感覺，引導他成為一個講述者，說出他聽到的那些神示話語。

又一個春風和煦的日子，他帶著一批學生來到吐曼河邊詠經唱歌。興之所至，他向學生們談起了自己的理想，並隨口吟詠出一句：「明麗的春天拉開了幸福之弓。」話音剛落，學生們一片驚呼，紛紛讚揚這是一句好詩。

學生們的驚呼，撥動了他心中那根詩的琴弦。望著水氣蒸騰的吐曼河，他腦中孕育出一個動人心魄的故事：在一個美麗的國家，有一位名叫「日出」的國王，勵精圖治，一心求賢。一天，一個名叫

「月圓」的人慕名求見，發誓報效國家。國王慧眼識才，任命「月圓」為大臣輔佐自己。「月圓」年邁辭世時，將自己的幼子「賢明」託付給了國王。國王對「賢明」非常信任，讓他承襲了父親的職務。「賢明」有一位宗親名叫「覺醒」，人品高潔，智力非凡，國王想任命他為官，讓他和「賢明」一起輔佐自己。然而，「覺醒」卻奉行遁世主義，躲進山林苦修，雖經「賢明」奉召三次敦請，卻始終不肯應詔出仕。隨著時光流逝，「賢明」也產生了遁世苦修的念頭，「覺醒」卻勸他忠心報效國王。不久，「覺醒」因病臥床不起，「賢明」前去探視。「覺醒」告誡他說，為人要懂得知足，順勢而為，人性不可違。「覺醒」死後，「日出」國王和「賢明」深感悲戚，對他高潔的人品緬懷不已。此後，「賢明」秉政更為勤勉，萬民安居，天下大治。

故事中的四個人物——日出國王、月圓大臣、賢明大臣、覺醒隱士，分別代表正義、幸運、智慧、知足。能否用一種特別的寫作形式，讓這四個人圍繞「幸福的智慧」展開討論：如何治理國家，建設理想的東方之國？

他有一種難以抑制的衝動，要把這個故事寫成長詩。長詩由無數個小故事組成，而整部長詩的結構就如同無數條小溪匯成的吐曼河。他一說出這個構想，學生們無不認可叫好。

閉關十八個月終於完成，匯聚伊斯蘭思想與智慧的傳世傑作

喀什噶爾的暮春，綠暗紅稀，落英繽紛。經過長期的積累與孕育，玉素甫的詩情終於爆發。他從喧鬧的校園裡神祕蒸發，躲進一個不為人知的小巷，在那個只能容下一人的小屋裡，開始了亦苦亦樂的詩歌創作。

第二年金秋的一個早晨，朝霞滿天，像玫瑰一樣清新，如紅綢一般柔曼。經過十八個月埋頭創作，一部長達八十五章、一萬三千兩百九十行的回鶻文長詩《福樂智慧》，終於在喀什噶爾誕生。書

完成了，總要給它找一個歸宿。詩人想了想，還是把它獻給東喀喇汗王朝的布拉格大汗吧，因為藉由他可以讓更多的人看到這部書。

一個天河燦爛、金風浩蕩的月圓之夜，詩人被召進布拉格大汗的王宮。大汗與親信們圍坐在一起，傾聽著詩人激情澎湃地朗誦著詩歌：

從東方吹來的春風，
給世界善良的人打開了天堂之路。
積雪消失大地充滿馨香，
脫去冬衣世界又穿上新裝。
此時宇宙瞧著自己，
看著別人，感到自豪又歡喜。
知識偉大智慧不可思議，
這二者特選的奴隸變得高大。

智慧和知識可以洞悉一切，
證明如此的話：
有知識者可以達到目的，
有知識者疾病遠去。
社稷的基礎建於正義之上，
正義之道乃社稷的根柢。
清醒和法制是國家基石，

又是治國的鑰匙和轡繩。
良法使國運昌盛，人民興旺，
暴政使國運衰微，天下不寧。
男兒若伸出才德的巨手，
巍巍高山也會向他低頭。
知識好比煉丹爐，
物質納入其中。
智慧好比王宮，
財富集於其中。

整部長詩以詩劇的形式，藉由四個虛構的象徵性人物之間的對話，頌英明君主，賜金玉良言，嘆國運興替，惋韶華易逝，堪稱一個思想庫，一曲社會歌，一部人生書。

大汗被這部皇皇巨著所震驚，特地賜予詩人錦袍，封詩人為哈斯．哈吉甫——可靠的侍從。

這部長詩的命運顯然要比之後誕生的《突厥語大詞典》幸運得多，一出世便為上層階級閱讀，受到了無數的讚譽。秦（指中原）人稱之為《帝王禮范》，馬秦（指于闐）人稱之為《治國南針》，東方人稱之為《君王美飾》，伊朗人稱之為《突厥語諸王書》，還有人稱之為《喻帝箴言》。作為一本書，它是幸運的。

©Wikimedia Commons

回鶻文長詩《福樂智慧》。德國東方學家拉德洛夫（V.V.Radlov）一八九〇年出版的維也納抄本複印件。

玉素甫病逝後，被大汗安葬在吐曼河畔的「巴日尕」（意為「軍營之地」）。

四百多年後，葉爾羌汗國拉失德汗與王妃阿曼尼莎汗祭拜詩人之墓時，發現詩人的靈位面臨洪水威脅，毅然決定將詩人的遺骨遷往「阿勒呑魯克」——如今位於喀什體育路南側的皇家陵園。當我們有幸進入墓室，映入眼簾的，就是墓牆上用維吾爾文、漢文、英文、阿拉伯文鐫刻的詩人格言：

智慧是明燈，給盲人賦予眼睛，
它賦予啞人以語言，死人以靈魂。
財物好比是鹽水一樣，
你愈喝愈渴，欲壑難平。
人的心田好比無底的大海，
知識好比珍珠，深藏在海底。

字字句句都重重叩擊心靈，使人受到久違的洗禮。

在喀什這座伊斯蘭文化園林裡，含苞吐蕊地綻放著兩朵奇葩，長詩《福樂智慧》是一枝，下一枝是一部詞典。

逃亡路上蒐集的智慧——《突厥語大詞典》

第一次世界大戰期間，一顆像是長了眼睛的炮彈炸開了阿里．埃米爾的書庫，其中有一本用阿拉伯文寫成的古書。教師穆阿里木將它帶回家研究，發現居然是「眾裡尋他千百度」的《突厥語大詞典》。

《突厥語大詞典》是喀喇汗王朝時期一筆沉甸甸的文化遺產。然而，這部大名鼎鼎的珍貴典籍，卻是一部富有爭議的大書。我們承認它在語言學上貢獻卓著的同時，也不得不對它在民族學上帶來的混亂深表遺憾。

本來，阿勒泰語系是一個語言學分類，其中的西部語族包括突厥語、回鶻語、葛邏祿語、薛延陀語、黠戛斯語、樣磨語、突騎施語、烏古斯語；突厥語和其他語言處於平等地位。但《突厥語大詞典》以純粹的語言學分類代替了民族分類，將「突厥」一詞變成了所有阿勒泰西支語言的共名，把與突厥不同種族、曾經臣屬於突厥或與突厥臨近的部落全部歸入突厥語族中，其中不僅包含了異姓突厥的烏古斯、樣磨、處月等，而且把歷史比突厥還久遠的回鶻、黠戛斯、黨項等也包羅進去。按照這一分類，現在講突厥語族語言的人主要分布在俄羅斯、中國、土耳其、哈薩克斯坦、烏茲別克斯坦、吉爾吉斯斯坦、土庫曼斯坦、阿塞拜疆、伊朗、阿富汗、蒙古等國，人口超過一億。中國操突厥語族語言的有維吾爾、哈薩克、柯爾克孜、烏孜別克、裕固、撒拉、塔塔爾以及蒙古族圖瓦人，人口近千萬。難道他們都是突厥人嗎？

照理說，《突厥語大詞典》乃是一家之言。問題在於，西方學者最先是透過中亞書籍而不是漢文正史認識突厥的，因此「突厥」在西方書籍中由一個民族專稱變成了語言學泛稱，土耳其泛突厥主義者更是對此大作文章，就連今天少數無知的維吾爾族人也稱自己是突厥人。

用一本書占有江山，十一世紀新疆和中亞的百科全書

作者出生在喀什市西南四十八公里處的烏帕爾阿孜克村，其祖父侯賽音・本・穆罕默德是東部喀喇汗王朝大汗，父親艾米爾・侯賽音是一個城市的總督，後來繼承了大汗之位。一〇五八年，王朝爆發政變，大汗被自己的小妃毒死，大量王室成員被殺。在宮廷政變中，有一個人隻身逃出喀什噶爾，他就是艾米爾・侯賽音的兒子穆罕默德・喀什噶里。

他頭戴色蘭，身背給袢，匆匆行進在蒼茫山水間。身後的喀什噶爾，王室成員的血已經凝結，那位陰毒王妃的兒子已經就任大汗，他只能遠離這個血雨腥風的是非之地，翻越帕米爾，向中亞的文化名城布哈拉、撒馬爾罕持續逃亡。一路上，他虛心求教，精心收集突厥人、土庫曼人、處月人、樣磨人、黠戛斯人的各種資料，幾乎走遍了突厥語族的所有村莊和草原。一〇六七年，他終於抵達了塞爾柱蘇丹國首都——巴格達。

在巴格達，出身喀喇汗王朝的蘇丹王后托爾坎哈敦給了他很大的幫助，鼓勵他從事學術創作，一切費用都由她支付。此後，他傾聽著幼發拉底河與底格里斯河的濤聲，像左丘明、司馬遷一樣埋頭著述，歷經兩千多個日夜，終於用阿拉伯語寫成了世界第一部《突厥語大詞典》。

從書齋裡走出來的那一天，他已是六十五歲的皓首老者。抬起慧眼與長髯，面對著巴格達的燦爛陽光，他老淚縱橫。

一〇七四年二月，他將書稿獻給了阿拉伯世界名義上的統治者——阿拔斯王朝哈里發[31]阿布・哈希姆・阿布杜拉・伊本・穆罕默德・穆格塔迪。他是如此慎重，如同交出自己唯一的愛女。他明白，在動亂的年代，哈里發更能將自己的智慧與心血保存下去。

《突厥語大詞典》有八大部分，七千五百條詞目，兩百七十七首詩歌，兩百一十六條諺語，提供了包括維吾爾在內的突厥語各民族的語言、文字、人種、歷史、民俗、天文、地理、農業、手工業、

醫學以及政治、軍事和社會生活知識，堪稱十一世紀新疆和中亞的百科全書。他還用抒情的筆調，寫下了如許的格言警句：

羊羔無骨髓，孩子無智慧。
樹多鳥來棲，漂亮招人議。
勤人滿嘴油，懶漢血滿頭。
截木要長些，截鐵要短些。
二上加一成千，一滴滴流淌成河。
有路標不會迷路，有知識不會失言。
大風可以驅散烏雲，賄賂可以打開官府大門。
不經試驗，就會受騙；不動腦筋，就要失敗。
憑計謀可把獅子捕捉，憑蠻力連老鼠也難逮著。
貓兒吃不到掛著的油塊，卻說牠不需要人們的東西。
儘管油膩人，油還是好的；儘管太陽炙人，太陽還是好的。

人類歷史幸運地少了一個多如牛毛的官僚，多了一個名垂千古的文人。試想，沒有敢於拋開生命去追尋靈魂的激情，又怎能寫出振奮人的生命並使靈魂得到昇華的作品呢？他放棄了江山嗎？不，他用一本書占有了江山——這是一本書的勝利，也是一個人的凱旋。

歷經數個世紀、幾番戰火，《突厥語大詞典》終於落腳伊斯坦堡圖書館

此時，阿拔斯王朝的實權已轉移到昔日的部下——塞爾柱蘇丹手中，哈里發既無權威又無前途可言。因此，收到這本書後，哈里發欣喜萬分，一直將其珍藏在王宮之中。不久，巴格達遭遇攻擊，王宮在戰火中化為灰燼，《突厥語大詞典》也不知去向。

這部書雖然沒有發行，但阿布已為它做了宣傳。戰爭結束之後，人們四處尋覓這部巨著，但杳無音訊。

一百九十年後的一天，巴格達街頭出現了一個蓬頭垢面的女乞丐，她背著一個包袱，徑直走向王宮。衛士橫刀攔住了她，她告訴衛士，她有一件珍寶要獻給哈里發。

哈里發在王宮裡接見了她——已經淪為乞丐的阿布後裔。她打開包袱，將珍藏多年的《突厥語大詞典》獻給了哈里發。

哈里發喜出望外，立即組織學者將詞典抄了幾十部。沒過多久，十字軍二次東征，戰火又一次燒向巴格達，詞典再次失蹤。

直到一九一四年，一位飢寒交迫的女人——奧斯曼帝國大臣納吉甫．貝伊的後裔，為了填飽肚皮，透過書商將祕密收藏了幾百年的《突厥語大詞典》賣給了土耳其貴族——藏書家阿里．埃米爾。不知為什麼，阿里．埃米爾並未讓它面世。

但冥冥之中，似乎受到真主的保佑，在戰爭中兩度沉默，然後又因戰爭而被發現，以至於最終不滅。第一次世界大戰期間，一顆像是長了眼睛的炮彈，炸開了阿里．埃米爾的書庫，人們從大量藏書中發現了一本用阿拉伯文寫成的古書，但因為沒有人能看懂它，所以一個名叫穆阿里木．里費阿特的教師將它帶回家，做了一番研究。

在恍惚的油燈下，打開瀰漫著墨香的古書，教師的血液沸騰了。原來，眼前就是「眾裡尋他千百

31 哈里發是伊斯蘭教的宗教及世俗的最高統治者的稱號。

度」的《突厥語大詞典》。

這部彌足珍貴的歷史文獻最終得以刊行天下。它是世界上僅存的抄本，現珍藏於伊斯坦堡圖書館。對這本書而言，時間彷彿是一個打磨器，思想和智慧在其作用下愈加閃耀著真理的光芒。

元豐三年（一〇八〇年），將作品奉獻給哈里發後，穆罕默德．喀什噶里心願已了，七十二歲高齡的他隨一個訪問喀喇汗王朝的巴格達使團返回故鄉喀什噶爾，在今疏附縣的毛拉木貝格村開辦了一所學館，度過了最後幾年的教書生涯，死後被安葬在烏帕爾山上。從此，這座小山被維吾爾族稱為「艾孜熱特毛拉木」，意即「聖人山」。

因為他的中國情結，《突厥語大詞典》的作者一再表明自己是秦人。在詞典的地理山川部類，他把東部的于闐稱為上秦、馬秦，名稱為「桃花石」；把中國的中原稱為中秦，名稱為「契丹」；把以喀什噶爾為中心的喀喇汗王朝稱作下秦，名稱為「巴爾罕」。

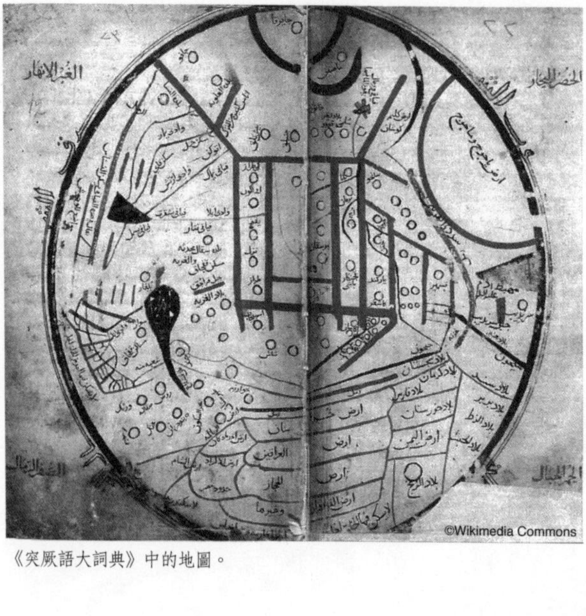

《突厥語大詞典》中的地圖。

如今的聖人山，險不過崑崙，秀不如天山，樸素得像真理一樣，遊人稀稀落落，風景也談不上如畫，但靜謐、雋永、溫婉，一群鳥兒輕輕掠過，幾隻羊兒低頭吃草，如浴如洗，纖塵不染，儼然是一個安放人類心靈的地方。站在穆罕默德．喀什噶里墓前，我的腦海裡突然浮現《突厥語大詞典》中的名句：

你看著我，
就是治療我。

鐵蹄聲聲，一代新王換舊王

屈出律糾集散失在東部的乃蠻部和篾兒乞部將士，浩浩蕩蕩地殺回西遼都城。久疏戰陣的西遼軍隊土崩瓦解，老國王乖乖地當了女婿的俘虜，屈出律堂而皇之地登上了西遼王位。

有生必有死，喀喇汗王朝也不例外。

天會七年（一一三〇年），一陣急促的馬蹄敲碎了西域的寧靜，遼國大將耶律大石率領一支哀兵輾轉西遷。短短一年，他就用激情劃破了帕米爾到鹹海之間的廣闊天空，使蔥嶺回鶻建立的東喀喇汗王朝和高昌回鶻建立的高昌國承認了他的宗主權。

紹興元年（一一三一年），耶律大石在新建的葉密立城（今新疆額敏）號稱葛爾罕（或菊兒汗，意為「普天下之汗」），國號仍為大遼（即西遼，又稱喀喇契丹）。兩年後，大石遷都巴拉沙袞。

西遼康國元年（一一三四年），耶律大石派出七萬大軍東征，接連征服了喀什噶爾、和闐、和州。康國八年（一一四一年），塞爾柱王朝蘇丹桑賈爾親率西域各國聯軍十萬人撲向新興的西遼，耶律大石則帶領契丹、突厥、葛邏祿和漢人組成的西遼聯軍迎戰。桑賈爾聯軍大敗，三萬多官兵橫屍荒野。戰後，塞爾柱突厥勢力退出阿姆河以北，西喀喇汗朝成為西遼的附庸。

好在，耶律大石對國民的宗教信仰採取寬容政策，伊斯蘭教並未遭受大肆摧殘。

然而，事態在西遼末代國王屈出律手中發生巨變。

屈出律，是蒙古草原上的乃蠻部太陽汗之子。太陽汗被成吉思汗擊敗後，屈出律於元太祖三年（一二〇八年）逃奔西遼。他相貌英俊且能言善辯，很快便騙取了西遼國王耶律直魯古的信任。耶律直魯古不僅將女兒渾忽嫁給了他，而且允許他帶大量軍費前去收集餘部。元太祖六年（一二一一年），屈出律糾集散失在東部的乃蠻部和篾兒乞部將士，浩浩蕩蕩地殺回西遼都城。久疏戰陣的西遼軍隊土崩瓦解，老國王乖乖地當了女婿的俘虜。於是，屈出律尊耶律直魯古為太上皇，堂而皇之地登上了西遼王位。在位子坐穩後，屈出律廢除了原來的王后，另娶了一位西遼公主為妻。

新王后是一個美人胚子，臉暈朝霞，腮凝晚翠，修短合度，穠纖得中。生得漂亮倒也沒有什麼，問題在於她是虔誠的佛教徒。她不僅規勸屈出律放棄景教皈依佛教，還要求屈出律逼迫全民信佛。要知道，這裡的國民多是穆斯林，伊斯蘭教在這裡已經扎根兩百餘年，伊斯蘭文化已經滲入居民血液，僅憑一張紅唇就要他們改變信仰談何容易。儘管如此，醉臥在酥胸秀腿之間的屈出律還是答應了這位美女的要求，逼迫伊斯蘭教徒放棄信仰，關閉了各大清真寺；把伊斯蘭教長剝光衣服，釘死在伊斯蘭教學院門口；他還強迫民眾改穿契丹服裝，在每戶穆斯林家中安排一名士兵住宿以便實施監督。

為打壓伊斯蘭教，屈出律磨刀霍霍，結果刀鋒卻對準了自己。元太祖十三年（一二一八年），成吉思汗派大將者別率軍進攻西遼，倍受虐待的伊斯蘭教徒紛紛叛歸蒙古，伊斯蘭教徒家中的西遼士兵被群眾逐個消滅。屈出律逃往撒里黑昆山谷，但被當地獵戶俘獲，獻給蒙古人後被立即處死。不久，成吉思汗將西遼舊地和畏吾兒故地封給了次子察合臺，這個新國家叫察合臺汗國。

明代，察合臺的直系後裔賽依德創立了葉爾羌汗國，疏勒舊地被劃入了葉爾羌的勢力範圍。清初，葉爾羌汗國被蒙古準噶爾汗國吞併。面對準噶爾人的不斷挑釁，乾隆出兵將準噶爾人殲滅，把天山以南納入了大清版圖。

北極熊與日不落國的較量

俄國一旦占據這裡，便可南下印度洋開闢出海口，威脅南亞次大陸，與占據印度的大英帝國相抗衡。而英國一旦占據這裡，便可控制中亞與東亞的經濟、軍事通道，徹底阻斷北極熊南擴的腳步。

喀什噶爾東邊，橫亙著塔克拉瑪干沙漠，以「商隊進得去出不來」而名揚天下；北邊、西邊、南邊依次聳立著天山、帕米爾、喀喇崑崙山三條巨大的山脈。要想來到這裡，人們或是從印度穿越喀什米爾的高山峽谷，經受大小「頭疼山」的折磨；或是從中亞的奧什啟程，持續攀登一個個達坂，以倒斃的駝馬為路標，與經驗豐富的商隊結伴同行。喀喇崑崙山口、紅其拉甫達坂、明鐵蓋達坂、烏孜別里山口、吐爾尕特、鐵列克山口，這一系列的關隘，既是他們人生的高度，也是命中的劫數。多少個世紀以來，不知有多少行旅或葬身於冰雪覆蓋的山隘，或將白骨留在了熱浪灼人的沙海之中。

也就是說，在電報與飛機發明之前，土城牆圍起來的喀什噶爾城，是世上最封閉、最孤獨、最不易進入的地方。然而，到了十九世紀晚期，當馮·李希霍芬提出「絲綢之路」這個概念之後，英、俄兩個超級帝國同時將目光聚焦到喀什噶爾。

他們為什麼看好喀什噶爾？地處亞洲腹地的喀什噶爾對他們意味著什麼？他們在喀什噶爾又將做些什麼？

打開亞洲地圖便會發現，**喀什之所以被大國覬覦，是因為它是塔里木盆地的門戶，位於東亞、中亞和印度次大陸的結合部，處在連接亞歐的絲綢之路的十字路口。**

版圖已經橫跨歐亞的沙皇俄國一旦占據這裡，便可南下印度洋開闢出海口，威脅南亞次大陸，與占據印度的「日不落」大英帝國相抗衡。而英國一旦占據這裡，便可控制中亞與東亞的經濟、軍事通道，徹底阻斷北極熊[32]南擴的腳步。看來，這裡不僅是絲路十字路口，還可能成為決定英、俄帝國和整個世界走向的十字路口。

英俄相爭近半個世紀，最大收穫是外交官夫人的回憶

光緒八年（一八八二年），俄國率先伸出魔爪，建立了領事館（今色滿賓館）。俄國駐喀什噶爾總領事名叫尼古拉·彼得羅夫斯基（Nikolai Petrovsky），斯文·赫定稱他是「喀什噶爾最有勢力的人」，當地人則調侃他為「新察合臺汗」。他的主要任務是廣泛搜集有關英國的情報，隨時向聖彼德堡報告。

光緒十六年（一八九〇年），英國在距離俄國領事館不足一公里的地方，建立了一個小領事館——「秦尼巴克」。秦尼巴克是一個中西合璧的詞，「秦尼」是英文「China」的譯音，「巴克」是維吾爾語「花園」的意思，連起來就是「中國花園」。這也是一座中西合璧的建築，是維吾爾園林浪漫情調與英式庭院典雅風格的融合。英國作家彼得·霍布科克說，這裡飄揚的英國國旗，是印度與北極之間飄揚的唯一一面英國國旗[33]。

最早住進秦尼巴克的，是一位二十四歲的年輕人，名叫喬治·馬戛爾尼（George Macartney），中文名馬繼業，父親是蘇格蘭人，母親出身中國江南的顯貴家庭。人們習慣稱他為英國駐喀什噶爾總領事，但他的實際職務只是英國駐喀什米爾公使的中國事務特別助理，專注於監視俄國領事館的動向，與來華的外國探險家周旋，收購流散在民間的西域文物。

光緒二十四年（一八九八年），他借著回英國度假的機會，帶回了新婚妻子——凱薩琳·波蘭德。此後，馬戛爾尼在妻子陪伴下，為了英國在中亞的存亡，苦守這份冷衙閒差，耗盡了大好年華。然而凱薩琳·波蘭德，這位蘇格蘭小家碧玉，竟成了秦尼巴克漫長歲月的見證，她以細膩、溫婉的筆調，寫下了西域探險史上的名作《外交官夫人的回憶》。文筆之優雅、生動，甚至可以和勃朗特（Bronte）

三姐妹相媲美[34]。

馬戛爾尼剛剛進入喀什噶爾時，處處受到彼得羅夫斯基排擠，已在喀什噶爾居住了八年的俄國總領事，根本沒把這個毛頭小夥子看在眼裡，甚至每週都出席同一個社交聚會，卻在兩年內完全不與馬戛爾尼講一句話。

而且，馬戛爾尼的身分十分尷尬，最初十九年他只是中國事務特別助理，直到宣統元年（一九〇九年）才成為英國駐喀什噶爾領事，進而在三年後升格為總領事。就這樣，他以現代人難以想像的敬業精神，在這裡一住就是二十八個春秋。

俄國十月革命爆發後，馬戛爾尼曾被派到蘇聯統治的中亞執行公務。民國八年（一九一九年），他從英屬印度政府退休，然後與妻子一起定居在英吉利海峽中的澤西島（Jersey）上。馬戛爾尼生性低調，沒有為後人留下回憶錄。他寫的官方日誌及情報報告，皆收藏在大英圖書館印度事務檔案部（India Office Records, IOR），一般人根本無權查閱。

而他的競爭對手彼得羅夫斯基，早在光緒二十八年（一九〇二年）就因健康原因卸任了。

英國末任總領事艾瑞克·西普頓（Eric Shipton）與妻子戴安娜（Diana）一起赴任。但「二戰」結束後，「日不落帝國」解體，美國成為新的世界霸主。更尷尬的是，民國三十六年（一九四七年），印度獨立，英屬印度駐喀什噶爾總領事館突然成了找不到上司的機構。第二年，西普頓被任命為英國駐中華民國昆明總領事館領事。儘管解放軍正大踏步走向大西南，昆明並不安全，但他沒有選擇的餘地。

32即俄羅斯。

33見彼得·霍布科克（Peter Hopkirk，一九三〇～二〇一四年）所著《絲綢之路上的外國魔鬼》（*Foreign Devils on the Silk Road*），甘肅人民出版社。

34見凱薩琳·馬戛爾尼（Catherine Macartney，一八七七～一九四九年，娘家姓為波蘭德〔Polland〕）所著《外交官夫人的回憶》（*An English Lady in Chinese Turkestan*），新疆人民出版社，二〇一〇年版。

撤離前，秦尼巴克一片狼藉，人們匆匆收拾行李。沒有音樂伴奏，也沒有鮮花襯托，西普頓親手降下那面已經有些破舊的英國國旗。他無收穫並不代表身邊人沒有收穫。他那不甘寂寞的妻子戴安娜．西普頓根據他們在喀什噶爾的經歷，撰寫了一本名叫《古老的土地》（*The Antique Land*）的回憶錄，被譽為可以與《外交官夫人的回憶》相匹敵的力作。不過，寫作此書時，這對夫妻已從昆明撤回了英國，而且黛安娜已經與擔任外展訓練學校（Outward Bound Mountain school）校長的西普頓離婚了。

為打造新絲綢之路，斯文．赫定最後一次踏上新疆

英、俄領事館幾十年的爭奪，拉開了絲路復興的序幕，喀什噶爾因此成為絲路復興的起點，喀什噶爾大巴扎漸漸成長為環塔里木盆地的經貿中心。當英、俄政客們在陰暗角落裡交易著情報和良心的時候，世界各地的商人們正在陽光照耀的巴扎中交易著琳琅滿目的物品。

中國人儘管有時略顯遲鈍，但並不狹隘。在各國探險家忙於爭奪西域的文物時，中國政府卻在設想打通一條連接中西的通道——新絲綢之路。因為千百年來，被帕米爾高原分割為多個不同文化聚落的人們始終期盼著能有一條像樣的路，這也恰恰與斯文．赫定的夢想相吻合。於是，斯文．赫定於民國二十三年（一九三四年）最後一次來到新疆，他的使命是勘察公路，身分是中國政府顧問。但由於當時地方軍閥混戰，他的任務最終沒能完成。

雖然斯文．赫定的夢想未能實現，但他勘測的線路卻成為第二次世界大戰期間蘇聯援華物資的唯一陸路通道。

不僅如此，吐爾尕特海關早在一九五三年就已設立；從吐魯番起步的南疆鐵路一九九九年底已經修到喀什；兩條高等級公路分別從庫爾勒和若羌直通喀什；從烏魯木齊飛抵喀什的航班，逐漸密集。從喀什通向巴基斯坦、吉爾吉斯、烏茲別克、塔吉克的公路也四通八達。藉由它們，似乎讓人看到了

喀什所承載的絲綢之路復興的希望。

無限的過去以現在為歸宿，無限的未來以現在為淵源。如今的喀什，正漸漸從一個單一民族占絕大多數的城市，轉變為多民族移民的城市。

那是一個歷史的新十字路口。

生命中不能承受之輕

世界上所有受眾廣泛的宗教，沒有一個是以毀滅人類為目的的，但不知為什麼，只要涉及喀什，不管是歷史學家、地理學家、政治家、宗教人士，都會感到自己處在歷史與民族問題的漩渦之中。

據說，母螳螂在交配之後，為了繁殖後代會吃掉公螳螂，公螳螂也會乖乖地將自己送到愛人口中。而除了基於傳承原因的螳螂，人類是現存物種中僅存會敵視同類的動物。狗不會吃狗，虎不會食虎，甚至最兇猛的藏獒也能夠和同類和平相處。可是，人卻仇恨人，人卻殺戮人，人餓極了還會吃人。今日世界，每個國家的頭等大事都是屠殺鄰國或者避免被鄰國屠殺。

原因何在？是因為沒有道德嗎？但人類是唯一制定了道德標準的生物。是因為沒有約束嗎？可人類發布的法律條文幾乎涵蓋了所有領域。如果這些都不是，那麼就要退而求其次，從種族或血緣差別上尋找原因。但一九九五年國際人類學與民族學聯合會（International Union of Anthropological and Ethnological Sciences, IUAES）在義大利佛羅倫斯通過了《關於種族概念的聲明》，宣布現在棲息在地球上的所有人擁有共同的血統，屬於同一物種現代智人，這就從學術上為形形色色的種族主義畫上了句號，堪稱人類學第一公理。如果你認為這還不夠權威的話，時隔三年，也就是一九九八年，聯合國（UN）大會批准了聯合國教科文組織（UNESCO）提交的《世界人類基因組暨人權宣言》（*Universal Declaration on the Human Genome and Human Rights*），從學術和政治上宣告人類有一個共同的基因組，反對一切形式的種族歧視，任何主張種族或民族群體存有既定差別或優劣的學說，均沒有科學根據，且違背人類倫理原則。

是宗教原因吧？為此，我必須負責任地說，除了那些沒有市場、人人喊打的邪教，世界上所有受眾廣泛的宗教，包括佛教、猶太教、伊斯蘭教、基督教、天主教、東正教、印度教甚至中國的道教，沒有一個是反人類的，沒有一個是反和平的，沒有一個是以毀滅人類為目的的。

但不知為什麼，只要涉及喀什，不管是歷史學家、地理學家、政治家、宗教人士，還是普通遊客，都會感到自己處在歷史與民族問題的漩渦之中。其實，喀什多數居民所信奉的伊斯蘭教，從誕生的那天起，就崇尚綠色，倡導寬厚與仁慈，以「和平、順從」為理念，高揚「凡穆斯林皆兄弟」的旗幟，成為與基督教、佛教並列的世界三大宗教之一。

但是，到了近現代，在伊斯蘭教的土地上，從來沒有出現獲得諾貝爾獎的科學家或者多樣化的現代經濟。因此，少數非伊斯蘭教徒認為，伊斯蘭教的教條極其愚昧，令人們身陷在迷信的泥潭中不能自拔。但果真如此的話，我們就難以解釋為什麼一千年前，世界上最好的科學家、哲學家和工匠都是伊斯蘭教徒？為什麼直到十六世紀，伊斯蘭教的天文學家都無人能夠超越？追根究柢，是從十八世紀開始，許多伊斯蘭教徒對軍事和政治上的缺陷採取了保守的態度，其中一個極端的例子，就是緊緊抱住教條主義不放，最終滑向腐朽沒落深淵的奧斯曼帝國。要脫離這種尷尬的局面，對伊斯蘭教來說，任重而道遠。

回顧歷史，我們要問「為什麼」；面對未來，我們要問「為什麼不」。當下至關重要的是，伊斯蘭教究竟是走向開放，還是走向排他，將決定這個世界性宗教的生死存亡。但令人遺憾的是，仍有極少數不能代表伊斯蘭教的人，一味抱住過去已經被歷史證明的原始、落後、排他不放，不承認日新月異的現實，不接受人類文明進步的共同成果，不願意融入現代化的浩蕩洪流。明明是一些無稽之談和歪理邪說，偏偏被他們奉若神明，視同聖典。

這些被洗腦的人認為，平坦的公路、高水準的學校、現代化的醫院、日益富裕的日子——這些世俗的舒適與進步固然必要，但與他們所謂的「民族權益」相比；與他們參與自殺式攻擊能進入天國相比，實在算不了什麼。據了解，民族分裂分子往往把文化程度較低的農牧民當作洗腦的首選，因為沒有接受過正規歷史教育的人就像一張白紙，灌輸起來更能發揮先入為主的效果。這些人一旦上鉤，殺起人來眼都不眨，被政府處決時也「大義凜然」。

對於沒有文化的人來說，這是被愚弄的過程；而對於熟悉歷史的人來說，是典型的歷史健忘症。米蘭．昆德拉（Milan Kundera）曾強調，喪失過去的記憶，將使「人變得比大氣還輕，會高高地飛起，離開大地亦即離開真實的生活。他將變得似真非真，行動自由而毫無意義」。

疏勒

小傳

疏勒，全名佉路數怛勒，近代稱喀什噶爾，現名喀什，處於絲路十字路口，是各色商旅休憩的樂園。張騫首次出使西域，就發現這裡有西域最早的商貿街市；班超進入西域後，也發現這是一方叱吒風雲的福地。正是班超埋下的情感種子，使得疏勒王室世代不改「一心向漢」的初衷。由於疏勒處於東西文化交會的前沿，所以這裡是中國最早引入佛教的地區，含笑的佛陀一直普照疏勒近八百個春秋；這裡也是西域最早接收伊斯蘭教的地區，一度晉升為喀喇汗王朝的陪都，伊斯蘭教之花至今仍在疏勒大地上詩意地怒放。可以說，疏勒從不缺少關注，從不缺少文化，從不缺少物流，唯一需要警惕的，是少數不壞好意的殖民主義者和不懂歷史的極端民族主義分子。

歷史簡表

西漢

漢文帝六年（前一七四年）

受到西遷的大月氏攻擊，駐牧在伊犁河流域的塞王被迫率部南下，經過疏勒，留下少數人定居於此。

漢武帝元光六年（前一二九年）

張騫逃離匈奴，西行數十天，來到西域南北道交會處的綠洲國家疏勒。張騫頗為吃驚，因為這是他一路上看到的唯一一個有商貿街市的國度。

漢宣帝神爵二年（前六十年）

漢終於趕走匈奴勢力，在烏壘城設立西域都護府。但此時處於西域極西的疏勒，並沒有引起漢的注意。

東漢

漢明帝永平十六年（七十三年）

絲路北道霸主龜茲王建，悍然出兵疏勒，殺死了疏勒國王成，將龜茲貴族兜題任命為新疏勒王。

永平十七年（七十四年）

● 班超率騎兵來到疏勒，綁架兜題並送回龜茲，另立原疏勒王成的姪子忠為疏勒王。

永平十八年（七十五年）

● 劉莊駕崩。焉耆王趁機領兵圍攻西域都護府，殺死了都護陳睦。龜茲、姑墨等國也發兵進攻疏勒。疏勒王忠所在的疏勒城與班超所在的磐橐城互為犄角，堅持了一年有餘。

漢章帝建初元年（七十六年）

● 劉炟下詔要班超回國，途中由於疏勒、于闐軍民極力挽留，班超再次返回疏勒，捕殺反叛首領，攻入尉頭，迫使其歸降。

建初三年（七十八年）

● 班超率疏勒、康居、于闐、拘彌一萬聯軍攻下姑墨。

建初八年（八十三年）

● 衛侯李邑奉命護送烏孫使者回國，趁機聯繫烏孫合力攻打龜茲，但途中遇到龜茲進攻疏勒，李邑再不敢前行，因而沒有成功。

元和元年（八十四年）

● 劉炟派遣假司馬和恭等四人率領八百名兵士前去協助班超。實力大增的班超調集疏勒、于闐聯軍攻打聽命於匈奴的莎車。

莎車王暗中收買疏勒王忠。忠與班超決裂，跟隨莎車王西逃到烏即城據險頑抗。班超另立疏勒府丞成大為疏勒王，並率軍前去攻打烏即城，卻因康居派兵援救忠而失敗。後班超得知大月氏與康居聯姻，派人規勸康居王。於是康居王很快撤兵而去，並將忠帶回康居。

元和三年（八十六年）

● 忠從康居借兵回國，占據楨中城，並暗中聯合龜茲，派人向班超詐降。結果被班超反將一軍，忠被砍下人頭。

此後，班超收服了莎車、大月氏、龜茲、姑墨、溫宿、焉耆、危須等國，西域大大小小近五十個國家全都歸附東漢。

漢和帝永元四年（九十二年）
● 班超被正式任命為西域都護，並將都護府駐地設在龜茲它乾城，從此離開了逗留整整十八年的疏勒。

永元十四年（一〇二年）
● 班超告老還鄉，劉肇詔命任尚接任西域都護。班超一抵達洛陽便臥床不起，不久撒手人寰，終年七十一歲。

漢安帝永初年間（一〇七～一一三年）
● 疏勒國王安國的舅舅臣磐因失手殺人被送至貴霜當人質。與貴霜國王迦膩色迦結為莫逆，並皈依佛門。後來安國去世，臣磐回到疏勒，在貴族的幫助下繼位為王，並致力推廣佛教，從此疏勒成為與于闐、龜茲、高昌並列的西域佛教聖地。

漢順帝永建二年（一二六年）
● 疏勒王臣磐派遣使者朝貢，漢順帝拜臣磐為漢大都尉。

漢靈帝建寧元年（一六八年）
● 臣磐被急於篡權的小兒子和得殺死。

建寧三年（一七〇年）
● 劉宏為了替臣磐報仇，派五百敦煌軍人，與戊己司馬曹寬、西域長史張宴帶領焉耆、龜茲等西域聯軍三萬餘人討伐疏勒未果。疏勒則因內訌衰落，但小乘佛教仍傳承了下來。

東漢末年的風雲變幻，並未動搖疏勒君民「一心向漢」的信心與決心。即使東漢衰落後，中原陷入曠日持久的內戰。疏勒先後被迫役屬於龜茲、嚈噠、突厥等，但仍與中原割據政權保持著進貢關係。

魏晉南北朝

晉穆帝永和十二年（三五六年）
● 十二歲的鳩摩羅什從罽賓習佛歸來，在疏勒停留了一年。

晉安帝隆安四年（四〇〇年）
● 高僧法顯西行途經疏勒，正好趕上當地舉行五年佛教大會。

唐朝

唐朝建立且殲滅東突厥，促使疏勒王再生歸附中央王朝的信念。

- 唐太宗貞觀二年（六二八年）● 玄奘取經經過疏勒，發現這裡有僧徒萬餘人，習小乘教說一切有部。
- 貞觀九年（六三五年）● 疏勒王遣使來到長安面見李世民，希望能恢復中央對西域的統轄。
- 貞觀十三年（六三九年）● 疏勒王第三次遣使入唐。
- 貞觀十四年（六四〇年）● 李世民出兵高昌，並在交河城設置安西都護府，以喬師望為首任督護。
- 貞觀二十年（六四六年）● 西突厥乙毗射匱可汗向唐遣使求和，並提出聯姻請求，答應割讓疏勒等五國作為聘禮，李世民未答應。
- 貞觀二十二年（六四八年）● 唐朝大將阿史那社爾蕩平了龜茲，疏勒、于闐也望風而降。
- 貞觀二十三年（六四九年）● 李世民下令將安西都護府從交河城遷往龜茲，同時宣布建立龜茲、焉耆、疏勒、于闐四鎮，統歸安西都護府轄制。從此，疏勒有了唐朝駐軍。
- 唐高宗永徽元年（六五〇年）● 李治繼位。吐蕃公然叛唐，攻陷了安西四鎮。
- 顯慶三年（六五八年）● 唐將蘇定方、蕭嗣業擊敗並生擒了阿史那賀魯，西突厥汗國從此走下歷史舞臺。
- 龍朔二年（六六二年）● 西突厥殘餘不斷在疏勒一帶作亂。
- 麟德二年（六六五年）● 西突厥人逼迫疏勒王發兵，與吐蕃、突厥人一起進攻于闐鎮。唐為奪回安西重鎮疏勒，派大將蕭嗣業發兵征討。西突厥首領入朝請罪，疏勒重新回歸大唐。
- 上元二年（六七五年）● 于闐、疏勒、焉耆、龜茲皆升格為都督府，本地國王任命為大都督。
- 儀鳳二年（六七七年）● 吐蕃大軍再次攻占疏勒，設立僅兩年的疏勒都督府名存實亡。
- 永隆元年（六八〇年）● 安西四都督府全部淪入吐蕃之手。
- 武則天光宅元年（六八四年）● 武則天宣布登基，決心恢復對西域的控制。

垂拱二年（六八六年）	• 疏勒人、唐忠武將軍裴沙缽羅與安西大都護共同制定了收復西域的大計。
如意元年（六九二年）	• 武威軍總管王孝傑統兵大敗吐蕃，將吐蕃勢力趕出了西域，安西都護府和四大都督府得以全部恢復。
聖曆元年（六九八年）	• 疏勒大都督裴夷健遣使覲見武則天。
長安三年（七〇三年）	• 突騎施部首領娑葛自立為「可汗」，發動大規模叛亂，武則天下令征討。娑葛企圖先發制人，搶攻疏勒。駐紮在疏勒的安西都護郭元振率軍守住赤水河口的要津，阻擋敵人突破。
長安四年（七〇四年）	• 周朝大軍大舉反攻，娑葛投降，疏勒轉危為安。
唐玄宗開元十年（七二二年）	• 吐蕃企圖先攻占小勃律國，而後北上進犯安西。小勃律王沒謹忙向唐北庭都護張孝嵩求援。張孝嵩命令疏勒軍副使張思禮率軍緊急馳援，擊敗吐蕃大軍，奪回小勃律丟失的城池。
開元十五年（七二七年）	• 新羅僧人慧超從印度回唐路經疏勒，留下「有寺有僧，行小乘法」等記載。
開元十六年（七二八年）	• 疏勒都督府大都督裴安定被唐冊封為疏勒王。
開元二十七年（七三九年）	• 突騎施在西部重鎮碎葉城發動叛亂，占據了怛邏斯。唐磧西節度使蓋嘉運發兵進攻碎葉城，卻遭到碎葉城和怛邏斯叛軍的夾擊。疏勒鎮守使夫蒙靈詧臨危受命，調集疏勒精兵奇襲並攻克怛邏斯，援助唐軍主力獲勝，先前被大食和突騎施威脅的中亞小國紛紛歸附唐朝。
開元二十九年（七四一年）	• 碎葉城又遭西突厥達奚部圍攻，疏勒鎮守使夫蒙靈詧再次奉命出兵得勝。 不久，吐蕃以武力為後盾，脅迫小勃律王與吐蕃公主成親，繼而收服了小勃律國。附近二十餘個小國也紛紛倒向吐蕃。

唐玄宗天寶六年（七四七年）

● 行營節度使高仙芝命令疏勒守捉使趙崇玼為前部先鋒，拔換守捉使賈崇瓘為後應，高仙芝與部下封常清統領中軍，率大軍進入小勃律，與吐蕃交鋒。唐軍大獲全勝，史稱「坦駒嶺大戰」。戰後，蔥嶺以西的東羅馬、大食等七十二個國家紛紛遣使來到長安。

天寶十四年（七五五年）

● 安史之亂爆發。唐不僅無暇西顧，甚至還徵發安西都護府精兵入關勤王，導致安西都護與中原的聯繫斷絕。

唐德宗貞元五年（七八九年）

● 中原僧人悟空在取經返國途中路過疏勒，見到了身兼唐大都督的疏勒王裴冷冷和疏勒鎮守使魯陽。他們仍然率領全體軍民，奮力抵擋吐蕃。

貞元六年（七九〇年）

● 吐蕃大舉進攻西域，于闐與北庭先後陷落，疏勒也訊息全無。

晚唐，回鶻汗國內訌不斷，屬部黠戛斯趁機反叛。回鶻分五支南下、西遷，部分遠遷到蔥嶺西部，於九世紀末建立了喀喇汗王朝。

唐昭宗景福二年（八九三年）

● 薩曼王朝發動聲勢浩大的伊斯蘭聖戰，喀喇汗副都怛邏斯被攻克，被迫遷都疏勒國舊地——喀什噶爾。

不久，薩曼王朝伊斯瑪儀汗兄弟發生內訌，伊斯瑪儀汗的弟弟納斯爾在內訌失敗後來到喀什噶爾尋求政治庇護。期間影響喀喇汗王的姪子薩克圖皈依伊斯蘭教，並取教名阿不都·克里木。後來，阿不都奪權成為汗王，在國內強制推行伊斯蘭教。

五代十國

後蜀後主廣政十四年～十五年（九五一～九五二年）

阿不都定伊斯蘭教為國教，並發起去佛教化印記的軍事行動，自此，金色的「佛教聖地」疏勒不復存在。

北宋

宋太祖建隆三年（九六二年）

喀喇汗王朝與佛國于闐展開了將近半個世紀的血腥肉搏。

宋真宗景德三年（一〇〇六年）

喀喇汗王朝占領了于闐城，強迫于闐人皈依了伊斯蘭教，開啟了塔里木盆地維吾爾化和伊斯蘭化的歷史巨潮。喀什噶爾也順理成章地成為西域伊斯蘭教的大本營。

金朝—南宋

金太宗天會七年（一一三〇年）

遼國大將耶律大石率領一支哀兵輾轉西遷，迫使蔥嶺回鶻建立的東喀喇汗王朝和高昌回鶻建立的高昌國承認了他的宗主權。

南宋高宗紹興元年（一一三一年）

耶律大石在新建的葉密立城號稱葛爾罕，國號仍為大遼（即西遼）。

西遼德宗康國元年（一一三四年）

耶律大石派出七萬大軍東征，接連征服了喀什噶爾、和闐、和州。

康國八年（一一四一年）

塞爾柱王朝蘇丹桑賈爾親率西域各國聯軍十萬人攻打西遼，耶律大石則帶領契丹、突厥、葛邏祿和漢人組成的西遼聯軍迎戰。桑賈爾聯軍大敗，從此突厥勢力退出阿姆河以北，西喀喇汗朝也成為西遼的附庸。

元朝

元太祖三年（一二〇八年）
- 蒙古草原上的乃蠻部太陽汗被成吉思汗擊敗，其子屈出律逃奔西遼。

六年（一二一一年）
- 屈出律糾集散失在東部的乃蠻部和篾兒乞部將士反叛，攻下西遼都城，登上西遼王位。並受皇后影響，在國內強制推行佛教，打壓伊斯蘭教。

十三年（一二一八年）
- 成吉思汗派大將者別率軍進攻西遼，當地伊斯蘭教徒紛紛叛歸蒙古，屈出律逃往撒里黑昆山谷，但被捕處死。成吉思汗將西遼舊地封給次子察合臺，稱察合臺汗國。

明朝

察合臺的直系後裔賽依德創立了葉爾羌汗國，疏勒舊地被劃入了葉爾羌的勢力範圍。

清朝

清初，葉爾羌汗國被蒙古準噶爾汗國吞併。由於準噶爾人不斷挑釁大清，至乾隆皇帝終於將準噶爾人殲滅，把天山以南納入了大清版圖。

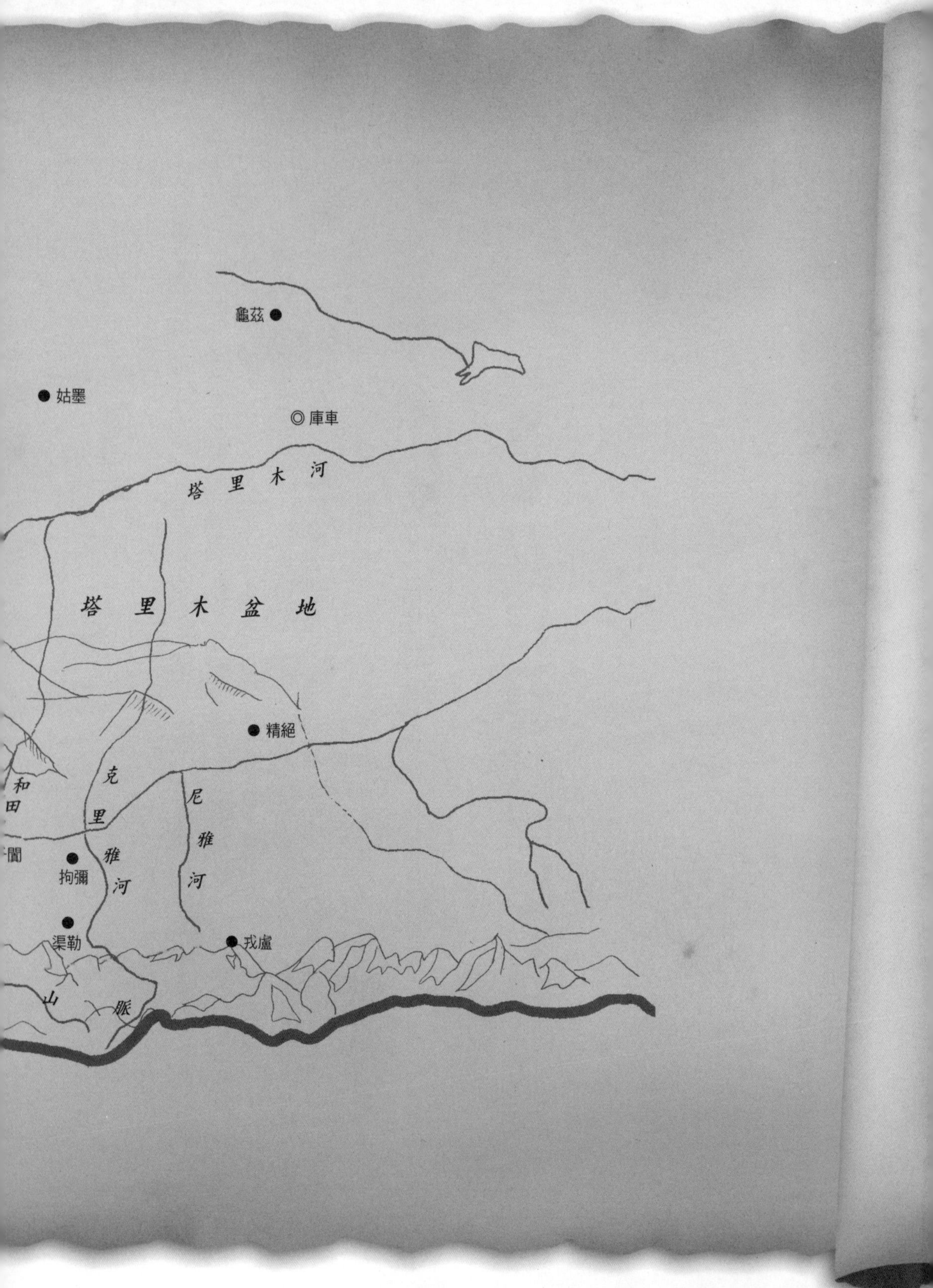
龜茲
姑墨
庫車
塔里木河
塔里木盆地
精絕
和田
克里雅河
尼雅河
拘彌
渠勒
戎盧
山 脈

‖第三部‖

蔥嶺十國

西夜與子合、烏秅、蒲犁、依耐、無雷、桃槐、捐毒、休循、大宛

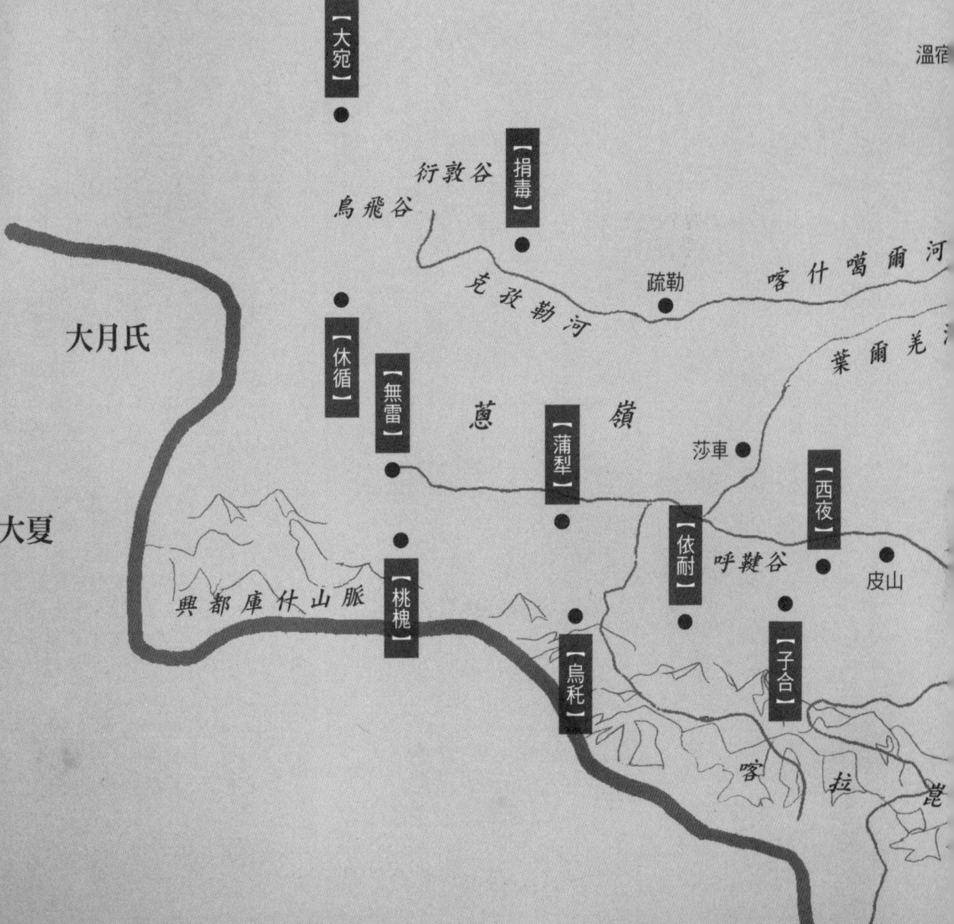

蔥嶺古國各朝代國名演變

朝代國名	西漢	東漢	三國	西晉	東晉南北朝	隋	唐
西夜	西夜	東漢初被莎車所滅，隨後復國；東漢末被疏勒吞併			北涼餘部建立朱俱波	朱俱波	被唐朝所滅
子合	子合	東漢初被莎車所滅，隨後復國；東漢末被疏勒吞併					
烏秅	烏秅	烏秅	烏秅	烏秅	權于摩或于摩國	權于摩	歸附大唐
蒲犁	蒲犁	蒲犁、德若	滿犁、億若	滿犁、億若	朅盤陀	朅盤陀	歸附大唐
依耐	依耐	神祕消失					
無雷	無雷	無雷	被疏勒吞併				
桃槐	桃槐	神祕消失					
捐毒	捐毒	捐毒	捐毒	捐毒	被疏勒吞併		
休循	休循	休循	休循	休循	被疏勒吞併		
大宛	大宛	大宛	大宛	大宛	破洛那	破洛那	拔汗那，寧遠國，唐末被薩曼家族所滅

第二十三章

西夜與子合

新疆有一個傳說，從前在遙遠大山裡，有一個小國，
國王的一對雙生兒子情感深厚，互相禮讓不願繼位，
王后無奈之下，只好說：那就把國家一分為二吧，大的叫西夜，小的叫子合。
從西漢初期興起，直到南北朝聯合建立朱俱波，
這段猶如西域絕代雙驕的故事，令人不禁叫絕。

但真正讓西夜與子合在歷史上留下痕跡的是佛教信仰，
棋盤石窟最高的兩窟中存有佛像壁畫殘跡，
佛像身後的光影和山水景物依稀可辨……

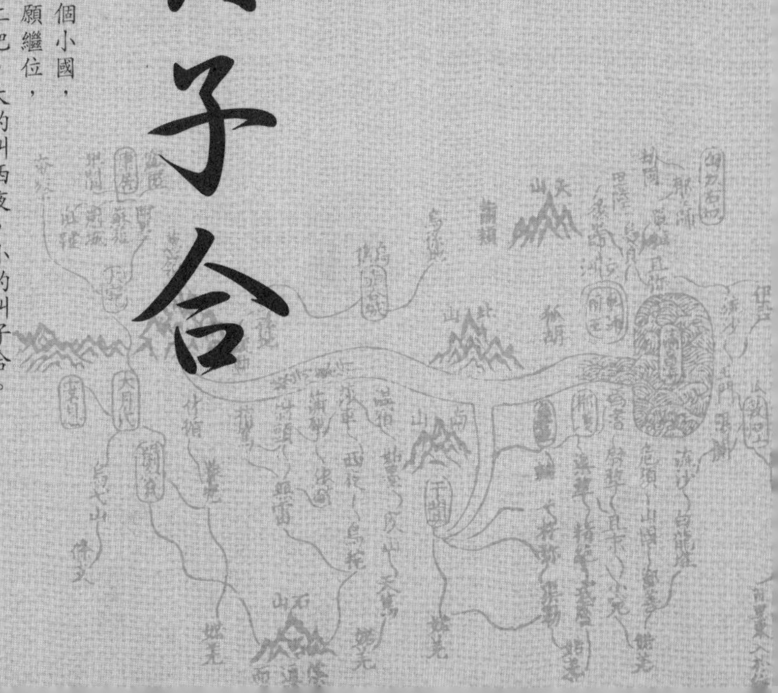

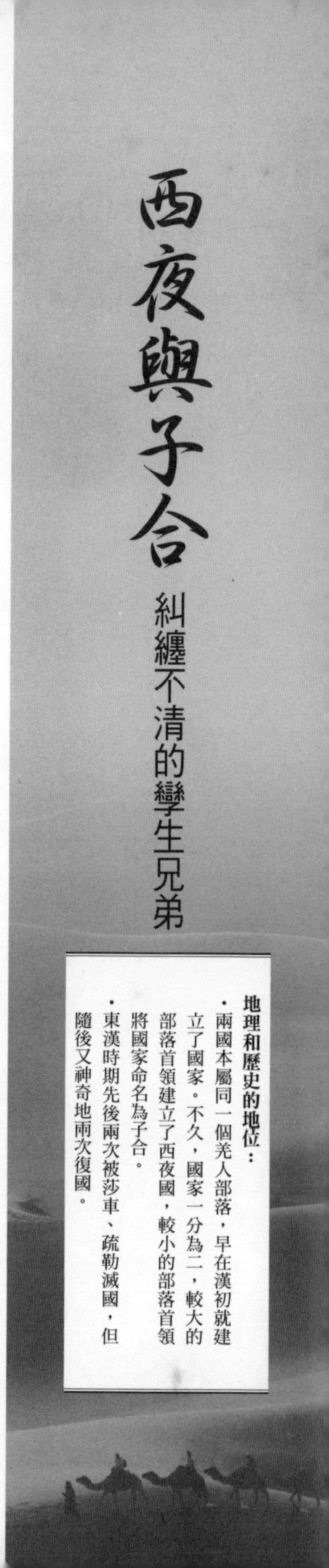

西夜與子合

糾纏不清的孿生兄弟

地理和歷史的地位：

・兩國本屬同一個羌人部落，早在漢初就建立了國家。不久，國家一分為二，較大的部落首領建立了西夜國，較小的部落首領將國家命名為子合。

・東漢時期先後兩次被莎車、疏勒滅國，但隨後又神奇地兩次復國。

西夜國，一名漂沙。戶二千五百，口萬餘，勝兵三千人。地生白草，有毒，國人煎以為藥，傅箭鏃，所中即死。《漢書》中誤云西夜、子合是一國，今各自有王。子合國，居呼鞬谷。去疏勒千里。領戶三百五十，口四千，勝兵千人。

——范曄《後漢書》卷八十八

君不見，黃河之水天上來

《山海經》記載：「不周之山，北望諸毗之山，臨彼嶽崇之山，東望泑澤，河水之所潛也。」意思是，黃河源自蔥嶺，是羅布泊水從地下潛移過去的。就這樣，長達兩千年的歷史誤會開始了。

我前往蔥嶺的第一站，之所以選擇今新疆葉城縣南的西夜國與子合國，是因為它們位於帕米爾[1]

高原最東部，古蔥嶺河的上游。而蔥嶺與蔥嶺河，與「黃河之水哪裡來」這一長達千年的歷史公案密切相關。

君不見，黃河之水天上來，奔流到海不復回。
君不見，高堂明鏡悲白髮，朝如青絲暮成雪。
人生得意須盡歡，莫使金樽空對月……

在這首膾炙人口的〈將進酒〉中，唐代詩人李白對於中華民族的母親河——黃河來自哪裡，做了詩意的回答。

照理說，李白的回答沒有什麼錯誤，因為幾乎所有的河流，都來自高山雪水消融形成的涓涓細流。但是，若指名一條河，總有它的發源地。**現代地理學已經明確地告訴我們，黃河發源於青海省巴顏喀拉山北麓的約古宗列盆地**。然而，關於黃河河源，古代卻有另外一種解釋：「黃河之水地下來。」黃河，最早被稱為「河水」、「中國河」。中國最早的地理著作《山海經》記載：「不周之山，北望諸毗之山，臨彼嶽崇之山，東望泑澤，河水之所潛也。」意思是說，「河水」源自不周山——蔥嶺，歸於「泑澤」——羅布泊，是羅布泊水從地下潛移過去的。這應該是最早的黃河河源說。

就這樣，長達兩千年的歷史誤會開始了。

一名漢使（一說張騫）出使西域，曾注意到黃河源，回長安後向漢武帝劉徹提交了「河源出于闐」

1在波斯語和塔吉克語中是「世界屋脊」的意思，在中國古代則稱為不周山、蔥嶺、崑崙。帕米爾高原地跨塔吉克斯坦、中國和阿富汗邊境，海拔四千公尺到七千七百公尺，包括喜馬拉雅山、喀喇崑崙山、崑崙山、天山、興都庫什山五大山脈，雪峰群立，聳入雲天。

的報告：「于闐（今和田）之西，則水皆西流，注西海；其東水東流，注鹽澤（今羅布泊）。鹽澤潛形地下，其南則河源出焉。多玉石，河注中國。」這位漢使還呈上了採自于闐南山的美玉。劉徹很是興奮，便問這個出產美玉又是河源的大山叫什麼名字？漢使答不上來。

中原對玉的崇拜源遠流長，不會沒人去過玉石的老家吧？帶著滿腦袋好奇，劉徹親自查閱了宮中收藏的古代圖籍，在《穆天子傳》中找到了「穆天子曾到達崑崙之丘」的記載，又在先秦諸子之一尸佼（尸音同「師」）的著作《尸子》中查到了「取玉甚難，越三江五湖，至崑崙之山，千人往，百人返；百人往，十人返」的描述。於是，劉徹公開宣布：「命河所出山曰崑崙。」

《漢書．西域傳》進一步解釋說：「其河有兩原，一出蔥嶺山，一出于闐。于闐在南山下，其河北流，與蔥嶺河合，東注蒲昌海。蒲昌海，一名鹽澤者也，去玉門、陽關三百餘里，廣袤三百里，其水亭居，冬夏不增減，皆以為潛行地下，南出於積石，為中國河云。」從此，青海省循化縣東的小積石山，被後人當成了黃河的源頭。

乾隆緊抱潛流之說，堅決不改黃河之源

乾隆四十六年（一七八一年），黃河在江蘇、河南決口。一向迷信的乾隆認為，黃河之所以氾濫成災，是由於沒有找到真正的河源進行祭祀的緣故。於是，乾隆在第二年派出乾清門侍衛阿彌達赴青海勘察黃河源，並「告祭河神」。經過仔細的踏勘與走訪後，**他最終認定黃河的正源既不是什麼蔥嶺，也不是什麼積石，而是青海巴顏喀拉山北麓的阿勒坦郭勒**（蒙古語意為「黃金色的河」）**，也就是今天的卡日曲**（藏語意為「紅銅色的河」）。儘管黃河水利委員會於一九八五年確認約古宗列曲（藏語中意為「炒青稞的鍋」）為黃河正源，但時至今日，仍有許多當地藏民把同樣位於約古宗列盆地的卡日曲看作是黃河源，他們的理由是，卡日曲比約古宗列曲長二十五公里且水量大一倍。

回京後，阿彌達將勘察結果興致勃勃地向乾隆彙報，但乾隆的臉色由晴轉陰，進而大怒。乾隆緊緊抱住「黃河不只一個源頭，在地下潛流後又流出地面」的教條不放，命令內閣學士紀昀在編纂《河源紀略》時，仍將塔里木河和羅布泊說成是黃河的真正源頭，從地下潛流後至卡日曲復出，並以卡日曲水色渾黃來證明「大河靈瀆，雖伏地千里，而仍不改其本性」。

好在，阿彌達並未受到冷落，後來榮升工部侍郎，成為全國掌管建築、水利及器物製作的二把手。有人猜測，天資平平的他之所以能夠晉身高位，是因為他出生於滿洲正白旗；更多的人說，是因為他糾正了黃河源頭這一長達兩千年的歷史誤會。

傳說中的塔里木河南支

風沙漫漫，歲月悠悠，隨著南河逐步萎縮，大漠的沙丘就勢南侵，徹底埋葬了原有河流的痕跡，最終致使南河完全消失，而為南河殉葬的，就是絲路南道上曾經繁華絕代的美麗城邦。

一個誤會消除了，另一個誤會接踵而至。

打開新疆古代地圖，塔里木盆地裡東西流向的河流只有塔里木河，但《山海經》記載：「敦薨之水西流注於泑澤，蓋亂河自西南注也。」也就是說，注入泑澤的河流有兩條，一條從西部注入，一條從西南部注入。難道，這又是古人像「黃河源」一樣根據傳聞做出的推測？

酈道元踏遍一千兩百五十二條河流，開創中國「寫實地理學」先河

別人的話你可以不信，但不能不信地理學家酈道元。這位出生在河北，成長在山東青州的北魏官員，沒有把人生目標寄託在為官上，而是立志為西漢後期桑欽編寫的地理書籍《水經》作注。他一改《山海經》、《穆天子傳》、《禹貢》等地理著作普遍存在「虛構」的特點，非常重視野外考察，足跡踏遍了長城以南、秦嶺以東。**酈道元開創了中國「寫實地理學」的先河，最終寫成了四十卷、三十萬字、記錄河流達一千兩百五十二條的地理巨著《水經注》**。要知道，這部著作的藍本——《水經》只有一萬五千字，記錄的河流也僅有一百三十七條啊。**《水經注》面世時，西方正處在基督教會統治時代，全歐洲根本找不出一位傑出的地理學者，酈道元也因此被譽為中世紀最偉大的世界級地理學家。**

一向嚴謹的酈道元大概注意到了《山海經》裡的西域兩河說，因此做了深入研究。他將塔里木河分為南、北兩支，對《山海經》的「西注」、「西南注」做了進一步解析。《水經注》記載，塔里木河自蔥嶺分源，以歧沙為分水嶺，北為喀什噶爾河，南為葉爾羌河，兩河均向東流去。

北河一路向東，在溫宿（今阿克蘇）南，匯合枝水（今阿克蘇河）後，相繼匯入姑墨川（今哈拉玉爾袞河）、龜茲川（包括今庫車河和渭干河）、敦薨之水（今開都河—孔雀河水系），浩蕩東去，最終從古樓蘭城南（後來改道為城北）流入泑澤。

南河流經漢時蔥嶺的無雷、依耐、蒲犁等國以北，又經古皮山國北部，然後與于闐河匯合，繼而向東流經扜彌國，途中又有克里雅河匯入，再流經精絕國，匯入尼雅河。由此繼續向東，在古且末以北匯入阿耨（耨音同「諾」）達大水（即卡嗇河的支流古且末河），然後匯入注濱河，最終從古鄯善城北部流入泑澤。

進一步印證酈道元記述的，是東晉高僧法顯的《佛國記》。他在書中提到，塔里木河有二支，北

流經屈支（龜茲）、烏夷（焉耆）、禪善（鄯善）入牢蘭海（羅布泊），南河自于闐東部三千里至鄯善入牢蘭海。

塔里木河南支確實存在，自此解開絲路南北道皆順河西行之謎

民國五年（一九一六年），政府官員謝彬以財政部委員的身分，前往新疆調查財政狀況，他和助手林烈夫依靠馬、駱駝和騾車等原始交通工具，花費九個月的時間，在廣袤的新疆大地走完了前無古人的途程，並依據日記整理出四十萬字的《新疆遊記》，書中還附錄了一篇令人耳目一新的文章：〈南河北河辯〉[2]。文章認為有一條南河自西向東，經于闐國北、扜彌國北、精絕國北、且末國北，匯入阿耨達水，而後向北直入羅布泊。無獨有偶，一九三〇年代初，德國學者阿爾伯特．赫爾曼（Albert Herrmann）在專著《樓蘭》（*Lou-lan: China, Indien u. Rom im Lichte d. Ausgrabgn am Lobnor*）中，也附錄了一篇〈南河之謎〉。**〈南河北河辯〉與〈南河之謎〉不約而同地認為，漢唐時期，塔里木「南河」是存在的。**

現代考古學家楊鐮進一步推斷說：「不但在《水經注》成書前後南河確實存在，而且南河就是今天的和田河。」換句話說，在兩千年前，和田河並非由南向北流，而是出山不遠就在瑪札塔格附近轉身東去，大約在穿過今漠南公路以北一百一十公里的荒野後，與克里雅河匯合，再一路向東北注入羅布泊。在清代，南河河道依然存在，只是水流時斷時續。

從《水經注》也可以看出，古塔里木南、北二河，幾乎彙集了塔里木盆地的所有河流，水量十分

2見謝彬著《新疆遊記》二八一頁，新疆人民出版社，二〇一〇年版。

可觀。在此情況下，羅布窪地南、北各湖極有可能連為一體，所以才有了《漢書》上羅布泊「廣袤三百里，其水亭居，冬夏不增減」的描述。

一旦證實了南河的存在，也就解開了絲路南北道均「順河西行」的歷史疑問。難怪班固在《漢書》中說：「從鄯善傍南山北，波河西行至莎車，為南道。自車師前王廷隨北山，波河西行至疏勒，為北道。」

南、北二河既然如此浩蕩，為什麼其中的北河至今猶存，而南河卻蹤跡全無，以致人們普遍懷疑它的存在，甚至幾乎所有的歷史地圖都未將之標註出來呢？

地理學告訴我們，西域河流的主要來源是山地降水和高山融雪，因此河水季節分配極不均衡，夏季洪水占到全年水量的七〇％以上，其他季節則多為枯水期，下游常常斷流，這種情況在塔里木盆地南部尤為常見。帕米爾高原和喀喇崑崙山北坡的降水遠小於天山，河流水量補給遠遠不如北河。而塔里木盆地以克里雅河為界，其東多東北風，其西多西北風，河水枯水期河床易受風沙湮埋。受東北風影響，河道受迫向西偏轉，而西北風又阻止了河流向西偏轉，最終迫使河流無奈地向北流去，水量大者有幸與北河匯合，水量小者則消失在大漠之中。

風沙漫漫，歲月悠悠，**隨著南河逐步萎縮，塔里木盆地南緣的綠洲也隨之萎縮，大漠的沙丘則就勢南侵，完全斷絕了河水東流的去路，而且徹底埋**

《水經注》內頁，渭水匯入黃河地圖。 ©Wikimedia Commons

葬了原有河流的痕跡，最終致使南河完全消失。為南河殉葬的，是絲路南道上曾經繁華絕代的美麗城邦——且末、尼雅、渠勒、扜彌、于闐、皮山……

今天，唯有沙漠中東西向的胡楊斷續分布，以及絲路南道古城遺址分布的軌跡，告訴我們南河曾經存在的歷史。

南河的消失，也直接造成了羅布泊的「游移」。

也許，這就是問題的真正謎底。

兄弟情深相讓，媽媽說：「那就把國家分兩半吧！」

母后最後說：「從今天開始，國家一分為二，現在的國都及其周邊地區歸老二，老大帶領自己的家族和部屬到東方去開闢新的國家，這樣總可以了吧？如果你們還要爭執，我也不活了！」

新疆有一個傳說：從前，遙遠的大山裡有一個小國，國王和王后結婚不久，生下了一對孿生兄弟。這對兄弟不僅是孿生，而且是同卵雙生，外人根本分不出誰是老大，誰是老二。唯一的區別是，老大比較憨厚，老二比較聰慧。從懂事起，這對孿生兄弟就形影不離，情深似海，老大對老二特別忍讓，老二對老大特別依戀。當國王依照慣例，想立老大為太子時，老大一再堅持把太子之位讓給弟弟，理由是弟弟比自己聰明，更適合擔任未來的國王。國王不答應，老大就以絕食相脅。國王拗不過老大，就把老二封為了太子。

國王駕崩後，身為太子的老二並未按照父王的遺囑繼承王位，而是堅持讓老大擔任國王，他的理由是：「當年，哥哥已經把太子之位讓給了我。如今，我怎能再一次去搶本來屬於哥哥的王位呢？」母后和群臣們也覺得有道理，但老大堅持不就國王之位，並且發出毒誓：「如果弟弟非要我擔任國王，我將遠走他鄉。」

最後，還是母后拿出了一個折中的意見：「老大和老二都如此善良與恭謙，實乃我國之大幸呀！這樣吧，從今天開始，國家一分為二，現在的國都及其周邊地區歸老二，老大帶領自己的家族和部屬到東方去開闢新的國家，這樣總可以了吧？如果你們還要爭執，我也不活了！」

老大和老二勉強答應了母親的裁決。

母后又說：「從今以後，兩兄弟仍要相親相愛，互相幫助；兩國必須世代結盟，患難與共。如有一方背棄誓約，必將萬劫不復。」孿生兄弟以及貴族、群臣紛紛跪倒，面對蒼天接受了王后的誓約。

從此，兩國脣齒相依，風雨同舟，成為歷史佳話。

蔥嶺以東的子合國與西夜國，就是這樣一對孿生兄弟，他們本屬同一個羌人部落，早在漢初就建立了國家，王治設在呼犍谷。不久，這個國家一分為二，較大的部落首領（也許是老大）建立了西夜國，較小的部落首領（也許是老二）將國家命名為子合。

《漢書》中說：「西夜國，王號子合王。」意思是，後來建立子合國的，是原西夜國的國王子合。

難道，羌人有用首領名命名國家的習慣？那麼，羌人首領的名字又是怎麼來的呢？

這還要從羌人的風俗說起。

馬膘羊肥、族無鰥寡，古羌人的草原風情畫

羌人，顧名思義就是牧羊人。炎帝就出自古羌人。早在遠古時期，駐牧於西部高原的炎帝姜姓部

落就東進中原，在黃河流域獲得了空前發展，成為華夏族重要的一個部分。

未東遷者依然堅守著經濟和文化傳統，像漫天星斗一樣，雜亂而廣泛地分布在我國西北、西南地區。因此，漢晉史籍將他們稱為「西羌」。西域的婼羌、子合、西夜、依耐、蒠茈（音同「恩皮」）、白馬、黃牛、阿色等，都是西羌的分支。

如果穿越歷史隧道，來到古羌人游牧區，會看到一幅樸素而美麗的生活情景：在牧草茵茵、水流潺潺的山谷間，靜臥著一座座牛毛與羊毛擀氈所覆蓋的帳篷，流淌著一群群膘肥體壯的馬牛羊，一位穿著羊毛編織的毛衣，身披能夠抵擋凜冽山風的氈製斗篷，披髮左衽、身材健碩的羌族小夥子，一邊吹著呼哨，一邊揚鞭放牧。

這是一個以羊為榮的民族。他們以「羌」為名，以羊為基本生活物資；在冠禮中要繫羊毛繩，表示與羊同體；在葬禮中要宰羊一隻，讓羊為死者引路。

這是一個桀驁不馴的民族。羌人不納賦稅，不服徭役，平時分散放牧，戰時自備兵器馬匹屯聚在一起。每逢秋高馬肥的季節，往往成群結隊外出劫掠。勝利時容易散亂，失敗時容易崩潰。以戰死為光榮，以病死為恥辱。死後實行火葬，將骨灰盛放在瓦罐中埋入土坑，上面蓋上石板並覆以黃土。

這也是一個重視子嗣的民族。由於居無定所，風餐露宿，致使古羌人長期處於老無所養、病無所醫的狀態，生存條件極端惡劣，平均壽命極低。因此，**羌人非常重視民族的傳承，並把有限的育齡婦女的生育能力發揮到了極致。羌人規定，父死之後，兒子以繼母為妻；兄亡之後，弟弟以嫂子為婦；人口增長到一定數量，部分族人必須遠遷他鄉、自立種族。**所以，羌人能夠「族無鰥寡，種人繁衍」。或許是得益於羅馬溫暖期[3]溫和氣候的影響，羌族人口接連幾代迅速增長，漸漸占據整個西部高原，巔峰時期羌人部落曾達上百種。

3 意指西元前二五〇年至西元四〇〇年，歐洲與北大西洋不同尋常的一段溫暖時期。

那麼，多如牛毛的羌人部落是如何命名的呢？史料記載，羌人一般在部落首領之後加一個「羌」字作為部落名稱，如研羌是無弋爰劍五世孫研的部落，燒當羌是無弋爰劍十三世孫燒當的部落。部落首領一般以父名母姓為名字或種號，如先零（音同「連」）羌首領滇零死後，他的兒子取名零昌，零是父名，昌可能是母姓。本章提到的子合，可能就是一個父名子、母姓合的羌人部落。

至於要考察「西夜」、「子合」這兩個名稱的意義，就像是要考察中原「韓」、「吳」二姓的意義一樣，充滿不可破解的困難。

世人辨不清孿生兄弟，只知皆為佛國

歷史糾紛並未結束，包括本章敘述的西夜與子合。

《漢書》記載：「西夜國，王號子合王，治呼犍谷。」按照班固的敘述，西夜國處在蔥嶺東部的山坡上，大概方位應該在今葉城縣西南部八十四公里的棋盤河[4]流域，其國民與崑崙山北坡的婼羌、且末以及蔥嶺周邊的蒲犁、依耐、無雷同屬於羌人。

《後漢書》則記載：「漢書誤云西夜、子合為一國，今各自有王。西夜國一名漂沙，去洛陽萬四千四百里。子合國居呼犍谷，去疏勒千里。」

依照史學常規，我們更應該相信范曄（《後漢書》作者）。也就是說，班固把西夜與子合搞混了，西夜在東，子合在西，是同出一宗、緊密相鄰的兩個國家。對此，我們大可不必對班固口誅筆伐，因為在交通閉塞、資訊不流通的年代，史學家多數時候是依據前人撰寫的史料和時人的口述記錄歷史，況且，西夜與子合是兩個「其種類羌氏行國，隨畜逐水草往來」的游牧國家，來去不定，時分時合，就連身在西域的官員恐怕也很難釐清他們的歷史面目。

對西夜、子合的方位我們只能重新認定。

史載，漢代的西夜國東抵皮山國，西鄰子合國，北接莎車國，南達喀喇崑崙山口，位於今葉城縣城正南五十餘公里、提孜那甫河以東、烏夏巴什鎮以西、阿喀孜達坂[5]以北，王城所在地有可能是今日葉城縣柯克亞鄉南八公里的普薩村（普薩牧場）。「柯克亞」本義為「青色山谷」，這裡宜農宜牧，風光旖旎，是古代游牧行國理想的王庭駐地。而且「普薩」就是「菩薩」，是西夜國別稱「漂沙」的諧音。也就是說，**東漢末年的西夜國已經引入了佛教，並用佛教的「菩薩」當作國家別稱**。

而中心位於棋盤河流域的子合國，東隔提孜那甫河與西夜國相鄰，西面毗連莎車國並深入帕米爾山區與蒲犁國相接，南面直到今葉城縣西合休鄉的山谷地帶。今棋盤鄉共有十三個行政村，其中有十二個處在山溝之中，當年的子合王王中心呼鞬谷想必是這些山溝中的一個。民國年間的葉城縣鄉土志介紹，棋盤鄉周圍百餘里都產玉石，棋盤河上游海拔三千六百公尺的密爾岱山，有八個古代遺留的採玉礦坑，北京故宮珍寶館陳列的高二．二四公尺、重四千五百公斤的大型玉雕〈大禹治水圖玉山〉所用的玉料就出自這座山。據說，乾隆派人耗時三年才把這塊玉料運到北京。以上記錄，與《漢書》關於「子合土地出玉石」的描述完全吻合。顯然，這裡就是子合國中心。可惜的是，因為呼鞬谷不是城市，後世已經找不到子合的遺跡。此地唯一的文化遺跡，是棋盤石窟，它也信「佛」。

也就是說，這對糾纏不清的兄弟國，曾經都是佛國。

4「棋盤」是「棋盤陀」的省讀，在東伊朗部族今日的帕爾西語中解釋為「牧羊人」。
5坂意即山口、山嶺。

佛教祥雲到來，為西夜、子合帶來歷史亮點

東晉高僧法顯一行前往天竺取經途中，從于闐步行二十五天來到子合。他後來回憶說，子合國王向善向上，國內有上千名僧人，多修習大乘佛教。但他卻沒有提及西夜，為什麼呢？

佛教創立初期，西夜與子合使用的是婆羅門文字，與印度和大月氏的直線距離並不遠，但由於崑崙山與蔥嶺的阻隔，所以佛教的祥雲在很長一段時間並未飄進這兩道寂寂的山谷。

在「萬能」的佛祖沒有降臨前，他們經歷的是形同黑夜的噩夢。儘管這對孿生兄弟精誠團結、休戚與共，但他們的國力畢竟太有限，軍力畢竟太羸弱了。

東漢初年，西域霸主莎車王賢利用東漢「西域大都尉」的頭銜，以不服從調遣為藉口，徵發西域聯軍攻入了西夜國，殺掉了西夜王，將哥哥康的兒子立為新西夜王。

西夜一滅，子合變得更加孤苦無依，只能主動派出使臣到莎車表達忠心，試圖避免兄長國西夜那樣悲慘的命運，起碼要保住項上人頭，子合王的承諾是：「亦步亦趨，言聽計從。」

一年後的某一天，子合王接到了莎車王賢的邀請書，請他前往莎車參加自己的壽宴。臨行前，呼韃谷上空朔風怒號，烏鴉哀鳴，難道此行自己將會遭遇不測？但子合王又想，也許賢只是要求自己貢獻一塊美玉罷了，不至於把一向聽話的自己殺掉吧？如果自己膽敢爽約，後果可就不堪設想了。

在忐忑不安與自我安慰中，子合王與貼身侍衛進入了莎車城。還好，迎接自己的莎車官員很是熱情，于闐、拘彌、姑墨王也都到了。在晚宴上，滿面紅光的賢頻頻舉杯，感謝鄰國國王們的一片盛情。豈知，賢已吩咐廚師在酒食飯菜中下毒。不一會兒，這些傻乎乎的國王們相繼中毒昏迷，腦袋被莎車武士像收割莊稼一樣從容地砍下。這是一場成功的鴻門宴，其殘忍與血腥程度只有突厥可汗殺掉

今維吾爾族的先人高車酋長們可以匹敵。

此後，賢沒有再在這幾個國家任命新的國王，只是派出將軍鎮守這些國家。莎車滅亡後，子合與西夜曾經短暫復國。但到了東漢末年，這對孿生兄弟再一次被鄰近的強國疏勒吞併。

此時的疏勒國，已經成為西域佛教的一大中心。於是，佛教的朵朵祥雲終於因為信仰佛教的疏勒統治者到來，籠罩了溝壑縱橫、文化貧乏的子合與西夜。

棋盤石窟最大達十七平方公尺，今依稀可見佛像壁畫殘跡

最早傳到這裡的，是小乘佛教。而小乘佛教最顯著的特徵是在山壁間開鑿佛畫洞窟，子合國故地的棋盤石窟就是一例。

有龕皆是佛，無壁不飛天。棋盤石窟位於棋盤鄉西部約十二公里的陡峭青色沙岩上，有人工開鑿的十多個洞窟。最大的洞窟達十七平方公尺，最小的僅有二平方公尺。在最高的兩窟中存有用紅、藍、黑、赭等色繪製的佛像壁畫殘跡，只有佛像身後的光影和山水景物依稀可辨。其中一個大窟中的佛像已被破壞，現只存有佛龕、佛座遺跡。據了解，棋盤洞窟開鑿於東漢末年至南北朝時期，是用來供奉小乘佛教的壁畫與佛像的，當時的佛事活動一般在洞窟前舉行；唐朝末年，大乘佛教開始流行，洞窟的功能只剩下存放佛經，佛事活動已全部改在寺廟中進行，洞內壁畫就不再有人維護，這也是洞窟破敗的主要原因。

遺憾的是，後人在子合國內沒有找到任何寺廟，東部的西夜國故地倒是發現了幾處寺廟遺跡。

東晉高僧法顯一行前往天竺取經途中，從于闐步行二十五天來到子合。他後來回憶，子合國王向善向上，國內有上千名僧人，多修習大乘佛教。十五天後，他們便匆匆消失在蔥嶺的千山萬壑之中。

我的疑問是，法顯何以只談到子合未提起西夜？因為在三國時期，西夜就再度復國了。難道，他們是一個國家的兩種名稱？或許，子合人不在乎別人把他們稱為西夜國，而西夜國也不否認自己是子合種？

三百年硝煙滾滾，西夜與子合就以這樣一種奇怪的方式彼此妥協。兩國原就是一個不可分割的整體，就像古羅馬雙面門神的前後兩張臉，雖然在每個不確定的時刻，只能以一面示人，但兩者確實集中在一個人身上。他們有時攜手，有時競爭，時分時合，糾纏不休，共同演出了一場西域歷史上的絕代雙驕故事，這真不免讓人拍案叫絕，擊節嘆服。

奇怪的是，到了北朝時期，《魏書》和《北史》不再提西夜、子合，而統稱之為「朱俱波」。難道說，西夜和子合已經消失？或者兩國已經改名？

朱俱波，隋唐絲路上的一顆明珠

處於絲路南道上的朱俱波，不再寂寞與冷僻。如果您是某國使者，或者商隊足夠龐大，往往能見到那位富有異國情調、麗冠西域的王妃。但塞翁得馬，安知是福？

歷史容不得一廂情願的推測。

史載，北魏和平元年（四六〇年），占據高昌的北涼被柔然汗國所滅，北涼末代國王沮渠安周被殺。當時東有北魏，北有柔然，北涼王族只有向西南方向逃生，其中一部分抵達今葉城縣境內，征服了蒲犁、烏秅（音同「茶」）、西夜、子合等蔥嶺小國，建立了名為沮渠的政權。史籍中的朱俱波、朱居、悉居半、朱居波、朱駒波、遮拘迦、朱俱盤、遮拘盤、斫（斫音同「卓」）句迦等，都是「沮渠」的漢文同音異譯。

神龜二年（五一九年），北魏使者宋雲西行求法，「入朱駒波國，人民山居，五穀甚豐，食則麵麥，風俗言音與于闐相似，文字與婆羅門同，其國疆界可五日行遍」。貞觀十八年（六四四年），唐僧玄奘取經返國途中曾路過此地，他在《大唐西域記》中說，從佉沙國（疏勒國）向西南行五百里，越過徙多河，翻過大沙嶺，就可到達方圓千餘里的「斫句迦國」，斫句迦國原名「沮渠」。

換句話說，朱俱波已經變身為一個民族混合體，《唐典》中說朱俱波「其王本疏勒人」，說明該國首領是從疏勒王族中選派的，原沮渠王族已經失去了早期的權威；說「人貌多同華夏」，是指其中來自河西的沮渠人和羌人，與中原人相貌近似；說朱俱波人「亦類疏勒」，是指國民中有大量的疏勒移民。

不容忽視的是，朱俱波是隋唐絲路的一顆明珠。隋代史學家裴矩在《西域圖記》中記載，以敦煌為起點的絲綢之路共有三條：北道從伊吾（今哈密），經蒲類海（今巴里坤湖）鐵勒部、突厥可汗庭，渡過北流河水，至拂菻國（東羅馬），可達西海（地中海）；中道從高昌、焉耆、龜茲、疏勒，跨蔥嶺，又經拔汗那國、蘇對沙那國（即東曹國，在漢代大宛貳師城）、康國（今烏茲別克撒馬爾罕一帶）、曹國（今撒馬爾罕西北的伊什特汗）、何國（今撒馬爾罕西北）、大安國（今烏茲別克西南部的布哈拉）、小安國、穆國（今阿姆河以西），至波斯，可達西海（波斯灣）；南道從鄯善、于闐、朱俱波、朅盤陀，越蔥嶺，又經護密（即休密，今阿富汗東北部的瓦罕）、吐火羅（今阿富汗北部的巴赫〔Balkh〕）、挹怛（即嚈噠，在阿姆河以南兩百里）、帆延（今阿富汗境內）、漕國（今阿富汗東部的加茲尼〔Ghazni〕），至北婆羅門（今巴基斯坦境內），最終到達西海（印度洋）。也就是說，處於絲路南道上的朱俱波，不再寂寞與冷僻。如果您是某國使者，或者您的商隊足夠龐大，往往能見到那位富有異國情調、麗冠西域的王妃。

但塞翁得馬，安知是福？一個小國一旦戰略地位變得重要，就會成為大國爭奪的目標。不久，大唐安西都護府宣判了這個國家的死刑。此後，朱俱波國記載全無，地名變成了大唐安西都護府下轄的磧南州，州駐地為郅支滿城（又名朱俱波，今葉城縣）。國王是否變成了州長，我們不得而知。

顯然，這個朱俱波已經成為一個城鎮名。即便朱俱波依然存在，與我們所要敘述的西夜與子合國也已經關係不大了。

西夜與子合

小傳

出身於羌，棲息於蔥嶺以東的山谷，是一對剪不斷、理還亂的孿生兄弟。他們時而競爭，時而攜手，危機時合起來，平安時再分開，如同兩個心智不全、喜怒無常的孩童。令人佩服的是，他們儘管在東漢時期先後兩次被莎車、疏勒滅國，但隨後又神奇地兩次復國。究其原因，恐怕主要還是他們地處偏遠、來去不定，讓綠洲霸主們鞭長莫及、無從下口吧。

可是，當他們聯合建立了朱俱波，費盡千辛萬苦修造了一座高高的城垣，成為隋唐絲路明珠之後，好日子就到頭了。因為大樹一旦參天，就會成為樵夫下手的目標。不久，大唐西域都護府便宣判了這個「小聯合國」的死刑，將這座城池變成了自己的兵營。

歷史簡表

西漢

蔥嶺以東的子合國與西夜國，本屬同一個羌人部落，於漢初立國，王治設在呼犍谷。不久後一分為二，較大的部落為西夜國，較小的部落為子合國。

東漢

東漢初年，西域霸主莎車王賢攻入西夜國，殺西夜王，立哥哥康的兒子為新西夜王。子合孤立無援，主動派出使臣到莎車表達忠心。

漢光武帝建武末年

莎車王以紀念生辰的名義，將子合、于闐、拘彌、姑墨國王騙到莎車並下毒斬殺。後派將軍鎮守，不再立新王。

漢明帝永平三年～四年（六十～六十一年）

于闐占領莎車都城，殺莎車王賢。子合與西夜趁機復國。

東漢末年，子合與西夜再一次被鄰近的強國疏勒吞併。

三國時期

子合與西夜再度復國。

魏晉南北朝

高僧法顯一行前往天竺取經途中，曾來到子合，卻未提及西夜。

北魏文成帝和平元年（四六〇年）

北涼被柔然汗國所滅，北涼王族向西南方向逃生，其中一部分抵達今葉城縣境內，建立了名為沮渠的政權。《魏書》和《北史》稱之為「朱俱波」。朱俱波為一個民族混合體，像是小聯合國，西夜、子合也包含其中。

北魏孝明帝神龜二年（五一九年）

北魏使者宋雲西行求法途經朱俱波。

隋朝

隋代史學家裴矩在《西域圖記》中記載，以敦煌為起點的絲綢之路共有三條，而朱俱波位於南道上，是隋唐絲路上的重鎮。

唐朝

唐太宗貞觀十八年（六四四年）

玄奘取經返國途中路過此地，在《大唐西域記》中稱之為「斫句迦國」。

貞觀年間，安西都護府改朱俱波為磧南州，成為其下轄城鎮。此後，朱俱波國記載全無。

第二十四章

烏秅

烏秅，或許是傳說中的香格里拉，但中原卻少有人涉足，
張騫兩度出使西域、班固在疏勒居住多年皆未前往，
玄奘途經葉爾羌河也與它失之交臂。

這個隱藏在崇山峻嶺中的小國，四周環境險惡，
出入只能依靠一條繩索，飛繫於大山之間，
人踏繩索而渡，除了有膽量、有技術，還得有好運氣。
於是乎，烏秅安穩地度過兩漢及三國，免受戰火侵擾，
但也幾乎無人造訪，以至於歷史上對烏秅的了解極為有限。

烏秅

聖人不到的地方

地理和歷史的地位：

- 商代諸侯周的後裔，人稱烏氏戎。戰國末年，他們沿著崑崙山北坡遊蕩到葉爾羌河上游，建立了一個名為烏秅的國家。
- 隱藏在崇山峻嶺中，因此安穩地度過兩漢及三國，免受戰火侵擾。

烏秅國，王治烏秅城。戶四百九十，口二千七百三十三，勝兵七百四十人。東北至都護治所四千八百九十二里，北與子合、蒲犁，西與難兜接。山居，田石間。有白草。累石為室。民接手飲。出小步馬，有驢無牛。其西則有懸度，去陽關五千八百八十八里，去都護治所五千二十里。懸度者，石山也，溪谷不通，以繩索相引而度云。

——班固《漢書》卷九十六上

喝酒吃肉認祖宗，周穆王與烏氏羌人相見歡

姬滿好色、貪玩又血腥，但他再不可靠，也不至於把自己與一夥牧民稱為同一個祖先。各個朝代對於祖先的考證都是大事，如果沒有充分的證據，他是萬萬不能信口開河的。

《穆天子傳》記載，周穆王西遊春山（蔥嶺），到達了赤烏氏之邦。淳樸的赤烏人獻上美酒與佳餚，周穆王姬滿一邊大觚（音同「呼」）1喝酒、大口吃肉，一邊眉飛色舞地說：「赤烏氏的祖先出自周宗，我與你們擁有同一個祖先。」（赤烏氏先出自周宗……以為周室主）

姬滿是一個好色的人，曾與西王母一見鍾情，多次約會並樂而忘返；也是一個貪玩的人，常常離開鎬京外出遊獵與征戰，在用弓箭把飛鳥變成簇簇羽毛，用戰車把敵人壓成肉餅中享受視覺的快樂；他還是一個強硬的人，哪個封國不聽話，他就會毫不猶豫地出兵圍剿，擅自稱王的徐伯逃到了海邊他還不放過，最終被逼跳海自殺；他更是一個血腥的人，親自主持制定了墨（在臉上刺字或圖案）、劓（音同「義」，割去鼻子）、臏（斷足或剔去膝蓋骨）、宮（閹割男性生殖器）、大辟（死刑）五刑，細則達三千條之多，變著花樣折磨犯人。但他再不可靠，也不至於把自己與一夥牧民稱為同一個祖先。因為各個朝代對於祖先的考證都是一件神聖與嚴謹的大事，如果沒有充分的證據，他是萬萬不能信口開河的。

讓我們捋一捋周人的傳承史。

遠古時期，姜姓始祖——炎帝部落有一個分支，稱有斄（音同「臺」，意為硬而彎曲的羊毛，又寫作「邰」）氏，起源於陝西眉縣的邰亭，後來東遷到汾水下游的邰城（今陝西武功縣西南）。

一天，有邰氏少女姜嫄獨自外出遊玩，回來後懷上了身孕。面對人們的質疑，她聲稱是因為踏上巨人腳印而受孕的。後來，她順利產下一個男嬰。不管怎麼說，未婚生子算不上什麼吉祥之事，她便把男嬰棄之隘巷，結果馬牛從男孩身旁走過都不踩他。她又想把男嬰放在林中，卻正好遇上山林中人來人往。無奈之下，她只有選擇新的遺棄之處。此後，她把男嬰扔在一條冰封的河道裡。她剛剛走開，就有許多飛鳥匆匆落到男嬰身邊，用毛茸茸的翅膀為他取暖。

難道天佑此嬰？姜嫄為一連串的神異之事所震驚，便徹底打消了棄嬰的念頭，並為他取名為棄。

1 商周時期的一種青銅酒具。

一天，部落聯盟首領帝嚳（音同「酷」）遇到了聰明伶俐的棄，又發現棄的母親生得嬌柔若水，甜美如飴，便主動要求做棄的父親。借坡下驢，姜嫄成了帝嚳的元妃。棄長大後，由於擅種稷，被堯任命為農官，被舜賜名后稷，負責教授民眾種植五穀。后稷就是姬姓及周朝的始祖，共繁衍了一千多個姓氏。

商朝末年，多數周人跟隨周文王東遷入陝，建立了周朝。未能東遷的周人與戎融合，先被稱為烏氏戎，後來在今六盤山東麓的平涼建立了烏氏國，戰國末年被秦國滅亡，劫後餘生的國民成為關中烏氏。唐將烏承玭、烏承恩、烏重胤就是關中烏氏後人。

還有一支周人後裔西去新疆，到達今葉爾羌河上游，重新過起原始的山居生活。周穆王見到的赤烏氏之邦，應該就是後來的烏秅（音同「茶」）國。烏是父名，秅是母姓。因此，他們既被稱為羌人的一支，又被認為與周朝有共同的血緣。

傳說中的香格里拉，卻是聖人不到的地方

張騫兩次出西域都沒有到過烏秅；班超在不遠處的疏勒住了多年也沒有前往烏秅；唐僧玄奘取經返國途中，如果從葉爾羌河溯流而上，就可以看到古烏秅國，但烏秅國王終究無緣看到那個著名的身影。

烏秅國，一般認為位於葉爾羌河上游，塔什庫祖克山南麓，喀喇崑崙山北部山坡，大概方位在今塔什庫爾干縣城東南方一百五十公里處。也有專家認為，它處於今巴基斯坦坎巨提一帶的罕薩峽谷中，距離今中國邊境只有三十公里，是英國作家詹姆士·希爾頓（James Hilton）在小說《失落的地平

線》（*Lost Horizon*）中所說的「香格里拉」[2]。

這是一個高海拔的山區，附近的吾甫浪山海拔六千一百八十公尺，喬戈里峰海拔八千六百一十一公尺，沒有什麼綠洲，水來自雪山，田在山石之間，運輸要靠驢子，王城以石塊壘成。

烏秅城有一條山路通向北鄰子合、蒲犁國和東北的西域都護府，但須經過一個險峻的山口，一夫當關，萬夫莫開。而要西去難兜國，山路崎嶇，還有一條懸度。

所謂懸度，就是一條繩索飛繫在大山之間，崖壁底部是湍流不息的新頭河，人腳踏繩索而渡。但是，並非所有膽量與技術俱佳的人都有好的運氣。《漢書》談到不幸落崖的人畜時說：「畜墜，未半坑谷盡靡碎；人墮，勢不得相收視。」據法顯回憶，從陀曆國[3]向西南行進十五天，便進入一座大山，道路艱阻，山崖險峻，山上唯石，壁立千仞，身臨則頭暈目眩，前行則無處下腳。行進的道路，是古人順著山勢鑿出的石階，共有七百多級。小心翼翼地走完石階，便須踩著一條飛架於山峰之間的懸空大索，跨過八十步寬的新頭河。法顯感嘆說，這條路太危險了，連張騫和甘英都不敢選擇走這條路。好在，法顯等人心靜如水且不懼死亡，因而像在地獄裡走一遭般渡過了令人色變的「懸度」。至於懸度的位置，一位中國史學家認為在今巴基斯坦達麗爾（Daryl）[4]。

既然周邊環境如此險惡，這個躲在山裡的國家別說是遭受戰火，就連來訪紀錄都寥寥無幾。這個周穆王的同族兄弟所選擇的，顯然是一個聖人不到的地方。

2見馬雍《西域史地文物叢考》，文物出版社，一九九〇年版。
3北印度古國，在今巴基斯坦印度河上游的達地斯坦。
4見榮新江〈絲綢之路：東西方文明交往的通道〉，原載於《鄭和研究》二〇〇四年第一期。

張騫兩次出使西域皆未至，烏秅隱身山林直至盛唐歸附

聖人是指孔子、孟子。孔子周遊列國十四年，最西只到達今河南洛陽，連汾水都沒有看到。孟子和孔子一樣，也喜歡帶領學生遊歷列國，但他的活動區域多在今山東境內，最西似乎只到魏國。作為文化名人的老子倒是走得稍遠一點。他最後一次出現在世人視野裡，是騎著青牛出了函谷關，但函谷關也只是位於河南靈寶市區北部十五公里的王垛村。漢代史學家司馬遷一生遍遊名山大川，到過邛（音同「窮」，今四川西昌）、昆明（今雲南曲靖）、九原（今內蒙古包頭西）、崆峒（音同「空同」，六盤山支脈），但最西只有隨劉徹到達今寧夏固原縣東南部的蕭關，連玉門關都沒見過。

更落寞的是，張騫兩次出西域都沒有到過烏秅。班超在不遠處的疏勒住了多年也沒有屈尊前往烏秅。唐僧玄奘取經返國途中，從疏勒向西南行進，渡過徙多河（今塔什庫爾干河）東去，如果從途中經過的葉爾羌河溯流而上，就可以看到古烏秅國了。也許以求取佛經和遊歷異域為目的的玄奘，是最應該訪問他們的一位中原高僧了。烏秅國王彷彿已經聽到了玄奘的足音，但終究無緣看到那個禿頭、黃衫、手握拂塵、身背行囊的著名身影。

因此，中原史書對烏秅的介紹極為有限，我們只知道，它在兩漢與三國時期毫髮無損，儘管國王手中可供調遣的兵力只有七百四十人。東晉十六國時期，它改名叫權于摩或于摩國。盛唐時期，烏秅國又復國，歸附唐朝，許多國民內遷中原稱烏秅氏和烏氏。

而留居此地的國民或歸入了北部的朅盤陀，或歸入了南部的小勃律和大勃律。

烏秅

小傳 歷史簡表

這是一群道道地地的山民，卻有著光鮮無比的出身——商代諸侯周的後裔，人稱烏氏戎。戰國末年，他們沿著崑崙山北坡遊蕩到葉爾羌河上游，建立了一個名為烏秅的國家。

這裡地處高海拔地區，水來自雪山，莊稼種在山石間，房屋以石塊壘成，道路是一條懸空的繩索——懸度。這是一個聖人不到的地方，也是一片和平的樂土，甚至有可能就是《失落的地平線》中所說的「香格里拉」。張騫、宋雲、玄奘都曾經非常接近，卻都與之擦身而過。倘若他們有幸進入這裡，一定會留下令後人津津樂道的美麗傳說。

商朝

商朝末年，多數周人跟隨周文王東遷入陝，建立了周朝。未能東遷的周人與戎融合，被稱為烏氏戎。

周朝

烏氏戎在今六盤山東麓的平涼建立了烏氏國。

戰國時代

戰國末年烏氏國被秦國消滅，部分倖存國民遷入關中，成為關中烏氏。還有一支西去新疆，到達今葉爾羌河上游，建立了烏秅國。

兩漢、三國時期

烏秅國因地處深山峻嶺，出入不易，或許因此不受西域戰火侵擾，毫髮無損。

東晉十六國

烏秅國改名權于摩或于摩國。

唐朝

盛唐時期，烏秅國又復國，歸附唐朝，許多國民內遷中原稱烏秅氏和烏氏。而留居故土的國民或歸入了北部的朅盤陀，或歸入了南部的小勃律和大勃律。

第二十五章

蒲犁

蒲犁，這個南北朝時期絲路支線上赫赫有名的朅盤陀國，位居絲路交通要衝且具戰略地位，但它如今最令人津津樂道的，是完全以石頭搭蓋、矗立在海拔三千多公尺臺地上的城郭，以及傳說中的公主立國故事。

相傳漢朝公主為和親被送往古波斯，半路遇到戰亂而受困山上，隨行之人努力保護公主的安全及貞節，不料三個月後公主居然懷孕了。公主的侍女指證歷歷，罪魁就是那個每天中午從太陽騎馬出來的男人……

蒲犁

藍天下的石頭城

地理和歷史的地位：

・相傳漢朝公主為和親被送往古波斯，半路遇到戰亂受困山上，卻懷了太陽神的孩子，因此國民都自稱「漢日天種」，認定自己身上有華夏血統。

蒲犁國，王治蒲犁谷。戶六百五十，口五千，勝兵二千人。東至莎車五百四十里，北至疏勒五百五十里，南與西夜子合接，西至無雷五百四十里。侯、都尉各一人。寄田莎車。種俗與子合同。

——班固《漢書》卷九十六上

都是太陽惹的禍！朅盤陀國的公主傳說

公主在路上懷孕，這是天大的外交事件啊。如果把懷孕的公主送給國王，自己一定人頭不保；而要把公主還給漢朝，漢朝豈能甘心受辱？當今唯一的辦法，就是查出使公主懷孕的首惡之人！

一千三百七十年前的一天，一位四十出頭的唐朝和尚，身背沉重的行囊，從蔥嶺西南的商彌國[1]進入波謎羅川（即播蜜川，今帕米爾）。當他邁著沉重的腳步臨近蔥嶺東部的朅（音同「妾」）盤陀國都城時，已是殘陽西落的黃昏。

抬眼望去，這是一座周長二十餘里的山城，山城背靠浪花飛濺的徙多河，建在一片堅硬的崖壁上。進出山城的國民身穿氈裘，面相兇悍，不重修飾，這似乎是一個被文明遺忘的地方，難道萬能的佛教沒有降臨這座偏僻的深山？直到踏進山城，他的心中才泛起微微的暖意：城裡建有伽藍十餘所，從建築風格上看，這裡信仰的是小乘佛教，也是佛教的一片聖土。

聽說一位高僧從天竺來，信佛的朅盤陀國王熱情地接待了他。賓主落座後，國王才知道這位高僧並非印度人，而是從唐朝前往印度取經後返程的和尚，法號玄奘。特別是聽說玄奘已經離開長安在外雲遊了近十六年，在天竺取到了真經，國王眼中透出了敬慕與佩服的光芒。而國王也告訴玄奘，自己的老祖先是一位漢家公主，自己也是「漢日天種」。

玄奘好奇，詢問來龍去脈。國王於是講了一個神奇的故事：

「這個國家最初是處在蔥嶺中的荒川上。當時，波利剌斯（古波斯）國王迎娶了一位漢公主。迎親的隊伍走到蔥嶺時，遇到了戰亂，絲綢之路被阻斷，隊伍只好臨時停下了腳步。尊貴的公主被安置在一座孤峰上，孤峰十分險峻，靠雲梯才能攀援而上；孤峰的周邊則布滿了警衛，晝夜巡視。也就是說，除了天上飛鳥和地上蚊蟲，其他任何東西包括動物也休想接近巔峰。顯然，公主的安全與貞潔得到了有效保障。

「三個月之後，戰亂平息，隊伍決定開拔，但公主卻懷孕了。

「少女未婚先孕，本就是天大的醜事，況且這位少女非同一般，而是欲嫁往別國的公主。迎親使臣極度驚惶地對下屬說：『公主在路上懷孕，這是天大的外交事件啊。如果把懷孕的公主送給國王，自己一定人頭不保；而要把公主還給漢朝，漢朝豈能甘心受辱？當今唯一的辦法，就是查出使公主懷

1 又稱賒彌國、雙靡城、奢摩羯羅闍國，位於巴基斯坦、阿富汗交界處。

孕的首惡之人！』

「使臣於是開始嚴刑拷問隨從。但問遍所有人，都沒有查出任何蛛絲馬跡。末了，公主的貼身侍女說：『不要追查了，這件事是太陽神所為。每天中午，就有一位英俊男子從太陽裡騎馬走出來與公主相會。』使臣聽後，又喜又憂地說：『有什麼證據證明是太陽神所為呢？這樣的理由怎能使國王相信呢？回國必然被殺，留在此地也難免受到征討。向前看，屠刀已經揚起；驚回首，白雲遮斷歸途。如今真的是進退兩難呀！』

「聰明人無計可施時，笨人想出來的法子一定有用。大家唉聲嘆氣了半天，使臣的一個普通助手建議說：『當今之計，只有留在此地，過一天算一天了。』大家頻頻點頭。

「他們決定不回波利剌斯，就在山峰之上建造宮殿，圍繞宮殿建起了三百餘步的城池，立公主為王，並建官立制，這就是朅盤陀國的由來。

「十月懷胎，公主生下了一個容貌豔麗的男孩，取名『至那提婆瞿旦羅』，意思是『漢日天神』。男孩稱王，母親攝政。在母親和大臣的輔佐下，這個『飛行虛空，控馭風雲』的年輕國王統一了帕米爾，附近國家莫不稱臣。

「國王以高齡善終，葬在大山岩的石室中，屍體雖被風乾卻始終不朽，看上去像一個羸弱枯瘦的老人，彷彿剛剛睡著了一樣。國民們按時為他更換衣服，不斷安放香花，一直延續至今。」

國王講完故事之後，稱自己就是公主的幾十代孫。他還說，這裡的國民都自稱「漢日天種」，認定自己身上有華夏血統。

是城堡也是墓地，盤踞高山千載的石頭城

登上這座矗立在山丘上的恢弘建築，才真正體會到它之所以千年不倒的原因。尤其是聽說在這座清代古城堡下，還掩埋著漢唐時期十倍於此的蒲犁國都時，我心中不禁震顫，如同第一眼看到夢中的樓蘭。

我在研究歷史時發現，不管我們在地球的哪一個遙遠的角落追尋某個民族的過去，都無一例外地發現自己迷失在神話故事撲朔迷離的纏繞之中，這些神話有一個共同點：人們想用其為某種含糊不清的傳統賦予更大的價值，追溯這一傳統的超自然根源來提高它的聲望。然而，這些神話故事還有一個共同點，就是拋開誇張與炫耀的因素後，裡面往往隱含著遠古時期的某些歷史密碼，這些密碼並非完全虛構，甚至與後來的考古發掘完全吻合。

如果這位國王所言不虛，它應該建國於西漢時期。那時，這個國家名叫蒲犁。東漢時期，國家更名為德若。三國時期，已分裂為滿犁、億若兩個國家。南北朝時期，才稱朅盤陀[2]。講故事的國王說它最初叫朅盤陀，顯然是口耳相傳導致的錯誤。

蒲犁國的中心設在蒲犁谷，是高山峽谷中的一片牧場。幸運的是，這道山谷是疏勒、莎車到大月氏國都藍氏城的必經之地，可以為國家提供源源不斷的關稅。漸漸地，蒲犁這個避居深山的苦孩子，口袋裡有了一點零錢，終於得以建成了今喀什庫爾干縣城東部不遠處的石頭城。這座石頭城，就是傳說中那位漢朝公主兒子的王宮，後來的朅盤陀國都城。

正因為有了這座雄偉堅固的石頭城——維吾爾語中的「塔什庫爾干」，蒲犁國才堅如磐石，國祚

2又叫渴盤陀、朅盤陀、渴飯檀、漢盤陀、喝囉盤陀、大石、蔥嶺國。

千載。東漢時期它曾改名德若國，但國王世系未變。至於三國時期史料上說此地滿犁、億若二國並存，《魏略》認為可能只是訛傳，因為「滿」與「蒲」、「億」與「德」相近，很容易混淆。有可能是蒲犁系的兩位王子分別建立了名叫蒲犁、德若的國家。而南北朝時期，兩個支系再度合併，成為絲路支線上赫赫有名的揭盤陀國。

貞觀十八年（六四四年）春，唐僧玄奘從印度返程途經揭盤陀，馱經的大象在塔什庫爾干河的一個支流間失足落水，許多珍貴的經卷被打濕甚至沖走。此後，他被迫落腳疏勒，在那裡重新補抄遺失的經卷。《西遊記》中唐僧師徒在通天河打濕經卷的故事，想必是源於玄奘這段真實的經歷吧。

這個絲路重鎮，不僅玄奘來過，此前的法顯，此後的馬可．波羅也從這裡踉蹌走過。可惜的是，不知是記憶出了問題，還是路線出了問題，馬可．波羅在穿越蔥嶺時並不記得經過什麼石頭城。有意思的是，當地人為了紀念這位路過的威尼斯人，竟然把野生的帕米爾盤羊命名為馬可．波羅羊。

唐朝統一西域之後，原揭盤陀國都仍是疏勒鎮下的蔥嶺守捉治所的駐地，處於唐朝對抗大勃律和小勃律國的前沿。元朝在此擴建了城郭，清朝也曾在此設立了蒲犁廳。

當我真的來到縣城以北幾十公尺處的石頭城——帕米爾高原上的標誌性遺址，沿著陡峭的亂石小心翼翼地登上這座矗立在山丘之上、海拔達三千一百公尺的恢弘建築，目睹腳下殘缺的城牆，四周紛亂的石塊，身邊環繞的群山，還有天上的大片流雲，才真正體會到它之所以千年不倒的原因。尤其是聽說在這座清代古城堡下，還掩埋著漢唐時期十倍於此的蒲犁國都時，我心中不禁產生久違的震顫，如同第一眼看到夢中的樓蘭。

「塔什庫爾干」有兩種不同的解釋：一是用石頭建起的城堡，二是用石頭堆起的墓地。

與暴露在陽光下的石頭城形成強烈對比與呼應的，是石頭城東部一千公尺的地下幽冥世界——香寶寶墓地。一九九〇年代初，新疆考古工作者曾在這裡發掘出具有明顯塞人特徵的頭骨。據測定，這些墓主人是至少生活在西元前六世紀及前五世紀的塞人。

揭開傳說的神祕光環，看見公主堡背後的巾幗女豪

公主堡儘管偏僻險峻，但扼古絲綢之路的要衝，且在不遠的河對岸有一堡壘，與公主堡互為犄角，構成一個完整的軍事體系，居高臨下，能攻能守。在這裡，一個巾幗女豪的志向與膽略展露無遺。

如果此地最早的先民是塞人，那麼他們到哪裡去了？另外，迎接漢家公主的那夥古波斯人難道遷走了？因為眾所周知，今塔什庫爾干是一個塔吉克族自治縣。這裡繁衍生息著十四個民族，塔吉克[3]族是其中的主體。

人類學家告訴我，塔吉克人的族源，可以追溯到帕米爾高原東部操東伊朗語的古塞人部落。十一世紀，突厥游牧部落才將中亞操伊朗語、信伊斯蘭教的人稱為塔吉克。如今的塔吉克人分為兩支，一支是平原塔吉克人，主要居住在中亞；一支為高原塔吉克人，主要居住在新疆西部與南部。今塔什庫爾干塔吉克族所使用的塔吉克語，就屬於印歐語系伊朗語族帕米爾語支。也就是說，其祖先就是塞人——道道地地的白種人。

更有意思的是，古波斯人與塔吉克人是同一個祖先，都屬於歐洲人種地中海類型，而且同屬一個語族。

為此，考古學家對塔什庫爾干的香寶寶墓地進行了研究，經碳十四測定，距今約兩千九百至兩千五百年。這具頭骨屬於長狹顱，與帕米爾塞人墓、洛浦山普拉叢葬墓、樓蘭墓的頭骨接近，應歸入歐洲人種地中海類型[4]。至於《漢書》中「蒲犁及依耐、無雷皆西夜類也，西夜與胡異，其種類羌氐行

3塔吉克民族的自稱，意為「王冠」。

國」的說法，可以看成班固的推測。因為經考古驗證，班固關於西夜與依耐的說法是對的，他們的確是羌氏；而關於蒲犁與無雷的說法是錯的，他們是「西胡」中的塞種。

我的思緒開始像帕米爾雄鷹一樣詩意地飛翔。帕米爾高原上的塔吉克人，早期信仰拜火教[5]，自稱是離太陽最近的人，還被稱作「太陽部落」或者「彩雲上的人家」。那個從太陽裡騎馬而出與公主幽會的人，應該就是一位英俊的塔吉克男子吧？

而公主與女僕聯合編出的理由，在中原並不稀奇。我們知道，遠古的帝嚳一生娶了四個妃子，除了最後一個妃子常儀沒有緋聞之外，其餘的三個妃子都有未婚先孕的經歷：帝嚳的元妃姜嫄自稱外出遊玩時，踏上了巨人的腳印而懷孕；次妃簡狄自稱在湖中洗澡時，無意中吞下了鳥蛋而懷孕；三妃慶都自稱在黃河邊看風景時，一條赤紅的巨龍被她吸進腹中而懷孕。作為帝嚳後人的漢公主，肯定聽了不少這樣富有創意的故事，因而才能在未婚先孕之後編織出更為神奇的傳說。

我並非有意質疑這個美麗傳說的可信度，也不是有意貶低未婚先孕的公主和與公主幽會的塔吉克男子，而是要把歷史從光環效應中還原出來，打破人們對於歷史人物公式化、神祕化的構建，更加準確地刻畫出歷史發展的真實歷程。當然，從另一個角度來說，這個富有寓言色彩的故事在宣傳民族的神聖感上有著難以取代的效果，甚至為了增加故事性，傳說也會有意無意地傾向戲劇化。

兼具交通要衝及戰略地位，中國地勢最高的古堡之一：公主堡

接下來，我的目標是看一看公主曾經居住的地方。

帕米爾的秋天，是一年中最絢爛的季節，日朗風清，天藍地曠，山溫水暖，雲淡氣爽，羊肥牛壯，馬膘駝健。我們沿著三一四國道一路南行，專程前往距縣城六十公里的公主堡。遠遠望去，公主堡——我國目前地勢最高的古代城堡之一，頭戴純潔的雲朵，背靠挺拔的皮斯嶺

達坂，腳下則是塔什庫爾干河與喀喇秋庫河的匯流處，河與山之間便是千年不斷、萬里遙遙的絲綢之路。

這座古建築就坡順勢而建，城堡方圓達兩千餘公尺，成西東走向，由高漸低，層次分明，正面用石塊砌築牆體，西邊牆面則就地取材，泥沙夾有一層層灌木枝條夯土而成，與嘉峪關古長城的材料、夯築方法如出一轍。南北兩面除有勉強可登上城堡的碎石坡道外，皆是盤羊、犛牛也難以逾越的懸崖峭壁。城堡內有一方上千平方公尺的坡地，坡地上是一系列由東向西呈階梯狀的房舍遺址，斷壁殘垣依稀可辨。當我勉強爬上如龍脊魚背一般的城堡最高處，卻發現這裡根本是無法立足迴旋之地，山風強勁，霧嵐繚繞，山矮天低。

這是一個多麼美麗，多麼幽靜，多麼深僻，多麼險峻的去處啊。選擇了這裡，公主不再橫生思鄉之情，不再擔心古波斯國王的征討，也不再擔心生活的困頓。這裡儘管偏僻與險峻，但扼古絲綢之路的要衝，一條山路向西，越過明鐵蓋達坂可到達今阿富汗、伊朗，進而遠達中東與歐洲；一條山路向南，沿著今三一四國道，從紅其拉甫達坂抵達喀什米爾，而後可以遠赴南亞各國。在不遠的河對岸有一塊臺地，上面尚有堡壘的殘痕遺跡，它與公主堡互為犄角，構成一個完整的軍事體系，居高臨下，能攻能守。在這裡，一個巾幗女豪的志向與膽略展露無遺。

公主親手締造的國家儘管已經封存在歷史時空中，儘管當年的「漢日天種」已不是那麼純正，但聖蹟猶在，蔥嶺猶在，塔吉克民族猶在。只是，我們至今不知道公主的芳名。我想，那一定是一個比細君、解憂、昭君、文成還要綺麗的名字。

4見韓康信《絲綢之路古代種族研究》，新疆人民出版社，二〇一〇年版。

5又稱瑣羅亞斯德教（Zoroastrianism）、祆教，流行於古波斯，是基督教誕生前西亞最有影響的宗教。其保護神叫阿胡拉．馬茲達，是太陽神和光明之神。宗旨是崇尚光明，禮拜聖火。

蒲犁小傳
歷史簡表

游牧行國，源於塞人，乳名蒲犁，青年時代叫德若，中年時期叫滿犁和億若，年老之後叫朅盤陀國。儘管地處山區，空氣稀薄，但卻是絲綢之路通向南亞的咽喉。高聳在山丘之上的石頭城，至今仍令我們遙想起當年這個游牧行國的無盡輝煌。

而公主堡的傳說，是我在新疆聽到的最神奇的傳說。公主來自哪裡？從太陽中騎馬而出的男子是誰？公主與太陽男子的後人是誰？今天生活在這裡並自稱「太陽部落」的塔吉克人是否就是唐代的「漢日天種」？一切的一切，都需要我們一一釐清。

西漢

蒲犁的祖先應是「西胡」中的塞種，於西漢初年建國。傳說是原本要被送去古波斯和親的漢公主，因戰亂受困高山，與當地塔吉克族男子相遇，生下一子，便在此建立了蒲犁。

東漢

蒲犁更名為德若。

三國時期

蒲犁分裂為滿犁、億若兩個國家。

魏晉南北朝

法顯取經途中曾經過石頭城。

南北朝時期，滿犁、億若又合併為一個國家，稱朅盤陀。

唐朝

玄奘取經返回長安的途中，經過朅盤陀，受國王款待，並聽說了公主的傳說。唐統一西域之後，原朅盤陀國都成為疏勒鎮下的蔥嶺守捉駐地。

元朝

元朝在此擴建了城郭。據傳馬可．波羅曾來過此地，當地居民為了紀念，還將野生的帕米爾盤羊命名為馬可．波羅羊。

清朝

此地設立了蒲犁廳。今日仍可在塔什庫爾干看到石頭城及公主堡遺蹟。

第二十六章

依耐

依耐，一個小到一開拔就是舉國遷徙的小國，行蹤難辨，
如今只知它是西域四十八國之中最小的游牧行國，
可能於東漢滅亡，其餘皆已湮滅在歷史洪流中，
幾乎連口耳相傳也無……

依耐

你的座標在哪裡

地理和歷史的地位：

・依耐國位於疏勒以南、莎車西南、無雷以東、子合西北，地理位置上幾乎與蒲犁國平行，只是稍稍偏西，是一個氐羌人組成的游牧國家，人數不多，來去無蹤，早在東漢時期就消失了。

依耐國，王治去長安萬一百五十里。戶一百二十五，口六百七十，勝兵三百五十人。東北至都護治所二千七百三十里，至莎車五百四十里，至無雷五百四十里，北至疏勒六百五十里，南與子合接，俗相與同。少谷，寄田疏勒、莎車。

——班固《漢書》卷九十六上

孤懸在塔里木盆地南緣，西域最小的游牧國

這個國家太小了，只有六百七十名國民。在西域四十八國中，千人以下的小國共有七個，其中六個分布在東部天山附近，只有依耐弱不禁風地遊蕩在塔里木盆地南緣和蔥嶺腹地。

《漢書》上說，「依耐國，東北至莎車五百四十里，西至無雷五百四十里，南接子合。」《漢

書》又說：「蒲犁國，東至莎車五百四十里，西至無雷五百四十里，南與西夜、子合接。」據此，有的專家認定，這個依耐國就是蒲犁國，就是《佛國記》中的竭叉，就是朅盤陀——今塔什庫爾干[1]。看來，這些專家的推測過於一廂情願了，因為依耐國有一百二十五戶，六百七十人，軍隊三百五十人。而蒲犁國有六百五十戶，五千人，軍隊兩千人。這是兩個實力相差很大的山國。顯然，依耐與蒲犁是一個國家的說法可以排除。

進一步研究發現，《漢書》對依耐與蒲犁位置的記載，除了與莎車、無雷距離相同外，還有一些明顯的差別：

其一，依耐國王治距離長安一萬一百五十里，蒲犁國王治距離長安九千五百五十里。

其二，依耐北距疏勒六百五十里，蒲犁北至疏勒五百五十里。

據此推斷，依耐國是位於疏勒以南、莎車西南、無雷以東、子合西北的山國，在地理位置上幾乎與蒲犁國平行，只是依耐稍稍偏西而已。因為依耐難以種植五穀，所以他們的口糧，主要是向鄰近的疏勒、莎車購買。一般來說，糧食買賣不可能捨近求遠，因此他們與疏勒和莎車的距離應該大致相等。

由此可以認定，這個蔥嶺山國應該分布於今塔什庫爾干縣境內。只是，這個國家太小了，只有六百七十名國民。在西域四十八國中，千人以下的小國共有七個，其中六個分布在東部天山附近，只有依耐弱不禁風地遊蕩在塔里木盆地南緣和蔥嶺腹地。也許是它太小了，小到一開拔就是舉國遷徙，因此難辨方位。

嚮導告訴我：「依耐國是一個氐羌人組成的游牧國家，人數不多，來去無蹤，早在東漢時期就消失了，也許它曾經在喀拉庫勒湖一帶游牧。」他接著說：「喀拉庫勒湖西面那道綿延不斷的山巒，叫

1見田川譯注的《佛國記》導讀部分，重慶出版社，二〇〇八年版。

薩雷闊勒嶺，是中國與塔吉克斯坦的界山。」說到這裡，他突然加重了語氣：「薩雷闊勒嶺全長三百五十公里，這座嶺和嶺以西兩萬多平方公里的面積，自古就是中國的固有領土，清朝末年被沙俄所強占，如今全部被塔吉克斯坦繼承。」

顯然，這是中國一個滴血的傷口。

依耐

小傳

這是一個沒有故事的國家，找不到中心，找不到遺跡，也找不到征戰紀錄。我們只知道，它是蔥嶺十國中最小的游牧行國，靠從北部的綠洲進口糧食度日，風俗與子合相同，應該是西羌的一支。剩下的事情，連想像也找不到方向。

歷史簡表

東漢

依耐國是一個氐羌人組成的游牧國家，人數不多，來去無蹤。

依耐國在東漢時期已消失。

第二十七章

無雷

有世界屋脊之稱的古蔥嶺上，曾存在一個游牧小國，
人口不過七千，卻建造了一座堅固的盧城作為王治。

更不可思議的是，它從漢朝到清代一直都是中原王朝不願放手的神聖領地，
即使三國時期已被稱霸西域的疏勒國吞併，卻仍劃入了魏國西域長史府版圖，
而往後幾番朝代更迭，遠在萬里之外的朝廷也不改對這塊土地的執著，
甚至到了清末，連英國、俄國也加入了這場征戰……

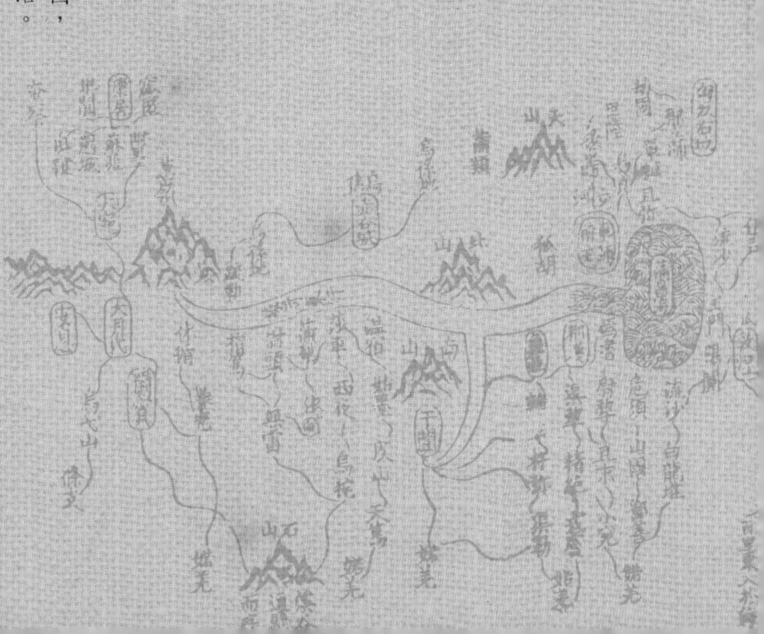

無雷

流逝的中國領地

地理和歷史的地位：

・位處極限之地，卻因地緣政治備受重視，從漢代至清代，歷代王朝絕不放手的千年領地。

無雷國，王治盧城，去長安九千九百五十里。戶千，口七千，勝兵三千人。東北至都護治所二千四百六十五里，南至蒲犁五百四十里，南與烏秅、北與捐毒、西與大月氏接。衣服類烏孫，俗與子合同。

——班固《漢書》卷九十六上

在世界屋脊上放牧的古國

塔吉克人應該比突厥、回鶻、蒙古人更早進入中亞，也更早占據適宜農耕的土地。但後來在亞洲民族的不斷擠壓下，被迫向帕米爾高原收縮了。從這個角度來看，是帕米爾高原保護了塔吉克人。

聽一位塔吉克老鄉說：「人的肚臍在肚皮上，世界的肚臍在帕米爾。」古蔥嶺——今帕米爾高原，這個平均海拔高於四千公尺的「世界屋脊」，對於絕大部分人來說，就是生存禁區。當然，這並不意味著它真的就是無人區。與青藏高原哺育了藏族一樣，帕米爾高原同樣誕生了一個高原民族——塔吉克人。

一直以來，許多人認為塔吉克人與帕米爾高原可以畫上等號，由此將塔吉克人理解為高原民族。事實上，在高原放牧的塔吉克人只是少數，大部分塔吉克人生活在低地，以農耕為主。前者被稱為「高原塔吉克人」，後者則被定義為「平原塔吉克人」。

源自古塞人的塔吉克人，應該比突厥、回鶻、蒙古人更早進入中亞，也更早占據那些適宜農耕的土地。只不過，後來在亞洲民族的不斷擠壓下，被迫向帕米爾高原收縮了。從這個角度來看，是帕米爾高原保護了塔吉克人。而帕米爾高原，也可稱得上是塔吉克人唯一完全覆蓋的、完整的地理位置。

鑑於高原缺氧、氣候寒冷、生態脆弱，今天生活在帕米爾高原上的高原塔吉克人只有不到三十萬。但這些「高原塔吉克人」卻保存了最純正的「高加索人種」基因，並自稱帕米爾人，以此顯示與平原塔吉克人不同。

更大的意義在於，這片神祕的高原和這些帕米爾人，曾經納入漢、唐、大清的版圖。即使在今天的中國，依然擁有部分帕米爾高原。

無雷位處極限之地，卻因地緣政治備受重視

以古典時期的國力來說，直接統治像帕米爾、青藏高原這樣的極限之地，對於一個中心位於萬里之外的中央之國來說幾乎是不可能的任務，所以一般都是採取尊重該地區原有政治、部族結構，進行間接統治的方式，最多只是派駐行政、軍事人員輪駐作為象徵罷了。在漢朝，這裡有西域都護府管轄下的無雷國和桃槐國。在唐朝，這裡的大勃律、小勃律均屬於安西都護府統轄。在大清時期，帕米爾

高原政權則臣屬於中央政府，並納入了中央之國的版圖。此時的帕米爾高原，在大清地緣政治結構中所顯示的標籤，叫「八帕」。

從地形來看，帕米爾高原可以分為兩大部分，東部是接近南北走向的薩雷闊勒嶺和西崑崙山，中西部是一系列東北、西南走向的山脈。以薩雷闊勒嶺山脊為地理分割線，今中、塔兩國各自得到了東部和中西部帕米爾高原。不過，中西部帕米爾高原的面積占整個高原的七〇%。

由於薩雷闊勒嶺山脈屬南北走向，使得東西帕米爾之間的地理景觀和河流流向迥然不同，山脈以東，屬塔里木水系；山脈以西，屬阿姆河水系，並分別錯列著許多河流、湖泊。河流與湖泊周邊，形成了八塊草木蔥蘢的平原，即所謂「八帕」（指八個以「帕米爾」為後綴的地緣標籤）。中國境內有高原東南部的塔格敦巴什帕米爾，郎庫里河谷的郎庫里帕米爾的一部分；塔吉克境內有喀拉庫里湖邊的和什庫珠克帕米爾，穆爾加布河谷地的薩雷茲帕米爾，阿爾楚爾河畔的阿爾楚爾帕米爾，薩雷庫里湖邊的大帕米爾，阿克蘇河上游的小帕米爾，瓦罕谷地的瓦罕帕米爾。這些帕米爾既是地理概念，也是部族概念。就像明清時期的滿洲既是一個族名，也可以指代中國東北一樣。

而我們所要追尋的古無雷國，就在這片群山巍巍的世界屋脊上迎風而立，揚鞭放牧。

以城命名王治，無雷在漢史上的特殊地位

所謂「西帕米爾」，就是今塔吉克斯坦「山地—巴達赫尚自治州」。既然今西帕米爾高原能獨立建制為一個省級行政區，那麼兩千年前也沒有理由是一片無人之地。可能的情況是，在東帕米爾高原出現蒲犁、依耐國的同時，西帕米爾高原上的塞人也建立了名叫「無雷」的國家。

但凡「國家」，都會有核心領地，無雷國也不例外。

只是《漢書》中這個游牧行國的「王治」之名有些特別，因為它並不是指向一條河谷，而是命名

為一座城——「盧城」。對於一個規模只有七千人的游牧部落來說，這顯得有些特別與突兀。作為游牧民族，如果要建造固定的「城」，一般會有兩個原因：一種是政治需要，即出於在部落聯盟中樹立政治威信的需要而設立王城，比如烏孫的赤谷城、匈奴的龍城；一種是經濟原因，就是為了控制交通要道，在保障軍事安全的同時獲得額外的商業利益。

至於無雷是基於哪一個原因建城，我們不得而知。但對於這個高原部落來說，最重要的還是游牧的草原。另外，無論出於政治還是商業考量，建城的地點也不會遠離草原。那麼西帕米爾高原的河谷草原，空間是如何分布的？又有哪條河谷，有機會成為核心之地呢？

作為阿姆河上游的一大水源，帕米爾高原上最大的河流噴赤河共有三條從東向西奔流的支流，一是高原北部的穆爾加布河，二是高原中部的貢特河，三是高原南部、今阿富汗境內由瓦赫基爾河與帕米爾河匯流而成的瓦罕河。

我認為，盧城應該建在噴赤河的北部支流穆爾加布河流域。一是因為這條河畔至今仍分布著許多湖泊和草原，有足夠的牧場供無雷的牧民生息；二是因為從此向北，經烏孜別里山口，可以直達疏勒，交通較為便利；三是在空間座標上，這裡距離東北方向的疏勒有六百里左右，與東部的依耐處於相同緯度，正好符合《漢書》對盧城的描述（盧城距長安九千九百五十里，疏勒距長安九千三百五十里，而盧城經疏勒至長安的距離為六百里；另外，依耐西至無雷五百四十里，北至疏勒六百五十里）。清代李光廷在《西域圖考》中也說，無雷國在巴達克山（今譯巴達赫尚）東北部。

當我們把外阿賴山北部的休循、捐毒等游牧行國，定位為由北而至的塞人部落；把薩雷闊勒嶺東側的蒲犁國，確定為由南而至的羌人部落時，就會發現，身處外阿賴山以南、薩雷闊勒嶺以西、瓦罕河以南、噴赤河以東的無雷國，實際上處於兩大游牧勢力的交會之處。無雷國既可能從北部受塞人的文化影響，也可能從東部接受羌人的基因。所以，《漢書》才以中國史家特有的簡潔方式，記錄了帝國外交家們的直覺印象，那就是，無雷國人衣著類似古歐洲人後裔烏孫，風俗與羌人後裔子合相同。

絕不放手，從漢代至清代的千年領地

準噶爾部攻占了葉爾羌汗國，隨後又東侵喀爾喀蒙古部，公開向大清叫板。此時大清在位的，是習慣用拳頭說話的康熙，他的龍袍上落一點灰塵都會立刻彈掉，豈能容忍準噶爾在頭上撒尿呢？

翻開任何一部世界史，打開任何一幅古代地圖，都會無一例外地發現，從漢代至清代中期，無雷國一直是中國的神聖領地。兩漢時期，它受西域都護府管轄。三國時期，它被東北方向的西域一霸疏勒國吞併，但仍劃入了魏國西域長史府版圖。

之後的歲月，對於無雷貴族來說是落寞的，但也是幸運的，因為不再稱王的他們再也不必擔心哪天被大國所滅，他們只需當好臣民、填飽肚子、保持健康就夠了。西晉時期，這裡歸晉西域長史府統轄。東晉十六國時，蔥嶺是烏孫和疏勒爭相青睞的「美貌寡婦」。隋代，蔥嶺又成為西突厥與鐵勒爭霸的區域。唐初，在西域設立了隴右道，在朅盤陀（今塔什庫爾干）設立了蔥嶺守捉[1]，直到開元年間，蔥嶺以西被大食蠶食殆盡，蔥嶺依然在安西都護府管轄範圍內。唐末，唐軍退出西域，蔥嶺被吐蕃接收。元代，蔥嶺是察合臺汗國的領地。大明前期，中原政權收縮到長城以內，西域被亦力把里（東察合臺汗國）和蒙古朵豁剌惕（蒙古土爾扈特部的前身）瓜分。朵豁剌惕分得了包括蔥嶺在內的西域南部地區。大明正德年間，以莎車為中心的葉爾羌汗國迅速崛起，占有了西域西南部地區，蔥嶺上的巴達克山部落被併入了葉爾羌汗國版圖。

明末，游牧於西域北部的蒙古準噶爾部異軍突起，很快就控制了天山以北的廣闊區域，與占據天山以南的葉爾羌汗國一起形成了「南回北準」的格局。之後，準噶爾部抓住葉爾羌和卓家族內訌的時機，應邀出兵越過天山，攻占了葉爾羌汗國，扶植阿派克和卓為傀儡汗。隨後，準噶爾東侵喀爾喀蒙古部，公開向大清叫板。

此時大清在位的，是習慣用拳頭說話的康熙，他的龍袍上落一點灰塵都會立刻彈掉，豈能容忍準噶爾在頭上撒尿呢？康熙派出大軍擊敗了準噶爾部，逼迫準噶爾可汗噶爾丹自殺。之後，康熙的孫子乾隆再接再厲，攻占了準噶爾王庭伊犁，直至將屢敗屢戰、死硬到底的準噶爾部滅族。被準噶爾人扣押在伊犁多年，幾乎將牢底坐穿的大和卓波羅尼都與小和卓霍集占則被釋放。

大小和卓叛清自立，巴達克山部趁機重回大清版圖

照理說，回到本部的和卓，應該對大清感恩戴德了吧？

事態的發展似乎令人意外。在被釋放後，波羅尼都前往葉爾羌，霍集占則潛回喀什噶爾組織軍隊。很快，小和卓便擁有了一支他們自認為無比強大的武裝力量。當清朝遠征軍派出使節來到葉爾羌，要求大小和卓接受大清統治時，大和卓波羅尼都表示同意，但小和卓霍集占認為清軍補給困難，難以久戰，因而堅決反對歸附大清，並公開宣布建立巴圖爾汗國。

錯誤的判斷肯定要付出血的代價。乾隆二十三年（一七五八年）金秋，馬蹄鏗鏘，黃沙飛揚，大清定邊將軍兆惠統兵三千越過天山南下，但在黑水河畔受阻，連續三個月未能有所進展。乾隆二十四年（一七五九年）一月，清朝援軍到達，大小和卓軍被迫退卻。清軍分兵直取葉爾羌和喀什噶爾。眼看大難將至，大小和卓慌不擇路，匆匆逃往蔥嶺深處，也就是巴達克山部落酋長的領地。

貓捉老鼠的遊戲在蔥嶺上演。兆惠率領精兵進入巴達克山瓦罕，一定要把大小和卓捉拿歸案。對於清兵的到來，巴達克山部落酋長的選擇有兩個，一是讓清兵自己去追討叛軍，其結果不但禍及無

1守捉是唐朝在邊地的駐軍機構，主要分布在西域。

辜，甚至自己也會背上窩藏逃犯的黑鍋；二是積極配合清軍抓捕逃犯，從而為自己贏得支援朝廷的好名聲，甚至還會意外撈取一些封賞。權衡再三，第二個選擇利大於弊，理由就是「你引來了清軍，就必須付出代價！」退一萬步講，即使逃犯中有人逃脫，將來也不見得有膽量前來報復自己。試想，誰有心冒死與這個出手果斷、世居深山的「蠻橫部落」作對呢？

於是，沒等貓捉老鼠的遊戲上演，鄰居家的貓就擋住了老鼠的去路，巴達克山部落酋長蘇勒坦沙出兵擒獲了波羅尼都和霍集占，將二人殺死後獻給了清軍。僥倖逃脫的，只有波羅尼都的兒子薩木薩克，這是和卓家族碩果僅存的一支直系血脈。他成功逃亡浩罕，也為西域後來的動亂埋下了伏筆。但是，我至今沒有找到薩木薩克報復巴達克山部落的紀錄。

戰後，巴達克山部落酋長受到獎賞，成為清朝屬國。

天上澄澈如碧，地上牧草如茵。似乎，蔥嶺的前景一片光明。

英俄借刀分贓，蔥嶺轉眼易主

浩罕汗國的軍官阿古柏發動兵變，先是占領南疆七城，後攻占烏魯木齊和吐魯番。左宗棠率領西征軍掃蕩了阿古柏並收復了天山南北的國土，原以為蔥嶺也應該再次回歸大清，但結果卻令人失望。

和卓被征服之後的平靜，只是下一次暴風來襲前的靜謐。面對肥肉般的西域，兩個世界聞名的猛獸——俄國與英國，同時亮出了毛茸茸的利爪與尖利的牙齒。但當時，也許是礙於國際聲譽，也許是不好分贓，俄羅斯人和英國人並未親自下手，而是將一個名叫阿古柏的人推到了前臺。

浩罕汗國的軍官阿古柏，借護送白山派和卓去喀什噶爾之機發動兵變，先是占領了南疆七城，然後攻占了烏魯木齊和吐魯番。

在阿古柏占領南疆的日子裡，作為英國屬國的阿富汗就把巴達克山列入了吞併範圍。而已經征服布哈拉的俄國，也對巴達克山垂涎三尺。巴達克山成為英、俄博弈的中心地區之一。同治十二年（一八七三年），兩國私下達成協議，俄國承認阿富汗對於噴赤河以南的巴達克山和瓦罕走廊的主權，英國則承認噴赤河以北的帕米爾高原為俄國勢力範圍。而這一切，大清慈禧太后渾然不知。

好在，大清還有左宗棠。是他率領西征軍，在短短一年多裡掃蕩了阿古柏並收復了天山南北的國土。叛亂平息後，蔥嶺也應該再次回歸大清，但結果卻令人失望。

因為聲稱替大清暫時代管伊犁的俄國人，要求談判撤退的條件。經過艱苦的談判，雙方於光緒七年（一八八一年）簽訂了《中俄伊犁條約》。此後三年，俄國又根據該條約中關於修改南、北疆邊界的原則規定，強迫大清簽訂了《伊犁界約》、《喀什噶爾界約》、《科塔界約》、《塔爾巴哈臺西南界約》和《中俄續勘喀什噶爾界約》等五個勘界議定書，分段重新勘定了中俄西段邊界，割占了塔城東北和伊犁、喀什噶爾以西約七萬多平方公里的中國領土。按照《中俄續勘喀什噶爾界約》，帕米爾地區自烏孜別里山口起，「俄國界限轉向西南，中國界限一直往南」，據此走向線，大清只保留帕米爾東部的郎庫里帕米爾、小帕米爾、塔格敦巴什帕米爾，而走向線以西的薩雷茲帕米爾的大部分及阿爾楚爾帕米爾西北角，則被劃入俄國版圖。

英國羅斯柴爾德家族不甘吃虧，逼俄國簽訂祕密協定

如要讓強盜收手，除非他自動消失。光緒十八年（一八九二年），俄國又撕毀條約，派兵侵占了烏孜別里「一直往南」一線以東直至薩雷闊勒嶺的兩萬多平方公里的帕米爾地區。清廷先後派駐俄公使

許景澄、駐法參贊慶常與俄方交涉，要求按光緒十年的條約劃分帕米爾邊界。據說，這是兩位深諳國際法與外交規則的官員，但弱國無外交，這樣的交涉無疑於與虎謀皮，俄方不僅始終堅持立場，而且加緊了私吞帕米爾的步伐。

羅斯柴爾德家族[2]的女婿、英國首相羅斯貝利伯爵（5th Earl of Rosebery）不甘心由俄國獨占帕米爾。當時的英國控制著世界金融命脈，這位首相又信奉其岳父家族的家訓：「金錢一旦作響，壞話隨之戛然而止。」於是，他透過金融手段對俄國施壓，迫使俄國人趕到了霧都倫敦。光緒二十一年（一八九五年）三月十一日，兩國舉行祕密會議，簽訂了《關於帕米爾地區勢力範圍的協定》，背著大清完成了對帕米爾的劃界。除塔格敦巴什帕米爾全部（今塔什庫爾干塔吉克自治縣）、郎庫里帕米爾的一部分（今阿克陶縣）仍屬大清外，其餘全被肆意侵占。此時的大清全權代表李鴻章正在日本馬關與日本首相伊藤博文談判停戰的條件。

你想知道一個人缺什麼，就看他炫耀什麼；你想知道一個人自卑什麼，就看他掩飾什麼。此時的大清是那麼無奈，那麼可憐，但又那麼自負與嘴硬。光緒二十年（一八九四年），清廷被迫與俄方互換照會，同意在帕米爾地區維持現狀，互不進兵，但同時重申中俄帕米爾邊界問題並未解決，大清並未放棄對帕米爾領土的權利。弦外之音是，「我總有東山再起的那一天！」

此後的歷屆中國政府從未承認俄國違約侵占上述地區的合法性，這種尷尬的局面一直持續到蘇聯解體、塔吉克斯坦成立的今天。

2 羅斯柴爾德家族（Rothschild Family），世界金融家族，發跡於十九世紀初，創始人是猶太裔梅耶・羅斯柴爾德和他的五個兒子，他們先後在法蘭克福、倫敦、巴黎、維也納、那不勒斯開設銀行，建立了世界上最大的金融王國，今天的世界主要黃金市場仍由他們控制。

無雷小傳 歷史簡表

塞人建立的游牧行國，位於蔥嶺腹地，國民衣著與烏孫相同，風俗與子合類似，受西域都護府節制。三國時期，被疏勒吞併。明清時期的巴達克山部落，應該就是無雷國的後人。

清末，古無雷國領地被西方殖民者瓜分。而造成這一局面的，就是兩個金髮碧眼的「小偷」在霧都倫敦祕密簽署的一個協定。

兩千年前

在東帕米爾高原（古蔥嶺）出現蒲犁、依耐國的同時，西帕米爾高原上的塞人也建立了名叫「無雷」的國家。

兩漢

無雷國為西域都護府管轄。

三國時期

無雷被疏勒國吞併，但仍劃入了魏國西域長史府版圖。

魏晉南北朝

西晉時期，蔥嶺（原無雷領地）歸晉西域長史府統轄。

東晉時期，蔥嶺成為烏孫和疏勒競相爭奪之地。

隋代

蔥嶺又成為西突厥與鐵勒爭霸的區域。

唐朝

唐初，在西域設立隴右道，在朅盤陀設立蔥嶺守捉。大、小勃律均屬於安西都護府統轄。

開元年間，蔥嶺以西被大食占據，蔥嶺依然在安西都護府管轄範圍內。

唐末，唐軍退出西域，蔥嶺被吐蕃接收。

元代

蔥嶺為察合臺汗國領地。

明朝

明初，西域被東察合臺汗國和蒙古朵豁剌惕瓜分。朵豁剌惕分得了包括蔥嶺在內的西域南部地區。

正德年間，葉爾羌汗國崛起，蔥嶺上的巴達克山部落（古無雷的後裔）併入葉爾羌汗國。

明末，蒙古準噶爾部異軍突起，趁葉爾羌和卓家族內訌，占領了葉爾羌汗國，隨後東侵喀爾喀蒙古部。

清朝

康熙年間，大清擊敗準噶爾部，逼迫準噶爾可汗噶爾丹自殺。

乾隆年間，大清攻占準噶爾王庭，滅準噶爾部族。被準噶爾人扣押多年的大、小和卓不願歸附大清，並建立巴圖爾汗國。清廷出軍討伐，於蔥嶺獲巴達克山部落酋長協助，殺大、小和卓，巴達克山部落納入清朝版圖。

同治及光緒年間，蔥嶺為英俄瓜分，至今僅存一部分為中國領地。

第二十八章

桃槐

班固在《漢書》上僅二十三字就說完的游牧行國，
是名副其實「前不巴村，後不著店」的神祕國度，
可能於東漢前就已消逝，至今連曾經存在的位置都沒有定論，
只能猜測他們曾經行走於瓦罕走廊——這條位於絲路南道上的高原峽谷。

這裡曾是東西方文明交會之地、中國與大食征戰之地，
也是佛教與伊斯蘭教此消彼長之地，
但今日卻如同沙埋古城，幾乎被後世遺忘，
而曾歌哭於此的桃槐人，更是連隻字片語都沒有留下……

桃槐

蔥嶺「吉普賽人」

地理和歷史的地位：

・居無定所，是一個追逐季節、河流和牧草而遷徙的蔥嶺行國。

桃槐國，王去長安萬一千八十里。戶七百，口五千，勝兵千人。

——班固《漢書》卷九十六上

來去無蹤的謎樣國度

關於桃槐的大概位置，歷史學界有三種說法，但都沒有充分的歷史依據。在《漢書》中，桃槐沒有王城、沒有鄰居，而《後漢書》中連這個國名也沒有留下，如今只知道它應該處在蔥嶺之上。

桃槐——這個擁有叢林一樣美麗名稱的國家，在《漢書》中僅有可憐的二十三個字。我只知道，它距離長安一萬一千零八十里，有七百戶，五千人，其中軍人一千人。其他的一切，只有依靠推測。

首先，這是一個沒有王城的國家，因為如果有王城，班固肯定會留下筆墨。

其次，它極有可能是一個游牧行國，否則班固怎麼會不註明它的四至，也就是東西南北的鄰居呢？

第三，它存在的時間可能很短，因為《後漢書》連這個國名也沒有留下。

第四，它應該處在蔥嶺上，因為《漢書．西域傳上》是從東到西依序介紹的，輪到桃槐國就應該是蔥嶺了。

關於桃槐的大概位置，歷史學界有三種說法，一說在休循以西八百七十里，即今阿富汗中北部的薩曼甘省，佐證是唐代的月支都督府所屬的桃槐州，就設在薩曼甘省的阿臘城；一說可能在蔥嶺南部，即今噴赤河上源小帕米爾一帶，也就是無雷國南部，理由是無雷國距離長安九千九百五十里，桃槐國距離長安一萬一千零八十里，兩者相距一千一百三十里，那麼小帕米爾就在無雷南部一千餘里的位置；還有一說在蔥嶺北部，即今費爾干納盆地以東、新疆阿賴山以北的帕米爾北部山地，或者是休循、捐毒國之間的今塔吉克斯坦巴達赫尚州北部一帶，是南遷的塞種四部之一，理由是班固敘述完烏孫就敘述桃槐與休循、捐毒了。

這三種說法都有一定的道理，但都沒有充分的歷史依據。如果說桃槐在蔥嶺南部或阿富汗境內，那麼就會北接無雷、南接難兜、罽賓，西靠大月氏，東鄰烏秅，但《漢書》在敘述到無雷、難兜、大月氏、烏秅的四方鄰居時，從未提到桃槐；如果說桃槐在蔥嶺北部，但《漢書》在講到休循、捐毒、烏孫的四方鄰居時，也沒有出現桃槐的名字。

換句話說，當《漢書》敘述到西域其他國家的鄰居時，都沒有講到桃槐。

可能的解釋只剩下一個：**桃槐居無定所，到處亂跑，是一個典型的蔥嶺「吉普賽人」**[1]。

1深色皮膚的高加索人，他們自稱羅姆（意為「人」），英國稱其為吉普賽人（意為「埃及人」），俄國稱其為茨岡人，西班牙稱其為弗拉明戈人，法國稱其為波希米亞人。大約十世紀後，因戰亂和饑荒，他們開始離開印度旁遮普一帶向外遷徙，以大篷車為家，以賣藝為生，逐漸成為世界流浪民族。

瓦罕走廊——被世人遺忘的文明匯聚之地

絲綢經過此地傳向中亞、南亞、西亞以及歐洲；佛教經過這裡傳向西域、中原乃至朝鮮、日本。瓦罕走廊是華夏文明與印度文明、波斯文明、歐洲文明交流之地，卻被世人長久忽略，如同沙埋古城。

既然桃槐是一個追逐季節、河流和牧草而遷徙的蔥嶺行國，那麼，有一個地區它肯定不會錯過，那就是蔥嶺南部的瓦罕走廊。巧合的是，譚其驤主編的《中國歷史地圖集》就將桃槐標註在瓦罕走廊一帶。

從飛機上俯瞰，帕米爾的座座雪峰像一瓣瓣晶瑩的蓮花，肆意放射著冷峻而高貴的光芒。而常人難以企及的瓦罕走廊，如同巨大蓮花的花蕊，詩意地噴吐著世界各大文明交融的無盡芬芳。然而，這股穿透千年的濃郁芬芳卻因其低調與偏遠而被世人長久忽略，如同未開發前的九寨溝，更如大漠裡的沙埋古城。

瓦罕走廊，又稱瓦罕帕米爾、阿富汗走廊，是帕米爾高原南端和興都庫什山脈北段之間的一個山谷，即阿富汗巴達赫尚省至中國新疆塔什庫爾干塔吉克自治縣一個東西走向的狹長地帶。

從地理學角度來看，這是一條被南北兩邊冷峻的雪山擠壓成的一條不規則的高原峽谷。整個走廊平均海拔超過四千公尺，是一個流淌著瓦罕河，奔跑著世界瀕危動物阿富汗雪豹、馬可·波羅羊的高寒地帶。走廊全長約四百公里，其中在中國境內長約一百公里，南北寬約三至五公里，最窄處不足一公里；其餘三百公里在阿富汗境內，最寬處約七十五公里。

從歷史人文的角度來說，瓦罕走廊處在古絲綢之路南道的必經之路上，從莎車轉向西南，經蒲犁（今塔什庫爾干）、瓦罕走廊，就可以抵達大月氏、安息和大秦（古羅馬），它是華夏文明與印度文明、波斯文明、歐洲文明交流的文化走廊。

每到夏秋季節，冰消雪融的瓦罕走廊便成為駝鈴聲聲、商旅穿行的繁忙區域。即便是在寒冷孤寂的冬日，也有東來西往的行旅匆匆走過。那穿透時光的腳步，時而嘈雜，時而鏗鏘。間或，走廊裡會傳出一兩聲淒厲的馬嘶以及叮叮噹噹的冷兵器交響。

西元前六世紀中後期，這裡曾經是古波斯帝國版圖的極東之地，居魯士二世和大流士一世的劍鋒一度劃開這座寂寞而冷峻的高山。

西元前四世紀，馬其頓國王亞歷山大東征，曾繞道此地，飲馬瓦罕河，狂嘯雪峰下，繼而輾轉迴旋到印度西北部。

建元二年（前一三九年）至元朔三年（前一二六年），張騫第一次出使西域。這位器宇軒昂的漢使身背斜陽，從大月氏藍氏城興匆匆西來，踏過瓦罕走廊的礫石與凍土，匆匆趕赴莎車，然後從絲路南道回到了久違的長安。

此後，絲綢經過此地傳向中亞、南亞、西亞以及歐洲；佛教經過這裡傳向西域、中原乃至朝鮮、日本。世界各大文明不再孤立，瓦罕走廊不再寂寞，西域不再寂寞。

三百年步履匆匆，西天取經的必行之路

困難擋不住英雄漢，鑑於這是通往佛教發源地印度的最佳路徑，儘管此地山高路險，空氣稀薄，卻還是有一批批前往西天取經的僧侶取道於此。

第一個走來的是六十五歲高齡的法顯。隆安三年（三九九年），他從長安沿絲路西行求佛，路經蔥嶺。他在書中描述這段艱難路程時說：「蔥嶺冬夏有雪，又有毒龍，若失其意，則吐毒風、雨雪，飛沙礫石，遇此難者，萬無一全。」他還說，這裡的土人被稱為雪山人。

神龜二年（五一九年）夏，一個亦官亦僧的團隊出現在瓦罕走廊。領頭人名叫宋雲，出生敦煌，是北魏的官員，他的使命是前往蔥嶺西部收集情報，尤其是對北魏西進構成威脅的嚈噠國的政治軍事情況。陪伴宋雲同行的是崇立寺的沙門惠生，他們的主要目的是前往印度收集佛經。

一年前，北魏孝明帝年方八歲，朝政掌握在孝明帝的母親胡太后手中。在胡太后授意下，宋雲、惠生等人從北魏京城洛陽啟程，經吐谷渾、鄯善、于闐、朱俱波，於次年八月中旬順利登上巍巍的蔥嶺。

對於這段路途，宋雲的記憶是：「山路欹（音同「奇」，傾斜之意）側，長坂千里，懸崖萬仞，極天之阻，實在於斯。比較起來，太行山及以東的孟門這一中原險要根本不足為險；函谷關以東的崤關及陝甘交界的隴山簡直如履平地。」

八月盛夏，應該是草長鳥肥、赤日炎炎的季節。但是，一場鵝毛大雪從天而降，使得這群西行者愉快的心情立時降到了冰點。他們各自換上棉靴，裹緊衣衫，一步一踉蹌地消失在崎嶇的山谷之中，像丹麥童話故事裡發抖的小雪人。

再往前走就是缽和國——今瓦罕地區。這裡不僅草木不生，而且寒氣逼人，偶爾遇到的幾個當地人都穿著毛織衣服，住在山麓窟穴之中，彷彿受到獵人驚嚇而躲起來的小野獸。

從瓦罕西南行，穿過烏萇國（今巴基斯坦西北部），就踏上了當年法顯前往印度取經的老路；從瓦罕西行，就會進入新的中亞巨人嚈噠國。

據專家考證，惠生與宋雲分手的地點就是瓦罕走廊。畢竟兩人使命不同，急於南下印度的惠生沒必要也不屑陪同宋雲去當什麼間諜。

分手後的宋雲是金秋十月抵達嚈噠國的。嚈噠王在一座周長四十步的氈帳裡接見了宋雲，拜受了北魏皇帝元詡的國書。嚈噠王設宴招待了這位遠方的使者，他所娶的婆羅門三姊妹也欣然作陪。雙方推杯換盞，相見甚歡。微醺之時，宋雲借著酒勁頻頻偷覷婆羅門三姊妹那柔媚的臉蛋，心中不免泛起淡淡的思鄉情。

正光二年（五二一年）二月，周遊完嚈噠及周邊各國的宋雲回到洛陽。次年冬，惠生也帶著一百七十多部經書回到北魏老家。他倆分別寫下了考察報告——《宋雲紀行》和《惠生紀行》。後來，這兩本書被楊衒之編輯進了《洛陽伽藍記》。

貞觀十七年（六四三年），一位四十歲出頭的唐僧背著沉重的經卷，腳步堅定地出現在有可能是瓦罕走廊的波謎羅川（有人認為波謎羅川是大帕米爾）。他叫玄奘，已在天竺修研佛教十幾年，現正踏上漫漫的歸途。他沒有走來時的老路，而是選擇了這條捷徑，但這條捷徑顯然要崎嶇得多，險惡得多，他在日記中說：「（波謎羅川）東西千餘里，南北百餘里，狹隘之處不踰十里，據兩雪山之間，故寒風淒勁，春夏飛雪，晝夜飄風。」

這把鑰匙決定誰來統治

面對大食的瘋狂進攻和唐朝友軍臨陣倒戈，高仙芝幾乎全軍覆沒，唐朝獵獵飄揚於帕米爾高原的旗幟終被阿拉伯彎刀砍斷，來自亞洲西部的遠征者循著唐軍敗退的路線，穿越瓦罕走廊滾滾東來。

儘管崎嶇而艱險，但它畢竟是連接東西的重要通道，在大國爭霸中有著不可替代的戰略地位。唐朝中期，吐蕃長成了與唐朝並肩而立的東方巨人，雙方對西域的爭奪進入白熱化，瓦罕走廊南部的小勃律國成為吐蕃的附庸。這樣一來，大唐長安直通羅馬的絲路被攔腰斬斷，斷腰就是瓦罕走廊。

此時的唐玄宗剛剛營造了「開元盛世」，儘管年齡有些大了，對政事不是那麼在意了，但膽魄猶在，雄心未泯，他不僅要征服天下美女，還要馴服無邊的世界。天寶六年（七四七年），唐玄宗向安西都護府發出了出擊的命令。唐將高仙芝率輕騎經瓦罕走廊南下，一舉滅掉了今喀什米爾一帶的小勃律國，小勃律國王和他的吐蕃籍妻子被俘虜，連接中西文明的絲綢之路重新打通。

高仙芝驕傲了，吐蕃人沉寂了，但大食卻在摩拳擦掌。

四年之後，大食主動向高仙芝挑釁。怛邏斯之戰，是臥薪嘗膽者與高傲自大者的對決，也是世界文明史上影響深遠的一場戰爭。面對大食的瘋狂進攻和唐朝友軍臨陣倒戈，高仙芝幾乎全軍覆沒，唐朝獵獵飄揚於帕米爾高原的旗幟終被阿拉伯彎刀砍斷，來自亞洲西部的遠征者帶著勝利者的驕傲和笑容，循著唐軍敗退的路線，穿越瓦罕走廊滾滾東來。

跟在這場軍事勝利背後的，是伊斯蘭教傳播者的腳步。信奉伊斯蘭教的阿拉伯和波斯商人、使節、傳教者，在帕米爾高原西側整理好行囊便上路了，他們的目標是帕米爾高原東側的中國，而瓦罕走廊是他們的必經之路。正如俄羅斯歷史學家巴托爾德[2]所說：「中國文化和伊斯蘭文化這兩種文化究竟哪一種應當在河中居統治地位的問題，就是由這次戰役決定的。」

佛教與伊斯蘭教進入中國的第一站

望著狀如鑰匙的瓦罕走廊，我突然發現：這裡距離唐國都長安和伊斯蘭教聖地麥加幾乎一樣遠，都在四千公里左右。當從兩個城市出發的兩種文明，帶著沉甸甸的文化抵達這裡時，碰撞不可避免地發生了。**為人們熟知的是，這條絲綢之路是佛教進入中國的第一站；鮮為人知的是，這裡也是伊斯蘭文明進入中國的第一站。此前，打開走廊的鑰匙是佛教；如今，伊斯蘭教的鑰匙成功插進了走廊。**法國學者魯保羅在書中寫道：「在整個西域，穆斯林的商客、大長老、旅行家們於其口袋中裝著《可蘭經》，都成了宗教的傳播者。許多中文和阿拉伯文資料指出，他們自西元七世紀起，便在亞洲四周存在。」[3]

先是疏勒、莎車，繼而于闐、庫車，大漠周邊處處迴盪起《可蘭經》的誦經聲。直到今天，伊斯蘭教的濤聲仍激盪著片片神祕而遙遠的大漠綠洲。

十九世紀末，大清急劇衰落之際，俄、英兩大帝國將虎口獠牙一起對準了具有非凡交通意義和戰略地位的帕米爾高原，祕密簽訂了《關於帕米爾地區勢力範圍的協定》，把中國帕米爾分為南北兩部分，南部的瓦罕帕米爾歸英國，其餘的帕米爾歸俄國，而瓦罕走廊就是兩國勢力範圍之間的「緩衝地帶」。

如今，生活在瓦罕走廊西部的居民多是吉爾吉斯人，東部的居民多是塔吉克人，他們說的語言仍是古老的瓦罕語[4]。

玄奘東去的背影早已迷糊，高仙芝撕裂的戰旗早已埋入塵沙，俄國遠征軍奪走的國土已經在中國邊防石碑的那端，馮其庸[5]先生帶人考察後認定的佛教進入中國的石碑赫然屹立。一切似乎都已過去，但歷史沒有生理時鐘，一刻也不曾入眠。

因為，瓦罕走廊不死！

2巴托爾德（Vasily Vladimirovich Bartold，一八六九～一九三〇年），俄羅斯歷史學家，尤擅中亞歷史，精通阿拉伯語、近代波斯語、突厥語，知名著作有《蒙古入侵時期的突厥斯坦》（*Turkestan Down to the Mongol Invasion*）。

3見魯保羅（Jean-Paul Roux，一九二五～二〇〇九年）《西域的歷史與文明》（*L'Asie centrale, histoire et civilisation*），人民出版社，二〇一二年版。

4屬印歐語系印度—伊朗語族伊朗語支東伊朗次語支，流行於中國塔什庫爾干、巴控喀什米爾北部、塔吉克斯坦東南部以及阿富汗東北的瓦罕走廊一帶。

5中國紅樓夢學會會長、中華戲曲學會副會長、敦煌吐魯番學會顧問。

桃槐
小傳 歷史簡表

桃槐不是一棵樹，而是一個遊走在蔥嶺深處的行國。關於它的位置，史學界一直爭執不下，我推測它應該處於從西域前往印度的黃金通道——瓦罕走廊之內。

這裡出現過法顯的身影，回響過宋雲、惠生的足音，也留下了玄奘的腳印。儘管這裡上無飛鳥，下無走獸，春夏飛雪，晝夜飄風，人跡罕至，難辨東西，但對於生於斯、長於斯、歌哭於斯的桃槐人來說，卻是無人打擾的游牧樂園和穴居天堂。只可惜，那些來來往往的高僧與使者們功利心太重，忙於前行，沒能進入洞穴，看一看桃槐人的生活，為後世留下桃槐人的故事。

東周

西元前六世紀中後期，瓦罕走廊是古波斯帝國版圖的極東之地；西元前四世紀，馬其頓國王亞歷山大東征，曾繞道此地，再到印度西北部。

兩漢

桃槐可能建立於西漢、消失於東漢之前，族人居無定所，是典型的蔥嶺「吉普賽人」，推測曾於瓦罕走廊一帶游牧。

漢武帝建元二年（前一三九年）至元朔三年（前一二六年）

- 張騫第一次出使西域，他從絲路南道回長安途中曾經過瓦罕走廊。

魏晉南北朝

晉安帝隆安三年（三九九年）

- 法顯從長安沿絲路西行求佛，路經蔥嶺，應包含瓦罕走廊。

北魏孝明帝神龜二年（五一九年）

北魏官員宋雲和僧人惠生也出現在瓦罕走廊。宋雲主要是為了前往蔥嶺西部收集情報，惠生則是前往印度取經。

唐朝

唐太宗貞觀十七年（六四三年）

唐僧玄奘從天竺回長安的途中，經過有可能是瓦罕走廊的波謎羅川。

唐朝中期，吐蕃壯大，瓦罕走廊南部的小勃律國成為吐蕃的附庸。

唐玄宗天寶六年（七四七年）

玄宗命高仙芝率輕騎經瓦罕走廊南下，一舉滅掉小勃律國，連接中西文明的絲綢之路重新打通。

天寶十年（七五一年）

大食進犯，高仙芝幾乎全軍覆沒。大食穿越瓦罕走廊東來，也帶來了伊斯蘭教。

十九世紀末

大清衰落，俄、英兩國將中國帕米爾分為南北兩部分，南部歸英國，其餘的歸俄國，而瓦罕走廊就是兩國的「緩衝地帶」。

現今

如今，生活在瓦罕走廊西部的居民多是吉爾吉斯人，東部的居民多是塔吉克人，語言仍是古老的瓦罕語。

第二十九章

捐毒

捐毒，一個名稱奇特的小國。
自歸漢以來，至南北朝時期被疏勒吞併，皆未在史書上留下太多痕跡。

反倒是唐朝於捐毒故地建立汗國的黠戛斯，傳下了不少故事，
其中最讓人樂道的，莫過於黠戛斯的先人來自堅昆，
是匈奴單于賜給漢將李陵的封地。
而這一絲李氏血脈，則成為黠戛斯得大唐庇蔭、稱霸草原的契機。

捐毒

藏在山間峽谷中

地理和歷史的地位：

・捐毒國故地先後成為唐朝、突厥、回紇的領地。八四〇年代，柯爾克孜人在阿賴山區建立了包括捐毒故地在內的柯爾克孜汗國。

捐毒國，王治衍敦谷，去長安九千八百六十里。戶三百八十，口千一百，勝兵五百人。東至都護治所二千八百六十一里。至疏勒。南與蔥嶺屬，無人民。西上蔥嶺，則休循也。西北至大宛千三十里，北與烏孫接。衣服類烏孫，隨水草，依蔥嶺，本塞種也。

——班固《漢書》卷九十六上

在「萬山之州」畜牧

你到了烏魯克恰提鄉，便會有一種感覺：這裡，應該就是古捐毒國的王治衍敦谷。現有人口四千餘人，牲畜四萬多頭，山谷間奔跑著大頭羊、狼、黃羊、狐狸、雪雞，足以承載上千牧民在此游牧。

從喀什向西不出一百公里，便進入了被稱為「萬山之州」的克孜勒蘇柯爾克孜自治州。這裡群山聳立，河道縱橫。捐毒國就處於蔥嶺北部的克孜勒河[1]上游，也就是自治州下屬的烏恰縣及鄰近的吉爾吉斯斯坦境內。

「捐毒」是一個聽起來略顯奇怪的名字，應該源自一個被烏孫趕出伊犁河流域的塞人部落。但也有人說源自北上的印度古塞人，並據此推定捐毒就是「天竺」的音譯。

至於捐毒國的中心衍敦谷，顯然是一個相對開闊的山谷，一說在今新疆烏恰縣烏魯克恰提鄉一帶，一說在今吉爾吉斯斯坦境內的塔格敦巴什山谷。

當你真的到了烏恰縣西部七十四公里的烏魯克恰提鄉，便會有一種感覺：這裡，應該就是古捐毒國的王治衍敦谷。

聽一個當地人說，「烏魯克恰提」是柯爾克孜語，意思是「雄偉的山峽」。但一位專家糾正說，「烏魯克恰提」意為大山溝分岔口，因為克孜勒河谷在該地分岔成三道溝而得名。他們說的都不無道理，只是專家的解釋更具體一些罷了。

烏魯克恰提鄉下轄四個村，分別是庫爾干村、瓊鐵熱克村、克孜勒庫魯克村、薩熱克巴依村，現有人口四千餘人，牲畜四萬多頭，是一個典型的牧業鄉，山谷間至今奔跑著大頭羊、狼、黃羊、狐狸、雪雞。即便你不是好獵手，進山打獵也不會空手而歸。

鄉政府所在地庫爾干村，海拔兩千四百九十二公尺，位於卓尤干河和克孜勒蘇河的交會處，偌大的谷地足以承載上千牧民在此游牧。

游牧在這道山谷中的古捐毒國，有國民一千一百人，其中軍人五百名，是一支不容小覷的力量，於神爵二年（前六十年）歸漢，屬西域都護府統轄。從東漢到西晉，捐毒國既是西域長史府轄區，又被迫接受強鄰疏勒的管制。南北朝時期，捐毒的國號被疏勒取消。

1 突厥語意為「紅水」，發源於塔吉克斯坦境內海拔六千零四十八公尺的特拉普齊亞峰（即列寧峰），是喀什噶爾河的上游支流。

之後，捐毒國故地先後成為唐朝、突厥、回紇的領地。八四〇年代，柯爾克孜人在阿賴山區建立了包括捐毒故地在內的柯爾克孜汗國。

大清在新疆設省後，此地屬喀什噶爾道疏附縣。民國二年（一九一三年），國民政府設立了烏魯克恰提分縣，分縣治就在今烏魯克恰提鄉。直到民國二十七年（一九三八年），烏恰縣城才向東搬遷到黑孜葦鄉（舊縣城），縣名也改為烏恰。烏恰就是烏魯克恰提的簡稱。因此，烏魯克恰提鄉又稱老烏恰鄉。

作為一個古國的中心，一個近代的縣城，烏魯克恰提鄉應該不缺輝煌吧！

天山上的漢人後裔

漢軍且戰且退，距離邊塞已不過五十公里，這支已經殺傷上萬匈奴人的軍隊尚存三千人，但是箭矢射盡，兵器盡毀。而且匈奴占據險要地段投擲岩石，漢軍再也無法前進一步。

在漢代地圖上，天山與阿賴山之間連綿的群山都是古塞種人領地。而今日的天山與阿賴山之間，幾乎全是柯爾克孜人的居住區。顯然，古塞種人已經淡去，但柯爾克孜人又是從哪裡來的呢？

發源於今蒙古北部的一條河流，奔騰咆哮著越過俄羅斯境內成片的草原和沼澤，從南向北一直注入浩瀚而冰冷的北海。這條河古名劍河、謙河，今名葉尼塞河。早在秦漢時代，葉尼塞河上游就有一個古老的民族駐牧，名叫堅昆。大約在西元前三世紀末，堅昆開始聽命於匈奴。

歷史的魅力在於出人意料。想不到，偏遠而寒冷的堅昆居然有一名漢將長期住了下來。他叫李陵，是「飛將軍」李廣的孫子、李廣長子李當戶的遺腹子、漢使蘇武的朋友。

天漢二年（前九九年），漢武帝劉徹派貳師將軍李廣利率三萬士卒迎擊匈奴右賢王，同時派騎都尉李陵為李廣利護送輜重。作為將門之後，李陵從心裡鄙視因裙帶關係得以升遷的李廣利，因而分外厭煩這一跑龍套的差使，聲稱願意帶領一支軍隊單獨出擊，以分散匈奴的注意力。為了堵住別人的嘴巴，李陵賭氣地說：「哪怕只給我五千步兵！」

挺進千里大漠竟然使用步兵，這玩笑開得也太大了吧！劉徹並不傻，他一眼就看透了李陵的心思。也許是欣賞他的沖天豪情，也許是為了殺一殺他的威風，史上最英明的天子故意犯了一次低級錯誤，給了李陵一個向上爬的機會。

李陵出戰匈奴失利被俘，得單于賞識封右校王

李陵率五千步卒出河西，臨大漠，一步步逼近匈奴領地。就在浚嵇山坳裡，李陵與匈奴且鞮（音同「居低」）侯單于正面交鋒。身率三萬騎兵的且鞮侯單于見漢軍不過數千人，而且幾乎清一色都是步兵，在驚奇和慶幸之餘命令全軍進攻。李陵安排前列士卒緊握盾牌長戟阻擋敵軍騎兵，後列士兵手持弓弩伺機待發。戰鬥開始後，匈奴的戰馬衝不破用長戟編織的防線，如蝗的箭矢又被盾牌擋住，毫無遮掩的匈奴騎兵反而暴露在漢軍弓箭手前面。李陵一聲令下，漢軍千弩齊發，匈奴騎兵紛紛落馬。

眼看三萬騎兵不足以制服李陵的五千步卒，單于很快又調來了三萬騎兵，緊緊咬住孤軍深入的李陵。

漢軍且戰且退，沿著龍城故道向東南衝出大澤，在第八天撤至乞汗山峽谷時，距離邊塞已不過五十公里，這支已經殺傷上萬匈奴人的軍隊尚存三千人，但是箭矢射盡，兵器盡毀。而且匈奴占據險要地段投擲岩石，漢軍再也無法前進一步。入夜之後，李陵獨自一人提刀出營查看敵情。但見篝火點

點，人影綽約。

從不服輸的李陵後悔莫及，連小兒都懂得大漠征戰必用騎兵，自己怎能拿步兵的生命作賭注呢？回營之後李陵果斷下令：突圍！分散突圍！活下來的人到遮虜障會合！

夜半時分，漢朝士兵提著卷刃的刀劍奉命突圍。幸運的是，有四百餘名分散突圍的壯士得以逃回漢塞。但李陵卻因為衛兵不離左右，目標太大，最終不幸被俘。

敗訊傳到京城，劉徹召集群臣為李陵定罪。與李陵並無私交的司馬遷因為替李陵講情被施以宮刑。第二年，劉徹後悔自己與李陵賭氣，致使李陵全軍覆沒，於是派遣將軍公孫敖率軍出塞迎回李陵。無功而返的公孫敖不僅毫不臉紅，而且上書說李陵正在為匈奴訓練士兵（實為李緒）。劉徹下旨對李陵施以滅三族的酷刑，這一世代傳承的隴西名將之家徹底敗落。

悲慘的消息傳至匈奴，李陵立即派人將李緒刺殺。有感於李陵的大義與剛烈，單于不僅沒有追究李陵，反而將公主嫁給了他，封他為右校王，封地就在匈奴最北端的堅昆。隨後，李陵來到遙遠的堅昆，如一棵沒有靈魂的野草，落落寡歡地度過了人生最後的二十餘個春秋。

從此，紅髮綠眼的堅昆人中的黑髮人被認為是李陵後裔，就連他們也自稱都尉苗裔。

重回大唐懷抱，雙李國家稱霸東方

十萬黠戛斯騎兵如漫天烏雲，自北向南覆蓋了日薄西山的回鶻汗國，回鶻履破可汗戰死，回鶻都城哈剌合孫付之一炬。這時，一道難題擺到了黠戛斯軍隊面前。在俘虜中，竟發現了唐朝太和公主。

堅強和堅韌是人生的兩支筆，交錯著寫下民族的歡笑與淚滴。作為一個微不足道的袖珍部落，堅昆一直忍氣吞聲、隨遇而安。他們的主子先是匈奴，繼而柔然，後是突厥人。多數時候，他們只能唾面自乾，韜光養晦。

為了洗去滿身的晦氣，到了唐代，契骨[2]取了一個詩意的名字——黠戛（音同「狹頰」）斯。「黠」意為四十，「戛斯」意為姑娘，黠戛斯顯然是指四十個如花似玉的姑娘。據說，最初有四十名漢女嫁給了契骨男子，「黠戛斯」因此得名。

很多時候人們身處牢籠，卻不知道自己口袋裡有鑰匙。照理說，東方的中國改姓唐，對於飽受壓榨的黠戛斯來說應該算一個福音，因為堅昆中有李陵後裔。但愚鈍的黠戛斯首領仍昏昏沉沉地率部死拚。貞觀四年（六三〇年），東突厥汗國滅亡，薛延陀汗國及時霸占了草原，並迅速騎在了黠戛斯頭上。

十六年後，李世民成為各族公認的「天可汗」。薛延陀汗國滅亡，歷史才給了黠戛斯人認祖歸宗的機會。

時隔兩年，黠戛斯最高首領——俟利發[3]失鉢屈阿棧方才抱著試一試的心理，親自到長安朝覲。當時，太極殿掛上了彩燈，大臣們換上了新裝，妃子們打扮得花枝招展。失鉢屈阿棧遞上去的名帖上赫然寫著自己姓李，飽讀史書的李世民也認為堅昆中有李陵後裔。李世民親自走下龍椅，與失鉢屈阿棧舉杯歡慶，碰杯聲、歡笑聲、歌舞聲響成一片。

東風未肯為媒，是你誤了佳期。直到這時，俟利發才後悔來得太晚了。

一切如約進行。唐設立了堅昆都督府，任命失鉢屈阿棧為左屯衛大將軍兼堅昆都督，黠戛斯地區

2 即堅昆，魏晉南北朝至隋代稱「結骨」、「契骨」、「紇骨」、「護骨」。

3 突厥汗國與可薩汗國授權鐵勒部長的名號，是異姓突厥酋長的最高頭銜。

正式納入了唐朝版圖。

回鶻崛起，黠戛斯的危機與轉機

天寶三年（七四四年），草原上新生了一個令人生畏的回紇（後稱回鶻）汗國。乾元元年（七五八年），回鶻汗國大敗黠戛斯，殺死了黠戛斯俟利發，將黠戛斯收為屬部，但同時也在黠戛斯人心中埋下了仇恨的種子。開成五年（八四〇年），回鶻汗國爆發內訌，饑荒又蔓延了回鶻全境，回鶻將軍句祿莫賀投奔黠戛斯並願做攻擊嚮導。面對天賜良機，黠戛斯阿熱可汗決定果斷出手。隨即，十萬黠戛斯騎兵如漫天烏雲，自北向南覆蓋了日薄西山的回鶻汗國，回鶻履破可汗戰死，回鶻都城哈剌合孫付之一炬。

在慘烈的回鶻滅亡戰中，一道難題擺到了殺紅眼的黠戛斯軍隊面前。在俘虜中，他們發現了回鶻崇德可汗的遺孀——唐朝太和公主。將軍們爭執頓起，有人說，既然她嫁給了回鶻就是我們的敵人，應該殺掉；也有人說，儘管她嫁給了回鶻，但仍然和我們一樣姓李。黠戛斯可汗冷靜地採納了後者的意見，派遣十名士兵護送公主回到了訣別二十三年的長安，在沉悶已久的大唐朝野激起了多彩的浪花。因為隨著最後一位公主回歸，籠罩在唐朝心頭多年的回鶻陰霾終於散盡。

大中元年（八四七年），作為護送太和公主回家的回報，唐宣宗派使臣李業出使黠戛斯，封其可汗為「英武誠明可汗」。

黠戛斯成為漠北的雄長，汗國疆域東到吉木薩爾，南鄰吐蕃，西南至楚河、塔拉斯河，擁有部眾幾十萬，軍隊八萬。

唐與黠戛斯兩個「李姓國家」，共同照亮了九世紀的東方。

災難打造史詩，吉爾吉斯「偉大的進軍」

面對突如其來的災難，吉爾吉斯人被迫從葉尼塞河上游向西南遷移。被稱為中國三大英雄史詩的《瑪納斯》中「偉大的進軍」一節，生動地描述了吉爾吉斯人從阿爾泰山挺進西南的悲壯場景。

在這個世界上，不要太依賴別人，即使是影子，也會在黑暗中離開你。如同一頭轟然倒地的大象，大唐被像禿鷲一樣執掌兵權的節度使們分食了每一塊領土。野鳥亂啼、古木垂蔭的大唐，從此成為歷史上不可重複的絕響。此後，互不服氣的軍閥們建立的五代十國，以及為了避免軍閥割據而讓手無縛雞之力的文官執掌軍隊的宋朝，再也無力染指草原。失去後盾的黠戛斯，被迫在十世紀初將草原霸主的皇冠交給了新生的契丹，黠戛斯的名稱也被契丹改成了「轄戛斯」。

遼天顯五年（九三一年），轄戛斯派使者到契丹朝貢，正式承認是契丹屬國。契丹沒有難為轄戛斯，只是在那裡設立了一個象徵性的管理機構。

現實生活裡是沒有觀眾的。十三世紀的一天，草原上又響起蒙古汗國的鏗鏘蹄音。已改名「吉利吉思」（意為「草原上的游牧民」）的轄戛斯連蒙古人影都沒有見到，就被成吉思汗在建國大典上封給了豁兒赤。元太祖十年（一二一七年），成吉思汗派長子朮赤率鐵騎征服了吉利吉思，並派炮兵留駐此地以示威懾。吉利吉思三個部的部長也迪・亦納勒、阿勒迪・額兒、斡列別克・的斤皆望風而降。此後，這裡又被轉封給成吉思汗的幼子拖雷。至元七年（一二七〇年），忽必烈在此設立了吉利吉思五部斷事官。終元之世，吉利吉思一直歸蒙古統轄。

這個民族前行的路，總是泥濘而沉重。正統四年（一四三九年），瓦剌首領也先向吉爾吉斯發難。面對突如其來的災難，部分不甘屈服的吉爾吉斯人從葉尼塞河上游向西南遷移，輾轉來到楚河、塔拉斯河一帶避難。被稱為中國三大英雄史詩的《瑪納斯》[4]中「偉大的進軍」一節，就生動地描述了被也先擊敗的吉爾吉斯人從阿爾泰山挺進西南的悲壯場景。

一六四〇年代，葉尼塞河流域的吉爾吉斯人接受了蒙古準噶爾部的統領，被準噶爾命名為布魯特人（「高山居民」之意）。後來，準噶爾策妄阿拉布坦為避免吉爾吉斯人與俄國人發生衝突，強迫他們從葉尼塞河上游西遷到伊塞克湖附近。就這樣，吉爾吉斯開始了歷史上最大規模的遷徙。

這支吉爾吉斯主力與此前到達中亞天山地區的吉爾吉斯人會合後，固定在西起費爾干納忽氈，東至喀什噶爾，北起楚河、塔拉斯河中游，南至阿賴山一帶活動。至此，吉爾吉斯民族共同體終於形成。

十九世紀中葉，肩扛大炮和火器的「北極熊」突然闖入了中亞，並將手持弓箭、長矛、戰斧、狼牙棒、腰刀、套索乃至匕首的游牧部落變成了操練的靶子，浩罕汗國被攻占，浩罕境內的吉爾吉斯部落被強制併入了俄國版圖。不久，俄國又藉由與大清簽訂不平等條約，將伊犁以西以及阿賴、和什庫珠克帕米爾吉爾吉斯人劃入了俄國境內。

為了與境外的吉爾吉斯人區隔，新疆省政府於民國二十四年（一九三五年）將境內的吉爾吉斯人譯寫為柯爾克孜族。

4《瑪納斯》是柯爾克孜族的英雄史詩，為全世界第二長的史詩，僅次於藏族史詩《格薩爾王傳》，長度超過印度史詩《摩訶婆羅多》。該史詩敘述了柯爾克孜族傳說中的英雄和首領瑪納斯及其子孫共八代人領導族人反抗異族（契丹和瓦剌）的掠奪與奴役，為爭取自由而鬥爭的故事。全詩共分八部，分別以該部史詩主人公的名字命名，並以瑪納斯的名字作為總名稱。

捐毒 小傳

捐毒，古塞人的一個分支建立的游牧行國，中心位於今新疆烏恰縣西部的一道山谷。漢代，它聽命於西域都護，後來有了中原王朝與疏勒兩個主子。南北朝時期，唯命是從的捐毒王還是被老主子疏勒摘掉了王冠。元代，捐毒國舊地來了一批戰鬥力超強的騎兵——今柯爾克孜族的先人黠戛斯，當地的塞人後裔被如數趕走。

照理說，被趕走的捐毒後人不應該落寞，因為他們終於有機會甩掉故土難離的思想包袱，前往新的高山或草原，與分離千年的同宗兄弟們共同創建塔吉克與哈薩克了。

歷史簡表

秦朝

捐毒應該源自一個被烏孫趕出伊犁河流域的塞人部落；但也有人說源自北上的印度古塞人。

西漢

葉尼塞河上游有一個古老的民族駐牧，名叫堅昆，聽命於匈奴。後於捐毒故地建國，是今柯爾克孜族的先人。

漢武帝天漢二年（前九十九年）
- 李陵出征匈奴失利被俘虜，得匈奴單于賞識，封為右校王，封地堅昆。因此據傳堅昆人中有李陵後裔。

漢宣帝神爵二年（前六十年）
- 捐毒歸漢，屬西域都護府統轄。

東漢至西晉

捐毒國既是西域長史府轄區，又接受強鄰疏勒的管制。

南北朝時期

捐毒的國號被疏勒取消，國祚至此結束。

唐朝

秦朝、兩漢的「堅昆」，自魏晉南北朝起至隋代改稱「契骨」；唐代又改名為「黠戛斯」。堅昆弱小，先後聽命於匈奴、柔然、突厥人，直到唐代才有所改變。

唐太宗貞觀四年（六三〇年）
• 東突厥汗國滅亡，薛延陀汗國稱霸草原，控制黠戛斯。

貞觀二十年（六四六年）
• 薛延陀汗國滅亡。

貞觀二十二年（六四八年）
• 黠戛斯最高首領親自到長安朝覲，歸附唐朝。後來唐設立了堅昆都督府，黠戛斯地區正式納入唐朝版圖。

唐玄宗天寶三年（七四四年）
• 回鶻汗國崛起。

唐肅宗乾元元年（七五八年）
• 回鶻汗國大敗黠戛斯，將黠戛斯收為屬部。

唐武宗開成五年（八四〇年）
• 回鶻汗國爆發內訌、饑荒，黠戛斯阿熱可汗趁機出兵回鶻，回鶻履破可汗戰死，回鶻都城哈剌合孫付之一炬。

唐宣宗大中元年（八四七年）
• 黠戛斯護送和親的公主太和回到大唐，唐宣宗封其可汗為「英武誠明可汗」。

八四〇年代

黠戛斯得益於大唐，稱霸草原，領土包括捐毒故地在內，當地的塞人後裔也被如數趕走。但唐滅亡後，失去後盾的黠戛斯，被迫在十世紀初將草原霸主之位交給了契丹，黠戛斯的名稱也被契丹改成了「轄戛斯」。

五代十國

遼太祖天顯五年（九三一年）
• 轄戛斯派使者到契丹朝貢，正式承認附屬契丹。

元朝

十三世紀，蒙古汗國崛起，已改名「吉利吉思」的轄戛斯被成吉思汗封給了豁兒赤。

元太祖十年（一二一七年）

成吉思汗派長子朮赤率鐵騎征服了吉利吉思，後又轉封給了成吉思汗的幼子拖雷。

元世祖至元七年（一二七〇年）

忽必烈在此設立了吉利吉思五部斷事官。

終元之世，吉利吉思一直歸蒙古統轄。

明朝

明英宗正統四年（一四三九年）

瓦剌首領也先向吉爾吉斯發難，部分吉爾吉斯人被迫從葉尼塞河上游向西南遷移。

明末清初（一六四〇年代）

葉尼塞河流域的吉爾吉斯人接受了蒙古準噶爾部的統領，被準噶爾命名為布魯特人。後又被迫從葉尼塞河上游西遷到伊塞克湖附近，與中亞天山地區的吉爾吉斯人形成民族共同體。

十九世紀中葉

浩罕境內的吉爾吉斯部落、伊犁以西以及阿賴、和什庫珠克帕米爾吉爾吉斯人，被併入俄國版圖。

二十世紀後

一九三五年

新疆省政府將中國境內的吉爾吉斯人譯寫為柯爾克孜族。

第三十章

休循

休循，與捐毒同生共死的患難兄弟，
他們都是西漢時期受大月氏攻擊而不得不出逃的塞人所建立。
山居歲月看似自由，卻因不敵四周強敵而過得戰戰兢兢，
但即使忍氣吞聲，仍無法避免最後被大國吞併的命運。

所幸捐毒故地因黠戛斯崛起而在歷史上多留下一點痕跡，
而休循，卻只有黃河源頭傳說可供後世閒話……

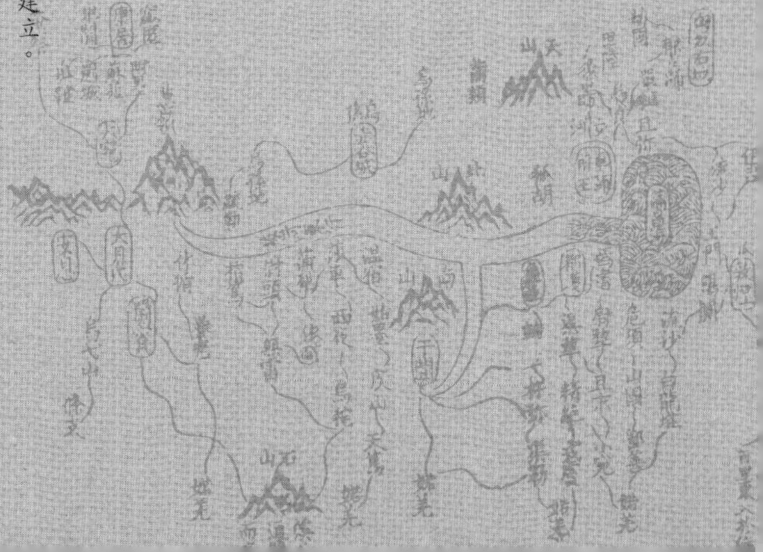

休循

鳥飛谷的主人

地理和歷史的地位：

・休循與捐毒同為游牧小國，在大國環伺下，兩國脣齒相依，休戚與共，互相提攜，互通有無。

休循國，王治鳥飛谷，在蔥嶺西。戶三百五十八，口千三十，勝兵四百八十人。東至都護治所三千一百二十一里，至捐毒衍敦谷二百六十里，西北至大宛國九百二十里，西至大月氏千六百一十里。民俗衣服類烏孫，因畜隨水草，本故塞種也。

——班固《漢書》卷九十六上

山雨欲來鳥滿谷，黃河之水由此來

「鳥飛谷」，休循國的王治。古時想必是碧水潺潺、牧草茵茵、群鳥翔集，可惜第一次出使西域的張騫既沒有記下這裡的山川與民俗，也沒有描述群鳥翔集的壯觀場景，甚至連國王的名字也沒有記住。

人們習慣於把絲綢之路稱作一串珍珠，這樣的珍珠在西域有三串，天山北麓有一串，天山南麓有

休循

鳥飛谷的主人

兩串，最漂亮的珍珠有樓蘭、高昌、交河、焉耆、龜茲、尼雅、于闐、莎車、疏勒、烏孫、大宛。可有一夥人並不把這些大城鎮看作自己最喜歡的珍珠，相反，他們喜歡那些小小的、美麗的山谷，那裡有他們的家，住著他們心愛的人。

這夥人住在今吉爾吉斯斯坦薩雷塔什的阿賴谷地，這片谷地正好處於喀什西通塔吉克斯坦首都杜尚別，吉爾吉斯南達塔吉克山地——巴達赫尚自治州的十字路口。

據說，這裡古稱「鳥飛谷」，是古休循國的王治。

顧名思義，這裡古時必是一個碧水潺潺、牧草茵茵、群鳥翔集的所在，不但樹上築滿鳥巢，就連谷旁山崖上也鳥巢遍布。每當暴雨來臨之前，便會有無數的飛鳥以滾滾的烏雲為背景，在遼闊的山谷間上下翻飛，形成山雨欲來鳥滿谷的獨特景致。

想不到，**鳥飛谷居然是西域兩大河流的分水嶺，山谷東部的克孜勒河向東匯入疏勒河，山谷西部的克孜勒蘇河向西流入吐火羅盆地。更匪夷所思的是，鳥飛谷還被古代中國認為是中華民族的母親河——黃河的源頭，並由此成為蔥嶺的一大地標。**《水經注》說，河水（黃河）發源後伏地潛流重又冒出，這樣的情況有三處而不止兩處。一條水源出自西方捐毒之國的蔥嶺上，西距休循兩百餘里，從前是塞種居住的地區。該區南與蔥嶺相連，嶺高千里。《西河舊事》也說，蔥嶺在敦煌西八千里，山極高大，山上長著野蔥，所以叫蔥嶺。河水源頭在嶺間地下冒出，分為兩條。一條往西流經蔥嶺西的休循南邊。儘管把發源於蔥嶺的北河與南河稱作黃河源頭屬於古人的臆測，但這一觀點影響了數百代中國人，使得這些遙遠的河流成為神聖之水、神奇之水。

據說，第一次出使西域的張騫，從疏勒、捐毒西行來到休循國中心鳥飛谷，但他沒有寫日記的習慣，既沒有描述這裡的山川與民俗，也沒有為後世提供群鳥翔集的壯觀場景，甚至連國王的名字也沒有記住。

當張騫打馬走向西北部的大宛時，休循王與其依依惜別。此時已是深秋時節，谷中百草蕭瑟，寒鴉亂飛。張騫的馬隊漸行漸遠，慢慢看不見背影了，送行的國王才悵然而歸。

那一年是元光六年（前一二九年）。

同生共死的難兄難弟

漢西域都護府建立後，休循和捐毒王趕忙跑到烏壘城，向都護鄭吉表達忠心。可惜都護對這兩個游牧小國不夠重視；東漢滅亡後，兩國表面上屬魏國西域長史府管轄，實際上疏勒才是他們真正的主子。

我們不知道這位休循國王的名字，但我們知道這位國王出生於塞人，先秦時期駐牧在伊犁河畔的茵茵綠洲上。

塞人的噩夢開始於漢文帝六年（前一七四年）。當時，匈奴老上單于發兵攻入月氏，月氏王被殺，大月氏被迫狼狽西遷，而西遷的終點站居然就是塞人居住的伊犁河流域。

這些被匈奴打得潰不成軍的大月氏人，畢竟擁有四十萬人口，十萬精兵。其拚命求生存的心境，使得他們在伊犁河流域的塞種人面前表現得勢不可當。猝不及防中，塞人被大月氏趕得四散而去，多數塞人在塞王率領下倉促南遷，其中兩個弱小的塞種兄弟部落，南下逃入鄰近的帕米爾高原北麓，一個占據了疏勒西部的衍敦谷，建立了名叫捐毒的國家；一個占據了衍敦谷西部的鳥飛谷，建立了名叫休循的國家。

史載，休循、捐毒國民隨畜牧逐水草而遷徙，民俗和衣著與烏孫相似。其原因，一是他們與烏孫一樣，都是處在同一環境中的游牧民族，生活習慣一致是必然的；二是烏孫國境內有大量未及撤走的的後裔。

塞人部落，休循、捐毒國民與其服飾、風俗相同就更加順理成章了。在今哈薩克民族中，至今仍有塞克—托哈拉克、別斯塞克、波爾塞克、卡爾塞克等部落，這些帶有「塞克」名稱的部落都是古代塞人的後裔。

這兩個相隔僅僅一百公里的塞人部落，一個有三百八十戶，一千一百人，其中五百人能參加戰鬥；一個有三百五十八戶，一千零三十人，其中四百八十人能上馬征戰。而他們的周邊則是群雄環伺，北部的烏孫有軍隊十八萬餘人；西北的大宛有軍隊數萬人；西部的大月氏有軍隊幾十萬人；南部的無雷有軍隊三千人；東部的疏勒軍隊最少，但也超過兩千人，幾乎和休循與捐毒的全部國民人數相當。僅靠其中一方，顯然無法抵禦強敵。於是他們脣齒相依，休戚與共，互相提攜，互通有無，共同經營起慘澹但又自由的山居歲月。

漢西域都護府建立後，休循和捐毒王趕忙跑到烏壘城，向都護鄭吉表達忠心。可惜都護對這兩個游牧小國不夠重視，並未在那裡任命什麼侯、將、都尉、騎君乃至譯長。

東漢滅亡後，兩國表面上屬魏國西域長史府管轄，實際上疏勒才是他們真正的主子。南北朝時期，疏勒直接將這兩個小國吞併，國王的頭銜也被疏勒王扔進了湍急的河流。

從此，休循連同捐毒的名字隨風而逝，再也無人提及。

也許有人會說：「唐朝曾在西域設立了休循都督府。」

但這個都督府中心位於古大宛國境內，並不在休循國故地上。

休循 小傳 歷史簡表

休循，捐毒的同宗兄弟，中心位於今吉爾吉斯斯坦薩雷塔什的一道山谷，處於絲路古道上，接待過張騫，也被列入了西域都護府版圖。但休循與捐毒一出生，就面臨著東部鄰國疏勒的血盆大口，生存難度可想而知。因此，在從東漢到西晉的漫長歲月裡，它與捐毒脣齒相依，休戚與共，小心謹慎地與大國疏勒周旋，對疏勒幾乎言聽計從。其實，決定一個國家存亡的，並非態度，而是經濟、文化，特別是軍事勢力。到了南北朝時期，這對難兄難弟還是一起被疏勒吞下。

先秦時期

出生塞人，駐牧在伊犁河畔的茵茵綠洲上。

西漢

漢文帝六年（前一七四年）

匈奴老上單于發兵攻入月氏，大月氏被迫西遷塞人居住的伊犁河流域。多數塞人在塞王率領下倉促南遷，其中一個弱小的塞種部落，南下逃入鄰近的帕米爾高原北麓，占據了衍敦谷西部的鳥飛谷，建立了休循國。

漢武帝元光六年（前一二九年）

第一次出使西域的張騫，從疏勒、捐毒西行來到休循國中心鳥飛谷。

魏晉南北朝

休循和捐毒表面上屬魏國西域長史府管轄，實際上疏勒才是他們真正的主子。

南北朝時期，疏勒直接吞併休循和捐毒。

第三十一章

大宛

大宛位處費爾干納盆地，在以游牧為主的西域，是非常少見的農耕之地，
除了稻、麥，還生產稀有的葡萄，深得宮廷嬪妃的喜愛。
但大宛真正被寫入中原歷史的緣由，是相傳來自亞歷山大的汗血寶馬。

漢武帝劉徹用黃金馬換寶馬不成，便起兵攻打，從此大宛歸附漢朝。
隨著漢朝庇蔭不再，它逐漸式微，也淡出中原歷史，
就算偶爾出現在史冊，也只有獻馬給皇帝寥寥數字。

直到唐初，已改名「拔汗那」的大宛還魂人間，成為大食、吐蕃與唐相爭的目標，
歷經朝代更迭，從大唐至大清，始終爭戰不斷……

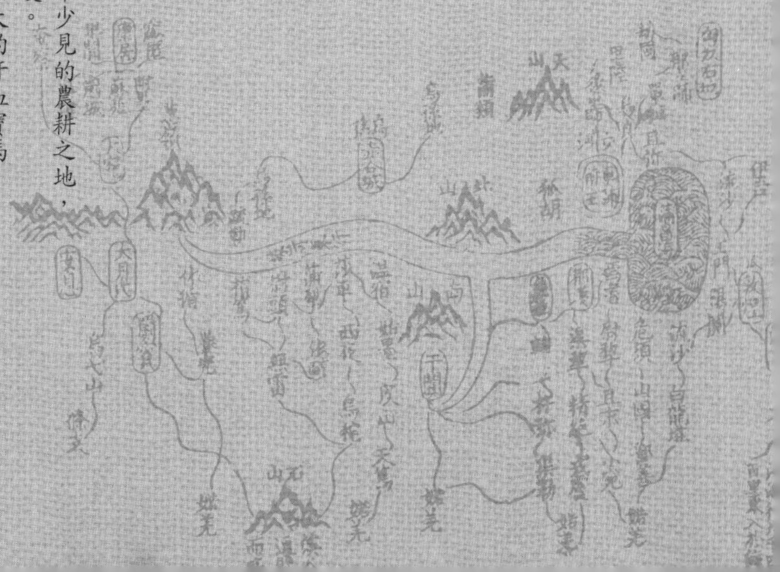

大宛

天子夢中的汗血馬

地理和歷史的地位：

・位處費爾干納盆地，是西域少見的農耕之地，除了稻、麥，還生產稀有的葡萄，但大宛真正被寫入中原歷史的緣由，是相傳來自亞歷山大的汗血寶馬。

・唐初，已改名「拔汗那」的大宛還魂人間，成為大食、吐蕃與唐相爭的目標，歷經朝代更迭，始終爭戰不斷……

大宛在匈奴西南，在漢正西，去漢可萬里。其俗土著，耕田，田稻麥。有蒲陶酒。多善馬，馬汗血，其先天馬子也。有城郭屋室。其屬邑大小七十餘城，眾可數十萬。

——司馬遷《史記》卷一百二十三

讓張騫驚為天人的美麗浴女

費爾干納盆地東西長三百公里，南北寬一百七十公里，靜臥在山間，長髮油亮，體態豐腴，肌膚柔滑，日日沐浴著錫爾河、索赫河、伊斯法拉河的清澈河水，恰如一位期待愛撫的美麗浴女。

元光六年（前一二九年）的一個傍晚，漢使張騫一行翻越一道山梁，迎著碩大的夕陽，興匆匆地闖進了費爾干納盆地。

一進盆地，張騫不禁目瞪口呆：這裡東西長三百公里，南北寬一百七十公里，靜臥在山間，長髮油亮，體態豐腴，肌膚柔滑，日日沐浴著錫爾河、索赫河、伊斯法拉河的清澈河水，恰如一位期待愛撫的美麗浴女。

張騫偵知，最早享用這位美麗浴女的，是一個起源於高加索山脈的塞人部落，它在波斯帝國銘文上被稱為「飲豪麻（指大麻或野生蘑菇）的塞克人」。這夥塞克人先是聽命於波斯帝國阿契美尼德王朝，繼而歸附了東征的亞歷山大，幫助亞歷山大建造了「絕域亞歷山大里亞城」（Alexandria Eschate）。亞歷山大把希臘化文明帶入這裡的同時，也把葡萄種植、葡萄酒釀造技術和酒神崇拜帶入了這裡。漢代「蒲萄」二字的發音，就源於希臘文「botrytis」。西元前二五〇年前後，它又成為希臘巴克特利亞王國的中心。

漢文帝六年（前一七四年），大月氏西遷到塞人居住的伊犁河流域，阿息、伽色尼、吐火羅、塞伽羅「塞人四部」被迫南逃。在吐火羅部越過錫爾河建立大夏的同時，大部分伽色尼人以及小股的阿息、吐火羅、塞伽羅人則選擇進入費爾干納盆地。當新移民逼近城郭時，城頭上飲豪麻的塞人意外發現，腳下的流浪漢與自己語言相通，相貌相近，原來是同出一宗的塞克同胞，於是主動打開城門，共同建立了自己的王國——大宛[1]，並以絕域亞歷山大里亞城為基礎，修建了國都貴山城[2]。

令張騫更為驚奇的是，大宛儘管處於崇山峻嶺之中，但農田廣闊，城垣高大，人丁興旺，是一個豐衣足食的所在，還是中亞葡萄種植中心。

---

1 大宛一名，可能與希臘殖民有關，「宛」在古印度語中很可能泛指中亞的希臘移民——愛奧尼亞人，而大宛在字義上很可能就是「大愛奧尼亞」。

2 伽色尼的音譯，其遺址位於今錫爾河畔的苦盞，也就是今塔吉克斯坦粟特州首府，漢籍稱俱戰提，近代稱霍占特，現代稱列寧納巴德。還有人說貴山城位於錫爾河上游支流的卡散（今烏茲別克斯坦卡散賽城），似乎缺少文史資料及考古驗證。

大宛再華美，再富庶，再強大，畢竟不是自己的目的地。在富麗堂皇的大宛王宮，張騫先是出示了表示身分的符節，然後向大宛國王說明了自己出使大月氏的使命，希望大宛能派人將自己送往大月氏。他還誠懇地表示：「我們如能返回漢，一定奏明漢帝，重重酬謝大王。」

大宛王早就有著一顆東向的心，但距離漢十分遙遠，更苦於匈奴攔住了去路。漢使的到來，使他喜出望外。張騫的一席話，更讓他心動不已。於是，他一面設宴招待漢使，一面滿口答應了張騫的請求。

填飽肚子之後，張騫一行與大宛王慨然訣別，順便帶回了葡萄和苜蓿種子。大宛王派出精明的嚮導和譯員，並送上日行千里的白馬，將張騫等人送到了附近的康居（今烏茲別克斯坦境內），然後由康居轉送到了終點站大月氏。

張騫從長安出發時，大月氏王尚且健在，他們仍在阿姆河以北的索格底亞那游牧。而在張騫滯留匈奴的十年中，大月氏已經征服了阿姆河以南的大夏。當張騫到達大月氏時，大月氏人已經擺脫了舊日噩夢，不想再與兇悍的匈奴廝殺。張騫在大夏整整住了一年，也未能說服大月氏與漢夾擊匈奴。無奈之下，只得帶著遺憾回國。

張騫出使西域雖未達目的，帶回西域情報引漢帝嚮往

上天在賜給人眼睛的同時，也賦予了人發現的權力。張騫此行雖未達到預期目的，卻意外發現了一片比漢還要廣大的嶄新世界。當時，張騫向漢帝劉徹彙報時說：「大宛國在匈奴西南，在漢正西，距離漢大約萬里。當地重視農耕，主要作物是稻、麥，還出產葡萄酒。那裡好馬很多，汗出帶血，其祖先是天馬之子。那裡有大小城池七十多座，民眾數十萬。兵器是弓和矛，軍隊善騎射。它北邊是康居，西邊是大月氏，西南是大夏，東北是烏孫，東邊是扜彌、于闐。于闐的西部有水西流，注入西

海；于闐東部有水東流，注入鹽澤。鹽澤之水潛行地下，鹽澤的南邊就是黃河的源頭，那兒盛產晶瑩的玉石，黃河水流入中國……」

一連數日，劉徹和群臣都張著嘴巴聽張騫講西域那些神奇的國家，廢寢忘食，樂而忘憂。故事講完後，劉徹不僅沒有怪罪他未完成使命，還升其為太中大夫，封博望侯，就連胡人翻譯堂邑父也被破格封為奉使君。

儘管被意外封侯，但張騫還有許多心事，包括酬謝幫過自己的大宛王。後來，他聽說烏孫已在伊犁河流域崛起，成為制衡匈奴西進的重要力量，於是向劉徹獻計，設法與烏孫結盟，砍斷匈奴「右臂」，自己願再次承擔這一重任。劉徹批准了這一建議。

元狩四年（前一一九年），張騫率領三百人的龐大使團二使西域。當時因為占據河西走廊的匈奴渾邪王投降，漢已經直接與西域接壤，所以使團順利到達了烏孫。

見到烏孫王昆莫後，張騫建議雙方聯合夾擊匈奴，許諾在戰後允許烏孫回祁連山舊地居住。但烏孫距匈奴近，大臣皆畏懼匈奴；距漢遠，不知漢之大小，因而不敢下決心與漢結盟，更不願盲目東歸。在這種情況下，據理力爭已沒有意義，張騫再一次在宿命面前敗下陣來。

令張騫稍顯安慰的是，昆莫派人送張騫的副使分別訪問了大宛、康居、大月氏、大夏、安息、條支、奄蔡、身毒、于闐等國。大宛王儘管沒有見到老朋友張騫，但卻收到了張騫承諾過的珍貴禮品。大宛王感嘆：「漢，誠信之國也！」

神馬當從西北來

「玉樹臨風，騰雲駕霧，其汗如血……」說者如醉，聽者如痴。劉徹再也吃不香飯，睡不好覺。最終，他痛下決心，派出壯士車令，帶著千兩黃金和一匹黃金鑄成的金馬，前往大宛求換汗血馬。

元鼎二年（前一一五年），是劉徹登基二十五年來最為順利的一年。一則，第二次出使西域的張騫東歸長安，被劉徹封為「大行」，絲綢之路隨之開通。二則，劉徹在匈奴渾邪王故地設置了酒泉郡，在休屠王故地設置武威郡。三則，劉徹頒布了行均輸法（一種關於官營商業的法律）並推行募兵制（國家以雇傭形式招募兵員的制度），使得財力和軍力得以進一步提升。

一個春風沉醉的正午，一身輕鬆的劉徹沐浴更衣，舉行了一次隆重的占卜儀式，他要預測一下自己壯美的未來。

按照占卜所得的卦象，劉徹翻開《易經》發現，卦象對應的事件是「神馬當從西北來」。這對於擁有愛美人和愛名馬兩大嗜好的劉徹來說，無疑是令人鼓舞的消息。對此，他不禁半信半疑。

在古代中國，但凡國家大事，必須先到大廟裡舉行卜筮活動，以預測吉凶，然後再決定做與不做。國家有專司卜筮的官員，叫作卜人。所謂卜，就是根據龜甲的裂紋來算命；所謂筮，就是用蓍（音同「詩」）草占卜。按照常規，要先筮後卜，以示隆重與謹慎。先筮後卜的程序代表，假如對筮的結果不是很確定，則需要用卜的結果來做最終判斷。這就意味著，卜相對於筮來說，具有更高的決斷權。久而久之，卜筮也就被簡稱為「占卜」了。問題是，並非每次占卜都會立刻應驗，因此，漢武帝對這個不太可靠的占卜結果有所懷疑。

七年後（前一〇八年）的一天，太監來報，烏孫王昆莫的使臣已到長安，聲明取消王號向漢稱臣，並以珍貴的西域良馬作為聘禮請求和親，多年前的占卜果真應驗了。於是，興致勃勃的劉徹將烏孫良馬命名為「天馬」，並專門寫了一首〈西極天馬歌〉。

元封六年（前一〇五年）前後，劉徹聽出使西域的漢使提起，大宛的汗血馬比烏孫「天馬」還要優良與珍貴，但一直藏匿著不肯與漢使交換。

對於大宛馬，劉徹並不陌生，因為張騫首次出使西域歸來後就曾講過大宛「馬汗血」一事，只是當時沒有引起他太大的重視。但面前這位漢使對大宛馬的講述顯然比張騫細緻得多，他向皇帝描述說：「那馬，或棗紅，或純白，頭高頸細，四肢修長，立在那兒似玉樹臨風，飛跑起來如騰雲駕霧，最神奇莫過其汗如血，因此稱汗血寶馬！」

說者如醉，聽者如痴。劉徹再也吃不香飯，睡不好覺。最終，他痛下決心，派出壯士車令，帶著千兩黃金和一匹黃金鑄成的金馬，前往大宛求換汗血馬。

如此多的黃金加上價值連城的金馬，對任何一個西域城邦來說都是莫大的誘惑，況且塞人出身的大宛向來有加工金飾的傳統，對於黃金有特殊的偏好。幾匹馬就能換取這麼多黃金，何樂而不為呢？

送來金馬也不換，汗血寶馬點燃戰火

毋寡不冷不熱地對漢使說：「汗血馬乃大宛國寶，不會和任何國家交換的，漢使請回吧！」漢使乘興而來，哪想會受到如此冷遇？於是就在毋寡面前破口大罵，並用力把金馬擊碎，然後掉頭而去。

野史記載，西域某個國王有一個古怪的規矩，凡是給國王帶來好消息的信使就會得到升遷，帶來壞消息的人，則會被送去餵國王養的老虎。顯然，這個國王有一種近似天真的品性，以為獎勵帶來好消息的人，就能鼓勵好消息到來；處死帶來壞消息的人，就能根絕壞消息。

於是，信使就成了這個國家最危險的職業。假使那些信使可以對國王講道理，就可以說，首先有了不幸的事實，然後才有了壞消息，信使只是傳遞消息，何其無辜。只有避免不幸的事實，才能減少壞消息。但假如能和他講道理，他就不是說一不二的國王了。

既然國王的品性不可更改，那麼臣民們只能被迫適應他。將帥出征在外，凡麾下將士有功，就派他們去給國王送好消息，使他們得到升遷；有罪，則派去送壞消息，順便給國王的老虎當食物。而處於被動的信使也被迫做出兩難的選擇：如果想做誠實的人，他就會繼續把真實的壞消息告訴國王，但這樣會導致他被抓去餵老虎；如果信使想活命，就必須撒謊。前者保持良心，失去生命；後者保住生命，失去良心。

久而久之，這個國家就成了缺少良心的國家。

漢的壯士車令來到的就是這樣一個國家。

國寶豈能隨意交換，大宛怒斷絲綢之路

此時那位自稱張騫老朋友的大宛王已死，當政的大宛王毋寡是一個不按牌理出牌的人，別人愈是敬他，他就愈認為別人怕他。

面對漢使的大堆禮物和一張渴求的笑臉，毋寡反而把臉拉得老長，沒好氣地說：「稍等，容我和大臣們商量一下。」

在後帳，毋寡召集群臣商議此事。部分大臣同意以金換馬，並且提出沒有必要因為幾匹馬得罪漢。但毋寡態度強硬地反駁說：「漢距我有萬里之遙，經過鹽澤西來會遭遇死亡，若從北線前來有匈

奴侵擾，從南部山坡趕來又缺少水草。每一批漢使團幾百人前來，到了這裡往往只剩一半，怎麼可能派大軍前來呢？我斷定，漢對我一定無可奈何，況且貳師的馬是大宛的國寶，怎能輕易與別國交換呢！」每句話都擲地有聲，不容置疑。

經過所謂的「商議」之後，毋寡不冷不熱地對漢使說：「汗血馬乃大宛國寶，不會和任何國家交換的，漢使請回吧！」然後，命令帳前的將軍：「送客！」

漢使乘興而來，哪想會受到如此冷遇？於是就在毋寡面前破口大罵，並用力把金馬擊碎，然後掉頭而去。

望著漢使悻悻而去的背影，一位大宛貴族對毋寡說：「漢使也太輕視我們了！」於是，毋寡將漢使遣送出了都城，並命令大宛東部的郁成王截殺漢使，沒收了所有的金銀財寶。

尤其嚴重的是，大宛開始肆意盤剝來往的商隊，對漢使團與商人更是充滿了敵意與歧視。後來，他們乾脆封閉了絲綢之路，使得無數的商旅只能從蔥嶺西部無奈而憤怒地折回。

天下最大的烈火，總是由最小的火柴點燃。消息傳回長安，劉徹暴跳如雷，立刻籌劃遠征。

劉徹首先聽取了幾位出使過大宛的漢使的意見。一位名叫姚定漢的漢使說：「大宛兵弱，只需不到三千漢軍，配備強弓勁弩，就可以攻克大宛。」（宛兵弱，誠以漢兵不過三千人，彊弩射之，即盡虜破宛矣）聽到這裡，劉徹想起了三年前浞野侯率七百騎兵俘虜樓蘭王的壯舉，臉上浮現會心的笑容。

這是古老的軍事導師中國與亞歷山大的學生之間的第一次交鋒，對於交鋒的結果，劉徹似乎成竹在胸。

那麼，派誰領兵出征呢？他想到了自己的寵妃李夫人。

誰當遠征大將軍，北方佳人說了算？

儘管此前李廣利毫無戰功，選其為將有可能太過冒險，而且李陵等名將明顯不服氣。面對文臣與武將們的質疑，劉徹仍堅持己見，因為漢軍人數眾多，戰將如雲，主帥差一點似乎無關緊要。

劉徹所選擇的統帥，與這位寵妃有關。

史載，元封年間（前一一〇～前一〇五年），有一位專門負責養狗的太監，名叫李延年，早年因為犯法被處以腐刑，入宮後憑藉擅長作歌的天賦受到皇帝喜愛。一天，劉徹與家人歡宴，詔令李延年獻歌助興。李延年用略顯幽怨的聲調唱道：「北方有佳人，絕世而獨立，一顧傾人城，再顧傾人國。寧不知傾城與傾國，佳人難再得。」

此時，美麗的阿嬌被廢，皇后衛子夫年老色衰，曼妙的王夫人已死，劉徹身邊已經沒有合意的佳人。於是，劉徹嘆息說：「好歌！但世上真有這樣的絕色佳人嗎？」坐在身旁的姐姐平陽公主告訴他：「李延年的妹妹就是傾城傾國的佳人。」劉徹眼睛一亮，立刻傳見李延年的妹妹。

這位出身於倡優[3]家庭的女子，一亮相便照亮了沉重而單調的甘泉宮，她那柔若無骨的身段，翩翩欲仙的舞步，秀色可餐的臉蛋，讓劉徹過往的滿天彩霞，立時變得暗淡無色。隨即，她被立為夫人。不久，李夫人就為劉徹生下了第五個兒子劉髆（音同「搏」）。李夫人的哥哥李延年則被任命為協律都尉。

而李夫人的另一位哥哥李廣利也將受到特別的關照。只是，劉徹還需要一個機會。

不久，機會來了，就是領兵出征大宛。儘管此前李廣利毫無戰功，選其為將有可能太過冒險，而且李陵等名將明顯不服氣。面對文臣與武將們的質疑，劉徹仍堅持己見，因為漢軍人數眾多，戰將如雲，主帥差一點似乎無關緊要。

李廣利出征大宛失敗，駐紮敦煌進退兩難

太初元年（前一〇四年），也就是解憂公主嫁到烏孫的第二年，劉徹任命李廣利為貳師將軍，趙始成任軍正，李哆為校尉，原浩侯王恢為嚮導，率領六千騎兵和從郡國招來的惡少幾萬人遠征大宛。貳師將軍的名號就是因出產寶馬的大宛貳師城[4]而起，李廣利也發誓拿大宛祭旗。

莫非定律告訴我們，如果有最壞的結局存在，最後發生的往往就是最壞的結局。遠征的漢軍儘管聲勢浩大，但無奈後勤不繼，在沿途的西域城邦又得不到糧草，掉隊與逃亡的士兵不斷。這時候，一切高深的政治權謀和軍事韜略都變得毫無意義，餘下的，只有人類最原始的欲望驅動——填飽肚皮。等李廣利趕到大宛東部邊境的郁成（今吉爾吉斯斯坦烏茲根），身邊只剩下數千飢寒交迫的騎兵。大宛郁成守軍一出戰，漢軍就敗下陣來。將士們滴血的屍首，立時化為了中原慈母的白髮，江南春閨的遙望，河西稚兒的夜哭，故鄉樹蔭下的訣別，軍人衝殺時的吶喊，丟盔棄甲後的軍旗，零落成了默默無語的沙塵。

費了九牛二虎之力，李廣利才活著回到漢邊。身後，殘陽西落，馬蹄稀疏。

成功無需解釋，失敗卻有許多的託詞。逃到敦煌的李廣利向皇帝上書說：「道路遙遠，缺乏糧草，士卒不憂慮戰鬥而憂慮飢餓。所剩下的士卒不多，難以攻下大宛的王都。請求暫且休整，等待補

3 即以表演歌舞技藝為業。

4 一說在今塔吉克西北部的伊斯塔拉夫尚，一說是今烏茲別克安集延省馬哈馬特東郊的明特佩遺址，還有人異想天開地推測說在距離費爾干納盆地數千里的今土庫曼首都阿什哈巴特。

充兵力後再去攻打。」劉徹接到李廣利的上書極為憤怒，派出使者守在玉門關[5]，並且發出詔令：「軍隊有敢進入關者，一律斬首。」李廣利不敢貿然進入玉門關，只得率領殘兵駐紮在敦煌等候機會。

幸運的是，李廣利的身首並未因此分家，原因還是自己的妹妹李夫人。

為美人也為江山，劉徹再給李廣利一次機會

在李廣利遠征大宛期間，妹妹李夫人已經臥床不起。

她像一片完美的瓷，太過飽滿嬌嫩；又像一張撐滿的弓，張到極致，反而禁不起風霜侵蝕。入宮僅僅幾年，李夫人就病入膏肓，但其高智商一直保持到了臨終。劉徹前去探望，她以被覆面，滿含悲戚地說：「妾長久臥病，容貌已毀，不可復見陛下，願以昌邑王及兄弟相託。」劉徹回應道：「夫人病勢已危，非藥可以醫治，何不讓朕再見一面？」李夫人堅定地推辭：「婦人貌不修飾，不見君父，妾實不敢與陛下相見。」劉徹說：「夫人不妨見我，我將加賜千金，並封拜妳兄弟為官。」李夫人回答：「封不封在帝，不在一見。」劉徹堅持要見她的面容，並用手揭被子，李夫人轉面向內，緊緊抓住被子，任憑劉徹再三呼喚，李夫人只是獨自啜泣。無奈之下，劉徹拂袖而去。

望著劉徹慍怒的背影，前來探視的姊妹責備她：「妳想託付兄弟，見一見陛下是很輕易的事，何苦違忤至於如此？」李夫人嘆氣說：「我本出身微賤，他之所以眷戀我，只因平時的美貌而已。大凡以色事人，色衰而愛弛，愛弛則恩絕。如今我病已將死，他若見我顏色與以前大不相同，必然心生嫌惡，惟恐棄之不及，怎麼會在我死後照顧我的兄弟？」幾天後，李夫人含笑而去。

事情的結局，果然不出李夫人所料。李夫人的行為非但沒有激怒劉徹，反而激起他無限的懷念。他命畫師將李夫人生前的曼妙形象畫下來，掛在甘泉宮，日日凝視。

愛情就是蝴蝶，標本比它本身更美。聽說劉徹對李夫人思念不已，大臣東方朔便獻上一枝懷夢草，使劉徹能在夢中和李夫人相遇。山東方士少翁也進宮為李夫人招魂。《漢書》津津有味地記述了招魂的場景：等到夜深人靜，方士設立帷帳，點上燈燭，擺上酒肉，劉徹便遠遠望見一個貌似李夫人的女子安坐在帷帳裡，栩栩如生但卻不能走近。之後，劉徹愈加思念夫人，並特地為她寫了一首名傳千古的〈李夫人歌〉：「是邪，非邪？立而望之，偏何姍姍其來遲！」

為保漢在西域威信，鞏固絲路，二征大宛勢在必行

作為傲視天下的一代君王，劉徹既然不能留住愛人的生命，那麼只能把對死者深深的思念，加倍地償付在生者身上，認真地完成死者的「囑託」。

太初二年（前一〇三年）夏，浞野侯趙破奴率兩萬騎兵，從朔方西北出擊匈奴，深入匈奴兩千餘里，殺敵數千，因遭遇匈奴單于八萬騎兵圍攻而全軍覆沒，名將趙破奴也被俘虜。劉徹召集文武大臣，商討眼前的艱難局勢。多數大臣主張放棄遠征大宛，把注意力放在匈奴身上，畢竟匈奴是主要的敵人，而遠征大宛無非是為了幾匹寶馬，似乎得不償失。

劉徹卻不這樣想，在他看來，進攻匈奴固然重要，但如果放棄二征大宛，漢在西域就會威信掃地，不僅剛剛開通的絲綢之路被迫廢棄，而且整個西域將重新成為匈奴的勢力範圍。再征大宛成為劉徹的不二選擇。

於是漢開始精心準備這次再也輸不起的遠征。除了軍容更為龐大，糧草更為充足，接下來，就是領軍人物的選擇了。

5 指酒泉以西、敦煌以東的今玉門市赤金鎮的舊玉門關，西元前一〇二年之後玉門關才西移。

令所有人跌破眼鏡的是，劉徹再次選擇了李廣利，給了李廣利東山再起、一雪前恥的機會。因為在他看來，李廣利這次一定會更加感恩戴德，更加小心謹慎。如果戰事順利，那將證明自己用人不疑是正確的；如果再有閃失，只能說天意如此了。而且，自己對死去的李夫人也算仁至義盡了。

西方有一個流傳甚廣的說法：一隻猴子不停地隨機打字，總有一天會「碰巧」打出《莎士比亞全集》。李廣利儘管不是一個稱職的將軍，但瞎貓總會碰上死耗子。況且，皇帝為他精心挑選了一批精明的部下，並在戰略、軍訓、後勤等方面做了充分準備。

太初三年（前一〇二年），李廣利在敦煌誓師西征。出征的隊伍裡，有六萬名軍人，十萬頭牛，三萬匹馬，數萬乘驢、駝，還有大量運送糧草的民夫。另外，在酒泉和張掖以北新設了居延、休屠兩個軍事重鎮，徵調十八萬士卒布防在那裡，既可防備匈奴襲擊西征大軍補給線，又可作為遠征軍的後援和接應。一時間，整個河西走廊懸旌千里，雲輜萬乘，天下震動。士卒前進的虎步，令戈壁抖顫；鐵騎蹴起的塵沙，使天山雪暗。刀光閃射，與日月相輝映；鼓聲轟鳴，如雷霆震碧空。

貳師將軍此行，於公是為漢帝征討寶馬，於私是為自己報仇雪恨。為了實現險惡的目的，他惡狠狠地發出號令：「迎降者活命，抵擋者屠城！」於是，大軍所經之處，西域各國城門大開，為將軍接風洗塵，為士卒供給酒食，為牛馬調撥草料。只有輪臺閉城堅守，果然成為李廣利的祭品。主將一聲令下，惡戰數日，小城陷落，輪臺遭受屠城，軍民無一倖存。

漢軍一口氣來到錫爾河流域的大宛國都貴山城下，與大宛軍隊正面交鋒。有著巨大兵器優勢的漢軍萬弩齊發，將射程之內的大宛軍人紛紛射落馬下，大宛軍隊狼狽退入城中。

漢軍將貴山城團團圍住。立時，這座城市變成了大海波濤中的一個小島。但城頭上的大宛軍人毫無懼色，他們對城下的漢軍高喊：請來攻城！

攻克貴山城池，全靠大宛貴族相助？

三國時期，五萬蜀軍圍攻僅有三千守軍的魏國小城陳倉，擁有最強大腦的蜀軍主帥諸葛亮卻頻頻搖頭，最後因糧盡而無奈退兵。大宛首都貴山城防禦嚴密、易守難攻，李廣利是否能攻克得下？

人類進入文明社會後，最詭異的發明就是弓弩與城牆了。一開始，弓箭是作為狩獵工具，繼而便愈來愈頻繁地作為戰爭的武器，比刀斧矛戟等短兵器顯示出更優越的遠程殺傷力。以弓箭為基礎發明的弩，則比前者射程更遠（強弩射程可達六百公尺），力量更大，精準度更高，殺傷力更強，從而成為冷兵器時代無數軍人的噩夢。

而牆的意義在於隔離。如果說原始的洞穴是為了隔離野獸，那麼人造牆則是為了隔離人類，尤其是隔絕同類的暴力侵犯。城堡是歐洲中世紀的封建標誌，姬路城是日本領主統治的標誌，而長城則是中國古代專制權力生存的基本保障。商朝的城牆就高達九．一公尺。秦始皇統一六國後，一度將六國的城郭全部毀掉，但隨著郡縣制的普及，又恢復了「無郡不城」和「無縣不城」的城牆化中國。

從此，城市成為政治、經濟、文化的中心，成為財富的聚合地，因此又成為戰爭各方爭奪的禁臠。歷史踏入農耕文明以後，戰爭從野外決戰轉向城市攻防。在至今兩千年的人類戰爭中，絕大多數戰爭是城池攻守戰。城，即城牆；池，就是護城河。

在沒有炸藥與火炮的冷兵器時代，攻城者只能靠雲梯前赴後繼地仰攻，守城者僅需躲在城垛後面居高臨下地射箭或投擲石塊即可。因此，攻城者唯有數倍於守城者才有極小的可能攻克城池。如果強攻不下，攻城者則只有另闢蹊徑，如斷水斷糧呀，火攻水淹呀，引蛇出洞呀，裡應外合呀，實在不行就像古希臘人一樣用木馬計了。反正，守城的一方相對從容，攻城的一方得大傷腦筋。長平之戰後，秦軍以三十萬之眾圍困趙國都城邯鄲長達三年，居然無功而返。三國時期，五萬蜀軍圍攻僅有三千守軍的魏國小城陳倉，連續攻了二十多天也未爬上城頭，擁有最強大腦的蜀軍主帥諸葛亮頻頻搖頭，最後因糧盡而無奈退兵。尤其尷尬的是，在平原上摧枯拉朽的蒙古騎兵被一座南宋城堡——釣魚城攔住，不但半年毫無進展，連蒙哥大汗也被守軍發射的巨炮炸死，蒙哥的弟弟忽必烈從南宋前線北返，蒙哥的另一位弟弟旭烈兀則從敘利亞東還，南宋的國祚得以延續了二十年，已經席捲到歐洲身邊的蒙古「黃禍」也迅速退潮。

城牆——人類文明的偉大成果，被在綠洲上定居的西域民族廣泛採用。在西域四十八國中，除了部分游牧行國外，相對富庶的綠洲國家都建起了高高的城牆，水源充足的國家如焉耆等甚至開挖了護城河。至於城市的建築方式，有的模仿巴特克里亞（羅馬風格，以圓城為主），有的模仿中國（中式風格，以方城為主）。而李廣利面對的大宛首都貴山城，和大宛境內的貳師、郁成等城池一樣，風格介於羅馬和中式之間，既有內城，也有外城（圍城）。圍城內部修築了數座高聳的瞭望塔，幾乎可以監視城池周邊方圓數十里的地域。城牆上每隔幾米就有一個箭孔，內城與外城之間則布滿了呈扇形的箭塔，整個城池防禦嚴密，易守難攻。

漢軍三管齊下攻克外城，大宛貴族殺毋寡、獻寶馬求和

面對這座絕域堅城，李廣利和智囊們所有的招數都用上了：一是斷水，透過挖溝切斷貴山城的水源；二是圍城，日夜不停地攻打，不給守城者任何喘息之機；三是覆擊，就是派一批又一批的弓弩手將箭矢像下雨一樣射向城頭，盡量提高殺傷守城者的機率。苦戰四十餘日，付出了無數軍人殞命城下的代價，漢軍終於攻占了外城，擒獲了大宛勇將煎靡。

對此，大宛王毋寡心驚膽顫，但他還是強打起精神說：「數萬漢軍攻擊一個外城就用了四十多

天，比外城堅固得多的內城是漢軍無論如何也難以攻克的。」但貴族和大臣們就不這樣看了，外城都能失守，內城能保萬無一失嗎？而且，漢軍並未顯示出疲憊的跡象，喊殺聲此起彼伏。一時間，城內軍民驚恐莫名，噩夢連連，低沉的氣氛像烏雲一樣籠罩了孤獨的貴山城。

在無法左右外部因素的時候，人們往往從內部找原因，內訌便順理成章地發生了。許多大宛貴族私下聚會，先是追究漢軍遠征的原因：「明擺著，漢不遠萬里拿金馬換我們的汗血馬，毋寡不但不換，還殺了漢使，分明是引火焚身。」「因為幾匹馬而惹來戰火，毋寡也太不明智了。」繼而，貴族們商討起對策：「出路只有一條，那就是投降。」「這次漢出兵就是為了報復毋寡，毋寡自知投降了也必死無疑，他會選擇投降嗎？」「為今之計，只有殺掉毋寡，獻出寶馬，與漢軍講和。」

於是，貴族們共謀殺死毋寡，派遣使者手持毋寡的首級赴漢營求和，不卑不亢地對李廣利說：「如果漢軍不再進攻內城，大宛願將良馬獻出供漢軍挑選，而且為漢軍提供食物。如果繼續攻城，我們將把良馬全部殺掉，我們同宗的鄰邦康居也將趕來救援我們。援軍一到，我們與康居裡應外合，將與漢軍拚個同歸於盡。何去何從，請將軍慎重選擇。」

此時，康居大軍已經集結在大宛周邊，只是迫於漢軍兵威未敢逼近。而貴山城中已由漢人教會了鑿井，糧食也能支撐多日。特別是取大宛國王項上人頭，獲取汗血寶馬的目的已經達到，在徵詢了趙始成、李哆等人的意見後，李廣利答應了大宛貴族們和談的條件。

之後，大宛貴族將良馬趕到城外，漢軍從中選擇了幾十匹汗血馬和三千餘匹中等馬；大宛提供的糧食漢軍也照單全收。更重要的是，李廣利在大宛貴族中選擇了與漢朝友善的昧蔡為新大宛王。然後，班師回朝。

在班師途中，李廣利順便做了一件事。就是命令搜粟都尉（負責徵集軍糧的官員）上官桀攻打一征大宛時令自己蒙羞、如今仍據城堅守並殺死了校尉王申生的郁成。郁成陷落，郁成王逃往康居避難。上官桀追蹤而至，最終逼迫康居交出了郁成王。上官桀派四名騎士負責押送郁成王。在押解途中，四名騎士商討道：「郁成王乃漢朝的仇敵，如果活著被敵人救走，我們將成為罪人。」就在大家商量由誰下手之際，上邽（邽音同「歸」，今甘肅天水）騎士趙弟拔劍將郁成王剁為兩截，只帶回了郁成王的人頭。

且不要小看了這件事帶來的連鎖效應，因為它標誌著：所有敢對漢說不的人，即便是流亡天涯，也逃不出漢的掌心。

劉徹喜得汗血寶馬，冠名天馬、作天馬歌

劉徹在離宮旁邊種植了葡萄、苜蓿。每到夏季，葡萄與苜蓿一眼望不到邊際。大臣們常常看到，年過半百的劉徹一手牽著天馬，一手捻著鬍鬚，眼裡透著驕傲的光芒。

劉徹終於見到大宛汗血寶馬，發現牠果然比烏孫馬健美得多，因而將已冠名「天馬」的烏孫馬更名為「西極馬」，將大宛汗血馬冠名「天馬」，並欣然寫出第二首〈天馬歌〉：

天馬徠，從西極，涉流沙，九夷服。
天馬徠，出泉水，虎脊兩，化若鬼……

心滿意足的劉徹當然不會虧待二征大宛的將士們，他大宴群臣並頒布詔書，封主帥李廣利為海西侯，食邑增加到八千戶，從而正式確立了衛青、霍去病之後新一代統帥的地位；那個普通的騎士趙

弟，因果斷處決了郁成王被封為新疇侯；而趙弟的上司、搜粟都尉上官桀，也因功被任命為少府[6]；身先士卒的軍正趙始成為光祿大夫[7]；出謀劃策的李哆晉升為上黨太守。軍官中被升為九卿的有三人，升任諸侯國相、郡守、二千石一級官員的有百餘人，升為千石一級以下的官員有千餘人，自願應徵者的軍職超過了他們的願望，戴罪參戰的人都免除了原罪，對士卒的賞賜總價值達四萬金。

趙弟由士兵直接封侯，也在中國歷史上創下了提拔最快的紀錄，這個紀錄至今無人能破。不少雄才大略的帝王往往喜歡出人意料，並藉由這種大貶大升的遊戲感受權力收放自如的樂趣。而且，在劉徹看來，忠誠與果敢是軍人最重要的特質，具備這一特質的人，當然可以破格提拔。

大宛不服看漢臉色，殺昧蔡立毋寡弟為王

大宛之戰後，漢並未留下一兵一卒駐紮在大宛，大宛依然是絲綢之路的中繼站，他們除了獻出汗血寶馬外其實並無根本的損失；要說有什麼損失的話，最大的損失莫過於尊嚴。因為從此以後，對絲綢之路開通還是封閉，大宛已經失去了發言權，只能看漢的臉色行事，還要承擔起保障蔥嶺以西絲路暢通的責任。這對於曾經是西域強國的大宛來說，總有一種說不出的酸楚。一年後，大宛貴族認為新國王昧蔡對漢過於親密和順從，是大宛被屠戮的罪魁，便與軍隊合謀殺掉了他，另立毋寡的兄弟蟬封為大宛王。好在，這位新王清醒而明智，他一登基，就派遣兒子到漢做人質，請求漢原諒並表示親善。事已至此，生氣何用？劉徹派使者向大宛贈送了禮物以示安撫。

大宛真心降服了嗎？劉徹當然不信。此後，漢派了十幾批使者到大宛及其西部各國尋求奇異之

6 九卿之一，管理國家財政的官員。
7 掌管議論的官員，隸屬光祿勛，秩比二千石。

物，順便考察大宛的言行。漢使搜求到的奇異之物，不僅有珍寶、動物，還包括大宛的葡萄、苜蓿、石榴、核桃、芝麻、黃瓜、蠶豆、胡蘿蔔種子。

醉過方知酒濃，痛過才知情重。大宛王蟬封當然明白劉徹的深意，哪裡還想重蹈哥哥的覆轍，便與漢約定——實際上是單方承諾，每年向漢貢獻天馬兩匹。《漢書》中不無驕傲地說，漢帝因為大宛天馬多，外來的使者也多，就在離宮旁邊種植了葡萄、苜蓿。要知道，葡萄是皇帝嬪妃們最中意的水果，而苜蓿是大宛天馬最喜歡的飼料呀。每到夏季，葡萄與苜蓿一眼望不到邊際。大臣們常常看到，年過半百的劉徹一手牽著天馬，一手捻著鬍鬚，眼裡透著驕傲的光芒。

寶馬來自亞歷山大，汗血不過是千年傳訛？

兩千多年過去了，汗血寶馬至今猶在。牠如今叫阿哈爾捷金馬，盛產於土庫曼斯坦科佩特山脈和卡拉庫姆沙漠間的阿哈爾綠洲。牠頭高頸細，四肢修長，皮薄毛細，步伐輕盈，力量大、速度快、耐力強，最快紀錄為八十四天跑完四千三百公里，與《漢書》中的天馬毫無二致。

阿哈爾捷金馬的毛色有淡金、棗紅、銀白、黑色等，在歷史上大多作為宮廷用馬。馬可・波羅曾在遊記中讚美過牠，並追溯牠的始祖至亞歷山大的傳奇戰馬——布塞弗勒斯（Bucephalos）。當這匹愛駒死去時，亞歷山大曾停止一切戰事，以個人名義為牠建造了一座陵墓，陵墓今天還在，位於巴基斯坦。

一代天驕成吉思汗也曾以阿哈爾捷金馬為坐騎。

牠是土庫曼斯坦的國寶，是地位和身分的象徵。位於阿什哈巴德西南郊的阿哈爾捷金種馬場，始建於一九二三年，目前存欄兩千匹，占全世界阿哈爾捷金馬的三分之二，市場價格通常是幾十萬美元一匹，有的甚至高達上千萬美元。一九八六年，在巴黎凱旋門杯賽馬比賽中贏得冠軍的阿哈爾捷金種馬「丹辛格．勃里伊弗」，以五千萬美元的價格賣出，創下了歷史紀錄。

二〇一二年夏，我在昭蘇草原軍馬場有幸見到了一匹阿哈爾捷金馬。那是一匹棗紅色的馬，與周邊的西方與日本名馬比起來，牠並非最高大、最強壯的一匹，卻是毛髮最為細膩、肢體最為修長、姿態最為秀美的一匹，恰如身處粗悍農婦群中的一位嫻雅如詩的大家閨秀。

「牠為什麼名叫汗血寶馬呢？」我問。

養馬場場長笑了笑：「古代有人說，有一種寄生蟲造成牠汗流如血，但我們從未發現這種寄生蟲。汗血寶馬汗流如血可能是一種文學表達。我觀察，馬出汗時往往先潮後濕，對於棗紅色或栗色的馬來說，出汗後身體的顏色會更加鮮豔，看起來就像在流血，而馬頸是汗腺最為發達的地方，這就不難理解為什麼汗血寶馬在疾速奔跑後頸部流出的汗像血一樣鮮紅了。」

這也算是對「千年傳訛」的一個合理解釋吧。

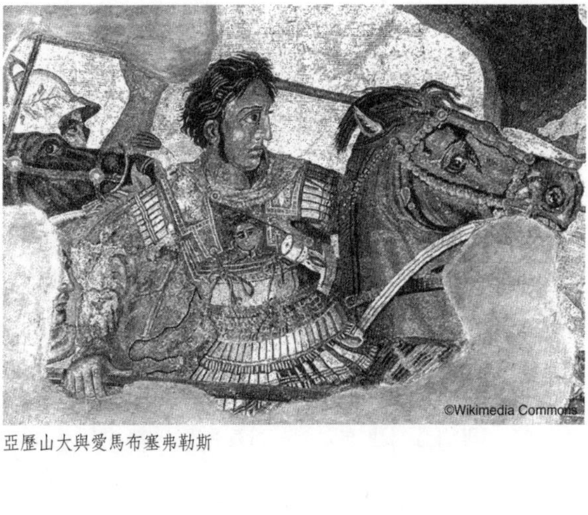

亞歷山大與愛馬布塞弗勒斯

傅介子殺雞儆猴，大宛貴族不再朝秦暮楚

> 不久，漢人就用事實證明了自己的警告並非危言聳聽。傅介子殺了「親匈派」樓蘭王安歸，常惠迫降了另一個「親匈派」國家龜茲。聽到這些消息，大宛貴族們再也無人對蟬封的親漢政策說三道四。

作為絲路大國，大宛一直是漢與匈奴爭奪的目標。大宛歸附漢，標誌著匈漢勢力在西域的此消彼長。大宛之戰後，西域各國紛紛派出使者到漢進貢，就連匈奴呴（音同「夠」）黎湖單于也放還了被扣押的路充國等漢使，還讓路充國捎話給劉徹：「我兒子，安敢望漢天子！漢天子，我丈人行也。」8後元二年（前八七年）二月，西伯利亞的寒流掠過初春的長安，從大宛移來的石榴樹還未萌芽，在位五十四年的劉徹駕崩於長安五柞（音同「柵」）宮。年僅八歲的劉弗陵繼位，史稱漢昭帝。

有一種歷史觀一直不承認英雄創造歷史，但英雄對歷史的超常影響卻無論如何也不能否認。像秦始皇、漢武帝、亞歷山大這類人，他們本身就是一種令人恐懼與折服的力量。令人遺憾的是，他們在世時影響愈大，死後帶來的負面效應就愈是劇烈。秦二世而亡；亞歷山大一死帝國便被屬下瓜分；漢武帝死後，匈奴也借機搜刮失地，此前附屬於漢朝的西域小國紛紛倒向匈奴。

好在，大宛和烏孫一樣，始終堅定地站在漢這一邊，屬於著名的「親漢派」。內因是國王蟬封吸取了哥哥的慘烈教訓，不會因為帝王更迭而朝秦暮楚；外因是時任漢駿馬監的傅介子經常到大宛挑選良馬，一再警告蟬封不要與匈奴走得太近，否則漢隨時會兵發西域。不久，漢人就用事實證明了自己的警告並非危言聳聽。傅介子謀殺了「親匈派」急先鋒——樓蘭王安歸。常惠迫降了另一個「親匈派」國家龜茲，龜茲王絳賓不僅歸附了漢，還娶解憂公主的女兒弟史為妻。聽到這些消息，大宛貴族們再也無人對蟬封的親漢政策說三道四。

元康元年（前六五年），老莎車王在臨終前決定讓解憂公主的次子萬年擔任莎車國繼承人。對此，大宛王公開表示支持。在漢使奚充國將萬年送到莎車繼位時，大宛居然派出數千士兵到莎車為萬年助威。

對於大宛王的忠誠，劉詢大為感慨，特別要求大宛派人到長安受賞。大宛王一時激動，居然讓本國使節帶領于闐、休循、捐毒、疏勒等國使者一起趕到長安朝覲。

那是一個綠肥紅瘦的夏日，宮內的池塘裡開滿了叢叢荷花，從大宛移植的葡萄鬱鬱蔥蔥，專門餵養天馬的苜蓿也長肥了。劉詢在未央宮擺下盛宴，接待遠道而來的貴賓們。該賜的印綬賜了，該發的獎賞發了，該吃的佳餚吃了，該玩的風景玩了。之後，劉詢特地選派衛候馮奉世持節護送各國使臣回國。

莎車呼屠徵叛漢，大宛王以實際行動表示忠誠

當使節團循著西域南道，剛剛進入于闐邊境，前方就傳來了一個地震般的壞消息，說是萬年已被潛回莎車的呼屠徵殺死，漢使奚充國也在政變中被殺，呼屠徵自立為莎車王，聯合附近的國家一起叛漢。更嚴重的是，于闐也成為了莎車的附庸。

當時，馮奉世的職責是護送大宛等國使臣回國，對於莎車事變他完全可以不予理會，但作為名將馮去疾後人的馮奉世毅然決定出手，持節徵發附近國家的軍隊征討莎車，在絲路南北道共徵集到一萬五千名軍人。

馮奉世與呼屠徵會戰於于闐，呼屠徵大敗，于闐被順利收復。情急之下，呼屠徵逃往西部的捐

8出自《史記》卷一百一十。

毒，沒想到大宛軍隊已經進占捐毒，擱在了呼屠徵前方，呼屠徵只好返回莎車。漢與西域聯軍將莎車城團團圍住，日夜攻打，內外交困的呼屠徵伏劍自殺，莎車貴族們開城投降。

戰後，馮奉世代表漢帝嘉獎了大宛王的義舉。大宛王也藉由此戰進一步見識了漢的國威與漢將的血性，對漢更為敬服，專門挑選了一匹汗血寶馬請馮奉世轉交給漢帝。

見到神采飄逸、姿容俊秀的寶馬，劉詢十分興奮，特地將其命名為「象龍」。可惜，以賢著稱的劉詢不具備曾祖父劉徹的情懷和文采，沒能為後世留下第三首〈天馬歌〉。

性格內斂的帝王不一定沒有霸氣。這位長期生活在民間，即位前曾受過牢獄之苦的帝王，深諳民間疾苦、重賦之弊與酷吏之害，即位後對內任用賢能，減輕賦稅，對外聯合烏孫、大宛打擊匈奴，首設了西域都護府，把天山南北全部納入漢朝版圖，使得境內呈現政治清明、經濟繁榮、吏稱其職、民安其業的嶄新局面，史稱「宣帝中興」。我以為，劉詢在任的二十五年，是漢朝武力最為強盛、經濟最為繁榮的時期。

論文治武功，劉詢絲毫不亞於曾祖父劉徹，只是他行事不像曾祖父那樣張揚，脾氣不像曾祖父那樣火爆。

有脾氣的人名氣大，至今依然。

漢自顧不暇，莎車、大宛征戰再起

在貴山城下，倉促集結起來的大宛軍民沒能抵擋住訓練有素的西域聯軍衝擊，主力部隊幾乎喪失殆盡。無奈之下，大宛王延留以放過全城百姓為條件，出城向莎車王賢投降。

終西漢之世，與漢關係最為密切的西域國家，莫過於烏孫與大宛了。正因為如此，兩國受到的獎賞最多，受到的進攻最少。在漢的濃蔭下，大宛王與烏孫王昆莫風光占盡。

正所謂利弊相隨，漢這棵大樹一倒，大宛的尷尬日子就臨近了。一方面，匈奴對過去的「親漢派」開始反攻倒數；另一方面，與大宛有過節的莎車在東漢初年突然崛起。

建武二十二年（四六年），已與東漢決裂的莎車王賢發兵懲罰了不服調遣的鄯善，征服了龜茲與媯塞。接下來，賢以繳納的貢賦減少為由，準備對大宛下手。

下一年，賢先是滅掉了大宛的東部屬國捐毒、休循，打通了進入蔥嶺的道路。然後，親自率領數萬西域聯軍攻入費爾干納盆地。面對氣勢洶洶的聯軍，大宛王延留徵集全國青年入伍，展開了轟轟烈烈的保家衛國戰。

對於一個國家來說，你可以沒有開槍的機會，但機會來臨時，槍裡不能沒有子彈。在貴山城下，倉促集結起來的大宛軍民沒能抵擋住訓練有素的西域聯軍衝擊，主力部隊幾乎喪失殆盡。無奈之下，延留以放過全城百姓為條件，出城向賢投降。賢將延留帶回莎車軟禁起來，任命自己的姪子——拘彌王橋塞提為新大宛王。

新大宛王勢單力薄，且能力不濟，實在無法撼動根深葉茂的大宛貴族，發布的命令根本無人回應。不久，大宛貴族祕密潛入康居尋求援助。康居也擔心莎車過於強大會危及自己，便派出精兵幫助大宛復國。此後一年多，康居國在大宛貴族的暗中配合下多次發兵攻入大宛，聲稱「只要橋塞提一天不下臺，康居就一天不退兵」。在一片叫罵和起鬨聲中，橋塞提一鼻子灰地逃回了莎車。

康居的介入，讓賢十分惱怒，但此時周邊國家的反抗此起彼伏，他根本無暇顧及蔥嶺以西的局勢。權衡再三，他還是決定把延留放回大宛繼續行使國王職權，但必須承諾年年上貢。

在承諾書上簽字後，延留回到了久違的故鄉。聽說國王回來了，谷地裡聚滿了翹首企盼的人群，有延留的妻子兒女，有貴族與大臣，有衛士與僕人，還有那匹他曾經朝夕相處的棗紅馬。

見到延留的車駕，他的妻子兒女首先撲了上來……一時間，淚水頓作傾盆雨，笑聲震碎滿天雲，谷裡哭聲一片，笑聲一片，呼號聲一片。這是一個多麼有尊嚴、多麼令人欣慰的日子呀，應該載入大宛史冊！

隨著東漢退出西域舞臺，大宛也淡出中原歷史

隨後，延留從康居借來精兵，重新占領了休循與捐毒，派兵扼守莎車西進的道路，不僅不再向賢進貢，而且派出使者向漢明帝劉莊進貢了汗血寶馬。

覺得受了愚弄的賢，再次出兵攻打大宛，延留吸取了上次大戰的教訓，沒有派出軍隊與賢硬碰硬決鬥，而是命令大軍在城堡中堅守不出。

獅子和大象的寓言變成了現實。賢是野戰的高手，但不善於攻城；延留是城堡防守的行家，但不善於野戰。一方在城下高聲叫罵，一方在城頭揮舞拳頭，但是誰也抓不住誰，誰也奈何不了誰。當然，延留並未滿足於獅子與大象的遊戲，他還派出騎兵在莎車軍隊的側翼和後方不停地騷擾。賢一來攻不進堅城，二來擔心後路被斷，於是撤兵而去。

永平十六年（七三年），漢將班超率領三十六名騎兵進入匈奴勢力占據上風的西域，自鄯善、于闐、莎車，到疏勒，開始了近三十年叱吒風雲的西域征服之旅，直到收復西域全境，令西域五十餘國尊奉東漢為宗主。大宛當然位列其中。

可惜的是，班超東歸洛陽之後，再也沒有一名漢將壓得住西域的陣勢。

在數百年的隔閡期中，大宛的消息愈來愈少。它偶然出現在中原歷史上，幾乎都是因為汗血馬。太康六年（二八五年），大宛王藍庾派人向晉武帝司馬炎貢獻汗血馬。和平六年（四六五年），破洛那

（原大宛）王向北魏文成帝進貢汗血馬。太和三年（四七九年），破洛那王向北魏孝文帝獻上汗血馬……似乎，這個國家此後在舞臺上的角色就是一個臨時演員，唯一的任務是每場戲牽著一匹寶馬匆匆地走一圈，留給觀眾的，只是馬屁股而已。

直到現在，仍有一位名叫楊牧的詩人為汗血馬而歌：

你這漢天子夢求的馬喲，
你這波斯王豔羨的馬喲，
你這豪傑，你這精英，
石窟中，你凸現而飛，
史詩裡，你永無定格。

拔汗那還魂人間，與中土再續前緣

玄奘路經拔汗那，發現此地儘管「土地膏腴，稼穡滋盛，多花果，宜羊馬」，但已經數十年沒有國王，「酋豪力競，不相賓服，依川據險，劃野分都」。其軍事政治態勢，類似於中原的五胡十六國時期。

當中原由隋變唐，破洛那也改名拔汗那，都城設在費爾干納盆地東北側的西鞬城（今烏茲別克斯坦納曼干）。

歷史往往驚人地相似。當唐內部爆發內訌，唐高宗李淵的次子李世民發動玄武門之變，殺死長兄李建成和四弟李元吉掌握朝政的同時，西方也傳來令人驚愕的消息：西突厥爆發內亂，達頭可汗之子莫賀咄殺死了拔汗那王契苾，又於貞觀二年（六二八年）暗殺了統葉護可汗，自立為西突厥可汗。在混亂與無序中，拔汗那酋豪亞瑟那鼠匿占據了都城。

當玄奘於貞觀四年（六三〇年）路經捍國（拔汗那）時發現，此地儘管「土地膏腴，稼穡滋盛，多花果，宜羊馬」，但已經數十年沒有國王，「酋豪力競，不相賓服，依川據險，劃野分都」。其軍事政治態勢，類似於中原的五胡十六國時期。

轉折出現在貞觀二十三年（六四九年），「天可汗」唐太宗駕崩，拔汗那國軍事霸主亞瑟那鼠匿也撒手西去。臨終前，鼠匿向兒子遏波之交代：「你如果沒有能力稱王，就應該推舉一位王族稱王，恢復拔汗那國。」這也許是叱吒風雲的軍事強人一生中最明智的決定了。「人之將死，其言也善」，一個人的遺言，往往是幡然醒悟的肺腑之言，因為其中凝聚了一個人一生的痛苦經歷與深刻感悟。

遵照父親的遺訓，遏波之立契苾的姪子阿了參為王，都城設在呼悶城（古貴山城，今苦盞）；而自己則將大本營設在渴塞城（今卡散），算是拔汗那的國中之國。消失幾十年的拔汗那得以還魂人間。

西突厥叛唐占據西域，李治派「程咬金」領兵西征

與遏波之的義舉截然相反的是，已經降唐的西突厥室點密可汗五世孫——阿史那賀魯，居然趁李世民駕崩之機叛唐，以武力征服了包括拔汗那在內的西域各國，公開與唐分庭抗禮。

此時的李治，年方二十三歲，血氣方剛，當然不願意看到父親創建的唐朝偉業葬送在自己手上。他先是派出左武衛大將軍梁建方、右驍衛大將軍契苾何力西征。隨後，又派出蔥山道行軍大總管程知節、副大總管王文度領兵西去。

對於唐軍的戰術，阿史那賀魯可謂瞭若指掌。因此，開始的幾年，雙方互有勝負，戰爭的進程曲

折、漫長而迷離。特別是程知節西征一役，儘管前軍總管蘇定方率領先鋒部隊大破西突厥軍，但副大總管王文度嫉妒蘇定方之功，矯詔奪了程知節的兵權，致使唐軍裹足不前，錯過了追擊逃敵的良機。

程知節，就是《說唐》和《隋唐演義》中的程咬金，字義貞，東平人[9]。在通俗小說與民間故事中是一位生性粗魯、手持板斧、不過三招的莽漢。但真實的程知節與故事裡的程咬金完全不同。第一，他使用的不是板斧，而是馬槊（一種長矛）；第二，他出身於地方豪族而非大字不識的農民；第三，他精於算計，老於世故，並非一個行事莽撞、不計後果的人。

想不到，程知節的一世英名，居然毀在助手王文度手上。戰後，王文度以矯詔之罪被廢為平民，而已被李世民將肖像畫入凌煙閣的開國功臣程知節，也被以逗留不前之罪撤銷了職務。

蘇定方滅西突厥十萬大軍，唐設都護府重掌西域

李治發現，與油滑的阿史那賀魯對抗，光有沉穩與淡定是不夠的，必須選擇一位不按牌理出牌的將軍。顯慶二年（六五七年），李治想到了程知節的前軍總管蘇定方。蘇定方，六十五歲，今河北武邑縣人，早年投奔竇建德、劉黑闥義軍並屢建戰功。貞觀初年在唐朝北伐東突厥時，率兩百名騎兵乘著大霧狂飆突進，直接搗毀了頡利可汗的牙帳。從此，他在唐將中以膽奇大、敢冒險而著稱。程知節西征之役，兩位主將相繼犯下大錯，唯有他自始至終保持著清醒的頭腦。

於是，蘇定方被破格任命為伊麗道行軍大總管。那年冬天，蘇定方在今額爾齊斯河西部與西突厥大軍正面交鋒。當下雙方的軍力對比似乎有些懸殊，阿史那賀魯糾集了十萬騎兵，而蘇定方只領有部分漢軍和一萬回紇騎兵。面對阿史那賀魯的十萬大軍，蘇定方將唐軍分為兩部分：步兵占據制高點，

9見戴良佐編著《西域碑銘錄·程知節墓誌銘》，新疆人民出版社，二〇一三年版。

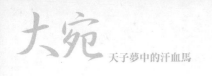

集中長矛一致朝外；騎兵由自己統帥，在北部平地上伺機衝鋒。

大戰開始後，西突厥騎兵連續發起了三次衝鋒，均無法楔入唐朝步兵軍團的長矛陣。雙方僵持不下時，蘇定方突然號令騎兵軍團在長達三十里的戰線上發起反攻。一時間，震天的怒吼，鏗鏘的蹄印，刺耳的馬嘶混合成一曲死亡奏鳴曲，直到把西突厥陣前的騎士變成鬼魂，把西突厥戰陣撕成飄飛的棉絮。喊殺停歇時，戰場上留下了數萬具突厥士兵屍體。

第二天，唐軍繼續進擊，西突厥各部紛紛請降，只有阿史那賀魯率數百騎兵向西逃走。追擊途中，天上飄起鵝毛大雪，平地積雪深達二尺，黑色的山川變成了白茫茫的雪原。部將們請求稍事休息，但蘇定方認定這是乘敵懈怠、追趕逃敵的最佳時機，於是領兵晝夜兼程，長驅直入，一直逼近阿史那賀魯臨時休整的金牙山（今吉爾吉斯斯坦托克馬克以西）。趁敵不備，唐軍像風捲殘雲一般橫掃了阿史那賀魯剛剛糾集起來的幾萬部眾。

阿史那賀魯繼續逃亡，蘇定方派遣副將蕭嗣業窮追不捨。阿史那賀魯一直逃到費爾干納盆地西部的石國（今塔什干）。不幸的是，膽小怕事的石國把他交給了咬牙切齒的唐軍。

在長安的天牢裡，這個俘虜突然良心發現，主動要求到有恩於己的唐太宗昭陵殉葬，最終被仁厚的唐高宗免去了死罪。

拔汗那再次獲得解放。顯慶三年（六五八年），唐任命國王阿了參為刺史，接受安西都護府管轄。至此，唐的版圖從東亞的中國海一直伸展到了中亞的波斯邊境。

大食、吐蕃與唐相爭，最後寧遠國得利

李隆基答應了拔汗那國與唐聯姻的請求，同時改拔汗那為「寧遠國」，還將阿悉爛達干賜姓為「竇」。要知道，竇姓在唐非同小可，那可是李世民生母的姓氏呀。

唐順利西擴的同時，中心位於大馬士革的大食[10]也冉冉升起，前鋒逼近了安西都護府轄區。而青藏高原上的吐蕃，經過大相祿東贊父子的辛苦經營，已經具備了與唐一較高低的實力，同樣把貪婪的目光對準了鄰近的西域。

由於利益一致性，促使大食與吐蕃聯合起來。經過私下溝通，他們把第一個目標選定為附唐的拔汗那國。

開元三年（七一五年），大食「埃米爾」（意為「掌權者」）屈底波率兵攻入拔汗那國，與吐蕃共同扶立拔汗那貴族阿了達為新國王，並發兵攻打阿了參的繼任者遏波之。

遏波之抵擋不住，逃往安西都護府求救。接到軍情，正代表朝廷在西域巡察的張孝嵩，受到安西都護呂休璟的委託，率領附近部落兵馬萬餘人，向西挺進數千里，向阿了達盤踞的連城發起猛攻，俘斬叛軍千餘人，阿了達攜數騎逃入山谷。

開元八年（七二〇年），阿了達捲土重來，再次成為拔汗那王。時隔兩年，阿了達給予反對大食的粟特人以政治庇護，但很快又怕大食報復，把在此避難的粟特人出賣給了阿拉伯人。對於這種反覆無

10 指阿拉伯倭馬亞王朝，是伊斯蘭教最初四位哈里發執政結束後，由前敘利亞總督穆阿維葉所創建的阿拉伯伊斯蘭帝國首個世襲制王朝，自六六一年開始，到七五〇年結束。因其崇尚白色，所以被中國史書稱為「白衣大食」。

常之舉，大食並不領情，依舊兵臨城下，要求阿了達投降。阿了達使出詐降計，等大食軍隊進入城池，率軍趁夜襲擊對方。但由於對方早有防備，阿了達反而兵敗被殺。

開元十四年（七二六年）前後，僧人慧超經過費爾干納盆地時發現，這裡有兩個國王，錫爾河南部的國王隸屬於大食，河北的國王隸屬於突騎施汗國。開元二十六年（七三八年），叛唐的突騎施汗國爆發內亂，突騎施屬下的拔汗那王阿悉爛達汗宣布歸附大唐。

次年，李隆基下詔，兵發突騎施。

於是，唐磧（音同「氣」）西節度使蓋嘉運兵分兩路，一路由自己和石國、史國軍隊及莫賀達干部向碎葉城發起攻擊，一路由疏勒鎮守使夫蒙靈詧（音同「察」）與拔汗那王阿悉爛達汗率兵偷襲怛邏斯城。結果，吐火仙可汗與爾微特勒被生擒，然後押往遙遠的長安，曾經風雲一時的突騎施宣告滅亡。

助戰有功的拔汗那名利雙收，國王被李隆基冊封為「奉化王」，被俘的數萬突騎施人全部成為拔汗那國民。

拔汗那與唐聯姻，改國名「寧遠」，賜姓「竇」

天寶三年（七四四年），唐宮傳出兩件桃色新聞。一是李隆基將先前的兒媳、被安排出家修道的楊玉環偷偷接回了後宮；二是李隆基答應了拔汗那國與唐聯姻的請求，將一位宗室女子封為義和公主，嫁給了阿悉爛達汗。與此同時，李隆基改拔汗那為「寧遠國」，將阿悉爛達汗賜姓為「竇」。要知道，竇姓在唐非同小可，那可是李世民生母的姓氏呀。

不久，一位豐腴絕美的漢家女子，在細君、解憂公主之後，含淚西去，消失在大漠綠洲背後的深山之中。

被賜了姓氏，改了國名，得了美人的阿悉爛達汗興奮得徹夜難眠，趕緊派出使臣向李隆基獻上了兩匹鎮國之寶——汗血寶馬。兩匹寶馬牽進皇宮，被李隆基命名為「玉花驄」和「照夜白」。

在李隆基授意下，在宮中做御用文人的李白特地創作了〈天馬歌〉，畫馬高手韓幹則創作了一幅水墨畫〈照夜白圖〉。

就是這匹「照夜白」，不僅在輝煌時期伴隨著唐玄宗遊山玩水，而且還在「安史之亂」中陪他度過了最為落寞的歲月。

此後，寧遠國貢獻不絕。天寶年間，往往是上一批前往大唐獻馬的使者尚未回國，下一批使者已經啟程。

大唐中興無望，中亞淪為各國征戰之地

「安史之亂」爆發後，安西都護府與北庭都護府大量精兵內調平叛，寧遠國也曾派兵進關助唐平叛。大量精兵內調，使得唐朝在西域更加捉襟見肘。而實力猶在的吐蕃趁機從南部步步緊逼，新興的阿拉伯阿拔斯王朝11也從西部蠶食

11 由先知穆罕默德的叔父阿拔斯的後裔創建的阿拉伯帝國的第二個世襲王朝，於七五〇年取代倭馬亞王朝，定都巴格達，直至一二五八年被蒙古旭烈兀所滅。中國史籍稱之為黑衣大食。

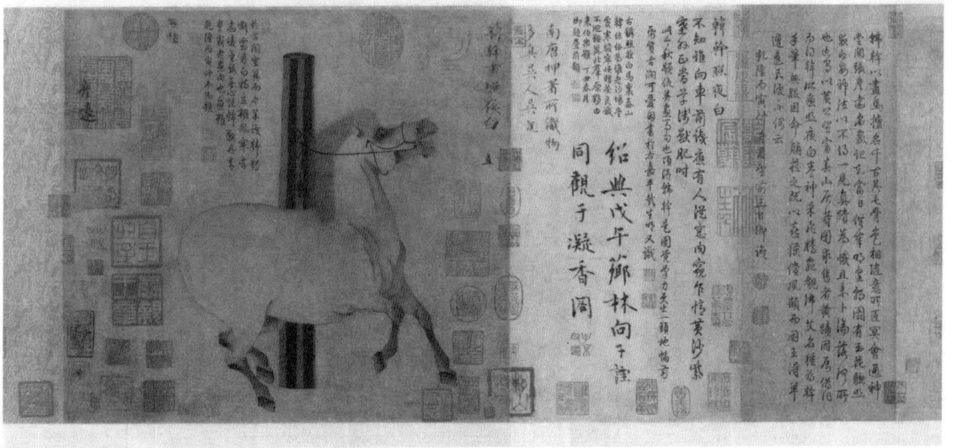

韓幹所繪〈照夜白圖〉。

鯨吞。貞元六年（七九〇年），吐蕃大舉進攻西域，北庭都護府失守，安西都護府也音訊全無。寧遠國失去了唐的庇護，國力日漸衰落。

元和十五年（八二〇年）正月的一天深夜，唐憲宗李純被太監刺殺，「元和中興」戛然而止，緩慢復甦的唐重新滑下歷史的山澗，令那些翹首企盼唐軍西來的西域國王們沮喪不已。不久，波斯薩珊王朝後裔薩曼．胡達之孫——艾哈邁德兄弟四人，宣布效忠阿拔斯王朝。作為回報，阿拔斯王朝哈里發馬蒙任命薩曼家族（薩曼王朝[12]的前身）為中亞代理人，成為管治撒馬爾罕、費爾干納、塔什干和赫拉特城的軍事長官。

次年，寧遠國被薩曼家族軍隊吞併。從此，中亞逐漸伊斯蘭化，富饒美麗的費爾干納淪為後起之國爭奪的焦點，薩曼王朝、喀喇汗王朝、伽色尼王朝、西遼、察合臺汗國先後經營此地，波斯文明、伊斯蘭文明、突厥文明、契丹文明、蒙古文明交相輝映……

浩罕初創，為求生存歸附大清

儘管費爾干納被伊斯蘭化了，但塞人部落猶在；儘管費爾干納被突厥化了，但塞人所講的伊朗語猶在。只是，經過伊斯蘭化、突厥化以及蒙古化的洗禮，大宛後人懂得了聯合，懂得了團結，懂得了向前看的意義。烏茲別克人就是由大宛後人、蒙古人、突厥人聯合組成的游牧部落，首領是蒙古欽察汗國的分支——白察汗國的昔班尼汗。

十六世紀初，昔班尼汗推翻了帖木兒王朝，占領了包括費爾干納在內的大部分中亞地區，建立了布哈拉王朝。但是後來，王朝爆發內亂，布哈拉以外的地區被貪婪與強悍的貴族們瓜分。

在貴族紛爭中，「明格」部落異軍突起，搶占了費爾干納盆地。明格部落首領沙魯赫是個聰明人，他一面與周邊部落血戰，絞盡腦汁地擴展自己的領地；一面討好布哈拉大汗，說所有的征戰都是為了替大汗收復失地。有名無實的大汗受到感動，便送了一個順水人情，宣布將費爾干納盆地封給沙魯赫，讓明格部落得以合法統治費爾干納。由於這個政權的中心設在今烏茲別克斯坦東部的浩罕城，所以被稱為浩罕汗國。

有鑑於布哈拉大汗依然存在，所以浩罕前幾代君主的稱號都是「比」或者「伯克」[13]。而且，由於戰鬥力有限，他們常常受到東鄰——準噶爾汗國的侵擾。

乾隆二十年（一七五五年）之後，大清連續平定了準噶爾與大小和卓叛亂，大清疆土已經非常接近浩罕國境。於是，像漢代大宛國一樣，額爾德尼伯克向大清派出使者要求內附。

有史料表明，額爾德尼內附並非自願。在大清平定南疆時，額爾德尼擔心浩罕被大清吞併，曾經向阿富汗國王杜蘭尼求援，但沒有得到回應。無奈之下，他只有退而求其次，主動要求大清保護。他明白，自稱仁義天朝的大清是不會輕易進攻一個主動歸附的化外之國的。也就是說，額爾德尼投靠大清與大宛歸附漢朝有很大的不同，前者是在沒有征討的情況下主動來朝，後者是在戰爭失敗後的無奈選擇。

額爾德尼的上表十分謙恭，一再申明對中央王朝的傾慕之心，發誓永做大清的奴僕。好大喜功的乾隆當然樂於接受，並於乾隆二十五年（一七六〇年）下詔承認浩罕為大清藩屬國，要求其接受身在葉爾羌的清駐疆大臣節制。之後，額爾德尼的繼承人納爾巴圖朝貢不斷，但能拿出手的貢品，依然是大宛馬。

接下來，是大清與浩罕的「熱戀期」，大清給了浩罕足夠的獨立性。這可能是因為浩罕位於帕米

12 由薩曼家族後裔伊斯瑪儀·本·艾哈邁德於八九二年建立的王朝，首府設在布哈拉，只是在名義上承認阿拔斯王朝哈里發的宗主權。九九九年，其領土被喀喇汗王朝和伽色尼王朝瓜分。

13 突厥語意為「首領」、「管理者」。

爾高原以西，屬於外藩，不可控制得太緊，太緊興許會生出禍端。清末的魏源就說：蔥嶺是個界限，西邊是大清屬國，東邊是大清郡縣。

納爾巴圖執政後期，國勢強盛讓他的野心漸漸膨脹。一次，參與南疆叛亂的大和卓波羅尼都的兒子薩木薩克逃進浩罕，納爾巴圖居然私自將其放走，惹得乾隆大發雷霆。薩木薩克和卓死後，他的子孫和黨羽都得到納爾巴圖的祕密保護，這也成為浩罕與大清關係的轉折點。

大清在乾隆末年就呈現出盛極而衰的態勢，而浩罕卻像是一輪噴薄而出的太陽。這樣的浩罕還會乖乖地做大清的藩屬嗎？

不甘財路被擋，浩罕暗中支持張格爾

浩罕汗邁買底里親率萬名騎兵前來，與張格爾試圖用火藥炸開喀什噶爾城牆，但守衛者用箭、滑膛槍、擲石器、大炮和火油加以回擊。這場屠殺的規模如此之大，以致「地脈中沸騰著一條血的河流」。

十八世紀的最後一年，在位三十年的納爾巴圖病逝，他的兒子埃利姆繼承了伯克之位。需要熱血的時代，只能是年輕人的時代。埃利姆繼位的第一年（一八〇〇年），就趁鄰國希瓦汗國被波斯擊敗之機，率兵奪取了中亞重鎮塔什干。然後，他那雙炯炯有神的眼睛盯上了另一座商業重鎮霍占特（今苦盞）。

浩罕共有兩條生命線：一條是向東穿過群山通往南疆的商業通道，由於大清的支持，這條要道始終暢通無阻；一條是向西通往河中的道路，但這條道路一直被布哈拉汗國控制著，一旦這條道路被封閉，浩罕將被困死在盆地之中。因此，埃利姆數次領軍西進，最終拿下了西去道路上的商業重鎮霍占特。從此，浩罕進退有據，風生水起。

不久，埃利姆被浩罕各部落首領推舉為「大汗」，浩罕從此被稱為浩罕汗國。稱「汗」的埃利姆再次無視大清的宗主地位，開始發兵攻擊同為大清藩屬的布魯特——後來的柯爾克孜。游牧在費爾干納盆地東部和喀什噶爾西北的布魯特人被迫向大清求援，要求大清出面主持公道。一向懦弱的嘉慶帝對布魯特人的求救置若罔聞，布魯特人只有向浩罕汗國投降。英勇善戰的布魯特騎兵，後來成為浩罕汗國反擊大清的一把利刃。

不滿大清取消貿易優惠，浩罕奧瑪爾放張格爾作亂南疆

嘉慶十四年（一八〇九年），埃利姆突發惡疾去世，他的弟弟奧瑪爾繼承汗位。這是一個善於玩弄權術的君主，每一次微笑背後都隱藏著深意。他瘋狂鎮壓布魯特人，卻又十分信任投降的布魯特騎兵；他明目張膽地占領了奧什城，又上書大清聲稱是為了保證貿易順利進行。他深知，清廷看重的是面子，自己要的是裡子。只要在占領新的土地後，給大清上一封言詞恭順的告罪信，大清便會睜一隻眼閉一隻眼，最多給幾句「下不為例」之類的警告而已。

後來，得寸進尺的奧瑪爾上書嘉慶帝，要求撇開負責南疆邊貿的阿奇木伯克，自己派出人員控制南疆邊貿。在受到嘉慶帝斷然回絕後，奧瑪爾又以阻止和卓叛亂為條件，要求完全免除關稅。嘉慶帝的答覆是，停止對浩罕的茶、錢賞賜，並撤銷奧瑪爾派遣使節到北京有利可圖的特權。

接下來，奧瑪爾提出了一個折中方案：浩罕派遣兩名沒有司法權限的代表駐在喀什噶爾。嘉慶帝再次拒絕，並要求對浩罕的貨物足額徵稅。

於是，奧瑪爾釋放了宣稱要發起聖戰的張格爾。

張格爾，薩木薩克和卓的次子，從小就認定是大清奪取了和卓家族的世襲領地，一直發誓奪回南疆。其實，他的祖先優素福父子是明崇禎十一年（一六三八年）才趁葉爾羌汗位更迭之機來到喀什噶爾，這不過是他為實現自己野心而編造的一個理由。嘉慶二十五年（一八二〇年），張格爾利用維吾爾人對大清參贊大臣靜斌的不滿，率數百人潛入南疆，煽動民眾叛亂。清領隊大臣色普徵額率兵將這次叛亂剿滅，張格爾僅率殘部二三十人狼狽逃往浩罕。

大清官員屠殺婦孺引怒火，張格爾趁勢東山再起

道光元年（一八二一年），奧瑪爾得知嘉慶駕崩，再次派出使者與大清交涉，試圖取得免稅待遇。道光帝恢復了浩罕的貿易和進貢權利，但不許免稅，並且拒絕一名浩罕使節留駐在大清境內。不久，奧瑪爾病逝，邁買底里繼位。張格爾逃進了布魯特盟友的領地。於是，大清和浩罕失去了達成互利協定的機會。

已經敗過一次的張格爾仍雄心不死，糾集起數百名布魯特騎兵數次進入大清邊境，期待能夠碰到一次偶然的勝利。接下來，如果不是一個清朝官員的愚蠢，張格爾的聖戰也許就會化成泡影。道光五年（一八二五年），這個名叫巴彥巴圖的大清領隊大臣，帶著兩百名騎兵出塞巡邏，但沒有遇到張格爾叛兵。回師途中，經過一處未設防的布魯特營地，巴彥巴圖居然下令屠殺了一百餘名手無寸鐵的布魯特婦孺。行事之惡劣，手段之殘忍，令人類蒙羞。

清軍的暴行激起了布魯特人的滔天義憤。於是，當地的布魯特首領迅速召集了兩千名騎兵，將這支清軍全殲在一處峪谷之中。末了，尚不解恨的布魯特男子們還在每個屍體上補上了一刀，血肉模糊的場面駭人聽聞。

一支清軍被張格爾的同盟者擊潰的消息迅速傳遍了塔里木盆地。張格爾「看到中國人已經多麼不

得人心」，便通知浩罕汗、烏臘提尤別統治者、昆都士首領、哈薩克頭人以及布魯特首領們說：「這是奪取六城地區的機會，機不再失！」於是，一支配備火繩槍的五百餘人武裝雜牌軍接受了張格爾的統領。

浩罕與張格爾聯手攻打喀什噶爾，南疆淪入暴政統治

道光六年（一八二六年），張格爾的雜牌軍被大清軍隊包圍。危急時刻，雜牌軍的火繩槍顯現出比大清弓箭強大百倍的優勢，張格爾率軍成功突圍。勝利給予叛亂者巨大的鼓舞，張格爾的隊伍迅速膨脹到近一萬人。清參贊大臣慶祥不得不借助喀什噶爾城堡轉入防禦。

更嚴重的是，浩罕汗邁買底里親率萬名騎兵前來趁火打劫。邁買底里與張格爾試圖用火藥炸開喀什噶爾城牆，但守衛者用箭、滑膛槍、擲石器、大炮和火油加以回擊。這場屠殺的規模如此之大，以致「地脈中沸騰著一條血的河流」。經過十二天惡戰並失去二千名士兵後，邁買底里灰心喪氣地撤軍回國。但張格爾說服浩罕將領愛撒等人留了下來，叛亂者對喀什噶爾的攻擊並未放鬆。

堅持到第十週，大清守軍水盡糧絕，總指揮慶祥自縊身亡，士兵們乘著夜色突圍，多數人被追上屠殺，喀什噶爾城淪入張格爾之手。得意忘形的張格爾自稱「賽義德・張格爾・蘇丹」，在南疆實施空前野蠻、暴虐的統治。

那時的張格爾，哪有一點和卓的賢良與儒雅？他站在喀什噶爾城門，手捋著茂密的鬍鬚，眼望著螻蟻般進進出出的萬民，心中升騰起指點江山、激揚文字、糞土當年萬戶侯的勃勃雄心，他心裡充滿著幻想，幻想把西域攥進手掌；即便前面有刀山火海，也擋不住他前進的渴望。

清大軍滾滾而來，終結張格爾稱霸西域的美夢

不過，幻想可以裝點生命，卻無法裝點人生。道光七年（一八二七年），兩萬兩千名清軍從阿克蘇出發，如滾滾怒濤湧向喀什噶爾。聽到消息，自知力不能敵且已失去民心的張格爾，下令將城鎮洗劫一空，然後率部逃往山區。

大清向所有鄰近地區發出牒文，要求引渡張格爾。

第二年，大清派出間諜到山中散布清軍撤退的消息。白天，清軍在眾目睽睽之下列隊出城。夜裡，這些清軍又神不知鬼不覺地偷偷回城。

花若盛開，蝴蝶自來。春節前夕，藏在山裡的張格爾抵擋不住城市的誘惑，在確認清軍撤退的消息無誤後，帶著五百多名亡命之徒重新潛入阿圖什，準備趁機偷襲喀什噶爾。

一進入喀什噶爾城，他就感覺有什麼地方不對勁。平日亂糟糟的街道上秩序出奇得好，買東西與賣東西的人似乎都在演戲。幾個外地模樣的人偶爾抬頭瞥他們一眼，然後就像做錯事一樣低頭走開。城頭的箭垛間似乎有人影攢動，而且都故意躡著腳行走。張格爾發覺可能上當了，趕緊扔下自己那些遲鈍的部下，一個人騎上快馬溜之大吉，直接躲進了岳父——布魯特人他依拉克家中。

大清發出懸賞令捉拿他，賞金高得足以打動最忠誠的人；如果能夠提供他的藏身地，大清還許以高官厚祿。世界上還有什麼比名與利更高的追求、更大的誘惑嗎？於是，有一個人動心了。最致命的是，這個動心的人不是一般人，而是張格爾的岳父。

就這樣，張格爾被出賣，然後被押到北京紫禁城千刀萬剮。他的岳父因此被大清任命為喀什噶爾的阿奇木伯克。一場轟轟烈烈的鬧劇以挑釁開始，以流血告終。

對於大清要求引渡張格爾家族殘餘的傳檄，布魯特人沒有照辦，浩罕則以伊斯蘭法不允許出賣穆罕默德後裔為由拒絕引渡。

浩罕汗國決定與大清攤牌。

經濟制裁逼上梁山，浩罕起兵與大清決裂

面對邁買底里大舉入侵，幫辦大臣塔斯哈一面派出快馬向清朝彙報，一面率領一百餘名騎兵到前線增援，結果全部陣亡。很快，浩罕軍隊推進到喀什噶爾城下。

對此，一貫強硬的大清參贊大臣那彥成建議，完全停止對浩罕的貿易，直到汗國交出和卓家族為止；所有在六城地區居住不滿十年的浩罕人應予放逐，他們貯藏的大黃、茶葉和其他財物應予沒收；在六城地區居住十年以上的浩罕人應使之歸化；應與布魯特人和解，使他們與和卓家族及浩罕人疏遠。被俘「叛民」的妻子兒女應發配為奴並流放到烏魯木齊、伊犁等地。

按照那彥成的建議，大清停止了與浩罕的一切貿易，導致浩罕物價飛漲，隨之而來的是兩年經濟困境。於是，邁買底里厲兵秣馬，決定訴諸武力。

扎隆阿輕敵喪失先機，浩罕揮兵直逼喀什噶爾城下

對於浩罕可能發動的進攻，那彥成沒有做任何軍事準備。那彥成回京述職後，接替他的扎隆阿更不把浩罕放在眼裡。阿奇木伯克伊薩克曾不止一次向扎隆阿報告浩罕準備進軍的消息，都被扎隆阿斥為謠言。由於邊報眾多，連大清伊犁將軍玉麟也緊張起來，嚴令扎隆阿備戰。扎隆阿竟然譏笑玉麟過

於敏感，還向道光帝上奏說：「南路如果有事，唯臣是問！」

道光十年（一八三〇年）九月二十五日夜，一彎下弦月發出清冷的光。邁買底里組織大軍突襲大清邊境的卡倫（滿語意為「軍事哨所」）。面對邁買底里大舉入侵，幫辦大臣塔斯哈一面派出快馬向清朝彙報，一面率領一百餘名騎兵到前線增援，結果全部陣亡。很快，浩罕軍隊推進到喀什噶爾城下。

那位誇下海口的扎隆阿顧不上自責，火速派人趕赴伊犁、阿克蘇等地求援。趕在敵人圍城之前，一千餘名援軍趕到了喀什噶爾漢城，喀什噶爾回城內的維吾爾居民也被遷移到漢城以內。

浩罕軍隊分兵攻擊喀什噶爾漢城、葉爾羌城與英吉沙爾漢城，城市攻守戰異常慘烈。

戰事進入十一月，大清各路援軍匯聚阿克蘇，卻都畏縮不前。道光帝大怒，嚴令各路清軍奮勇出擊，這才迫使浩罕軍隊潰逃而去。

浩罕汗國公然進犯，令大清十分尷尬與苦惱。事實證明那彥成斷絕商路困死浩罕的策略，乃是一廂情願；而重新通商又將使得大清顏面盡失。當伊犁將軍主張集中十萬精兵，南北夾擊滅掉浩罕汗國時，道光帝陷入了沉默：出兵，當然會一勞永逸地消除心頭之患；但大清國庫已經十分空虛，自己哪有勞師遠征的資本啊。後來，道光帝無奈地說：「浩罕卡外之地，並非我土，人地皆生疏，糧餉也籌措困難，用兵之事實難實行。」

浩罕議和採拖延戰術，逼得天朝不得不寬宏大度

此後，浩罕仍然不斷侵擾大清卡倫，搞得大清頭疼不已。於是，大清督辦大臣主動向浩罕提出了議和條件：一是交出參與張格爾叛亂的浩罕將領愛撒等人，二是邁買底里上表向大清認錯。

邁買底里派出使節來到喀什噶爾談判，這位使節一直不肯認錯，而且一再強調大清不准通商導致了浩罕民不聊生，希望天朝能夠恢復通商，並免除浩罕商人的關稅。大清督辦大臣堅持要求交出去年

侵犯南疆的浩罕主將波巴克，還要求放回擄走的維吾爾同胞。對此，浩罕採取了一再拖延的辦法。

浩罕的拖延戰術可把急於息事寧人的大清急壞了，糊塗的道光帝甚至批評督辦大臣過於強硬，有失「天朝」的寬宏與大度。就這樣，大清放鬆了條件，提出只要浩罕認個錯就可以了。

道光十二年（一八三二年）早春二月，曠日持久的談判終於有了眉目，浩罕提出了最後的條件：一是免除關稅，二是准許浩罕設立商目管理貿易，三是發還抄沒的浩罕商隊的茶葉和財物，四是赦免張格爾的餘黨。兩個月後，道光帝宣布接受對方的條件。欣喜之餘，邁買底里立即上表認錯，稱浩罕始終是天朝屬國，今後會更加恭順。道光帝也認為結局近乎完美，今後可以永保邊疆安寧了。

可是，這不是一份道道地地的喪權辱國的條約嗎？大清得到的除了無用的臉面還有什麼呢？一個帝王的面子就那麼重要嗎？沒有裡子做支撐，我們要面子何用？

此後，大清屢屢在戰勝侵犯國後，「寬宏大量」地與對方簽署讓步性的條約，如雅克薩之戰、鎮南關大捷，或如左宗棠收復新疆之後。至於戰敗後簽訂的那些讓人不忍卒睹的條約，就更容易理解了。

八年之後，就是令國人含羞的「鴉片戰爭」。天朝門戶大開，南疆只能任浩罕橫行。

接連遭遇外敵與內亂，繁茂的浩罕帝國走向尾聲

就在浩罕汗橫行無忌之際，帝國南部硝煙四起。道光二十二年（一八四二年），得英國火槍與火炮武裝的布哈拉軍隊攻入浩罕，邁買底里大汗則以騎兵與馬刀迎戰。這實際上是一次熱兵器與冷兵器的較量，也是現代與原始的比拚，結果可想而知，邁買底里陣亡，浩罕城淪陷。一個帝國曾經繁茂的身影，一支曾經所向披靡的軍隊，走向了歷史的尾聲。

好在，布哈拉軍隊帶著無數的戰利品撤走了。

照理說，新汗阿力木庫爾應該專心內務，韜光養晦，固土封疆，不再給任何敵人可乘之機。但同治四年（一八六五年），自顧不暇的阿力木庫爾居然插手大清事務，派遣貴族阿古柏與張格爾之子布素魯克進入新疆攪局。就在他幸災樂禍之際，布哈拉汗國趁機奪走了塔什干，給予浩罕汗致命的打擊。同治十年（一八七一年）後，浩罕境內兩次爆發大規模起義，浩罕主力部隊逃入新疆投奔阿古柏，而幾乎成為孤家寡人的古德亞汗前往奧斯曼帝國尋求支援，卻吃了閉門羹。

光緒二年（一八七六年），三十三歲的俄國戰神——步兵上校斯科別列夫率軍攻克浩罕城，浩罕末代汗納西爾丁出降，費爾干納淪為俄國在中亞的一個省分。

那麼，進入新疆攪局的阿古柏會有怎樣的命運呢？

用半條蚯蚓釣起塔里木河，中亞屠夫的野心

被圍困長達十三個月之久的清軍陷入絕境，綠營守備何步雲打開城門投降了，誓死不降的喀什噶爾幫辦大臣奎英親自引爆了庫存的炸藥殉國。城破後，阿古柏縱兵大掠七天，繁華的漢城變成了人間地獄。

阿古柏，原名穆罕默德．雅霍甫，人稱「中亞屠夫」，一八二〇年生於塔什干的一個窮苦家庭，小時候父母離異，母親死後他被迫流落街頭，是一位好心的街頭藝人收留了他，後來被一位路過的浩罕官員帶回首都，成為浩罕汗國馬達里汗的侍從官。他驍勇善戰，屢立戰功，四十歲時晉升為伯克，成為一方諸侯。

中國近代史上第一個外國割據政權

此時的新疆，正暗流湧動。原來，清帝乾隆出兵平定天山北路的準噶爾汗國和天山南路的大小和卓叛亂之後，為強化對新疆的控制，特地設置了伊犁將軍府，負責統轄全疆軍政事務。但令人百思不解的是，朝廷對南北疆居然採取「一疆兩制」，在天山北路設置了烏魯木齊都統、塔爾巴哈臺參贊大臣，而在天山南路的「回部」聚居區，仍沿襲之前的伯克制，在各城設阿奇木伯克（正城主）和伊什罕伯克（副城主），負責當地民政事務。

同治初年，內外交困的清朝無暇西顧，伊犁將軍府管理失控，天山南路出現了三個互不相屬的地方勢力，一在庫車，熱西丁和卓自稱「汗和卓」，形成了西至阿克蘇、烏什，東至吐魯番的割據勢力；二在喀什噶爾，柯爾克孜伯克司迪爾登上王位；三在和闐，宗教頭目哈比布拉自稱帕夏（伊斯蘭國家高級官吏的稱謂）。同治三年（一八六四年），新疆發生反清叛亂，柯爾克孜伯克司迪爾趁機占據了喀什噶爾回城，自立為帕夏，趕走了黑山派和卓。為了贏得境內穆斯林的認可，他特地派出得力助手去浩罕迎接白山派和卓布素魯克。

司迪爾的想法，正中浩罕汗下懷，因為他早就試圖培植反清勢力。同治四年（一八六五年）春，奉浩罕汗之命，貴族阿古柏率領五十名騎兵護送布素魯克前往喀什噶爾回城。

其實，最高興的還數阿古柏，這是一個野心大到妄想只用半條蚯蚓就能釣起整個塔里木河的狂人，早就試圖擺脫浩罕汗的掌控，在異國他鄉實施自己的超值夢想。一到喀什，阿古柏便慫恿布素魯克發動兵變，將司迪爾逐出了喀什噶爾回城。

九月，阿古柏發兵圍攻喀什噶爾漢城。被圍困長達十三個月之久的清軍陷入絕境，綠營守備何步雲打開城門投降了。誓死不降的喀什噶爾幫辦大臣奎英親自引爆了庫存的炸藥殉國。同時赴難的，有奎英的妻子王氏、兒子育俊、年方兩歲的孫女靈景，還有協辦大臣福珠凌阿及妻子鈕氏、兒子英俊、兒子英敏、兒子英志。

城破後，阿古柏縱兵大掠七天，無數滿漢官兵死於屠殺，繁華的漢城變成了人間地獄。千餘名放下武器的官兵及手無寸鐵的婦女兒童被迫皈依了伊斯蘭教，方才保住性命。為了穩住這些降眾，阿古柏不僅公開封賞了何步雲，還娶了何的女兒為妻。

在俄、英支持下，阿古柏僅用兩年就搶占了南疆七城，建立了中國近代史上第一個外國割據政權——「哲德沙爾汗國」（意為「七城汗國」）。這一跨國叛亂事件，史稱「阿古柏之亂」。

不久，手握軍權的阿古柏逼迫汗王布素魯克前往麥加朝聖，然後扶立薩木薩克的長子玉素甫的兒子、布素魯克的堂兄買買提明即位，號稱「卡塔條勒」（意為「大首領」）。時隔四個月，卡塔條勒也被阿古柏毒死。之後，他從幕後走到前臺，將國名改為「洪福汗國」，自稱巴達吾來特哈孜（意為「洪福之王」）。

同治九年（一八七〇年），披著宗教聖戰外衣的阿古柏又相繼攻陷了烏魯木齊、吐魯番，先後獲得了俄國和英國承認，還被奧斯曼帝國的蘇丹封為「艾米爾」。與此同時，俄軍發兵占領了伊犁，聲稱為大清臨時代管。至此，大清手中僅剩下塔城、烏蘇等少數據點，面臨失去整個新疆的危險。

六十五歲左宗棠帶棺出征，誓死收復新疆

剛剛從太平天國起義的半癱瘓狀態中恢復過來的大清，再次遇到了一個看似解不開的結。禍不單行的是，同治十三年十二月初五（一八七五年一月十二日），因偷偷外出嫖娼染上花柳病，十九歲的同治皇帝在養心殿駕崩。

後宮內，太后與太醫們忙著編造皇帝死於天花的謊言；朝堂上，一場有名的「海防」與「塞防」之爭已然引爆。

權臣李鴻章以新疆乃洪荒邊遠之地為由，執意放棄新疆。

「我退寸，而寇進尺！」發出錚錚鐵言的，是名叫左宗棠的湘軍猛將。

兩人吵翻了天。好在，慈禧太后支持了左宗棠。

清軍最害怕的是軍艦，但新疆沒有海洋。鴉片戰爭慘敗，並不代表以騎兵為主的清軍在陸地上沒有機會。光緒二年（一八七六年），左宗棠以六十五歲的垂暮之年，接受了欽差大臣、督辦新疆軍務的重任，率六萬湖湘子弟鏗鏘西行。白雪皚皚的祁連山下，車轔轔，馬蕭蕭，獵獵長風捲起了已經威武不再的龍旗。軍陣裡，士兵們抬著左宗棠的木棺。

將有必死之心，士無貪生之念。左宗棠坐鎮肅州（今甘肅酒泉），命手下悍將劉錦棠擔任總理西征大軍的營務事宜，率手下湘軍作為收復新疆的主力；對於新疆原有部隊壓縮整編，交給滿族將軍金順指揮，配合劉錦棠作戰。就這樣，年方三十二歲的劉錦棠，實際上擔負起了收復新疆的重任。劉錦棠率領西征軍主力走北路，金順率領新疆清軍走南路，在哈密匯合，然後按照左宗棠「先北後南」的戰略，向阿古柏叛亂勢力發起了風捲殘雲般的進攻。

「飛將軍」劉錦棠破天山隘口防線，一代狂人阿古柏飲鴆自盡

光緒二年（一八七六年）八月，血戰在古牧地（今新疆米泉市境內）爆發，有「飛將軍」美譽的劉錦棠率精兵走小路星夜包圍了古牧地，用大炮轟開了城堡缺口，全殲六千叛軍。戰後，清軍星夜向烏魯木齊疾進，次日黎明抵達烏魯木齊外圍，大炮一響，叛軍退出烏魯木齊。

光緒三年（一八七七年）四月，阿古柏精心構築的天山隘口防線被撕裂，吐魯番、達坂城、托克遜三座軍事堡壘易手，阿古柏的心腹艾克木汗被俘，大總管愛伊德爾呼里投降，只有他的次子海古拉率兩千名殘兵逃脫。

天山防線被突破的消息傳到庫爾勒，阿古柏——這個膽大妄為、瘋狂傲慢得連死亡和魔鬼都不放在心上的傢伙，終於萬念俱灰，飲鴆自殺。阿古柏的親信在陣前擁戴海古拉繼位。但在海古拉帶著父親的屍體逃往喀什噶爾途中，卻被長兄伯克．胡里派出伏兵擊殺，伯克．胡里成為唯一的繼承人。

伯克．胡里節節敗退到大本營喀什噶爾，想不到，何步雲在喀什噶爾漢城宣布「反正」，堵住了伯克．胡里返程的通道。伯克．胡里率叛軍強攻漢城，此前的「軟骨頭」何步雲居然強硬起來，率五百將士白天守城，夜晚出擊，使得攻城者一籌莫展。光緒三年冬，清朝西征大軍先解漢城之圍，繼而攻克回城，叛軍殘餘被迫逃亡國外。戰後，清軍處死了幾名賣國求榮的民族敗類，還俘虜了一批為阿古柏服務的土耳其教官，何步雲則因反戈一擊之功免掉了此前的罪責。

過了一些日子，有人問起何步雲先前為什麼投降，後來為什麼反正？何步雲毫不臉紅地回答：「先前投降，是不想做無謂的犧牲。後來反正，是為了大清的安寧。」聽完這話，提問者反而尷尬起來。是啊，「留得青山在，不怕沒柴燒」、「打得贏就打，打不贏就跑」，不正是中國式的智慧嗎？

故土新歸，西域從此改名新疆

西域終於塵埃落定。光緒十年（一八八四年），時任欽差大臣督辦新疆軍務的劉錦棠，奏請清廷在剛剛收復的土地上建省，並取「故土新歸」之意，將西域改稱「甘肅新疆省」，簡稱「新疆省」，軍政中心由伊犁遷移到迪化（今烏魯木齊）。

這個自西元前六十年就納入漢朝版圖的地區，從此有了一個新的名稱。

劉錦棠少年喪母，由祖母撫養成人。光緒十五年（一八八九年），甘肅新疆巡撫劉錦棠為孝敬多病的祖母，被朝廷批准辭職回湖南探親，重新過起了採菊東籬下、把酒話桑麻的平民生活，從此淡出了將軍的行列，再也沒有要求擔任新職。

直到光緒二十年（一八九四年），中日甲午戰爭爆發，淮軍失利，前線吃緊，清廷這才想起在家賦閒的常勝將軍。電令剛到，劉錦棠就令人狐疑地舊病復發，與世長辭，錯過了與東洋倭寇直接過招的機會。那一年，他正好五十歲，是人生最成熟的年齡。

退而求其次，朝廷只得徵調湘軍宿將魏光燾、李光久開往前線。

假如劉錦棠如期到達前線，憑他一己之力，顯然難以改變甲午戰爭的走向，因為第一，按照清廷「裁湘留淮」的政策，湘軍已經基本解體，僅剩的幾營湘勇戰鬥力已今非昔比；第二，李鴻章手中的淮軍和北洋艦隊不可能交給他這個湘人指揮；第三，他不懂海戰。但有一點可以肯定，那就是大清在陸地上不會輸得那麼慘。

大宛

小傳 歷史簡表

塞人所建的綠洲國家，位於費爾干納盆地，是汗血馬與葡萄的故鄉。世人知道這個國家，還要歸功於出使西域的張騫，張騫歸來時，既帶回了葡萄苗，也帶回了大宛產寶馬的消息。這才有了劉徹「神馬當從西北來」的卦象，有了漢使以金馬換大宛馬被拒絕與殺害的慘案，有了李廣利二征大宛，有了劉徹見到汗血馬後噴湧的詩情。

作為一個絲路大國、商業重鎮，作為土地富庶、堅城林立的區域，作為中亞著名的「火藥桶」，它一向是東西方勢力一決雌雄的舞臺，漢與匈奴在此設過擂臺，唐與西突厥在此扳過手腕，唐與大食在此較過高下。

兩千年來，這裡先後誕生過大宛、拔汗那、寧遠國、浩罕汗國，經歷過塞人化、突厥化、伊斯蘭化、蒙古化，直到裝備著熱兵器的俄羅斯大兵闖入，將這個地區轟成一片廢墟，變成人人自危的地獄。

西漢

漢文帝六年（前一七四年）
- 大月氏西遷到塞人居住的伊犁河流域，塞人被迫南逃。部分進入費爾干納盆地，與當地塞人融合，建立了大宛。

漢武帝元光六年（前一二九年）
- 張騫第一次出使西域，經過費爾干納盆地。得大宛王幫助順利抵達大月氏。

元狩四年（前一一九年）
- 張騫第二次出使西域聯合烏孫攻打匈奴。雖未達成目的，但再度訪問大宛致謝。

元鼎二年（前一一五年）
- 張騫返回長安，被劉徹封為「大行」，絲路開通。劉徹在匈奴渾邪王故地設置了酒泉郡，在休屠王故地設置武威郡。

元封三年（前一〇八年）
● 烏孫向漢稱臣，並獻上良馬，劉徹將其命名為「天馬」。

元封六年（前一〇五年）
● 劉徹聽聞大宛的汗血馬比烏孫「天馬」還要優良與珍貴，派使團帶黃金馬出使大宛交換汗血馬，遭拒，漢使被殺。

太初元年（前一〇四年）
● 劉徹任命李廣利為貳師將軍，遠征大宛。李廣利兵敗，劉徹怒極，不許軍隊入關，李廣利於是駐紮敦煌。

太初三年（前一〇二年）
● 李廣利二次西征大宛，攻克貴山城，大宛貴族殺毋寡求和，並獻上寶馬。李廣利立親漢的昧蔡為新大宛王。劉徹喜得汗血馬，獎賞有功將士。

太初四年（前一〇一年）
● 大宛貴族不滿看漢臉色，殺昧蔡，立毋寡弟蟬封為王。但蟬封篤信親漢政策，從此漢與大宛往來更是密切。

後元二年（前八十七年）
● 劉徹駕崩。西域動蕩。但大宛對漢忠誠不變。

漢宣帝元康元年（前六十五年）
● 解憂公主次子萬年擔任莎車國繼承人，大宛派出數千士兵到莎車為萬年助威。劉詢要求大宛派人到長安受賞，大宛王攜于闐、休循、捐毒、疏勒等國使者一起趕到長安朝覲。回國途中，遇莎車叛變，馮奉世徵西域聯軍討伐莎車，大宛軍隊進占捐毒、斷呼屠徵退路有功，再獲漢帝嘉獎。

東漢

東漢初年，漢無暇西顧，莎車崛起，成為西域霸主。

漢光武帝建武二十二年（四十六年）
● 莎車王賢以繳納的貢賦減少為由，準備對大宛下手。

建武二十三年（四十七年）
● 莎車王賢先滅了大宛的東部屬國捐毒、休循，打通進入蔥嶺的道路。然後，親自率領數萬西域聯軍攻入費爾干納盆地。大宛不敵，大宛王延留投降，被莎車拘禁。莎車立橋塞提為大宛王。

此後一年多，大宛貴族暗中聯合康居國，數次攻打大宛，橋塞提逃回莎車。賢迫於情勢，將延留放回大宛繼續行使國王職權，但必須年年上貢。延留回國後從康居借來精兵，重新占領休循與捐毒，派兵扼守莎車西進的道路，且不再向賢進貢，雙方爭戰再起。

魏晉南北朝

漢明帝永平十六年（七十三年）

- 班超開始了近三十年的西域征服之旅，直到收復西域全境，令西域五十餘國尊奉東漢為宗主，大宛也位列其中。

隨著班超返回中原，東漢勢力退出西域，大宛也失去大樹依靠，國勢衰微，與中原王朝的往來幾乎只剩下進獻寶馬。

唐朝

晉武帝太康六年（二八五年）

- 大宛王藍庾派人向晉武帝司馬炎貢獻汗血馬。

北魏文成帝和平六年（四六五年）

- 破洛那（原大宛）王向文成帝進貢汗血馬。

北魏孝文帝太和三年（四七九年）

- 破洛那王向孝文帝獻上汗血馬。

唐初，中原有玄武門之變，西域西突厥爆發內亂，拔汗那（原破洛那）酋豪亞瑟那鼠匿趁亂占據了都城，拔汗那陷入軍閥割據的亂局。

唐太宗貞觀四年（六三〇年）

- 玄奘路經拔汗那，發現其軍事政治態勢類似於中原的五胡十六國時期。

貞觀二十三年（六四九年）

- 唐太宗駕崩。拔汗那國軍事霸主亞瑟那鼠匿也撒手西去。其子遏波之聽父親遺言，立契苾的姪子阿了參為王，都城設在呼悶城，消失幾十年的拔汗那得以還魂人間。

西突厥趁太宗駕崩之機叛唐，以武力征服了包括拔汗那在內的西域各國，公開與唐分庭抗禮。高宗李治派程知節率軍西征，卻因王文度奪權而前功盡棄，失敗而歸。

唐高宗顯慶二年（六五七年） ● 李治派程知節的前軍總管蘇定方再度率大軍西征，滅西突厥大軍十萬騎兵，生擒阿史那賀魯押回長安。拔汗那再次獲得解放。

顯慶三年（六五八年） ● 唐任命拔汗那國王阿了參為刺史，接受安西都護府管轄。

唐玄宗開元三年（七一五年） ● 大食崛起入侵拔汗那，與吐蕃共同扶立貴族阿了達為新王，並發兵攻打阿了參的繼任者遏波之。遏波之向安西都護府求救。張孝嵩率領兵馬俘斬叛軍，阿了達逃入山谷。

開元八年（七二〇年） ● 阿了達捲土重來，再次成為拔汗那王。

開元十年（七二二年） ● 大食攻打拔汗那，阿了達詐降，但被對方識破，兵敗被殺。

開元十四年（七二六年） ● 僧人慧超經過費爾干納盆地，發現這裡有兩個國王，錫爾河南部的國王隸屬於大食，河北的國王隸屬於突騎施汗國。

開元二十六年（七三八年） ● 突騎施汗國爆發內亂，其屬下的拔汗那王阿悉爛達汗趁機歸附大唐。

天寶三年（七四四年） ● 李隆基答應拔汗那聯姻的請求，並改拔汗那為「寧遠國」，將阿悉爛達汗賜姓為「竇」。

安史之亂起，唐無力顧及西域，吐蕃與阿拉伯趁勢進逼。

唐德宗貞元六年（七九〇年）

● 吐蕃大舉進攻西域，寧遠國失去唐的庇護，國力日漸衰落。

唐憲宗元和十五年（八二〇年）

● 唐憲宗李純被太監刺殺，「元和中興」戛然而止。不久，波斯薩珊王朝後裔薩曼家族，宣布效忠阿拔斯王朝。阿拔斯王朝任命其為中亞代理人。

元和十六年（八二一年）

● 寧遠國被薩曼家族軍隊吞併。從此，中亞逐漸伊斯蘭化。

清朝

浩罕汗國於費爾干納盆地興起。一開始因為國力弱小，為求生存而歸附乾隆朝。後因勢力漸漸壯大，以及與清廷之間貿易的問題而發生衝突，一度支持反抗清廷的張格爾叛變。道光年間，浩罕起兵抗清，雖然失敗，但重新獲得與大清的貿易優惠。此後浩罕接連遭受外敵與內患，於光緒初年被俄國吞併。

《大寫西域》中卷終

大寫西域（中）

尋訪絲路北道 11 國、蔥嶺 10 國，看大宛、龜茲、疏勒等古國傳奇

作　者　高洪雷

社　長　張瑩瑩
總編輯　蔡麗真
責任編輯　鄭淑慧
協力編輯　余純菁
校　對　魏秋綢
行銷企劃　林麗紅
封面設計　倪旻鋒
內頁排版　洪素貞

出　版　野人文化股份有限公司
發　行　遠足文化事業股份有限公司
地址：231新北市新店區民權路108-2號9樓
電話：（02）2218-1417　傳真：（02）8667-1065
電子信箱：service@bookrep.com.tw
網址：www.bookrep.com.tw
郵撥帳號：19504465遠足文化事業股份有限公司
客服專線：0800-221-029

讀書共和國出版集團

社　長　郭重興
發行人兼出版總監　曾大福
印　務　黃禮賢、李孟儒
法律顧問　華洋法律事務所　蘇文生律師
印　製　成陽印刷股份有限公司
初　版　2019年3月

歡迎團體訂購，另有優惠，請洽業務部（02）22181417分機1124、1135

國家圖書館出版品預行編目 (CIP) 資料

大寫西域（中）：尋訪絲路北道 11 國、蔥嶺 10 國，看大宛、龜茲、疏勒等古國傳奇 / 高洪雷著. -- 初版. -- 新北市 : 野人文化出版 : 遠足文化發行 , 2019.3
496 面 ; 17*23 公分 . -- (地球觀 ; 47)
ISBN 978-986-384-322-1(平裝)

1. 歷史 2. 西域

676.02　107017911

大寫西域（中）

線上讀者回函專用 QR CODE，您的寶貴意見，將是我們進步的最大動力。

野人

野人文化
讀者回函卡

書 名

姓 名　　　　　　　　　　　　□女 □男　年齡

地 址

電 話　　　　　　　　　　　手機

Email

□同意 □不同意　收到野人文化新書電子報

學 歷 □國中(含以下)□高中職 □大專 □研究所以上

職 業 □生產/製造 □金融/商業 □傳播/廣告 □軍警/公務員
□教育/文化 □旅遊/運輸 □醫療/保健 □仲介/服務
□學生 □自由/家管 □其他

◆你從何處知道此書？
□書店：名稱 ______________ □網路：名稱 ______________
□量販店：名稱 ______________ □其他 ______________

◆你以何種方式購買本書？
□誠品書店 □誠品網路書店 □金石堂書店 □金石堂網路書店
□博客來網路書店 □其他 ______________

◆你的閱讀習慣：
□親子教養 □文學 □翻譯小說 □日文小說 □華文小說 □藝術設計
□人文社科 □自然科學 □商業理財 □宗教哲學 □心理勵志
□休閒生活（旅遊、瘦身、美容、園藝等） □手工藝／DIY □飲食／食譜
□健康養生 □兩性 □圖文書／漫畫 □其他 ______

◆你對本書的**評論**：（請填代號，1. 非常滿意 2. 滿意 3. 尚可 4. 待改進）
書名 _____ 封面設計 _____ 版面編排 _____ 印刷 _____ 內容 _____
整體**評論** _____

◆你對本書的建議：

廣	告	回	函

板橋郵政管理局登記證
板 橋 廣 字 第 143 號

郵資已付 免貼郵票

23141
新北市新店區民權路108-2號9樓
野人文化股份有限公司 收

請沿線撕下對折寄回

野人

書號：0NEV0047

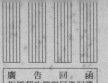